普通高等教育精品规划教材

高等学校编辑出版学专业系列教材

出版物市场管理概论

第二版

黄先蓉　编著

WUHAN UNIVERSITY PRESS
武汉大学出版社

图书在版编目(CIP)数据

出版物市场管理概论/黄先蓉编著．—2版．—武汉：武汉大学出版社，2016.4

高等学校编辑出版学专业系列教材

ISBN 978-7-307-17638-6

Ⅰ.出… Ⅱ.黄… Ⅲ.出版物—市场管理—高等学校—教材 Ⅳ.G235

中国版本图书馆CIP数据核字(2016)第037754号

责任编辑:詹 蜜　　责任校对:汪欣怡　　版式设计:马 佳

出版发行：**武汉大学出版社**　(430072 武昌 珞珈山)

(电子邮件：cbs22@whu.edu.cn 网址：www.wdp.com.cn)

印刷:武汉中科兴业印务有限公司

开本：720×1000 1/16　印张:23.25　字数:406千字　插页:1

版次:2005年2月第1版　2016年4月第2版

2016年4月第2版第1次印刷

ISBN 978-7-307-17638-6　定价:39.00元

序

出版物市场管理管什么？一是要管出版物，二是要管市场。但是仅这样说还不完整全面。市场中有买方、供方，有生产者、经营者、消费者，这是市场主体。买方、供方都要经营商品即出版物，也就是市场客体。市场主体经营出版物要发生一系列市场行为，市场行为要健康有序，为此必须对市场进行监管。所有这些构成出版物市场管理的基本要素。可见，出版物市场管理不仅要管出版物、管市场，还要管出版主体。

在计划经济时期，我国出版业是一个封闭运行的体系，谈不上完整意义的市场管理。出版单位绝大多数是国有单位，出版物发行基本上是计划发行，出版物市场管理主要是针对集体、个体经营者，是“扫黄、打非”，构成要素是残缺不全的。在由计划经济向社会主义市场经济转变的过程中，出版物市场主体呈现多元化局面，出版业作为产业发展的特征越来越明显，出版物载体扩大且品种越来越丰富多样，市场行为和市场秩序的规范越来越必要，完整意义的出版物市场管理显得十分重要和迫切。

社会主义市场经济体制在我国刚刚建立，完善有待时日。相比之下，出版业的市场经济步伐显得滞后，全国统一、健康有序的出版物市场还未形成，而出版业正在加紧改制步伐，面向市场，这就使得市场管理不可避免地出现了许多新问题。出版业改制呼唤广阔、畅通的市场，呼唤良好的市场环境、公平的竞争和严格的市场监督，但我国出版物市场管理还是一个未被全面认识的领域，无论宏观管理还是微观管理，都需要探索、实践。国外市场管理的经验不能照搬，我国古代的经验也难以借鉴。要在一个全新领域探索建立社会主义出版物市场管理之路，任务之艰巨是可以想见的。

我欣喜地阅读了黄先蓉教授的《出版物市场管理概论》。以前我曾留心这方面著作的出版情况，最多的是有一些讨论出版行政管理和市场营销的论著，对出版物市场管理未更多涉及。事实证明，出版物市场管理是一个难度很大的课题。正是在这个意义上，我认为黄先蓉教授的这部论著具有开拓意义，作者的勇气和努力是值得肯定的。

作者没有称这部著作为“学”，是因为社会主义市场经济条件下的出版物市场管理，是一个实践的过程，当前市场管理法制、机制、制度很不健全，在建立中如何使之具有中国特色需要探索研究，如何处理好管理和发展、管理和繁荣的关系，是一直未能妥善解决的老问题，而如何适应世贸组织规则健全出版物市场管理，则是面临的新问题。如此等等，说明现在论“学”还为时过早。然而，作者并没有因此放弃对出版物市场管理的理论探讨。本书借鉴市场管理的一般理论，对出版物市场管理的概念、特征、原则、方法、手段，以及市场主体、市场客体、市场行为、市场监管等，作了比较全面的介绍。作者的一个新探索是，把出版物市场管理同出版行政管理结合起来加以论述。出版物市场客体是出版物，出版物市场主体既包括发行单位，也包括生产单位——从事出版物精神生产和物质生产的单位，因此，出版物的市场管理就不能停留在发行即流通领域，而必须上溯到生产领域，即同时对出版物生产单位进行管理。我们习惯上称前者为市场管理，称后者为出版行政管理。这两方面是什么关系，何者是属概念，何者是种概念，本书没有给出回答，但是可以看出，作者主张在社会主义市场经济条件下，出版物市场管理既包括对市场客体的管理，也包括对市场主体的管理，不从生产环节管起，是管不好出版物市场的。

过去人们把出版物市场管理看成只是“扫黄、打非”，或者加上反盗版，可事实上，出版物市场管理的外延要比这大得多。随着社会主义市场经济体制的完善，市场管理的任务越来越繁重，出版越繁荣，产业越发展，市场越开放，管理越重要。原来的管理体制要完善，管理制度、方法、手段要改革。要学会掌握社会主义市场经济的规律，用市场这只看不见的手来管理市场，而不能总是依靠行政命令。党的十六届四中全会提出要提高党的执政能力，其中首要的是提高驾驭社会主义市场经济的能力。加强出版物市场管理，对出版行政部门来说，就是要提高驾驭社会主义市场经济的能力。这是一项刻不容缓的任务，我们必须为此努力。

蔡学俭

2004 年 10 月 25 日

目　录

第一章 出版物市场管理概述

研究出版物市场管理，必须研究出版物，研究出版物市场。出版物既是精神文化产品，同时又是商品；出版物市场是出版物商品交换关系的总和。由于出版物市场是由市场主体、市场客体、市场行为和市场秩序等内容组成的有机整体，它总是按其自身内在规律的要求在具体的经济环境下运行，因此，出版物市场管理既是一般商品经济条件下市场运行秩序的要求，又是国家新闻出版管理职能的客观要求。在社会主义市场经济条件下，规范和维护出版物市场经济秩序，强化政府对出版物市场监督管理，是建立全国统一、开放、竞争、有序的出版物市场体系的要求，也是发展社会主义出版产业的重要保证。

第一节 出版物的概念和种类

出版物是出版过程的产物，是出版物市场交换的对象，了解出版物的概念及其具体类型，对于把握出版物市场，加强出版物市场管理具有重要意义。

一、出版物的概念

对于出版物的概念，国内外一些重要的出版专业工具书和一些学者都从不同的角度表述了不尽相同的定义。有的认为："出版物是以存储和传播知识、信息为目的，通过一定生产方式将其复制在特定载体上的著作物。"① 有的认为："出版物是指以传播为目的的存储知识信息并具有一定物质形态的出版产品。"② 有的认为："出版物是出版工作的成果和产品，是积累文化

---

① 彭建炎编著．出版学概论［M］．长春：吉林大学出版社，1991：8.

② 罗紫初著．出版学原理［M］．武汉：武汉大学出版社，1999：8.

的重要工具，又是传播思想、知识、信息的重要媒介。”① 还有的认为：“出版物是以纸张或其他材料印制成某种形式而出版发行的印刷品。出版物随着时代的前进而日益发展，广义包括报纸、杂志等定期出版物、书籍、小册子、地图及其他图画等印刷品。狭义不包括报纸，专指书籍、杂志，这已成惯例。”②

不论从什么角度进行界定，他们对出版物的特征、内涵和外延的表述大体上是一致的。即出版物是经过编辑、复制，具有精神内容，能够传播的作品。可以说，出版物既是精神生产的成果，又是物质生产的成品，是精神生产和物质生产的统一体。

互联网和科技的发展，大大拓展了出版物的内容和载体。出版物可以以图文声像为符号，以纸张、磁、光、电等为载体。出版物的构成要素可概括为四个：精神内容、编辑加工、物质形式和社会传播。由于本书的重点是出版物市场管理，因此，我们根据 1997 年 1 月 2 日国务院发布、1997 年 2 月 1 日施行、2001 年 12 月 25 日和 2011 年 3 月 19 日修订的行政法规《出版管理条例》的规定，按照出版物的载体和制作方式给出版物一个界定，即出版物是指已经出版的作品，包括报纸、期刊、图书、音像制品、电子出版物等。③

二、出版物的种类

出版物作为已经出版的作品及其载体，按照其制作方式不同可以分为印刷出版物、音像出版物、电子出版物和网络出版物等。按照其他标准，出版物还可分为不同类型，如按出版价值划分，可分为正式出版物、非正式出版物；按流通范围划分，可分为公开出版物、内部出版物；按出版性质划分，可分为合法出版物、非法出版物等。④ 本书在《出版管理条例》规定的基础上，按照其制作方式的不同将出版物归为以下四类：

（一）印刷出版物

印刷出版物是指以印刷方式复制，以纸介质为载体，可以重印的非连续

① 中国大百科全书编委会．中国大百科全书·新闻出版［M］．北京：中国大百科全书出版社，1990：63.

② ［日］布川、角左卫门著．申非，等译．简明出版百科辞典［M］．北京：中国书籍出版社，1990：98.

③ 《出版管理条例》第 2 条。

④ 张志强主编．现代出版学［M］．苏州：苏州大学出版社，2003：168-170.

或者连续出版物，包括图书、报纸、期刊。

1. 图书

图书主要是指不定期的非连续出版物，它是用文字、图像、声音或其他符号，按一定的主题和结构组成的一个独立的整体，是复制在可供携带的载体上向公众传播的作品。联合国教科文组织规定，图书是指由出版社（商）出版的，49页以上（含49页）的印刷品，具有特定的书名和著者名，编有国际标准书号（ISBN），有定价并取得版权保护的出版物；5页以上48页以下的称为小册子（pamphlet）。

图书由封面、正文、辅文构成。封面在狭义上仅指封皮（封一），但在广义上封面是护封、封一、封二（又称封里）、封三（又称封底里）、封四（又称封底）、书脊的总称。辅文是正文的辅助文字，包括书名页、前言、目次页、序跋、注释、参考文献、索引、附录等部分。

2. 报纸

报纸是指以刊载新闻和评论为主的定期公开连续出版的散页出版物。英文称为newspaper，意即新闻纸。我国新闻出版总署于2005年9月30日公布的《报纸出版管理规定》中明确规定："报纸是指有固定名称、刊期、开版，以新闻与时事评论为主要内容，每周至少出版一期的散页连续出版物。"①

报纸按不同标准可划分为不同类型。如按出版周期可分为每天出版的日报、晨报、午报、晚报，每周出版一次的周报，每周出版2~3期的周二报和周三报，每10天出版一期的旬报；按读者对象可分为少年儿童报、青年报、老年报、妇女报等；按办报方针，可分为机关报、商业报等；按区域划分，可分为全国性报纸、地方性报纸等。

3. 期刊

期刊也称"杂志"，是指有固定名称，用卷、期或者年月顺序编号，以印刷方式复制的、以纸介质为载体的、成册的连续出版物。联合国教科文组织于1964年11月19日在巴黎举行的大会上，为期刊通过专门的决议，指出："凡是同一标题连续不断（无限期）定期与不定期出版，每年至少出一期（次）以上，每期均有期次编号或注明日期的称为期刊。"②

---

① 《报纸出版管理规定》第2条。

② 中国大百科全书编委会．中国大百科全书·新闻出版［M］．北京：中国大百科全书出版社，1990.

我国新闻出版总署于2005年9月30日公布的《期刊出版管理规定》中对期刊是这样界定的：“本规定所称期刊又称杂志，是指有固定名称，用卷、期或者年、季、月顺序编号，按照一定周期出版的成册连续出版物。”①这个定义的主要精神既符合国际通用标准，也符合我国期刊发展的实际。

期刊一般包括封面、目次页、正文、封底。其中在封面或者目次页上应刊载版本记录，包括主管单位、主办单位、出版者、印刷者、发行者、出版日期、主编姓名、发行范围、定价或工本费、广告经营许可证编号、电子邮箱等。中国标准连续出版物号或准印证编号必须刊载在封底下方。

（二）音像出版物

音像出版物是以磁、光、电等介质为载体，用数字或模拟信号，将图、文、声、像经编辑加工后记录下来，通过视听设备播放使用的出版物。音像出版物根据所记录信号的不同，一般分为录音制品和录像制品两大类别。

《现代汉语词典》对“音像”一词解释为：“录音和录像的合称。”② 国务院于2001年12月25日颁布、2002年2月1日施行、2011年3月19日修订的《音像制品管理条例》规定了音像制品的范围：“本条例适用于录有内容的录音带、录像带、唱片、激光唱盘和激光视盘等音像制品的出版、制作、复制、进口、批发、零售、出租等活动。”可见，音像出版物是指录有内容的录音带、录像带、唱片、激光唱盘、激光视盘等音像制品。

1. 录音制品

录音制品包括录音带、唱片、激光唱盘。根据1996年12月20日关于版权和邻接权若干问题外交会议在日内瓦通过的《世界知识产权组织表演和录音制品条约》规定，“录音制品”系指除以电影作品或其他音像作品所含的录制形式之外，对表演的声音，或其他声音，或声音表现物所进行的录制；而“录制”系指对声音或声音表现物的体现，从中通过某种装置可感觉、复制或传播该声音。根据2002年8月2日国务院颁布、2002年9月15日施行、2011年1月8日和2013年1月30日修订的《中华人民共和国著作权法实施条例》的规定，录音制品，是指任何对表演的声音和其他声音的录制品。

2. 录像制品

① 《期刊出版管理规定》第2条。

② 中国社会科学院语言研究所词典编辑室编．现代汉语词典（第6版）［M］．北京：商务印书馆，2012：1551.

录像制品包括录像带、激光视盘。根据《中华人民共和国著作权法实施条例》的规定，录像制品是指电影作品和以类似摄制电影的方式创作的作品以外的任何有伴音或者无伴音的连续相关形象、图像的录制品。

音像制品与一般印刷出版物相比，具有十分鲜明的特点。它以声音、图像和文本相结合，更为形象、生动、直观，可以运用各种艺术手段、技术手段，多方位调动读者感官，给读者印象更加深刻。

（三）电子出版物

电子出版物是指以数字代码方式，将图、文、声、像等信息编辑加工后存储在磁、光、电介质上，通过计算机或具有类似功能的设备读取使用，并可复制发行的出版物。媒体形态包括只读光盘（CD-ROM、DVD-ROM 等）、一次写入光盘（CD-R、DVD-R 等）、可擦写光盘（CD-RW、DVD-RW 等）、软磁盘、硬磁盘、集成电路卡等，以及新闻出版总署认定的其他媒体形态。电子出版物的类型主要有多媒体出版物、电子图书（e-book）、电子连续出版物、电子版书目数据和部分计算机软件等。

新闻出版总署于 2008 年 2 月 21 日公布的《电子出版物出版管理规定》指出："本规定所称电子出版物，是指以数字代码方式，将有知识性、思想性内容的信息编辑加工后存储在固定物理形态的磁、光、电等介质上，通过电子阅读、显示、播放设备读取使用的大众传播媒体。"① 由此可见，电子出版物应包含存储方式与介质、读取设备、可复制发行几项要素。

与传统的出版物相比，电子出版物具有不同的特点。以它的主要介质 CD-ROM 为例，CD-ROM 具有体积小、容量大、存储数据方便、制作价格低廉的特点，且数据具有不可更改性。采用这种介质制作的电子出版物，在内容和功能方面具有许多明显的优势：可获得性好、信息集成度高、表现力强和方便易用。

可获得性好，是指这种出版物复制容易，可工业化生产和大量发行，有利于拉近书与人的距离。内容集成度高，是指电子出版物能把大量不同类型和不同来源的信息集成在一起，像个小图书馆一样，方便人们利用。表现力强，是指电子出版物能够综合利用图、文、声、像等各种表现手段来表现作品的主题内容，便于人们理解作品的内涵。方便易用，是指携带方便，保存方便，查阅方便，检索方便。②

---

① 《电子出版物出版管理规定》第 1 章第 2 条。

② 赖茂生．从电子到数字出版［J］．电子出版，2002（6）.

（四）网络出版物

我国新闻出版广电总局、工业和信息化部于 2016 年 2 月 4 日发布的《网络出版服务管理规定》第 2 条指出，网络出版物，是指通过信息网络向公众提供的，具有编辑、制作、加工等出版特征的数字化作品。

根据这一规定，我们可以说，网络出版物是指经过选择和编辑加工，登载在互联网上或者通过互联网发到客户端，供公众浏览、阅读、使用或者下载的作品。主要包括：文学、艺术、科学等领域内具有知识性、思想性的文字、图片、地图、游戏、动漫、音视频读物等原创数字化作品；与已出版的图书、报纸、期刊、音像制品、电子出版物等内容相一致的数字化作品；将上述作品通过选择、编排、汇集等方式形成的网络文献数据库等数字化作品；国家新闻出版广电总局认定的其他类型的数字化作品。

网络出版服务，是指通过信息网络向公众提供网络出版物。从事网络出版服务的单位，必须依法经过出版行政主管部门批准，取得《网络出版服务许可证》。网络出版服务单位不得转借、出租、出卖《网络出版服务许可证》或以任何形式转让网络出版服务许可。

第二节　出版物市场的概念和构成要素

出版物是精神文化产品，同时又是商品，商品的经营离不开市场。出版物的生产要按照市场要求来组织，流通要在市场中进行，产品价值的实现也离不开市场。出版产业各个环节的运作都离不开市场，都要遵循市场规律的要求。因此，研究出版物市场，把握出版物市场的规律，是做好出版发行工作，搞好出版物市场管理的基本条件。

一、出版物市场的概念

市场的概念是随着商品交换的发展而发展起来的。最初，由于人类社会的生产力水平低，商品交换也不够发达，当时的市场主要是指商品交换的具体场所，是进行商品交换的地方，是一个纯粹的空间上的地理位置概念。我们之所以将出现于西汉末年的“槐市”称为我国最早的图书贸易市场，就是从这种空间意义上来说的①。后来，随着社会生产和分工的进一步发展，

① 全国出版专业职业资格考试办公室编．出版专业理论与实务（初级）［M］．武汉：崇文书局，2003：250.

商品交换日益频繁，人们的生产和生活对商品交换的依赖程度日益加深，这时，市场的概念也因而有了更为深刻的经济内涵。它不再仅是一个单纯的空间上的地理位置概念，而是一个包括商品交换中的各种经济关系及经济活动在内的综合概念了。

由此看来，现代意义上的出版物市场就包含了狭义和广义两层含义。从狭义上讲，是指具有一定的场地和设施的出版物交易场所，是一个地理位置的概念；从广义上讲，是指出版物商品交换关系的总和。由于本书所探讨的是出版物市场管理，因此，本书所指的出版物市场既包括狭义上的对具有一定的场地和设施的出版物交易场所的管理，也包括广义上的对出版物商品交换关系的管理。

出版物市场与其他商品市场一样，可以从各种不同的角度进行分类。例如，按地域范围可以分为国际市场、国内市场及某一地区市场等；按出版物的种类，可分为图书市场、音像市场等；按购销业务可分为批发市场、零售市场等。我国的出版物市场是社会主义性质的全国统一的市场。它以国营书店为主体，以集体、个体、中外合资、中外合作等经济成分为补充，采取包销、经销、寄销等多种形式，统一服务于社会主义物质文明和精神文明建设。

在出版物出版发行过程中，出版物的发行，在本质上是一种物质产品的交换活动。在现阶段，主要是作为商品销售，因而是一项商品性的经营活动①，存在着商品交换关系，出版物商品要通过商品交换形式走入千家万户。因此，围绕着出版物的商品交换，出版发行单位必然要组织图书的批发与零售，通过图书的批发与零售来满足读者的购买要求。在开展这些活动的过程中，必然会产生各种经济关系，如产销关系、批零关系、发行者相互之间的关系、发行者与读者的关系，以及服务与管理的关系、成本与效益的关系，等等。所以，只要出版物是以商品交换的形式流通，出版物市场就必然存在；同样，只要出版物市场存在，对出版物市场进行管理就势在必行。

二、出版物市场的构成要素

出版物市场作为出版物商品交换关系的总和，它包含了非常丰富的内容。其构成主要有出版物市场主体、市场客体、市场行为和出版物市场监管

① 边春光主编．编辑实用百科全书［M］．北京：中国书籍出版社，1994：467.

组织等要素。

（一）出版物市场主体

出版物市场主体是指出版物商品交换活动的主体，即出版物的经营者，是出版发行活动的具体组织者。出版物市场主体包括出版物的生产者、批发者、零售者三大基本类型。各自以不同的方式参与出版物市场的商品交换活动。这三类主体共同组成出版物市场关系中的“供”方，它们决定着出版物市场上什么时候、以多大数量、什么价格供应什么样的出版物商品；决定着市场供应能在何种程度上适应需求。所以，出版物市场主体是构成出版物市场的首要因素。

（二）出版物市场客体

出版物市场客体是指作为出版物市场交换对象的出版物商品和服务。

一种商品或者服务要成为市场交换的客体，必须具备下列条件：第一，它必须能够满足人们的某种需要，即它必须具有使用价值或者某种效用。没有使用价值的物品或者没有任何效用的服务，不具备交换的能力，不能用于交换，不能成为市场客体。第二，相互交换的商品或者服务必须具有不同的使用价值，能够分别满足交换双方的需要。第三，成为市场客体的商品或服务既要具备有用性，又要具备稀缺性。第四，市场客体之间的交换比例，通过市场主体之间的讨价还价形成①。

商品经济发展到今天，用于交换的市场客体成千上万，不胜枚举，并随着生产的发展和交换范围的扩大而不断地扩大。但我们可以按不同的标准对其进行分类。比如，按市场客体的最终用途划分，可分为用于生产消费的市场客体和用于生活消费的市场客体；按其形态划分，可分为有形的市场客体和无形的市场客体②。

就出版物市场而言，出版物商品是出版物市场活动的劳动对象，是形成出版物市场的物质基础。没有出版物，便没有出版物市场。对于读者而言，出版物是需求的对象，是能够满足自己某种精神文化需求的使用价值；对于经营者而言，出版物是其所耗费劳动的凝结物，是用于与别的劳动者进行交换的劳动价值的实现者。从出版物市场管理的角度来看，出版物必须符合国家法律法规的规定，其内容、形式都必须合法。只有合法的出版物才能上市流通；对于非法的出版物，法律不仅不会给予保护，其生产者、经营者还会

---

① 阎应福，郝玉柱．市场管理概论［M］．北京：中国物价出版社，2002：7.

② 阎应福，郝玉柱．市场管理概论［M］．北京：中国物价出版社，2002：7.

受到法律的制裁。

（三）市场行为

出版物市场主体在获得合法的资格后，要进行相应的市场行为来实现自己的目标。这些行为包括市场价格行为、市场交易行为、合同行为、竞争行为等，通过这些行为出版物市场主体可以获取一定的利润或者提高出版物市场产品占有率。如果出版物市场主体的行为不合法，不仅会引起出版物市场的混乱，影响出版物市场各项功能的正常发挥，还会影响到整个社会经济利益的充分实现。因此，要加强对出版物市场主体的市场行为的管理，保证出版物市场主体合法经营，维护出版物市场秩序。

（四）出版物市场监管组织

出版物市场经济运行中出版物市场主体的活动是多方面的。为了保证出版物市场主体经济行为的规范化和整个出版物市场运行的秩序，对出版物市场活动进行管理的组织机构也必然是多样化和多方面的。它们共同构成了对出版物市场进行监督、管理和调节的组织系统。只有通过这些市场监督管理组织的共同努力、相互协作和配合，才能形成对出版物市场运行状态的有效和严密管理，从而保障出版物市场的统一、开放和有序化。出版物市场监督管理组织包括市场宏观管理组织、市场微观管理组织和民间监督组织。

1. 市场宏观管理组织

市场宏观管理组织是指国家设置的专门性的市场交易活动监督管理组织，主要包括政府的有关职能管理部门，如经济综合管理部门、经济监督检查机构和公安司法部门。其中，经济综合管理部门包括银行、税务机关、财政机关、统计机关以及劳动机关等。出版物市场牵涉社会的各个方面，维持出版物市场的秩序仅靠业务主管部门通过一定的行政手段显然是不够的，还必须通过一些经济手段加以调节。这就需要经济综合管理部门的协助。例如，银行可以通过提供贷款，税务机关可以通过减免税收，财政机关则可以通过书价政策对出版经济活动进行调控。经济监督检查机构包括标准局、计量局、审计局、商检局、海关和工商行政管理局等。出版物市场管理行政机关虽然拥有一定的准立法权和准司法权，这是它区别于其他行政管理机关的一个显著特点，但它毕竟不同于立法机关和司法机关，其准司法裁决的法律效力并不及于法院的司法裁决效力，这一点更突出地反映在打击非法出版活动上。因此，在处理出版物市场活动中的违法事件时，如果该当事人触犯了刑事法律，出版物市场管理行政机关就必须移交公安司法部门处理。

2. 市场微观管理组织

市场微观管理组织是指业务主管部门，主要包括出版行政管理部门（版权管理部门）、文化行政管理部门等。出版行政管理部门的职责之一就是管理出版物市场，负责出版物市场结构的调整，规划整体布局和发展，指导各省的出版物市场管理工作。文化行政管理部门的职责之一是管理互联网文化活动和网络游戏，负责制定互联网文化发展与管理的方针、政策和规划，监督管理全国互联网文化活动。《出版管理条例》第6条规定："国务院出版行政主管部门负责全国的出版活动的监督管理工作。国务院其他有关部门按照国务院规定的职责分工，负责有关的出版活动的监督管理工作。县级以上地方各级人民政府负责出版管理的部门（以下简称出版行政主管部门）负责本行政区域内出版活动的监督管理工作。县级以上地方各级人民政府其他有关部门在各自的职责范围内，负责有关的出版活动的监督管理工作。"①《音像制品管理条例》第4条规定："国务院出版行政主管部门负责全国音像制品的出版、制作、复制、进口、批发、零售和出租的监督管理工作；国务院其他有关行政部门按照国务院规定的职责分工，负责有关的音像制品经营活动的监督管理工作。县级以上地方人民政府负责出版管理的行政主管部门（以下简称出版行政主管部门）负责本行政区域内音像制品的出版、制作、复制、进口、批发、零售和出租的监督管理工作；县级以上地方人民政府其他有关行政部门在各自的职责范围内负责有关的音像制品经营活动的监督管理工作。"② 2011年2月17日文化部颁布的《互联网文化管理暂行规定》第6条规定："文化部负责制定互联网文化发展与管理的方针、政策和规划，监督管理全国互联网文化活动。省、自治区、直辖市人民政府文化行政部门对申请从事经营性互联网文化活动的单位进行审批，对从事非经营性互联网文化活动的单位进行备案。县级以上人民政府文化行政部门负责本行政区域内互联网文化活动的监督管理工作。县级以上人民政府文化行政部门或者文化市场综合执法机构对从事互联网文化活动违反国家有关法规的行为实施处罚。"③ 2010年6月3日文化部颁布的《网络游戏管理暂行办法》第3条规定："国务院文化行政部门是网络游戏的主管部门，县级以上人民政府文化行政部门依照职责分工负责本行政区域内网络游戏的监

---

① 《出版管理条例》第6条。

② 《音像制品管理条例》第4条。

③ 《互联网文化管理暂行规定》第6条。

督管理。”①

3. 民间监督组织

民间监督组织，包括消费者协会、出版工作者协会、印刷协会以及书刊发行业协会等。这些行业组织和行业协会对出版物市场管理起到了协调引导和自我约束的作用。

成立于 1991 年 3 月的中国书刊发行业协会在树立优秀出版社的社会形象、活跃和规范图书市场方面发挥了一定的作用，它通过开展发行理论研究、举办优秀图书联合展销、收集与交流图书经营信息、组织发行人才的培训和提高、协调行业内部的矛盾纠纷、组织会员间经营管理经验交流、规范图书交易活动、组织与国外同行的业务交流等方面，日益显示出行业协会的整体优势。

中国书刊发行业协会颁布的如《全国书刊发行业公约》《书刊出口公约》等在协调会员之间的关系，规范发行者的经营行为，通过自我约束建立起良好的图书流通秩序方面收效显著。

第三节　出版物市场管理的概念和特征

一般来说，市场管理主要指国家对市场的监督管理。出版物市场管理也就是国家对出版物市场的监督管理。明确这一点，对于界定出版物市场管理的概念及其特征具有非常重要的意义。

一、出版物市场管理的概念

我国现代的出版物市场是改革开放以后逐步兴起并发展起来的新兴文化市场，它指出版物从生产领域包括出版社、报社、期刊社等转移到消费者、读者手中的全部过程，是进行出版物生产、流通和交换的场所，是整个出版物商品交换关系的总和。因此，出版物市场管理是指国家为规范出版物出版发行活动，建立全国统一、开放、竞争、有序的出版物市场体系，发展社会主义出版产业，通过特设的行政管理机构对出版物市场主体、市场客体及其市场行为依法进行的管理和监督。

由此，我们知道，出版物市场管理的概念中包含以下几个基本要素：

① 《网络游戏管理暂行办法》第 3 条。

（一）出版物市场管理的主体

一般来说，管理是为了达到某一目标，并保证这一目标顺利实现而进行的有组织的活动。任何管理活动都必须有管理主体，出版物市场管理活动也不例外。我国出版物市场管理的主体是国家，国家通过立法，通过制定行政法规、方针、政策、目标、计划，并授权行政管理机关来贯彻执行，以保证国家利益的实现。在出版行业，代表国家行使出版行政管理权力的特定的主管部门，主要是国家出版行政管理部门（版权管理部门）、文化行政管理部门以及工商行政管理部门等，它们秉承国家授权，依靠国家的法律、法规、方针、政策、目标、计划，对出版物市场主体及其市场行为进行行政监督管理和行政执法。

（二）出版物市场管理的客体

管理是一种行为，一种活动，因此，管理必然要涉及被管理系统，这个被管理系统就是出版物市场主体及其行为，这也是出版物市场管理的客体。

出版物市场主体有广义、狭义之分。广义的出版物市场主体包括出版物市场的管理者、出版物市场经营活动的参加者（出版发行企业、读者）。人们一般将他们分别称为市场管理主体、市场经营主体和市场消费主体。狭义的出版物市场主体仅指从事出版物商品经营活动，以营利为目的的出版物商品经营者。本书探讨的被管理的出版物市场主体，是从狭义上讲的，是指经国家批准进入出版物市场，以营利为目的的出版物商品经营者。

这里我们还有必要区分一下出版物市场管理的客体和出版物市场客体。出版物市场管理的客体是被管理主体即出版物市场主体及其市场行为，而出版物市场客体是出版物市场主体经营管理的对象，主要指出版物商品。

我国的出版物市场是具有中国特色的社会主义的统一市场，是多种经济成分参与的市场。在出版环节，由于出版物对舆论、对人们的思想意识有重要的引导作用，因此，国家规定出版单位的设立采取主管主办单位负责制。在出版物流通环节，为了建立统一、开放、竞争、有序的出版物市场，发展社会主义出版产业，促进社会主义物质文明和精神文明建设，国家允许并提倡多种经济成分参与出版物的批发、零售等活动。因此，在我国出版物市场上，有全民所有制的国有经济、集体所有制的集体经济和私人所有的个体经济等经济成分。2001 年我国在加入世界贸易组织时，承诺开放出版物零售市场和批发市场。即在加入世贸组织一年内开放北京、上海、天津、广州、大连、青岛和 5 个特区的书、报刊零售市场；第二年，开放重庆、宁波及所有省会城市书、报刊零售市场；入世第三年，开放所有城市的书、报刊批发和零售市场，并取消对外资分销企业在数量、地域、股权方面的限制。《出版物市场管理规定》第16条规定，国家允许设立从事图书、报纸、期刊、电子出版物发行活动的中外合资经营企业、中外合作经营企业和外资企业，允许设立从事音像制品发行活动的中外合作经营企业。① 这就意味着现在我国出版物市场上还有中外合资经济、中外合作经济及外商独资经济等经济成分。这些经济成分或者说这些出版物商品的经营者就是出版物市场的主体。作为出版物市场的主体，必然要进行出版物市场交易行为、市场价格行为、市场合同行为、市场竞争行为以及市场信息行为等，要在出版物市场上从事出版物的出版发行活动，其中发行活动包括出版物的批发、零售及出版物的出租、展销等行为，这些行为都是出版物市场管理的对象。因此，出版物市场管理的客体，或者说管理的对象既包括市场主体，同时也包括这些市场主体所从事的各种市场行为及出版物。

（三）出版物市场管理的目标

国家加强对出版物市场进行管理的目标是为了规范出版物出版发行活动，建立全国统一、开放、竞争、有序的出版物市场体系，保持出版经济的有序运行，发展社会主义出版产业。

规范出版物出版发行活动，维护出版物市场秩序是出版物市场管理最基本、最直接的目标。出版物出版发行活动是出版物市场构成要素按照市场规则所实施的行为。市场秩序是市场运行的保障，是出版业发展和市场秩序更新的前提。建立统一的出版物市场秩序是指按照出版物商品经济的内在规律，实行市场主体平等竞争，包括在国内实行不同经济成分、不同经济区域的政策统一、规则统一；在国际市场上按照国际贸易惯例和统一的国际经济法规进行平等竞争，严禁贸易歧视和非关税壁垒等不正当竞争手段。

保持出版经济的有序运行，促进社会主义出版产业的发展是出版物市场管理的最终目标。出版经济的有序运行要靠良好的市场秩序来维系。因为不同的出版物市场主体由于利益的出发点不同，在出版物市场活动中经常发生利益的碰撞，会有各种各样的干扰和冲突。为了避免因这些矛盾引发的市场运行的波动，需要按照市场规则进行市场管理，使市场主体在市场活动中有章可循，有规则可依，以保证出版经济的有序运行。

此外，出版物市场管理还有各项具体的目标。比如，出版物市场主体、

① 《出版物市场管理规定》第16条。

市场客体、市场准入管理目标以及出版物市场主体行为管理目标等。

出版物市场准入管理制度，是通过对出版物市场主体、市场客体进行规范、调整和监管，来维护整个出版行业正常的市场行为秩序。出版物市场主体作为出版物市场行为的基本主体，其质量状况直接决定其行为状况；出版物市场客体是市场供给主体和需求主体的市场行为对象，其质量状况也直接决定着市场秩序的状况。

对出版物市场主体的各种市场行为进行规范、调整和监管，其目标是最终维护整个出版行业正常的市场行为秩序，促进社会主义出版产业的发展。因为良好的出版物市场环境不仅是保障出版物市场主体供求目标得以实现的条件，也是保证政府市场调节和控制措施正常实施的条件，同时还是保障市场主体未来供给与需求行为得以顺利进行的条件。因此，必须对出版物市场主体的各种市场行为进行约束和规范。

二、出版物市场管理的特征

出版物市场管理的概念，是对于出版物市场管理这一特殊的管理现象所作的抽象概括。正是这一特殊的管理现象以及特殊的管理规律将出版物市场管理与其他管理活动如工商行政管理等区别开来。

出版物市场管理有其特定的管理领域、管理对象、管理目标、管理内容、管理方式、管理组织和机构，因而也必然有其特定的管理方面的特征。其特征可以概括为管理主体的权威性、管理对象的综合性、管理过程的系统性和管理方法的多样性等方面。

（一）管理主体的权威性

出版物市场管理的主体是国家，是代表国家行使出版行政管理权力的特定的主管部门。这样的主管部门有出版行政部门、版权管理部门、文化行政部门和工商行政管理部门等。

这些部门代表国家行使出版物市场管理的权力，主要通过行政手段发出命令、批示、规定、指令性计划等，对管理对象而言，具有强制性。

（二）管理对象的综合性

如前所述，出版物市场管理的对象是出版物市场主体及其市场行为。这样出版物市场管理的对象就包括市场经营者，参加出版物市场经营的各种经济成分无一例外都必须接受出版行政部门的管理和监督。

另外，出版物市场管理是对出版物市场经营行为的管理和监督。出版物市场经营行为是连续不断和周而复始的。出版物市场管理也是连续不断的行为，其管理和监督贯穿于市场经营的全过程。市场主体参与出版物市场经营活动，首先必须取得经营活动的资格；必须合法经营，在市场上公平竞争，不得损害国家和读者的利益；必须信守合同，不得侵犯其他经营者（其他经济组织和个人）的合法权益。而出版物市场管理就是通过出版物市场主体准入、市场行为管理等来管理和监督市场主体的行为。出版物市场管理的每一个环节都是相互衔接、缺一不可的。任何一个环节的失误和放松都会影响出版物市场的运行秩序，给国家或读者带来损失。

所以，无论从市场主体的多种经济成分来说，还是从市场行为的多样性来看，出版物市场管理都具有综合性。

（三）管理过程的系统性

这里的管理过程是从系统分析的角度来看管理诸要素、诸环节、诸活动所构成的整体系统过程。出版物市场管理的过程是一个系统管理的过程。

第一，从出版物市场管理来看，既然管理的是市场行为，其管理活动过程必然要上溯到市场行为主体即市场主体，下延到市场行为客体即出版物商品。出版行政部门对出版物市场的监督管理，正是通过对市场主体、市场经营的客体、市场行为等要素的系统管理来进行的。

第二，从出版物市场的运行过程来看，出版物市场管理是对市场主体从进入市场开始（或称市场准入），到在市场上从事各种经营行为，直至退出市场的全过程所进行的管理。这一过程是一个相互联系有机结合的系统过程。

同样的，作为市场客体的出版物商品，也有一个进入出版物市场被用来交换（批发或零售）一直到退出市场进入读者手中的过程。出版行政部门、文化行政部门对市场客体的管理，也正反映在这样的过程中，如禁止非法出版物进入市场、“扫黄打非”等。

市场运行的全过程见图 1-1 所示：

$$市场主体\xrightarrow{进入}市场\xrightarrow{退出}市场$$

$$市场客体\xrightarrow{进入}市场\xrightarrow{退出}市场$$

图 1-1　市场运行的全过程

出版物市场管理正是对这一全过程的系统管理。

第三，从实现出版物市场管理的目标来看，出版物市场管理的所有管理活动，始终围绕着实现其管理目标在进行，即确定管理目标→实现管理目标→反馈管理目标的实现和运行情况→重新修正管理目标。这一管理目标的实现，就是规范出版物出版发行活动，建立全国统一、开放、竞争、有序的出版物市场体系，发展社会主义出版产业，建立和维护社会主义的出版物市场秩序。

（四）管理方法的多样性

出版行政部门对出版物市场进行管理，主要有三种方法：经济管理方法、行政管理方法和法律管理方法，并辅之以其他方法，表现出管理方法的多样性。

经济管理方法是指按照客观经济规律的要求，依靠经济综合部门，运用各种经济手段来管理出版物市场的方法。所谓经济手段，是指在管理活动中运用价格、成本、工资、利润、利息、税收、奖金、罚款等经济杠杆和价值工程以及经济合同、经济责任、经济核算等方法。它是以经济利益为动力，运用物质利益原则管理经济的方法。

行政管理方法是指出版行政部门依靠行政隶属关系、行政管理机构的权威和管理者的权力，运用行政命令、指示、规定等形式来管理出版物市场的方法。

法律管理方法是指通过国家权力机关和行政机关制定、实施法律法规的方法，为社会经济活动设定明确的行为准则，以巩固、发展社会经济和维护经济秩序、规范市场主体的行为。这种管理方法具有规范性、强制性、稳定性等特点。

出版物市场管理机构是行政管理机关，管理出版物市场主要依靠行政管理方法，辅之以法律方法、经济方法。另外，由于出版物对人们精神思想的指导作用，出版行政部门在实施市场管理时，还注重使用法制宣传、政策教育和信息引导等方法。通过这些辅助性的方法，可以逐步提高经营者的法制观念、政策水平及市场竞争能力，从而促进出版物市场管理目标的实现。

三、出版物市场管理的领域

管理的领域是指管理活动所进行的领域，也就是在多大的范围内实施管理活动。确定管理的领域即范围问题，一方面是要确定我们是对哪一个领域、一个多大范围的领域进行研究；另一方面是要明确管理部门的职责范围。

明确管理领域这个问题，是理论研究的重要任务。正如毛泽东同志所指出的："科学研究的区分，就是根据科学对象所具有的特殊的矛盾性。因此，对于某一现象的领域所特有的某一矛盾的研究，就构成某一门学科的对象。"① 特殊的矛盾性，总是存在于一定的现象领域，并在该现象领域里表现出来。可以说，特殊的矛盾性是与一定的现象领域紧密相连的。因此，确定管理的领域问题，有利于深刻地揭示我们所要研究的特殊的矛盾性。

另外，任何管理部门，其管理的范围不可能是无所不包的，也不可能是混乱、模糊不清的。它必须有一个确定的管理范围，就像任何企业都有一个生产经营范围一样，任何管理部门也应有一定的管理范围。否则，就会出现该管的没有管住，不该管的又争着去管的局面。

根据国家新闻出版广电总局的职责范围界定，出版物市场管理的领域主要包括：

（一）出版物商品交换的场所

出版物市场作为出版物商品交换的场所，这是狭义上的出版物市场的概念。这里主要是指有物质载体的出版物的交换场所。不管是出版物的批发也好，零售也罢，它都必须在一定的空间场所进行。即使是网络售书，它也有一个虚拟的网络空间。这个空间场所，也许是批发市场，也许是零售书店，也许是地下黑市，也许在车上、船上或者网络上，等等。只要存在出版物商品交换的地方，都是出版物市场管理的管理领域。

（二）出版物商品交换关系的总和

出版物市场作为出版物商品交换关系的总和，这是广义上的出版物市场。因为出版物商品交换绝不是一方的行为，它是多方的行为。出版物商品交换，实质上是发生交换关系，这种交换关系主要是经济利益关系以及相互的依存关系。从这种意义上说，出版物的商品交换关系的总和就构成了出版物市场。它作为出版物市场管理的管理领域，主要在于出版物交换关系的法律调整，即横向的出版物经营者之间的关系，经营者与读者之间的关系；纵向的出版物经营者与国家及代表国家的行政管理部门之间的关系。

（三）出版物商品交换的延伸领域，即出版物生产和消费领域

出版物商品交换总是与出版物的生产和消费紧密相连的，作为一个完整的过程，没有出版物的生产和消费，出版物的交换是难以实现的。因此，管理出版物的商品交换，就必然要延伸管理到相关的出版物生产和消费领域。

① 毛泽东选集（第1卷）［M］．北京：人民出版社，1966：297.

比如，在出版物的出版阶段，出版者的出版资格问题、书号问题等。再如，当出版物从流通领域进入消费领域以后，一般地说，出版物到了读者手中，出版物商品的交换过程也就完成了，出版物商品已退出了市场。但是，作为实体的出版物商品以及作为一种交换关系，这一市场行为并没有完全结束。当出版物出现诸如质量问题时，作为没有结束的交换关系即刻会在出版物生产者、经营者与读者之间显示出来，而这一关系又是通过法律（《消费者权益保护法》）调整，或者进行行政性调解的。这就是说，作为连接出版、连接读者但又并非存在严格市场意义的领域，仍然具有市场性质。因此，这一领域，同样成为出版物市场管理的领域。

第二章 出版物市场管理的职能和作用

职能是指人、事物或机构的内在功能和应起的作用。管理的职能可以理解为权利和责任相联系的管理组织及管理者，为达到预期的目的而具有的职责和功能。它体现在管理主体所从事的各项管理活动之中，是这些管理活动功能的综合性、本质的概括。一定的管理职能也决定管理组织机构的构成和分工。所以，认识出版物市场管理的职能，对于正确确定出版物市场管理的范围、建立出版物市场管理组织系统，实行管理的科学化，充分发挥出版物市场管理的整体功能，实现出版物市场管理的目标，是十分必要的。

第一节 出版物市场管理的职能

出版物市场管理的职能，是指出版行政部门为建立和完善出版物市场的目标所具备的职责和功能。它由出版物市场管理的性质所决定，并通过管理活动来实现。自我国确立社会主义市场经济体制以来，我国出版业正处于从计划经济体制向市场经济体制转轨的时期，这就决定了政府对出版物市场管理职能的转变。邓小平同志曾精辟地指出："政府只管你该管的事，不要管那些你管不好又管不了的事。"① 严格依法行政，从宏观上加强对出版物市场的监管，才是我国出版行政部门的主要职责。除此之外的微观管理，由具体的各市场管理部门去进行市场监管。出版物市场管理的各部门在对出版物市场进行管理的过程中所行使的职能，大致可分为组织职能、监督职能、控制职能、协调职能。

一、组织职能

所谓组织职能，是指管理主体为实现管理目标，对出版物市场活动中的人、财、物等要素进行组织的职责和功能。它包含对管理客体的组织活动，

---

① 邓小平文选（第1卷）[M]. 北京：人民出版社，1997：288.

也包含对管理主体自身系统人、财、物等要素的组织活动。

出版物市场管理的组织职能是出版行政部门、文化行政部门等管理主体对管理客体依法确认和对各类出版物生产经营者的相互关系、行为规范的组织管理。而对出版行政部门自身的组织职能，则主要是其内部的组织体系、组织构成、组织形式、职责分工及协作关系的建立。

组织职能是出版物市场管理主体职能中最基本的一项。管理主体通过组织职能的履行，对出版物市场主体进行组织和限制，有利于积极培育和促进发展出版物市场体系，以保证出版物市场中各要素的合理配置，也是实现从粗放型经济增长方式向集约型经济增长方式转变的重要手段。

出版物市场管理的组织职能内容比较广泛，主要有：

（1）对出版物市场主体组织形式的审批、核准，即对出版物市场上各种生产经营者的资格进行审批。这是出版行政部门、文化行政部门组织市场主体进入出版物市场的管理活动。

（2）积极组织、支持、发展多种经济成分进入出版物市场进行经营活动。

（3）积极组织、规范各级市场——出版市场、批发市场、零售市场等，推进出版物市场体系的建立和完善，包括制定全国出版物市场结构、布局和发展的规划。

（4）按照社会主义市场经济体制的要求，对出版物市场管理体制进行确立。根据一定时期出版物市场管理的主要任务和出版物市场状况，对自身管理系统的各种力量进行合理分配，形成高效率的出版物市场管理系统。建立组织系统内的工作规范和沟通系统内外的信息网络，组织新闻出版管理队伍、文化市场管理队伍的自身建设。

二、监督职能

监督职能是按照由计划、政策、法规等形式事先确定的各种标准，来观察出版物生产经营者的经营活动，督促其按照国家的要求进行经营，以保证各种规范的贯彻实施。

出版物市场管理主体的监督职能的发挥，对于促进市场机制条件的形成，保证出版物市场形成充分的市场竞争和成熟的市场主体，具有重要的作用。要形成正常的市场运行秩序，管理主体必须充分行使监督职能来进行监控。

出版物市场管理的监督职能，主要是通过对出版物市场主体的法人资格及合法地位进行确认，对出版物市场客体、市场行为进行监督来体现的。

（一）对出版物市场主体的法人资格及合法地位进行确认

通过审批活动来监督各种经营者是否可以进入市场从事出版物的生产经营活动，这是一种事前监督。另外出版单位的年检制度也是一种对市场主体的监督。

（二）对出版物市场客体进行监督

在我国，主要是对出版物的内容、形式、书号以及出版物的质量进行监管；对批发市场上书刊经营者经营的出版物是通过“售前送审”来实现监督管理的。

（三）对各种经营主体的各种市场行为进行监督

对出版物经营主体行为的监督，包括对出版物价格行为、市场交易行为（主要是出版物发行行为）、市场合同行为、市场竞争行为等进行监督，主要是通过市场管理来实现。这种监督，可以使出版物出版发行活动正常进行，有利于满足出版者、出版物经营者、读者的需要，有利于促进出版产业的发展，也有利于保护市场主体的各项权益不受侵犯。

出版物市场监督职能可分为事前监督、事中监督和事后监督。

事前监督，是指事情未发生前就进行预防性的监督。这是一种预防制，具有预防功能，可以起到防患于未然的作用。

事中监督，是对出版物市场主体在市场行为中日常活动的监督管理。它具有完善的功能，通过正常的事中监督，可以及时纠正市场运行中的背离与偏差行为，保护合法经营，取缔非法经营。比如，对出版物市场的稽查就是一种事中监督。

事后监督，是指事情发生后的监督管理。这是一种追惩制，具有补救的功能，主要通过事后的监督执法来实现。通过事后监督，可以使受害者的损失得到一定的补偿，可以起到惩前毖后的作用。

三、控制职能

控制这一概念是与控制的目标直接相关的。没有目标就谈不上控制。

控制职能是为了实现规定的任务和目标，避免管理对象脱离正常运行轨道而进行的管理和制约。

控制职能的特点是使被管理者的行为不偏离目标，或者在其偏离目标时使其尽快得到纠正。

出版物市场管理的控制职能是指出版行政部门根据国家政策需要，社会经济发展计划和一定时期内政治经济体制改革的重点，利用各种手段和措施，对出版物市场主体的市场行为进行有效管理，控制出版经济的发展趋势，纠正出版经济活动中的偏差，使其在良好的市场环境和秩序下进行。

控制职能具有导向性，也就是引导市场主体按市场秩序的规范进行市场行为。

控制职能的作用形式是目标控制和程序控制的有机结合。

出版物市场管理的目标控制，主要表现在出版物市场体系结构控制、市场主体控制、产业结构控制、市场竞争控制以及整个市场秩序维护等方面。出版物市场管理的程序控制，主要表现在生产经营者资格审批，出版物生产经营者总量、结构、布局的规划以及生产经营者年检监督等方面。

概括而言，出版物市场管理控制职能的作用表现在控制出版物市场主体的市场进入、控制市场结构、控制市场行为、控制市场客体等方面。

市场结构主要表现为垄断市场结构状态、过度竞争结构状态和进入不足结构状态。在这些不合理的市场结构状态下，资源配置是不可能优化的。这就需要采取一些杠杆或政策法规措施，逐步地促进市场结构状态发生改变。如对可能出现的垄断状态，通过限制或禁止相关大企业的兼并或限制控股公司的发展来控制；对可能出现的过度竞争状态，可通过增加企业进入市场的行政性政策、程序性壁垒来控制；而对进入不足的结构状态，则可采取放松管制、行政指导、简化管理程序等措施，鼓励或诱导其进入市场。

对市场行为的控制，可通过采取默许、有保留的限制、限制、原则性规定、禁止等措施或手段来进行。

四、协调职能

协调职能是指消除管理诸要素之间以及管理过程各阶段、各环节之间的不和谐现象，加强相互之间的配合能力，达到同步发展的管理过程。

在出版事业发展过程中，由于出版经营主体多元化，客观上存在经济利益的矛盾，管理者要通过协商调节利益主体之间经济利益的矛盾，使矛盾得以缓解，推动出版事业的发展。具体表现在：

（一）根据出版事业发展的需要，及时制定出版管理的政策法规以协调出版物生产经营活动

在出版物市场发展过程中，会出现许多新情况、新问题，如不及时协调，就会造成出版物市场秩序的混乱。出版行政部门作为一个行政执法机关，为了培育、规范出版物市场，就要对出版物市场发展中出现的问题加以分析、研究，拟定新的政策、法规，原有的法规也要根据新形势加以修改、补充，使之协调发展。

（二）协调出版物市场主体之间的关系

在出版物出版发行活动中，各市场主体的根本利益是一致的。但是，它们作为相对的经济实体，自主经营、自负盈亏，具有各自的经济利益。所以，在出版经济活动中，各市场主体之间就难免会产生一定的矛盾，发生一些纠纷。出版行政部门要及时协调这些矛盾，以保证出版物市场健康、顺利地发展。

协调的形式通常有行政协调、市场协调、伦理协调和强制协调四种形式。

行政协调，是通过协调者与被协调者之间存在的纵向的上下级关系，鼓励被协调者接受协调者运用行政手段作出的决定。这种手段通常得到法律的认可。

市场协调，由于在经营者（组织或个人）之间存在着横向的和法律上的平等关系，而且他们都受到盈利动机的推动，因此，他们的经营行为由市场机制决定和协调。

伦理协调，与市场协调相似，在经营者之间存在着横向关系，但他们既不受行政命令的指挥，也不受盈利动机的驱动，而是在互惠互利的基础上，由参加者将基本原则提高到道义或义务的高度，并通过惯例或传统形式确定下来，用以协调相互间的关系。

强制协调，利用上级和一些下属经营者之间的纵向关系，上级对下属施加的一种随意的强力。但与行政协调不同的是，强制协调不必受法律和道德的承认。

出版物市场管理协调职能的方式多种多样，表现在配合、帮助、促进、服务、指导、建议、劝说和激励等多种具体形式中。对个体书商的指导和扶持，对批发市场的建设、促进和参与规划，对合同纠纷的调解和仲裁，对其他经济政策和体制改革的配合等，都是出版物市场协调职能的灵活运用。

第二节 出版物市场管理的作用

出版物市场管理的作用，一方面，可以理解为出版物市场管理在促进社会主义精神文明和物质文明建设中的作用；另一方面，由于出版物市场管理的主体是出版行政部门、文化行政部门，出版行政部门、文化行政部门的一个重要职责就是管理出版物市场，因此，其作用也可以理解为出版行政部门、文化行政部门在社会主义精神文明和物质文明建设中的作用。这些作用具体表现为促进出版物市场主体的发展；培育和促进发展社会主义出版物市场网络体系，完善市场关系；促进市场运行机制条件的形成，并维护市场机制积极作用的发挥；发展社会主义出版产业等方面。

一、促进出版物市场主体的发展

出版物市场主体，是指运行于出版物市场，自主经营、自负盈亏、自我发展、自我约束的出版物商品的生产者、经营者。我国现阶段的出版物市场主体包括：各出版社和各出版社的自办发行机构、国有书店（指新华书店、外文书店、古旧书店）、供销社、集体书店、个体书店（书摊、书贩）以及中外合资、中外合作的出版物零售单位和外商投资的读者俱乐部等。发展出版物市场主体，建立现代企业制度，是建立适应社会主义市场经济的出版物流通体制的基本条件。作为出版物市场主体主要管理部门的出版行政部门，在促进出版物市场主体的发展中发挥着重要作用。

二、培育和促进发展社会主义出版物市场网络体系，完善市场关系

市场体系是出版物商品交换中各种市场相互联系、相互制约的有机的统一体，是适应社会化大生产的发达商品经济要求的产物。要发挥市场机制在资源配置中的决定性作用，必须培育和完善市场体系，规范市场行为，打破地区、部门的分割和封锁，反对不正当竞争，创造平等竞争的环境，形成统一、开放、竞争、有序的出版物市场，这显然是出版行政部门责无旁贷的任务。

三、促进市场运行机制条件的形成，维护市场机制积极作用的发挥

所谓市场机制，是指出版物市场中各个要素（如供需、竞争、价格等）的相互关系，以及运行中的相互联系和作用的统称。由于市场要素的多样性，市场机制也表现为多种形式，如供求机制、竞争机制、风险机制、价格机制，等等。市场机制正是通过竞争机制和供求机制作用，通过价格机制而使市场供需不断地趋向动态平衡的。

出版物市场管理就是通过确认市场主体资格，保证他们有规则地进出市场；通过监督他们的交易活动，保护合法经营，促进公平竞争，维护正常的市场经济秩序，确保市场机制的有效运行，抑制其可能产生的消极作用。

四、发展社会主义出版产业

社会主义出版产业是和社会主义市场经济体制相适应的文化产业。建立和发展有中国特色的社会主义出版产业，是在市场经济条件下繁荣社会主义文化、全面建设小康社会的重要途径。出版活动作为社会主义文化事业和文化产业的重要组成部分，不仅对提高综合国力有巨大的促进作用，而且其自身的发展水平在很大程度上成为一个国家综合国力的重要标志。因此，加强出版物市场管理，对于发展社会主义出版产业具有重要意义。

第三章　出版物市场管理的原则、方法和手段

出版行政部门在维护出版物市场秩序的过程中，必须坚持一定的原则，采取一定的方法和手段。只有明确这些原则、方法和手段，才能充分发挥出版物市场管理的职能，达到出版物市场管理的目标。

第一节　出版物市场管理的原则

出版物市场管理的原则，是指为实现出版物市场管理目标所必须遵循的指导思想、基本要求和行动准则。这种原则贯穿于出版物市场管理过程的始终及管理活动的各个方面，是出版物市场管理的性质、特征、职能的体现，反映了出版物市场管理活动的规律，并且反过来指导出版物市场管理活动。具体地说，出版物市场管理应遵循依法管理的原则、宏观控制与微观管理相结合的原则、直接管理与间接管理相结合的原则、行业自律的原则。

一、依法管理的原则

市场经济也可以说是法治经济。社会主义市场经济必须在公开、公正、公平的环境和条件下运行。而这种环境和条件必须由国家的法律法规来保证。同样，出版事业的发展也是如此。出版行政部门是国家的职能部门，管理活动代表国家意志，这种意志是通过法律和法规体现的。因此，出版物市场管理必须严格依法办事，把各项管理活动纳入法制轨道。

“依法进行出版活动和依法进行出版管理是依法治国、依法行政在出版领域的具体体现。有关出版的法律法规是中国特色社会主义法律体系不可或缺的组成部分。”① 随着我国社会主义法律体系的初步形成，我国出版业已

① 全国出版专业职业资格考试办公室编．有关出版的法律法规选编［M］．北京：中国大百科全书出版社，2003：6.

形成了由宪法、法律、行政法规、行政规章等组成的法律框架。这些法律法规贯彻了马克思列宁主义、毛泽东思想、邓小平理论、“三个代表”重要思想及科学发展观的基本精神，体现了出版工作的指导方针、政策和基本任务，规范了出版行为的准则和必要程序，明确了出版管理的职责，划清了出版活动合法、违法与犯罪的界限，规定了相应的法律责任，为依法进行出版活动和出版管理提供了依据。

出版物市场管理离不开法律法规，法律法规是出版物市场管理的准则和依据。目前，在出版物市场管理方面比较重要的法规包括以下几类：书报刊出版管理，印刷发行管理，音像、电子出版物管理，著作权管理，“扫黄打非”的管理规定等。

在对出版物市场进行管理的过程中，坚持依法管理的原则，其基本要求是：有法可依，有法必依，执法必严，违法必究。

有法可依是指健全和完善出版物市场管理的法律法规体系，使出版物市场管理的每一项具体管理活动都有法律依据，尽量避免盲目性和随意性。这就要求出版行政部门从出版产业发展的需要出发，修改不适应新形势的法律法规，制定新的法规，以适应出版业不断发展的需要。

有法必依是指出版行政部门必须按法律规定办事，只要是已经颁布实施的法律法规，任何机关、团体、企业事业单位和公民个人都必须严格遵守，出版行政部门也不例外，而且还要带头执法、守法。

执法必严是指严格执行法律规定，对任何出版物市场主体的违法行为都一视同仁，严肃处理，不徇私情，更不能知法犯法，违法乱纪。只有严格执法，才能维护法律的严肃性和权威性。

违法必究是指对违法者必须追究法律责任和给予法律制裁。任何机关、团体、企业事业单位和公民个人都不能超越于法律之上，该处罚的一定处罚，该重罚的绝不轻饶。只有这样，才能震慑违法分子，减少违法活动，维护法律尊严。

二、宏观控制与微观管理相结合的原则

对出版物市场进行管理，既要加强宏观方面的控制，又要加强微观方面的监督。

应该说，出版行政部门对出版物市场进行管理的着眼点是宏观调控。通过宣传、落实法律法规，制定市场管理方面的规章、条例，发布行政命令等，告诉出版物生产经营者可以做什么，应该做什么，禁止做什么，以此规

范出版物市场主体的行为，从而维护出版物市场秩序。同时它又具有对微观经济活动实施管理的作用，具体体现在对出版物市场主体的市场准入，出版物生产经营者的市场行为、经营的出版物商品进行监管，以及对出版物生产经营者进行年检和对违法经营行为的查处上。二者都是建立和维护出版物市场秩序不可缺少的环节。

坚持宏观控制与微观管理相结合的原则，主要是处理好宏观控制与微观管理的关系。宏观管理职能要求政府不直接干预企业的生产经营活动，即凡是通过出版物市场能够解决的，政府就不必干预，一定要发挥出版物市场的作用；政府主要是做那些市场不能做或做不好的事情，解决市场不能解决的问题，把该管的事管好。政府要从宏观着眼，从实现宏观调控的要求来对待日常具体的业务活动管理，把每一项管理活动都同宏观调控目标联系起来，而不是孤立地就事论事。只有这样，才能充分发挥出版物市场管理的职能作用，实现管理的目标。

三、直接管理与间接管理相结合的原则

直接管理是指由出版行政部门直接对出版物市场主体实施管理行为，比如，审批出版物市场主体提出的从事出版物出版发行活动的申请，发放许可证；指挥开展“扫黄打非”的工作；对出版物市场进行稽查等。间接管理包括两个方面，一是通过间接的管理手段对出版物市场进行管理，如充分运用国家出版经济政策中的税收、价格、财政、投资、金融、稿酬等政策，通过税务、财政、金融等非出版行业行政管理手段，管理、扶持出版物市场的发展；二是通过间接的管理主体对出版物市场进行管理。①

直接管理与间接管理相结合是指在出版物市场管理过程中，可以充分吸收社会各有关部门的力量，齐抓共管，多种手段并用，加强对出版物市场的管理。比如，针对市场管理人员少、任务重的矛盾，各地可充分发挥社会闲散力量，把有一定文化、责任心强、身体好的老同志组织起来，成立群众性的出版物市场督察网络，及时了解出版物市场行情变化，为管理人员提供出版物市场信息，有针对性地开展工作。又如，在打击非法出版活动的过程中，运输、邮电、工商、海关、文化以及工会、共青团、妇联等群团组织要加强配合，综合运用行政、法律、经济等多种手段，在各个环节都不给不法分子以可乘之机。只有做到群防群治，才能使非法出版物无藏身之地，从而

---

① 朱静雯主编．现代书业企业管理学［M］．苏州：苏州大学出版社，2003：38.

使非法出版活动成为“老鼠过街，人人喊打”。①

四、行业自律的原则

行业自律是指行业组织、行业协会通过制定各种行规、行约来加强行业自身的约束力。

行业组织是由同一个行业的企事业单位自愿组成的经济性团体。它是根据社会发展的需要，特别是市场经济发展的需要，由同一行业的企事业单位为了行业的共同利益自发地、自愿地组成，不带有政府行为的强制性特征，具有自治性或民间性的特征。行业组织介于政府和企业法人之间，代表行业内众多企业法人的利益，是政府与企业间的有益桥梁。其主要职能是代表本行业与政府协商谈判，协调行业发展，推动行业管理和技术水平的提高，解决行业内纠纷，组织对外交流等。尤其是在行业政策制定上，成熟的行业组织影响政府政策导向，使政府的决策更有利于某些行业或某些利益集团，或使政府的决策更接近于现实，从而为政府的宏观经济调控创造条件。

行业协会是生产专业分工和市场竞争发展到一定阶段的产物。当行业迅速发展并逐步走向成熟的时候，行业成员可能会因追求自身的利益而进行不公平竞争或作出其他不利于整个行业发展的行径。此时，行业协会就以监督者和利益关系协调者的身份应运而生。在市场经济发达国家，行业协会具有不可替代的协调、指导功能，它以一种有效的工商业活动管理方式显示出其特有的商业文化传统，呈现出民间组织性、利益公共性、互益性、平等性和开放性等一些重要特征，在国家一些政策和法律的制定、劳资和贸易纠纷的谈判和解决，以及行业标准的制定方面，都发挥着极其重要的作用。②

比如，在美国，出版行业协会对出版行业有着严格的管理，许多在我国由政府行使的管理职能，在美国，实际上是由行业协会行使。美国书业协会的主要作用是：作为行业代表，维护会员利益，协调会员之间关系，举办、参加有关书展，推广会员图书，交流信息，组织科学研究，组织全国图书评奖。特别是全国图书委员会主持的“全国图书奖”，影响很大。另外，美国出版业很重视自律，一些协会都制定自律措施，以约束编辑出版活动。

行业协会一方面代表和维护行业利益，以行业的整体形象就相关问题与

① 张志强主编．非法出版活动研究［M］．贵阳：贵州人民出版社，1998：260-261.

② 杨贵山．行业协会任重道远［N］．中国图书商报，2002-6-20（8）.

有关部门和单位进行联系、沟通和合作；另一方面，行业协会也行使管理的职能，在督促会员遵守和执行国家相关法律和规定的同时，制定共同遵守的规则并提倡自律。

随着我国出版物市场全面对内、对外开放，出版运营模式逐渐多样化，市场经济调节作用的权重日渐增加，政府职能也将逐步实现从直接管理向间接管理、微观管理向宏观管理转变，越来越多的社会工作和行业管理的具体工作将交由行业协会来承担，新的形势迫切需要出版行业协会参与协调、管理，以促进出版业的发展。我国目前的出版工作者协会、印刷技术协会、发行业协会由于资金问题，以及权威性不足等原因，与行政机关存在着无法摆脱的依附关系，所起的作用仅限于培训、组织出版科研活动等，还不是纯粹意义上的行业协会。①

因此，各级出版行业协会应当逐步改变目前依附于行政管理机关的状况，体现出版行业协会的特点和相对独立性。应当配合出版行政部门的宏观调控，制定行业规范和行业标准，协调行业内部的产供销关系，协调统一各类价格，避免生产经营的盲目性和不正当竞争，实行行业自律。以便维护协会成员的利益，保护合法的经营活动，发挥社会监督作用。

第二节 出版物市场管理的方法

管理是人类为了使系统的功效不断提高所从事的一系列活动，而方法则是达成目的的手段、措施、途径等。因此，管理的方法是为了使被管理系统的功效不断提高，而在一系列管理活动中所采取的手段、措施等。具体管理的方法有很多，但是按照对管理最本质的分类，管理方法主要有三种，一是行政管理方法；二是法律方法；三是经济管理方法。

出版物市场管理区别于其他的管理活动，在管理过程中，主要使用行政管理方法和法律方法，但也有经济管理方法的使用。

一、行政管理方法

行政管理方法是指出版行政部门依靠行政隶属关系、行政管理机构的权威和管理者的权力，运用行政命令、指示、规定、任务等形式来管理出版物

① 中国出版科学研究所编．出版改革与出版发展战略研究［M］．北京：中国书籍出版社，1998：16-17.

市场的方法。

行政管理方法具有强制性、直接性、权威性和垂直性。强制性是指下级必须服从上级的命令；直接性是指管理对象的直接指挥和控制；权威性是指上级命令执行的单一性和无选择性；垂直性是指通过行政系统的行政层次由上而下地实行直线式管理。

常见的行政管理方法有指令性计划、行政命令、指示及各种规章制度等。

行政管理方法具有强制性，作用直接，时效性强，是出版物市场管理中不可缺少的重要方法。

当然，行政管理方法也有自身的局限性。单纯依靠行政管理方法管理出版物市场，往往增加管理层次，不利于企业或个人积极性、创造性的发挥，容易脱离实际，甚至发生违背市场经济规律的现象。因此，在运用行政方法管理出版物市场时，一定要深入实际调查研究，从实际出发，按经济规律办事，并重视行政管理方法与经济方法、法律方法的配合运用，避免主观臆断和瞎指挥。

出版行政部门是国家行政管理系统的组成部分，作为出版物市场的主管部门，它的职能范围是由国家依据宪法、法律及行政法规所规定的，是根据国家授权，利用行政机关的权威对出版物市场活动进行的监督管理和控制。

行政管理方法具体运用于出版物市场管理，主要是通过审批、核准、许可、登记、合同管理、民营书业管理、市场管理等具体工作，以及依据由国家机关制定的各项管理条例、规章制度和政策指令等，来直接约束和指导各市场主体的市场行为，协调各种经济成分之间的关系，保护合法经营，制止非法活动，维护出版物市场秩序的。

二、法律方法

法律方法是指通过国家制定的各种法律、法规，来调整出版物市场中发生的各种关系。这种管理方法具有规范性、强制性、稳定性的特点。

规范性是法律方法的首要特点。它明确规定市场主体（企业和个人）在一定条件下可以做什么、不可以做什么、必须做什么、应该做什么、禁止做什么等，同行政命令、决定、指示相比，是更成熟、更具体、更严密、更具权威性的行为准则。

强制性是法律方法的另一特点。法律规范区别于其他社会规范，如政治规范、道德规范等的不同之处，在于法律规范是由国家强制力保证实施的。

法律方法的强制性又区别于行政方法的强制性，法律是人人都必须遵守的行为准则，具有普遍的约束力。

稳定性是法律方法区别于其他管理方法的显著标志。法律是将经济管理活动中行之有效的，比较稳定、比较成熟的，带有规律性的原则、制度和方法，由各级立法机关通过法律、法令、条例等形式固定下来，并用以调整各种经济关系的一种方法。法律方法中规定的行为准则，都是经过反复实践总结出来的，并且经过权威机构发布实施的。一般一经确定就比较稳定，不轻易发生变动，可以反复使用。

法律方法在出版物市场管理中的运用，主要体现在行政法规和经济法规的贯彻和执行上。我国已制定了一系列有关出版物市场管理的法律法规，如《中华人民共和国著作权法》《出版管理条例》《音像制品管理条例》《印刷业管理条例》《中华人民共和国合同法》《中华人民共和国广告法》《中华人民共和国企业法人登记管理条例》《出版物市场管理规定》等，使出版物市场管理工作有章可循，有法可依，提高了出版物市场管理的权威性和稳定性。

三、经济管理方法

经济管理方法是指按照客观经济规律的要求，依靠经济综合部门，运用各种经济手段来管理出版物市场的方法。所谓经济手段，是指在管理活动中，运用价格、成本、工资、利润、利息、税收、奖金、罚款等经济杠杆和价值工程以及经济合同、经济责任、经济核算等方法，它是以经济利益为动力，运用物质利益原则管理经济的方法。

采用经济方法有利于调整各经济组织之间的利益关系，从而激发企业内部活力，促进各方面从物质利益上关心计划目标并努力完成任务。这种管理方法符合客观经济规律，与行政方法相比具有间接性和自发性，作用范围广泛，有效性强。

经济方法以价值规律为基础，也带有一定的盲目性和自发性。在运用经济方法时，必须有统一的方针、政策和计划作指导，既要重视物质利益，又不能片面地把物质利益作为最高准则，要善于结合其他管理方法，综合运用，使之相辅相成，共同发挥作用。

经济方法并不是出版物市场管理的主要方法，但重视经济方法与行政管理方法的结合，重视经济方法在行政管理中的运用，对出版物市场管理有着重要的作用。

第三节 出版物市场管理手段

出版物市场管理的手段，是出版物市场管理方法的具体化，包括经济手段、法律手段和行政手段。本节主要讨论行政管理方法的管理手段，主要包括行政许可、行政强制、行政执法和行政处罚等。

一、行政许可

行政许可，是指行政机关根据公民、法人或其他组织的申请，经依法审查，准予其从事特定活动的行为。出版行业是一个特殊的行业，是一个强调经济效益和社会效益相结合，将社会效益放在首位的行业。为了保证出版行业“传播和积累有益于提高民族素质、有益于经济发展和社会进步的科学技术和文化知识，弘扬民族优秀文化，促进国际文化交流，丰富和提高人民的精神生活”①，从出版单位的设立、经营，到出版物市场主体经营活动资格的取得，都要经过有关国家行政管理机关的批准，未取得经营许可资格而从事出版发行业务活动，是违反国家法律法规的非法活动。

比如，要从事出版物生产经营活动，必须取得出版行政部门或文化行政部门的许可；没有取得出版行政部门或者文化行政部门的许可，当然不能从事相关的经营活动。出版物生产经营许可具体表现为《出版许可证》《出版物经营许可证》。国家允许某管理相对人从事出版物的出版、批发、零售以及出租、展销等活动，通常是通过发放这些许可证来体现的。未经许可，任何单位和个人不得从事出版物的生产经营活动。

二、行政强制

行政强制，是指出版物市场管理机关在维护出版物市场秩序的过程中，为防止危害出版物市场秩序的行为发生，在必要时可以采取强制措施，包括财物强制和行为强制。当然，这种强制与法院按司法程序采取的强制措施不同。这种强制只限于对违法经营者采用财物强制和行为强制。而法院按司法程序采取的强制措施属于法律强制，包括剥夺公民权利的人身强制在内。

比如，根据出版行政执法，特别是“扫黄打非”的实际需要，《出版管理条例》赋予了出版行政部门实施行政强制措施的权力。《出版管理条例》

① 《出版管理条例》第3条。

第7条规定："出版行政主管部门根据已经取得的违法嫌疑证据或者举报，对涉嫌违法从事出版物出版、印刷或者复制、进口、发行等活动的行为进行查处时，可以检查与涉嫌违法活动有关的物品和经营场所；对有证据证明是与违法活动有关的物品，可以查封或者扣押。"

《出版管理行政处罚实施办法》第17条第2款规定："新闻出版行政机关在执法检查中，发现正在印刷、复制、批发、零售、出租违禁出版物或者非法出版物，情况紧急来不及立案的，执法人员可以对违禁出版物或者非法出版物、专用于违法行为的工具、设备依法查封或扣押。"

三、行政执法

行政执法，是指出版行政部门为规范出版物出版发行活动及其监督管理，依照行政执法程序，对违反出版行政法律规范的违法行为，依法给予行政相对方以行政处罚的法律制裁。

国家新闻出版广电总局负责全国出版物出版发行活动的监督管理工作；省、自治区、直辖市新闻出版行政部门负责本行政区域内出版物出版发行活动的监督管理；省级以下各级人民政府新闻出版行政部门负责本行政区域内出版物出版发行活动的监督管理。

（一）新闻出版行政执法证的管理

为了规范新闻出版行政执法行为，促进新闻出版行政执法队伍建设，1998年6月15日，国家新闻出版署根据《中华人民共和国行政处罚法》和《出版管理行政处罚实施办法》，制定了《中华人民共和国新闻出版行政执法证管理办法》。办法规定，新闻出版行政执法证是新闻出版行政执法人员履行新闻出版行政执法职责的有效资格和身份证件，各级新闻出版行政机关的行政执法人员应当依照该办法的规定申领、使用。新闻出版行政执法人员在依法实施行政处罚、行政强制措施、行政执法检查及履行其他法定执法职责时，必须持有并出示新闻出版行政执法证。未按照规定领取新闻出版行政执法证的新闻出版行政执法人员和新闻出版行政机关的其他工作人员，不得从事新闻出版行政执法活动。

（二）文化市场行政执法的管理

为规范文化市场行政执法行为，加强文化市场管理，维护文化市场秩序，促进文化市场行政执法部门及其执法人员依法行使职权，保证法律、法规、规章的正确实施，维护公民、法人及其他组织的合法权益，文化部先后颁布多个文件对文化市场行政执法进行管理。

2000年5月15日，文化部制定了《文化市场行政执法错案责任追究暂行办法》。办法规定，文化市场行政执法错案，是指文化市场行政执法部门及其执法人员，在文化市场行政执法过程中不严格履行法定职责造成严重后果，或者违法行使职权作出错误或者不当处理，或者侵犯公民、法人及其他组织合法权益的案件。

2006年3月16日，文化部制定了《文化市场行政执法管理办法》。2011年12月6日，文化部部务会议审议通过了《文化市场综合行政执法管理办法》，并于2012年2月1日起实施，同时废止《文化市场行政执法管理办法》。办法第34条规定，上级综合执法机构对下级综合执法机构及执法人员的执法行为实行执法监督。综合执法机构接受同级人民政府及有关行政部门的执法监督。第37条规定，在执法过程中有下列情形之一的，应当予以纠正或者撤销行政处罚，损害当事人合法权益的，应当依法给予赔偿：（1）执法主体不合法的；（2）执法程序违法的；（3）具体行政行为适用法律、法规、规章错误的；（4）违法处置罚没或者扣押财物的。

并规定，对执法人员的违法行为，视情节轻重给予处罚。具体如下：（1）滥用职权，侵犯公民、法人及其他组织合法权益的；（2）利用职权或者工作之便索取或者收受他人财物，或者支持、纵容、包庇文化市场违法经营活动的；（3）伪造、篡改、隐匿和销毁证据的；（4）玩忽职守、贻误工作的；（5）泄露举报内容和执法行动安排的；（6）其他违反法律、法规、规章的行为。执法人员在被暂扣执法证件期间，不得从事行政执法工作；执法人员被收回执法证件的，应当调离执法岗位，不得再从事行政执法工作。以此，来规范文化市场行政部门和执法人员的行为。

四、行政处罚

行政处罚是国家行政管理部门对于违反法律法规的行为所给予的一种强制性的处罚。出版行政处罚是指新闻出版行政机关依照《中华人民共和国行政处罚法》和《出版管理行政处罚实施办法》的规定对公民、法人或者其他组织违反出版管理法规所给予的行政处罚。

1998年1月1日起施行的《出版管理行政处罚实施办法》规定，新闻出版行政机关在法定职权范围内负责对下列违法行为实施行政处罚：《出版管理条例》规定的违法行为；《音像制品管理条例》规定的违法行为；《印刷业管理条例》规定的违法行为；其他有关法律、法规和规章规定的应当由新闻出版行政机关给予行政处罚的违法行为。

按照1996年3月17日全国人大八届四次会议通过，1996年10月1日起施行并于2009年修订的《中华人民共和国行政处罚法》的规定，行政处罚的种类包括：

警告。这是对违法情节较轻或尚未造成损害后果的一种处罚。

罚款。这是对违法行为的一种经济上的处罚，一般处违法经营额若干倍的罚款。

没收违法所得，没收非法财物。这是将违法所得、非法财物及非法活动的专用工具和设备等收归国有的处罚。没收的出版物需要销毁的，纸质出版物应当化浆，其他出版物应当以适宜的方式销毁。新闻出版行政机关应当指派专人负责销毁事宜，监督销毁过程，核查销毁结果，防止应当销毁的出版物流失。

责令停产停业。这是针对市场主体出现的具体情况强制其停止生产、停止经营，以解决内部问题的处罚形式，直到问题完全解决后再恢复正常运作。如果停业整顿没有解决问题，则会吊销许可证或者吊销营业执照。

暂扣或吊销许可证，暂扣或者吊销执照。这是指出版行政部门依据法律法规作出的取消出版物市场主体资格，或者取消从事某种经营行为资格的一种处罚。

行政拘留。这是依据行政法律作出的行政处罚，适用于按照相应的行政法律应予以惩戒，但其违法行为尚不构成刑事犯罪的人。行政拘留的目的是处罚和教育一般违法行为的人，行政拘留的最长期限是15天。

法律、行政法规规定的其他行政处罚。

出版行政处罚要履行一定的程序。根据1998年实施的《出版管理行政处罚实施办法》规定，出版行政处罚的程序是：（1）除依照《中华人民共和国行政处罚法》可以当场作出行政处罚决定的以外，新闻出版行政机关发现公民、法人或者其他组织有依法应当给予行政处罚的违法行为的，应当立案查处。（2）行政处罚案件立案后，新闻出版行政机关应当及时进行调查取证。调查取证必须全面、客观、公正，以收集确凿证据，查明违法事实。（3）新闻出版行政机关作出责令停产停业、责令停业整顿、吊销许可证和较大数额罚款等行政处罚决定之前，调查取证部门应当告知当事人有要求听证的权利。（4）违法行为经调查事实清楚、证据确凿的，调查人员应当制作出版管理行政处罚意见书，载明违法事实、理由、法律依据、处罚意见及立案、调查取证情况。调查人员应当依照规定，听取当事人的陈述和申辩。（5）新闻出版行政机关决定给予行政处罚的，应当制作出版管理行政处罚决定书，新闻出版行政机关决定不给予行政处罚的，应当制作不予行政处罚通知书，说明不予行政处罚的理由，送达当事人。（6）行政处罚决定书应当在宣告后当场交付当事人；当事人不在场的，新闻出版行政机关应当在作出行政处罚决定的 7 日内依照民事诉讼法的有关规定，将行政处罚决定书送达当事人。

第四章　出版物市场管理的历史与现状

出版物市场管理作为国家对出版物市场的监督管理，是一个历史范畴，它是人类社会发展到一定历史阶段的产物。研究它产生的历史和发展的现状，了解我国古代、近代、现代出版物市场管理的发展情况，了解出版物市场管理存在的客观必然性及其变化规律，对于不断总结历史经验教训，发展我国的出版物市场管理是十分有益的。

第一节　我国古代的出版物市场管理

由于出版是一种传播文化的活动，各国政府都对出版物的内容、出版方式、出版物市场等制定了严格的管理制度。如我国古代从封建社会起就严禁不符合政府法令、法规和封建伦理道德的出版物出版。对历史的回顾，会有助于我们对出版物市场管理经验的总结，并从中得到有益的启示。

一、我国市场管理的起源

市场管理作为国家对市场的监督管理，是人类社会发展到一定历史阶段的必然产物，是一般商品经济条件下市场运行秩序的要求。在中国古代历史上，自市场形成以来，市场经济活动就受到国家的监督与管理。市场管理的产生有两个基本前提，即市场和国家的形成。作为市场管理的对象，市场是同商品经济紧密联系在一起的。哪里有商品产生，哪里就有市场。市场的形成，是以社会分工和生产资料分属于不同所有者为前提的。早在原始社会末期，市场便随着商品交换而产生，并且随着商品交换的发展而发展。作为一定场所和一定领域中各种商品交换的总和，市场并不存在独立的社会属性，它是一般商品经济条件下所共有的现象。同样，市场管理也是一般商品经济条件下市场运行秩序的要求，当然市场总是一定社会形态下的市场，不同社会形态下市场管理的内容和方式是不同的。作为国家对市场的监督管理，无疑是国家形成以后的事情，所以，市场管理也是国家经济管理职能的客观要求。一般来说，市场管理，主要指国家对市场的监督管理。因此，市场管理的产生以市场和国家的形成为前提。

我国市场管理的产生经历了一个漫长的历史过程。早在原始社会末期，随着社会生产力的发展，农业和畜牧业、手工业和农业相继分离开来。社会分工的扩大，促进了商品生产和商品交换的产生和发展。由于剩余产品的增多，人们之间的交换活动日益频繁起来，出现了最初的集市。据《周易》记载："庖牺氏没，神农氏作……日中为市，致天下之民，聚天下之货，交易而退，各得其所。"① 这大概是我国历史上最原始的集市。

到了西周时期，原始城市产生，货币制度开始建立，商业完成了同生产过程的分离。这一切极大地促进了商品交换的扩大，同时也使商品交换活动复杂化。奴隶制国家根据经济发展的需要，开始对商品交换市场进行管理。

据史料记载，我国奴隶制兴盛的西周时期，在市场的监督和管理上已经有了相应的政策和比较完备的管理措施。具体表现在以下几个方面②：

1. 设立一定的市场管理机构来维护市场秩序

"司市"是掌管商业和市场的最高行政官职，司市以下设质人、廛人、胥司、司稽、贾司、司门、泉府等官员，负责管理市场活动的各个方面，如"质人"掌管市场财货及物价，主管市场秩序；"廛人"掌管市场的赋税活动；"胥司"管理市场货物；"司稽"维持市场治安；"贾司"评定物价；"司门"负责市门，稽查走私；"泉府"掌管钱币，等等。奴隶制国家通过这些职官的设定，构成了一个市场管理的行政系统，从而强化了国家对市场活动的干预和监督。

2. 设立商品交易场所

西周时期市场分为两类，一类为固定市场，另一类为临时市场，此外还有为数众多的农村小集市。固定的"市"设在王城之内，或分封诸侯的国内，以及为适应驿站的需要而设立在诸侯国之间的交通要道上。王城内的"市"就设在王宫后面。临时的"市"是为诸侯会盟及战时临时设立的。农村中的"市"，有的也称为"场"，都是为商品交易而设立的场所。

3. 规定交易时间

据《周礼》记载："大市，日昃而市，百族为主；朝市，朝时而市，商

① 转引自钟文编著．工商行政管理学［M］．武汉：武汉大学出版社，1998：314.

② 转引自钟文编著．工商行政管理学［M］．武汉：武汉大学出版社，1998：316-320.

贾为主；夕市，夕时为市，裨贩夫妇为主。”这规定了不同层次有不同的交易时间。

4. 规定上市物品

按《礼记王制》规定，奴隶制国家的官式物品，如“圭璧金璋”和“命服命车”，宗教迷信用品，如“宗庙之器”和“牺牲”，以及国家暴力工具“戎器”等，一律禁止出售，以防止“僭越”“犯上”，违背礼制。而对允许出售的商品也在质量、规格、颜色等各个方面做了严格的规定，以保护奴隶主贵族的利益。

5. 对市场物价进行管理

国家设置“贾司”专门评定市场物价，任何商品不经贾司评定，不得出售，尤其是对不提倡的商品，要“抑其价而却之”，而对提倡的商品则“起其价而增之”。①

6. 对市场秩序进行监管

一般在市场周围以垣墙围圈，四面设门，只供出入。当时市场一日开放三次，出入大门有官吏执鞭纠察。市内也有官吏巡行，以便防盗，处理纠纷和监视人们的交易活动。

奴隶制国家通过这一系列严格而完备的监管措施，维持了市场正常的经济和社会秩序。

到了春秋战国时期，国家通过直接从事市场活动来对市场进行调控管理。齐国宰相管仲首先提出实行“盐、铁专卖”，将当时稀缺的重要生活资料“盐”和重要生产资料“铁”从生产到销售由国家垄断，以达到“聚财”和“致民”的目的，开以后近两千年官商之先河。秦国商鞅变法，出于抑商的目的，对商人和市场交易活动实行严管重税。②

随着商品生产和交换的扩大，封建社会的商品市场规则和市场管理有了很大的发展。秦统一后，继续推行重本轻末的政策，制定了严格的市场规则。包括对参与市场交换活动的商人采取各种经济的或非经济的手段予以约束；对作为流通货币的布帛、钱币的规格和使用作了统一规定；严令在市场上流通的商品应标明其价格；对外邦人到秦国境内经商，必须先持有关证明到官府登记，等等。

---

① 申长友．市场管理行为规范论［M］．北京：法律出版社，1999：37.

② 申长友．市场管理行为规范论［M］．北京：法律出版社，1999：37.

二、我国出版物市场管理的产生

市场和国家的形成是市场管理产生的前提条件。因此，探究出版物市场管理的产生必须从出版物市场的形成以及国家对出版物的管理政策入手。

秦始皇焚书坑儒是第一次由政府对书籍出版加以管理和控制，开创了文化专制的禁书先例，那是以“禁书令”的方式出现的。秦始皇三十四年(213)，秦始皇在咸阳宫大宴群臣，议朝政。博士淳于越主张学古法，废除郡县制，恢复分封制。丞相李斯即针锋相对，并主张禁止引用古书古制议论朝政，认为“五帝不相复，三代不相袭”“三代之事，何足法也”。秦始皇采纳了李斯的建议，下令禁书：“有敢偶语《诗》、《书》者弃市。以古非今者族。吏见知不举者与同罪。令下三十日不烧，黥为城旦。”① 这是我国历史上政府以颁布法令的方式管理出版物的最早记载。②

但是，由于此时还没有出版物市场，不具备市场管理的前提，所以国家对出版物市场进行管理还是在出版物市场形成以后，即从西汉出现图书市场(槐市产生)，开始了国家对出版物市场的管理。

在我国历史上，图书买卖活动最早出现在西汉。自汉高祖统一天下后，西汉统治者采取了一系列文化措施，以加强封建文化的建设。汉高祖刘邦开国伊始就组织文臣武将整理、编辑书籍。而后的文帝、景帝、武帝及其皇族开始用重金求购先秦古籍，从而引发了图书买卖活动。这些书籍买卖活动具有如下特点：(1) 最早出现书籍买卖活动的时间在公元前 2 世纪；(2) 买卖的主要书籍是先秦旧籍；(3) 买方首先为皇室皇族；(4) 卖方在民间，多为冒着生命危险藏匿旧籍数十年的读书人或其后人；(5) 买书的目的是丰富皇家、封王的藏书，编纂新著，研究学术，兴办官学；(6) 买卖活动是零星的，一次性的；(7) 汉代轻商观念强烈，皇家买书只能以征集书籍的名义，封王买书也只能说是悬赏招至，而民间向他们卖书只能用献书的形式；(8) 书籍价格全凭皇家、封王的赏赐，由于先秦古籍得之不易，总要赏以重金。西汉经济的发展加之统治者重视文化，采取有利的政策措施，图书买卖活动日益频繁。正是在这样的历史条件下，出现了以贩书为业的书

① 史记·秦始皇本纪［M］//黄镇伟．中国编辑出版史．苏州：苏州大学出版社，2003：86.

② 转引自张志强主编．非法出版活动研究［M］．贵阳：贵州人民出版社，1998：23.

肆。继而，又出现了以太学生为交易对象的书籍集市——槐市。槐市的出现，是出版物市场的雏形。

据《三辅黄图》载，“诸生朔望会此市，各持其郡所出货物及经传书记笙磬乐器，相予买卖，雍容揖让，或论议槐下”。① “槐市”作为西汉政权文化教育政策的产物，由于集市时，成千上万的读书人云集在一起，一方面进行学术思想交流，另一方面买卖“经传书记”等物品，槐市不仅对当时的官方教育起了积极作用，也为太学弟子互通有无提供了方便，因此一出现就受到政府的直接影响和监督。如“槐市”每半月举行一次（朔望）。

槐市是由于太学的兴办，众多士人和太学生的聚集，扩大了对书籍的需求，而在太学近旁形成的包括买卖书籍在内的综合性贸易集市。与槐市不同的另外一种专门买卖图书的集市——书肆，也在汉代产生了。据史书记载，“书肆”这种民间书贩在市场上摆设的书摊，至迟在扬雄（前53—18）所处的年代已经出现。扬雄在他的《法言·吾子》中写道：“好书而不要诸仲尼，书肆也。”意即爱好书而不按照孔子的教导去学，那就不是读书，而是开书铺子了。这是有关“书肆”的最早记载。② 书肆以谋取利润为目的，销售的书籍品种丰富，既卖儒家经典、又卖诸子百家的书籍。书肆的出现，促进了图书的流通和利用。历史文献中就有不少生徒到书肆上去看书和卖书的记载。如王充“家贫无书，常游洛阳书肆，阅所卖书，一见辄能诵忆，遂博通众流百家之言”。③ 又如山东宁阳人刘梁“宗室子弟，而少孤贫，卖书于市以自资”。④ 魏晋南北朝时期，书籍的商品流通不断扩大。西晋左思《三都赋》出，“洛阳为之纸贵”。北魏邢劭“每一文初出，京师为之纸贵”。这些显然不完全是指人们相互之间的“传写”，也包括了书贩们的竞相写卖。由南朝任仿《答刘居士》诗中有句“君子之道……学非书肆”，可知此时书肆已相当普遍。

东晋、南朝的都城建康，有许多卖书的书铺。江夏王萧锋为获得广博的知识，派人到建康的市里街巷书铺中，购买各类书籍，“期月”之间便买齐了需要的书，可见建康市上不仅书铺多，而且书的种类比较齐全。

---

① 三辅黄图［M］//罗紫初编著．图书发行学概论（第2版）．武汉：武汉大学出版社，1992：33-34.

② 罗紫初编著．图书发行学概论（第2版）．武汉：武汉大学出版社，1992：34.

③ 后汉书·王充传［M］.

④ 后汉书·刘梁传［M］.

从槐市上交换的书籍到书肆、书铺上流通的图书，都说明图书同其他物品一样已成为商品。而对于商品经营者，封建国家主要通过“登记”和“编审”的方式，将经营者控制和掌握在自己手里。从秦、汉时起，对手工业者实行“匠籍”制，对商人实行“市籍”制。根据当时的法律规定，经营者要从事工商业经营活动，必须先到官府登记，以便取得工作权利的“籍”。这种“籍”，实质上是一种“经济户口”，也是获得官府承认的营业凭证。入“籍”以后，任何人不得随意迁动，并且必须世袭。有“籍”经营者视为合法，无“籍”经营者则予以取缔，还要随时听从国家的征调。到了明、清两代，则实行“编审”制度，即规定设在城市的铺行开业要经过官府的核准，每10年（后改为5年）要向当地官府登记一次，由官府对其资本额、营业及盈亏情况进行审查，然后分别等第立案造册，作为控制工商业经营活动、征收赋税和摊派杂役的根据。这种制度已带有现代工商企业登记管理的雏形。①

三、我国古代出版物市场管理的主要措施

历代封建统治者为了维护封建政府统治和出版业的发展，都通过设立专门机构、制定相关制度、查禁非法出版物、打击非法出版活动等对出版物市场进行管理。具体如下：

（一）设立专门机构

造纸术是中国古代科学技术发展的一项伟大成就。纸的出现，不仅使记录知识、传播知识的工具实现了变革，而且对图书编辑出版事业的形成、发展和社会的进步起到了重大的推动作用。自造纸术发明之后，编辑出版事业不断发展，历代统治者都通过设立专门的机构，如秘书监、省馆阁、国子监、翰林院等，来加强对编辑出版事业的管理。这些机构既是政府的编纂机构，也是中央管理图书事业的机构。

汉代重要的图书典藏编纂机构有石渠阁、天禄阁、麒麟阁、兰台、东观及秘书监等。其中，汉桓帝延熹二年（159），东汉政府创立了我国历史上第一个主持图书编校工作的政府专门机构——秘书监，“执掌图书古今文字，考合异同”②。秘书监的设立开了我国封建政府设立专门机构管理图书

① 参见杨振宇主编．工商行政管理学［M］．北京：中国商业出版社，2000：28-29.

② 黄镇伟编著．中国编辑出版史［M］．苏州：苏州大学出版社，2003：22.

出版事业的先河，对中国图书编辑出版事业的发展起了积极的推动作用。

魏晋南北朝时，政府的编纂机构主要为秘书监①。此后，秘书监便一直作为中央管理图书及编纂事务的独立机构。从晋到隋，秘书监有了较大发展，其人员不断增加。职权范围不断扩大，并逐渐发展成为秘书省。隋文帝废北周官制，恢复汉魏旧制，把秘书省同尚书、门下、内史（中书）、内侍（宦官）并列为五省。秘书监由正三品升格为从二品。秘书郎、著作郎分别升格为从五品、正五品。秘书省编制由隋初的38人增至隋后期的120人。另在管理东宫供奉诸事的门下坊设司经局典校经籍；在太子官署设典书坊，也负责搜购、典校和撰著图书。

唐朝设秘书省掌管图书事业，多次购求与整理天下遗书。秘书省直接由宰相领导，其职责是“掌帮国经籍图书之事”。据《唐六典·秘书省》记载，秘书省的编制有162人，主持全面工作的长官仍称秘书监（1人），副长官称秘书少监（2人），主持日常工作官员称秘书丞（1人）。丞下设秘书郎、校书郎、详正学士（正字）、典书员、楷书手等若干人。还设有熟纸匠、装潢匠、笔匠等若干人。此外，中书省的集贤院、门下省的弘文馆、东宫的崇贤馆和司经局都与发展图书事业关系密切。

两宋时代是我国出版事业空前发达的时代。由于社会的迫切需要和印刷术的普遍应用，宋朝从中央到地方，从政府到个人，官刻、私雕并举，刻书地区遍及全国，刻书内容四部悉备。其中，国子监既是教育机构，同时也是国家出版机构。② 图书的种类和数量大幅增加，出版事业已形成系统和规模。宋代从中央到地方各级政府都设立图书审查机构，选官详定，颁布书籍审查程序，雕刊管理办法等，加强对出版物生产和流通的管理。

元代中央政府主管出版业的最高行政机构为“典领百官，会决庶务”的政务中枢——中书省。元朝时官方图书的出版，以及重要图书的出版，都要呈请中书省批准，并由中书省以“牒”这种公文命令或通知具体管理部门或诸路，才许刊行。《天禄琳琅书目·茶宴诗注》记载：“元时书籍皆由中书省牒下诸路刊行。”③

明清两代（1368—1911）是我国图书出版事业大发展的时代。明政府设翰林院，由翰林院詹事府掌管出版事业；清前期，政府设内三院，后改为

① 黄镇伟编著．中国编辑出版史［M］．苏州：苏州大学出版社，2003：131.

② 周宝荣．宋代出版史研究［M］．郑州：中州古籍出版社，2003：72.

③ 田建平著．元代出版史［M］．石家庄：河北人民出版社，2003：1.

内阁，又另设翰林院，负责图书的编纂和管理工作①。清后期，鸦片战争之后，随着资本主义势力的不断入侵，中国社会的各个领域都发生了巨大而深刻的变化，图书的编辑出版也进入了它的变革时期。

（二）制定相关的制度

由于出版是一种传播文化的活动，出版物对人们的思想、行为有一定的影响作用，因此，我国封建时代各朝政府都对出版物的内容、出版方式、出版物市场等制定了严格的管理制度。

1. 颁布法令，主要是禁印令

早在印刷术发明之前，我国古代就已有了出版物市场管理的记载，那是以“禁书令”的方式出现的。如秦始皇的“焚书令”。

在印刷术发明并在出版业中得到应用之后，封建政府出台更多的法令，加强对出版物以及出版物市场的管理。魏晋南北朝时期，连续出现了多次规模较大的禁书活动。其中，西晋泰始三年（267），武帝司马炎为了保障新政权的稳固，于十二月颁布了一道文化禁令：禁星气、谶纬之学。一个月后，晋代法律《泰始律》颁行天下，这一禁令正式成为其中的法律条款，严禁私自收藏天文、图谶类书籍，违者将被判处两年监禁。② 隋朝对图书查禁，主要是禁藏禁撰谶纬图书。开皇十三年（593）二月，隋文帝下诏：“私家不得隐藏纬候、图谶。”③ 私家不得藏，书肆当然也不能卖，就连秘书监的藏书也要加以清理，谶纬图书一律清除。隋炀帝时期又再次查禁谶纬之书，“乃发使四出，搜天下书籍与谶纬相涉者，皆焚之，为吏所纠者至死”。④ 这个命令是很严厉的，如果私藏或私自出售谶纬图书，被官府查出来要处以死罪。

唐朝主要禁止出售的书，《旧唐书·文宗本纪》载：大和九年（835）十二月“丁丑，敕诸道府：不得私置历日版”。这里记载的是政府下令禁止私自刻印日历的事。据《册府元龟》卷一百六十帝王部·革弊第二，可知这是当时东川节度使冯宿的奏请，他在奏文中说：“剑南两川及淮南道皆以板印历日鬻于市，每岁，司天台未奏颁下新历，其印历已满天下，有乖敬授

---

① 参见肖东发著．中国图书出版印刷史论［M］．北京：北京大学出版社，2001：194-215.

② 黄镇伟．中国编辑出版史［M］．苏州：苏州大学出版社，2003：129.

③ 隋书·高祖纪［M］.

④ 隋书·经籍志［M］.

之道。”① 这说明，当时已有人利用雕版印刷技术进行牟利。由于这些印历“有乖敬授之道”，损害了皇家的权威，冯宿才要求查禁。这是迄今为止发现的有关官方对历书出版活动加以调控的最早记载。②

唐代发生在文化领域的禁书活动不多，唯太宗贞观年间禁毁过一部仅有14页的图谶类小册子《三皇经》。但在当时制定的《唐律》中却有关于禁书的条款，如职制类第二十条：“诸玄象器物、天文、图书、谶书、兵书、七曜历、太一、雷公式，私家不得有，违者徒二年。其纬、候及《论语谶》，不在禁限。”根据高宗永徽四年（653）颁行的《唐律疏议》的注解，其中图书是指《河图》《洛书》一类，其实也属于谶纬的书籍；太一、雷公式属于占卜的书；七曜历是一种受西方七曜占候术影响而产生的不同于官历的历书。③

五代的禁书法令多依照《唐律》，“今后所有玄象器物、天文、谶书、七曜历、太一、雷公式，私家不得有及私自传习，如有者必须焚毁”。较之《唐律》删去了禁兵书一项；“其司天监、翰林院人员并不得将前件图书等，于外边令人看览”，上述禁书，国家天文台和学术研究机构可以作为“内部读物”收藏，不得外借；“其诸阴阳、卜筮、占算之书，不在禁限”，较之唐代的禁书律宽松了。后周太祖郭威于广顺三年（953）下诏规定：“所有每年历日，候朝廷颁行后，方许雕印传写，所司不得预前流布于外，违者并准法科罪。”④ 这一条是根据雕版印刷发明后的新情况，对书坊雕版印卖历书的新规定。

宋朝政府秉着“王者虽以武功克定，终须用文德致治”⑤，以“文德致治”为基本点，形成了以文化成天下的右文国策。其右文国策包括许多方面，积极推进图书出版是其中的重要内容之一。由于宋初统治者极重书籍，所以北宋前期，朝廷提倡图书出版活动，图书出版政策相当宽松⑥。但在宋朝时，一方面，印刷术经过近百年的发展，技术更趋成熟，在图书出版中得

① 王钦若等．册府元龟卷一百六十．帝王部·革弊第二［M］//肖东发著．中国图书出版印刷史论．北京：北京大学出版社，2001：154.

② 参见周宝荣．宋代出版史研究［M］．郑州：中州古籍出版社，2003：135.

③ 参见黄镇伟．中国编辑出版史［M］．苏州：苏州大学出版社，2003：154.

④《宋刑统》卷九·禁玄象器物［M］//周宝荣．宋代出版史研究．郑州：中州古籍出版社，2003：136.

⑤ 李攸．《宋朝事实》卷三《圣学》.

⑥ 周宝荣．宋代出版史研究［M］．郑州：中州古籍出版社，2003：145.

到了更广泛的应用，使宋朝形成的官刻、坊刻、私刻三大出版系统刊刻了许多的经史著作；另一方面，由于商品经济的发展，社会上开始出现金钱崇拜，出版这一方式成为书商们求利的一种手段。在追逐高额利润的过程中，一些书商唯利是图，盗版翻刻其他书商出版的图书。更有书商无视国家规定，刊刻国家禁书。因此，宋朝政府颁布了一系列禁令，从中央到地方，加强对出版物生产和流通的管理。从《宋史》《宋会要辑稿》等文献可知，宋朝几乎每一个皇帝都针对一定的刻书印卖情况颁发过意义明确、内容具体的“禁止镌刻”的诏令以及对违禁者的处罚条例，以便使官方或民间的各刻书机构与印卖者有所遵循。如宋仁宗康定元年（1040）五月颁发的禁印令，是针对当时“访闻”开封书肆多将各类事关国家机密的文字“镂版鬻卖，流布于外”而颁发的①。综观宋朝历代有关出版的诏旨、法令，几乎都是缘于当时情况而颁旨，据臣僚“上言”而“从之”，通过“访闻”而明令的。

另外，两宋朝廷明文规定，凡是可能危及皇权统治的图书，危及国家安全和军政机要的图书，危及皇家尊严的图书，一律禁止刻版和出售。例如，治平三年（1066），监察御使张戬奏言：“窃闻近日有奸佞小人，肆毁时政，摇动众情，传惑天下，至有矫撰敕文，印卖都市。迄下开封府严行根捉造意，雕、卖之人行遣。”② 英宗从之。于是，将该书的编写人、雕印人和销售人追根究底，捉拿归案。

元代统治者实行尊经崇儒、兴学立教、保护百工等有利于文化的政策，客观上有利于出版业的发展。但由于盗版、出版元政府禁止的天文、图谶、阴阳伪书之事时有发生，因此，元政府也有禁令。如《元史·刑法志四》卷一零五中，有如下禁令：“诸告获私造历日者，赏银一百两。如无太史院历日印信，便同私历造者，以违制论。”③

明、清时期是我国古代出版事业史上的一个高峰期，但同时非法出版活动也非常猖獗，盗版、刊印国家禁书等行为屡禁不绝。因此，政府出台了一系列法令，加强对出版物市场的管理。如明代政府规定：“凡造谶纬、妖书、妖言及传言惑众者，皆斩。若私有妖书隐藏不送官者，杖一百，徒三

① 参见黄镇伟．中国编辑出版史［M］．苏州：苏州大学出版社，2003：235.

② 宋会要辑稿［M］．

③《元史·刑法志四》卷一零五［M］//肖东发著．中国图书出版印刷史论．北京：北京大学出版社，2001：193.

年。"① 清代政府同样制定了一系列的法律，对造作刻印者、市卖者、买者以及失察官员进行处罚。"凡造谶纬妖书妖言及传用惑众者皆斩（监候）。""凡坊肆市卖一应淫词小说，在内交与八旗都统、都察院、顺天府，在外交督抚等，转行所属官弁严禁，务搜板书，尽行销毁。有仍行造作刻印者，系官革职，军官杖一百、流三千里；市卖者杖一百，徒三年；买看者杖一百。该管官弁不行查出者，交与该部，按次数分别议处。仍不准借端出首讹诈。"②

正是通过这些法令，加强了对出版物市场的管理，限制了各类非法出版物的泛滥。

2. 事先审阅和事后追查相结合

有时禁印令不一定有效，控制出版物市场的有效手段，还在于事先审阅、"预先控制" 和事后追查、毁版惩治相结合。由事先检查而防患于未然；通过事后追查而清理出版物市场。

早在秦始皇时代，中国就已经有了查禁不利于自己统治的图书的记载。随着印刷术在图书出版中的广泛应用，图书出版越来越容易。为了铲除不利于统治的图书，封建政府经常开展事先审阅和事后追查的行动。

唐朝的市场管理注重对图书商品质量的监督，严禁粗制滥造。不是随便什么人抄写一卷就可以出售的。民间的职业抄书人称经生，首先要经过官府认可，取得合法的职业身份。在抄写的书卷上要有题记，写明经生姓名、校正人姓名、抄书时间、抄书人的所在地址、用纸张数等。抄写售卖佛经，还得写明典师的姓名。当年书卷上的题记，类似现代图书上的版权记录。抄写得错误百出的书，一经发现，官府要追究经生、校正人的责任，也要依法"各杖六十"，并作为"滥造之物" 由官府没收。

两宋时期，为确保书籍的校勘质量，在刊行之前要得到国子监的审查批准。《宋史·职官五》一书中提道："始置书库监字，以京朝官充，掌印经史群书，以备朝廷宣索赐予之用，及出鬻而收其值，以上于官。"③ 由此可知，国子监既管刻印，又经营发行，还负审查管理责任。在法律条文中规

---

① 《明会典》卷一六八［M］.

② 《大清律例》卷二十三《刑律盗贼》［M］//叶再生．中国近代现代出版通史（第1卷）．北京：华文出版社，2002：955.

③ 宋史·职官五［M］//肖东发著．中国图书出版印刷史论．北京：北京大学出版社，2001：183.

定，书坊业不得印卖记录国家大事和机要活动的会要、实录之类书，“即其他书籍欲雕印者，选官详定，有益于学者方许镂版。候印讫，送秘书省。如详定不当，取刊施行。诸戏亵之文不得雕印，违者杖一百。委州县监司郡县国子监觉察”①。宁宗时期，法律规定，“诸私雕印文书，先纳所属申转运使，选官详定，有益学者，听印行，仍以印本具详定官姓名，送秘书省、国子监。诸私雕印文书，不纳所属详定，鈚印卖者，杖一百。印而未卖，减三等”。②

宋代对图书刻印传播的检查大致分两种③：其一，一级查验制。所有出版物在刻印前均须经有关方面“看详”“看定”“详定”“看验”“觉察”，认定无违碍后，方得以雕版印卖。宋代的出版制度严格要求所有出版物都须接受审查，否则不予刻印，并予以严厉处罚。其二，二级查验制。即除了禁令明令不得刻印的书籍外，其他书籍须先由“选官详定”，认为有益于学者，方予以镂版付印，印毕后，往往还不能马上售卖流通，须送秘书省再次查验，无碍后方可入市传播。各选官“详定不当”，则“取勘施行”。宋代在一般情况下，多采用一级审查制，但有时也根据不同情况采用二级审查制，如哲宗元祐年间即采用了严格的二级审查制度。

除了在镂版流通以前采用事先检查制外，统治者还在书市、书肆中随时采用事后追取查验“书坊见刻板及已印者”的方法。各州通判、国子监等也随时会对经“州委官看定”后已刊行的书籍“专切觉察”、搜寻；“掌印经史群书”、具有国家出版机构性质的国子监则是负责图书“搜寻”“缴审”和“监督检查”的最高管理机构，从而把出版传播置于皇帝、国子监和各州委官的层层管辖之下，无论官刻这样的国家出版机构还是坊刻、家刻之类的民间出版机构，无一例外。

南宋年间，由于金兵频繁南下，南宋朝廷唯恐野史著作中记载不利统治之语，于是下令严禁野史。“诸道郡邑书坊所鬻书，凡事干国体者，悉令毁弃。”元代佛道大辩论后，元世祖下令“焚毁《道藏》伪妄经问及板”。明代随着城市工商业的兴盛，市民文学开始出现。明英宗采纳李时勉的建议，

① 宋会要辑稿·刑法禁约［M］.

② 庆元条法事类. 卷十七［M］.

③ 徐枫. 宋代对出版传播的控制体系与手段［J］. 中国出版. 1999（2）；参见中国出版年鉴社编. 中国出版年鉴（2000年）［M］. 北京：中国出版年鉴社，2000：669-673.

对《剪灯新语》进行了查禁。至于清代，除利用编《四库全书》的机会查禁了一批书外，清政府同样不断进行查禁图书的工作。如清乾隆三年，朝廷颁布了下列命令："盖淫词秽说，最为风俗人心之害。但地方官奉行不力，致向存旧刻销毁不尽，甚至收买各种，叠架盈箱，列诸市肆，租赁与人观看。若不严行查禁，不但旧板仍旧刷印，且新板接踵刊行，实非拔本塞源之道。应再通行直省督抚，转饬该地方官，凡民间一应淫词秽说，除造作刻印，'定例'已严，其有收存旧本，限文到三月，悉令销毁。如过期不行销毁者，照'买看罪'治罪。其有开铺租赁者，照'市卖例'治罪。该管官员任其收存租赁，明知故纵者，照'禁止邪教不能察缉例'，降二级调用。"以后，清政府又不断颁布查禁淫词小说、戏剧的命令。地方上，一些官员也秉承皇帝的旨意查禁图书。如清同治七年（1868），江苏巡抚丁日昌发布查禁淫词小说的通饬令，"严饬府县，明令限期，谕令各书铺，将已刷陈本，及未印板片，一律赴局呈缴，由局汇齐，分别给价，即由该局亲督销毁"，一共查禁淫词小说121种，后又查禁淫书34种，是清朝开出禁毁书目最多的一次。①

3. 实行奖励制度

作为一种社会控制手段，历代统治者对出版物市场的控制不仅有严厉的行政检查制，有强制性的处罚手段，还包含引导、激励受控者，调动民众积极性的奖励措施，从而使整个出版业置于广泛的社会监督之下。

如宋代所颁布的有关刻书印刷的法令中，就有不少关于奖励举报者的条款。如仁宗康定元年（1040）五月诏："许人陈告，勘鞫闻奏。"哲宗元祐五年（1090）七月诏："告者赏缗钱十万。"徽宗大观二年（1108）三月诏："可检举行下。"徽宗政和四年（1114）开封府奏："赏钱五十贯，许人告。"徽宗宣和四年（1122）又从臣僚之进言，诏："许诸色人告，赏钱一百贯。"宁宗庆元年间所颁的《庆元条法事类》规定："许人告。"宁宗嘉泰二年（1202）七月诏："委自帅、宪司严立赏榜，许人告捉，月具有无违戾。"②

依宋律制，并非所有违法行为均允许告发，告发要受许多限制。但宋代统治者为了达到控制整个雕版印刷和图书传播活动的目的，不惜屡屡下诏，

① 张弦生．清代查禁"淫词小说"与丁日昌的通饬令［J］．中国出版．1995（5）．

② 徐枫．宋代对出版传播的控制体系与手段［J］．中国出版．1999（2）；参见中国出版年鉴社编．中国出版年鉴（2000年）［M］．北京：中国出版年鉴社，2000：669-673.

“许人告”“陈告”“检举”“告捉”“严立赏榜”，等等。告发分两个方面，一是自愿告发，二是以优厚的钱财吸引人告发，奖金“钱十万”“五十贯”“一百贯”不等。可见，宋代统治者在运用行政检查时，还常常伴之以奖赏措施，使“立法禁勘”“看验校定”与“严立赏榜”有机地结合起来，共同构成了对整个出版物市场进行行政控制的体系，以达到提高整个出版物市场控制功效的最终目的。

4. 进行版权保护

我国古代虽然没有版权保护的法律、法令，但出版者为防盗版还是采取了一些措施来保护自己的出版物，如有的出版者自己在书上刊刻声明，强调他人不得翻刻；有的出版者向官府提交“申禁”报告，请求官府保护；还有的出版者采取特殊手段防止翻刻。这些早期的保护措施催生了版权保护制度。

（1）自己刊刻牌记并声明翻刻必究。从宋代《东都事略》的牌记和声明算起，我国古代很早就产生了版权保护意识。为了使自己刊刻的图书不被盗版，一些书商往往在书上刊刻声明，强调他人不得翻刻。自宋元以后，书籍牌记中常有“不许翻刻”“不许重刻”“敢有翻刻必究”“翻刻千里必究”的字样，以至“版权所有，翻印必究”一直沿用至今。如明万历刻本《新镌海内奇观》一书的扉页牌记上刻有“武林杨衙夷白堂精刻，各坊不许翻刻”的声明。明崇祯刻本《道元一气》书前有下列告示：“倘有无知利徒影射翻刻，誓必闻之当道，借彼公案，了我因缘云。”一些书坊还专门设计了不同形式的牌记，帮助读者鉴别，如明万历年间北京叶氏书坊以麒麟为专用牌记；福建建阳熊氏种德堂书坊以八卦为牌记；明万历萧山来氏刻本《宣和印史》以汉佩双印为专用牌记，并强调：“恐有赝本，用汉佩双印印记，慧眼识之。”这种主动防护措施能起到一定的保护作用。①

（2）请求官府保护。我国古代虽然没有专门的版权保护法令，但从事图书出版的“有力之家”，可以呈请地方政府的保护。为防止他人盗版，私人刻书者往往向官府提交“申禁”报告，待批准后，便可将官府的批文张贴告示，如发现有人盗版，就可向官府申告，由官府给予处罚。这一风气早在宋代就有了。如南宋嘉熙二年（1238）祝穆刊刻的《方舆胜览》书后就印有两浙转运司的告白：“……窃恐书市嗜利之徒，辄将上件书版翻开……

① 转引自张志强主编．非法出版活动研究［M］．贵阳：贵州人民出版社，1998：26.

照得雕书。合经使台申明，乞行约束，庶绝翻版之患。……容本宅陈告，乞追人毁板，断治施行。……右令出榜……晓示，各令知悉。如有似此之人，仰经所属陈告，追究毁板施行。故榜。”① 这一风气一直延续到清末。如清光绪二十八年（1902）上海广智书局铅印的《哲学要领前编》封二上同样有清地方政府的版权保护告示两则：强调各书贾“毋得任意翻印渔利，倘有前项情弊，定行提究不贷……”② 清宣统二年（1910），清政府颁布了中国第一部著作权法——《大清著作权律》③，强调著作物呈请注册后，他人不得翻印仿制。这都是请求官府保护的实例。

（3）采用特殊手段防止翻刻。为了防止所刻图书被翻刻，一些书商还想出一些特殊手法。明冯梦龙《智囊》中曾有这样的记载：“吴中镂书多利，而甚苦翻版。俞羡章刻《唐类函》将成，先出讼谍，谬言新印书若干载往某处，被盗劫去，乞官为捕之。因出赏格募盗书贼。由是《类函》盛行，无敢翻者。”④

（三）查禁出版物，打击非法出版活动

历代封建政府查禁的出版物类型主要是那些违背封建政府的法规、法令的图书。这些图书的表现形式主要有：

1. 谶纬之书、妖书

谶纬之书是自西汉时期开始出现的托名孔子所作的一类伪书，内容是以符瑞谶语来推断兴亡盛衰。而妖书是指凡内容威胁到统治者统治的妖书，如阴阳术数之类等。由于这类图书往往预测朝代的变迁和人事的变幻，并常常以“上天”的身份出现，增加了它的蒙蔽性，不利于社会的稳定，因此，历代封建政府都对谶纬之书采取严禁的政策，对敢造谶纬之书者给予死刑，对撰写、流传妖言妖书者处以绞、“流三千里”等重刑的惩罚。

东汉开国之主刘秀利用纬书上的预言作为宣传手段，登上皇帝宝座，使得谶纬之书在东汉特别流行。魏晋南北朝时期，许多开国之君也都利用谶纬之书作为自己登台的宣传工具，而当他们取得国家政权后，又特别害怕别人

① （清）叶德辉．书林清话卷二·翻板有例禁始于宋人［M］．

② 转引自张志强主编．非法出版活动研究［M］．贵阳：贵州人民出版社，1998：27.

③ 沈仁干．我国第一部版权法——《大清著作权律》简说［J］．出版工作，1985（2）：42-44.

④ 冯梦龙．《智囊》二十八卷《唐类函》［M］//张志强主编．非法出版活动研究．贵阳：贵州人民出版社，1998：28.

重施他们的故伎。所以从西晋开始，就禁止谶纬之书在民间流行。晋武帝泰始三年（267）十二月，“禁星气、谶纬之学”这条禁令还正式成为第二年晋代法律《泰始律》的有关条款①。这是西晋图书管理政策方面的一大特点。

隋朝统一中国后，沿袭南北朝时期的做法，对谶纬书籍严加禁绝。隋文帝于开皇十三年（593）曾下诏，禁止民间私藏纬候、图谶。至隋炀帝时，更派使四出，严厉地实行对谶纬书的禁令。到了唐代，统治者已把对书籍的管制法制化、经常化。唐太宗贞观年间制定了国家法典《唐律》，其中“玄象器物”条及“造妖书妖言”条都涉及对书籍的管制。

2. 反对派的著述

历代政府内部都会有反对派出现。这些反对派的著作中往往有不利于封建统治的内容。为了消除不良影响，历代政府都对反对派的著述以及一些有异端思想的著作进行查禁。如北宋政府推行王安石的变法后，苏东坡作诗讥谤新政，酿成“乌台诗案”②。此后，苏氏父子（苏洵、苏轼、苏辙）以及苏门弟子（如秦观、黄庭坚等人）的著作都遭到查禁和毁刊的处罚。明朝李贽公然反对“以孔子之是非为是非”的儒家伦理道德，深受世人的欢迎，一些出版商争着刊刻他的著作，“见刊于四方者，不下数十百种”③。随着李贽被当局捉拿治罪，他的著作也遭到了毁版的命运。清末查禁维新派的著述，同样如此。

3. 涉及国家机密之书

封建政府同样对涉及国家机密之书严加查禁，以防流传。如两宋时期，宋政府与辽金政权长期对峙。宋仁宗年间，京师“书肆之家”“多将诸色人所讲边机文字，镂板鬻买，流布在外”，宋政府于是令“开封府密切根捉，许人陈告”。以后，宋哲宗于元佑五年（1090）发布禁令：“凡议时政得失，边机军政文字，不得写录传布。本朝会要、实录不得雕印。……内国史、实录仍不得传写。……”④

---

① 转引自黄镇伟. 中国编辑出版史［M］. 苏州：苏州大学出版社，2003：129.

② 周宝荣. 宋代出版史研究［M］. 郑州：中州古籍出版社，2003：105-115.

③ 武新立. 明清稀见史籍叙录［M］//张志强主编. 非法出版活动研究. 贵阳：贵州人民出版社，1998：20.

④《宋会要辑稿》刑法二之三八［M］//周宝荣. 宋代出版史研究. 郑州：中州古籍出版社，2003：118.

4. 有害社会风气的著作

封建政府提倡符合自己的统治思想的图书。随着社会的发展，尤其是明清时期，随着工商业的繁荣，市民文学开始出现。这些作品中往往涉及爱情和性的描写，与传统的封建道德不相符合。如明代政府查封的《剪灯新语》等书，清地方巡抚丁日昌查禁的《西厢》等"淫词小说"均是。

5. 其他不符合封建政府法令的图书

为规范出版秩序，封建政府颁布了一些法令，如违背这些法令，同样要受到查处。如印刷术在图书出版中得到应用后，一些书商用它印刷历书。但印出的历书质量很差，不利于农业生产。唐代就有严禁"私置历日版"的记载。后周广顺三年（953）也有"所有每年历日，候朝廷颁行后，方许雕印传写"① 的规定。宋初沿袭了后周允许民间翻印官颁印历的规定，但书商们为了抢占市场，往往在司天监颁布新历之前，竞相将私撰历书雕印上市，从而带来极大的混乱。于是，宋神宗时朝廷就彻底禁止民间印造历书了。据史载：熙宁四年（1071）二月二十三日，宋神宗下诏"民间毋得私印造历日；令司天监选官，官自印卖；其所得之息，均给在监官属"②。中国古代对向官府申请了版权保护的图书给予版权保护，如敢盗版，即属违法。此外，历代政府还有一些规定。如南宋时，各书坊大量刊刻巾箱本，以供科举考试时作弊。为严肃考试，宋宁宗曾下令"禁毁小板"③。明朝政府规定，官刻书籍，可照原样翻刻，但不准另谋板式，更不准改刻成袖珍版。"如有违谬，拿问重罪，追版划毁，决不轻贷。"④

第二节　我国近代的出版物市场管理

我国的近代社会是指从 1840 年鸦片战争爆发到 1949 年中华人民共和国成立前这一半殖民地、半封建社会的特定历史时期。从鸦片战争爆发，外国资本主义入侵开始，我国封建社会经济形态逐渐演变为半殖民地、半封建社会经济形态。在 1840—1949 年间，我国的经济被迫由封闭型向开放型转变，

① 《宋刑统》卷九 · 禁玄象器物［M］//周宝荣．宋代出版史研究．郑州：中州古籍出版社，2003：136.

② 《宋会要辑稿》职官一八之八四［M］.

③ （清）叶德辉．书林清话卷二［M］.

④ （清）叶德辉．书林清话卷七［M］.

由自然经济向商品经济转变，我国社会的各个领域都发生了巨大而深刻的变化，出版物的编辑出版以及出版物市场管理也进入了它的变革时期。

一、清朝后期的出版物市场管理

从鸦片战争到清朝灭亡的70年间，我国的出版物无论从形式还是内容方面都发生了很大的变化，与以前相比，不仅类型多样（除图书以外，出现了报纸、杂志），数量剧增，而且出版物的编辑出版和政治斗争、经济文化发展的关系更加紧密，出版物的社会作用越来越大。在近代，各阶层、阶级、党派都通过出版书刊来宣传他们的政治思想，西方各种先进的文化与科学知识也通过书刊这一载体得以传播。为了加强对出版物市场的管理，清政府采取了一系列的政策、措施，如制定出版法、版权法等，来管理出版物市场，民间出版机构也组成书业商会来加强对出版物市场的协调。

（一）近代出版法的萌芽——大清印刷物件专律

早在乾隆四十三年（1778），清政府颁布的《大清律例》① 就有两条规定：一是“凡妄布邪言书写张贴，煽动人心，为首者斩立决，为从者斩监候。若造谶纬妖书妖言，传用惑人，不及众者，改发回域，给大小伯克及力能管束之回子为奴。至狂妄之徒，因事造言，捏成歌曲，沿街唱和，及以鄙俚亵慢之词，刊刻传播者，内外各地方官即时察拿，审非妖言惑众者，坐以不应重罪”。二是“凡坊肆市卖一应淫词小说，在内交与八旗都统、都察院、顺天府，在外交督抚等，转行所属官弁严禁，务搜板书，尽行销毁。有仍行造作刻印者，系官革职，军民杖一百，流三千里。市卖者杖一百，徒三年。买看者杖一百”。

1905年，在革命形势的推动下，清政府被迫推行“预备立宪”，开始制定颁布一系列专业法规。1906年，商部、巡警部与学部共同拟订颁布了《大清印刷物件专律》。《大清印刷物件专律》分“大纲”“印刷人等”“记载物件等”“毁谤”“教唆”“时限”6章，合41款②。规定“凡以出版、印刷或发卖各种印刷物件为主”者，必须到“所在营业地方巡警衙门呈请注册”，巡警衙门再向京师印刷注册总局申报。“凡未经注册之印刷人，不

① 转引自叶再生．中国近代现代出版通史（第1卷）［M］．北京：华文出版社，2002：955.

② 叶再生．中国近代现代出版通史（第1卷）［M］．北京：华文出版社，2002：956-962.

论承印何种文字图画，均以犯法论”。印刷出版物均应“明白印明印刷人姓名，及印刷所所在”。出版印刷物必须报请地方巡警衙门注册，经核准后始可印刷发行。凡印刷物有毁谤性言论者，如属毁谤私人，按普通毁谤处罚；如毁谤皇帝、皇族或政府，专律上称作“讪谤”，要从重从严处罚。此外，该律给地方各级官吏授予很大的权力，规定他们有权受理对印刷物的指控，逮捕被告和随意封闭印刷所。《大清印刷物件专律》极少给出版人和著作人的合法权益以应有的保护，反而无端地增加了许多束缚和限制，为迫害出版人和著作人提供了许多口实。

（二）版权法

随着近代出版事业的不断发展，要求保护版权的呼声日益高涨，从19世纪到20世纪初，出现了许多保护版权的事例：

1901年，由文汇书局印行的陆钟渭《四书五经义策论初编》一书，其扉页反面印有“书经禀请商务局存案翻刻必究”字样。

1903年，严复翻译的《社会通诠》出版。出版时，他与商务印书馆签订版税合约，合约规定：“此书版权系稿、印两主公共产业。若此约作废，版权系稿主所有。”“此约未废之先，稿主不得将此书另许他人刷印。”“此书出版发售每部收净利墨洋五角。”“此书另页须粘贴稿主印花。”这是我国第一个版税合同，它具体规定了当事人双方各自的权利和义务，对双方同时起着约束和保障作用，以前空洞的版权声明至此得到了具体落实。这一合约实际上成为我国版权立法的先声。

1904年，严复翻译的另一本书《英文汉诂》由商务印书馆出版，版权页上有“侯官严氏版权所有翻印必究”的版权印花。这是我国使用版权印花最早的实例。至此，我国版权用语已趋规范。

1905年，蔡毅若著《传音快字》在武昌用木版雕刻再版，书后也出现版权页，有“禀官立案，不准翻印”的方框标志。

1908年，清政府委托当时驻柏林的代办和商务参赞，以观察员的身份参加了国际版权条约——《保护文学艺术作品伯尔尼公约》成员国在柏林修订公约的大会。

1910年，清政府颁布了中国第一部版权法——《大清著作权律》①。该章程分通例、权利期限、呈报义务、权利限制、附则等5章55条。规定：

① 沈仁干．我国第一部版权法——《大清著作权律》简说［J］．出版工作，1985（2）：42-44.

"著作权归著作者终身有之；又著作者身故，得由其继承人继续至三十年。"还规定，法令、公牍、劝诫文、报载的新闻、论说、公开的演说为没有著作权的著作物。有些著作物通行已久者，或者年限已满、著者亡故无继承人的著作物，可以任人翻印。该律对侵犯版权者也作了具体的处罚规定，内容比较详细。

清政府颁布的《大清著作权律》明显地带有欧美版权法的印迹。该法颁布一年之后，清政府即垮台，这一法律条文随即废除，所以它实际上没有起多少作用，但它对1915年北洋政府版权法和1928年国民党政府版权法的制定产生了较大影响。

（三）书业商会

早在清康熙七年（1668），在出版业最集中的苏州地区就成立了同业集议的机构——崇德书院，用以解决书商之间在版权及其他方面的纠纷。咸丰十年（1860），崇德书院在太平天国的战争中被焚毁，书商大多逃离苏州，避往上海，这一书业公会性质的组织于无形中解散。

清同治十三年（1874），金国琛、席威、吴寿朋等又于苏州成立书业崇德公所。后来，朱槐庐、黄熙庭等复在上海组织书业崇德公所会议办事处。当时恰逢石印术兴起，新式近代资本主义出版企业力量不断强大，旧式书商所组织的崇德公所会议办事处成立不到两年即自动解散。

1906年颁布的《大清印刷物件专律》给出版机构增加了许多束缚及限制，这就促使刚刚兴盛起来的资本主义出版企业开始走向联合，它们利用旧式的书业商会的形式组织起来，以保障同业的利益。当时上海出现了两个书业联合性组织，一个是上海书业公所，另一个是书业商会。上海书业公所由叶九如、夏育芝等人发起，赁英租界小花园1号为事务所，举席子佩、夏瑞芳等为董事。书业商会由从书业公所中分离出来的一批人组成，以俞复为正会董，席子佩、夏颂莱为副会董，夏瑞芳为经济董事，陆费逵为书记。

书业商会在协调出版机构内部纠纷，争取出版机构正当权益等方面发挥过一定的积极作用。

二、民国时期的出版物市场管理

民国时期，由于西方现代印刷技术的引进和文化教育的发展，我国出版业逐步摆脱传统的雕版印刷技术，开始采用铅印、石印技术。技术的更新带动了出版业的大发展。尤其是"五四"新文化运动以后，出版界出现了一批新式出版机构，这些出版机构对推动我国出版业的发展作出了极大的贡献。但同时，也出现了一些以赚钱为唯一目标的书商，他们胡编乱造，盗版翻印，唯利是图，造成了出版业的混乱。另外由于当时是在国民党的黑暗统治时期，国民党为维护其反动统治，对进步出版物的查禁、打击非常严厉，于是许多进步人士及我党工作者，不得不采取各种方式出版图书、刊物。如假称根本不存在的出版机构印制出版物，创建地下印刷厂，假称图书封面，改换书名等以利革命宣传。于是，在出版物市场上，革命与反动、进步与倒退、迫害与反迫害的斗争持续不断。反动统治者利用手中的权力，一方面颁布各种法令，控制图书报刊的编辑出版，另一方面查禁查封革命、进步书刊，迫害进步人士，加强对出版物市场的控制；而出版界的进步人士与之进行了针锋相对的斗争，一方面翻译编辑出版进步优秀书刊，另一方面则团结一切可以团结的力量，反对迫害，揭露反动统治者的阴谋，为争取出版自由而斗争。

（一）各出版法令对出版物市场的管理

中华民国成立以后，以孙中山先生为首的资产阶级革命党人制定了《中华民国临时约法》，其中第6条第4款规定："人民有言论、著作、游行及集会、结社之自由。"当时我国出版界曾一度出现蓬勃发展的好局面，但是很快，袁世凯窃取了中华民国大总统权力，对出版物开始实行严格控制，"临时约法"成为一纸空文。

1914年12月5日，袁世凯控制的北洋政府制定了出版法①，全文共23条。其中第11条规定："文字图画有左列各款情事之一者，不得出版：一、淆乱政体者；二、妨害治安者；三、败坏风俗者；四、煽动曲庇犯罪人、刑事被告人或陷害刑事被告人者；五、轻罪、重罪之预审案件未经公判者；六、诉讼或会议事件之禁止旁听者；七、揭载军事外交及其他官署机密之文书图画者，但得该官署许可时，不在此限；八、攻讦他人隐私，损害其名誉者。"第12条规定："在外国发行之文字图画，违反前条各款者，不得在国内出售或散布。"该法还对出版物的申请禀报作了种种限制。

1915年，北洋政府又颁布了著作权法，分"总纲""著作人之权利""著作权之侵害""罚则"以及"附则"5章，共45条。它是在清政府《大清著作权律》的基础上加以修订的，所以内容基本沿袭了清政府的《大清著作权律》。北洋政府对进步政治观点的出版物十分仇恨，特别在报刊案例

① 叶再生．中国近代现代出版通史（第2卷）［M］．北京：华文出版社，2002：1258-1260.

中把学校学生与精神病患者、被剥夺公民权利的犯人列在一起，规定都没有资格充当发行人、编辑人和印刷人。把不准学生办报定为法律，这在世界出版史上也绝无仅有。

1928 年 5 月，国民党政府颁布了著作权法，其第 22 条规定著作物如果“显违党义”或“其他经法律规定禁止发行者”，内政部拒绝注册①。

1929 年 1 月，国民党中宣部在《宣传品审查条例》中明确规定：“宣传共产主义及阶级斗争”的宣传品为“反动宣传品”。要“查禁、查封或究办之”。“各发行所、各书局、各杂志社所出宣传品，经审查后令饬修正或停止出版发行而拒不遵办者，加重其处分”。这之后，大量发表马克思主义文艺理论文章和左翼作家作品的《拓荒者》、鲁迅主编的中国左翼作家联盟机关刊物《萌芽》月刊等，都在 1930 年 5 月被国民党当局依据此条例查禁。紧接着，在 6 月，国民党当局公布了《取缔销售共产书籍办法令》，规定了对销售共产书籍的各书店和印刷共产刊物的印刷厂的取缔办法，并对销售者、印刷者的行为进行了严格的限制②。

1930 年 12 月，国民党政府颁布的出版法，在全部 44 条规定中，对报纸、杂志和书籍的出版、登记作出了十分苛刻的限定。1931 年 10 月，国民党政府又颁布了《出版法施行细则》，共 25 条，对于出版法中的原则和办法，加以具体的规定。

1932 年 11 月，国民党中宣部又公布了《宣传品审查标准》。1933 年，国民党政府教育部颁布《查禁普罗文艺密令》。1934 年 6 月公布《图书杂志审查办法》。1937 年又颁布修正出版法，条款增至 54 条，而且将查禁书刊的权力下放到市、县政府。1938 年 7 月，国民党中宣部为压制抗战言论，公布了《图书杂志原稿审查办法》。1940 年国民党政府公布《战时图书杂志原稿审查办法》。1941 年公布《杂志送审须知》，1942 年公布《图书送审须知》，1943 年公布《新闻记者法》《图书印刷店管理规则》《通讯社报社管理暂行办法》，1944 年公布《修正图书杂志剧本送审须知》《出版品审查法规和禁载标准》。

据统计③，1927—1949 年国民党政府颁布的出版法和施行细则的解释

---

① 叶再生．中国近代现代出版通史（第 2 卷）［M］．北京：华文出版社，2002：1277.

② 黄镇伟．中国编辑出版史［M］．苏州：苏州大学出版社，2003：309.

③ 刘哲民编．近现代出版新闻法规汇编［M］．上海：学林出版社，1992.

共26项；图书呈缴、审查法规共56项；新闻检查和取缔的法规24项。仅1929年6月就连续颁布了《查禁反动刊物令》《取缔销售共产书籍办法》和《取缔共产书籍办法令》。

国民党当局采取种种办法，查禁了大量书刊。据张静庐先生编《中国现代出版史料》乙、丙、丁编统计，国民党反动派在1929—1941年的13年时间里，就利用这些出版法规、法令禁毁了书刊2781种。这样大规模的查禁活动，历史上只有清代乾隆编修《四库全书》期间的禁毁运动可以与之相比。

（二）出版界争取出版自由、抵制出版物市场管理的行为

出版界争取出版自由的斗争，早在1916年（民民五年）北洋政府颁布出版法和著作权法的第二年就已经开始了。当时，上海书业公会连续上书呈请国务院和内政部，要求修改两部法规的部分条款。1922年，上海书业公会再次呈请国务院和内政部，同时向国会提交请愿书，要求修正，结果都没有下文。

1926年1月29日，应北京报界的强烈要求，北京段祺瑞政府被迫下令废除1914年公布的出版法，这是现代史上出版界为争取自由而获得的第一次胜利。

1934年2月19日，上海各书店收到了国民党上海市党部奉国民党中宣部查禁"反动"书刊的正式公文。共有149种图书遭到查禁，牵涉25家书店、28位作家。被牵涉的各书店由开明书店领衔，联合请愿，要求"体恤商艰"。在强大的压力下，国民党政府终于妥协，同意对过去准许发行的书籍酌予删改继续发行，今后出新书需将原稿送审查机关先行审查，然后再准出版发行。

抗日战争爆发后，为争取出版自由，1938年8月，生活书店联合商务印书馆、中华书局、世界书局、开明书店等10多家出版企业一起发表宣言，坚决要求国民党立即撤销一切压制言论出版自由的法令。10月，当国民参政会在重庆召开第二次会议时，邹韬奋争取70余名参政员联署，以编著人和全国最大出版家代言人的身份，提出了《撤销图书杂志原稿审查办法，以充分反映舆论及保障出版自由案》，当即获多数票通过，但国民党政府拒不执行。随后，邹韬奋又提出了比较可以接受的《改善审查书报办法及实行撤销增加书报寄费，以解救出版界困难而加强抗战文化事业案》。这一提案也获得参议会多数票通过，但仍未见诸实施。

抗日战争胜利后，为争取言论出版自由，新闻界、出版界联合起来，发动了轰轰烈烈的拒检运动，再一次向扼制出版自由的法令进行冲击，拒绝执行原稿审查制度。1945 年 9 月 22 日国民党政府不得不宣布自 1945 年 10 月 1 日起废除原稿检查制度。

第三节 我国现代的出版物市场管理

一、中华人民共和国成立前夕的出版物市场管理

在中华人民共和国成立前夕，中国共产党领导机关就已开始高度关注出版物市场的整治工作。

（一）报纸、杂志、通讯社登记暂行办法

1949 年 2 月 18 日，中共中央对《北平市报纸、杂志、通讯社登记暂行办法》作了批示，要求北平市委并总前委、华北局、天津市委并告各中央局、分局、各前委，以“军管会名义公布执行”。该“暂行办法”第 5 条规定：“所有在本市出版或营业的报纸、杂志和通讯社，均须遵守下列各项：甲、不得有违反本会及人民政府法令的行为；乙、不得进行反对人民民主事业的宣传；丙、不得泄露国家机密与军事机密；丁、不得进行捏造谣言与蓄意诽谤的宣传。”第 7 条规定：“凡报纸、杂志和通讯社，有违反本办法第五条各项规定者，当视其情节之轻重分别予以警告、定期停刊或停刊的处分。其有涉及刑事范围内之行为者，当由法庭予以审判。”该“暂行办法”规定了报刊上不得刊登的内容，有利于当时政治局面的稳定。这一规定被全国各地参照执行。如 1949 年 10 月 25 日，《广州市军事管制委员会关于报纸、杂志、通讯社登记暂行办法》的规定，与之基本相同。

（二）治理“非法出版”活动

早在中华人民共和国成立以前，中国共产党负责出版工作的领导者已经注意到出版物市场上的“非法出版”问题。1949 年 4 月 27 日，中共中央宣传部（简称中宣部）在致中原局宣传部电中说：“过去为了需要及交通关系，我们翻印了一些开明、光华等书店之书籍，是不得已的；但已引起这些书店及有些作者不满意。现在，这些书店和作者好多已来我区，如不与他们商量，即再翻印或修改出版，便不应该。现在不要再翻印他们的书籍。上海解放后，这些书店的书籍，会运到我区各大城市推销。”该电说明了当时翻印开明、光华等书局的书是出于不得已的行为，在全国快解放的时候，要求不再翻印这些书店的书，表现了中国共产党领导机关对出版物市场和著作权

的重视。1949年9月3日，中宣部出版委员会曾通知当时的国营出版机构——各地新华书店，要尊重和保护版权，“非经作者与原出版者同意，不得任意翻印外版书籍”。这些措施，对以后的出版物市场管理和出版工作起到了良好的带头作用。

1949年5月4日，在中宣部出版委员会第十次会议上，华应申同志指出：“最近翻版书很多，如《目前的形势和我们的任务》的标准本，《新人生观》《社会发展史》等书，翻印本错误很多，或根本上就不应该再翻印。”欧建新同志也提出了这一问题，“翻版书日渐增多”“应由本会拟定办法呈请核行的必要”。当时，北平的一些私营书店、书局擅自翻印解放社、新华书店的书籍。解放社、新华书店曾刊登声明，“非先征得同意，任何人不得擅自翻印”，但收效甚微。它们不得不又郑重声明如下：“一、中国共产党的文件、负责同志的言论，在报纸上发表以后，出版权即属于解放社。二、本社本店出版的各种书籍，除本社本店指定的出版机构外，其欲翻印者，请到中共中央宣传部出版委员会接洽（会址：北平司法部街75号或东总部胡同10号），未得同意，不准翻印。三、凡未经同意，翻印出版权属于本社之文字或本社本店出版之书籍者，当依法进行查究处理。”当时任出版委员会主任委员的黄洛锋同志曾就“关于对擅自翻印解放社及新华书店书籍的书商的处理办法”于1949年9月15日致信陆定一同志，告诉他，已由北平“市新闻处于14日召集建业、万兴、北平科学社、中华印书局等4家书店负责人至新闻处谈话”，决定请这些书店“将所有翻印书籍自行封存，每种检出样本3册，交由（北平市）新闻处汇送本会审阅，审阅后如内容错误较少者，暂准继续发售，至卖完为止；错误较多者，禁止发售，全部销毁。在审阅过程中，封存书籍，不准再行发售。此外，决定在本星期之内，由该书店等在报端联合刊登启示，承认错误，保证以后不再翻印”。这些举措，一方面保证了出版物的质量，不至于产生不良社会影响；另一方面也规范了出版秩序，打击了盗版行为。

二、新中国成立以后到“文革”前的出版物市场管理

新中国成立初期，国家对图书市场的管理，主要是规范书业的经营行为，审慎查禁书刊；保护版权，禁止翻印书刊；对反动、淫秽、荒诞的书刊画册，进行了处理。私营书业完成社会主义改造后，国营出版物占据了图书市场，非法出版物基本绝迹。

中华人民共和国成立后，中国共产党和中央人民政府为发展出版发行事

业，采取了一系列重大决策，从中央到地方建立了出版行政部门，统一了新华书店，实行出版事业的专业分工，对私营出版业和发行业进行社会主义改造。从新中国成立到“文化大革命”前的17年间，我国社会主义出版发行事业已经建立和发展起来，实现了初步繁荣。

（一）建立出版管理机关

新中国成立伊始，中央人民政府成立了出版总署，中共中央宣传部成立了出版处（局），省以上党政领导机关也相应成立了出版管理机构，加强了对出版发行事业的管理和领导。中央人民政府出版总署的主要任务为：建立及经营国家出版印刷发行事宜；掌理国家出版物的编辑、翻译及审定工作；联系或指导全国各方面的编译出版工作；调整国营、公私合营及私营出版事业的相互关系①。

中共中央宣传部出版处于1950年设立，其主要工作是，监督出版战线对党的路线方针政策的贯彻执行；进行调查研究，向部领导反映情况；与国家出版行政部门经常接触，商酌重大问题；处理部领导交办事宜，包括代中共中央、中宣部起草有关出版方面的文件。

1954年12月，出版总署撤销，设立中华人民共和国文化部出版事业管理局，是文化部负责指导、管理全国出版事业的职能机构。它主管全国出版事业十多年（至“文革”初期），推动了国营出版印刷发行事业的发展，建立了一系列的出版法规，完成了对私营出版发行事业的社会主义改造，精心安排了一批重要著作的编印发工程，全国出版事业出现了初步繁荣发展局面。

新中国成立初期，各大行政区陆续成立出版局或新闻出版局，部分省、自治区、直辖市设立新闻出版处（室）。1954年秋，各大行政区撤销，其出版行政部门相应撤销。同年底，文化部主管出版事业后，各省、自治区、直辖市文化局（厅）增设出版处，作为职能机构管理本省（区、市）的出版行政工作。如上海成立了出版局；全国各市、县则由文化局或文教局管理本地书店。20世纪50年代，各地新华书店和部分出版社均由当地党委宣传部直接领导。到90年代，仍有部分省市实行这种管理体制。

（二）发布一系列的法规，治理出版、印刷、发行业

出版总署制定相关规定，实行事后审查和抽查相结合的办法，内容反动的要严厉处分。1950年9月，全国第一次出版会议规定不准有翻版和抄袭

① 引自《中央人民政府出版总署暂行组织条例》。

的行为。

1952 年 8 月政务院发布的《管理书刊出版业印刷业发行业暂行条例》，是新中国最早出台的治理图书市场的法规。全国书刊出版业、印刷业、发行业，无论国营、公私合营和私营，一律按条例规定，申请核准营业，并经当地出版行政部门核发营业许可证，凭许可证向当地工商行政机关申请登记，方许开业。已经开业的，要重新进行申请登记，至迟不得超过 1952 年 10 月 15 日，经核准才能继续营业。

一些不规范的出版投机商在接受申请与核准的过程中被淘汰，为图书市场的后续发展创造了良好条件。

（三）限定一些禁售图书，禁止非法出版活动

1951 年 11 月，出版总署在《关于查禁书刊的规定》中要求，各地出版行政部门查禁书刊必须报请出版总署批准，在未经批准之前，各地可以先行封存。该规定防止了由于地区时间差异而造成的禁售漏洞。从 1951 年 9 月至 1952 年 5 月，出版总署共批准查禁了 53 种新书。但是，不久就发现，查禁的书籍范围过宽，有些书有错误和缺点，但不是政治上根本反动的东西；还有一些是不该查禁的新中国成立前的书。出版总署为纠正查禁图书过宽的错误，于 1952 年 7 月发出《关于查禁书刊问题的指示》，对若干不该查禁而查禁的书，撤销了禁令。

1951 年 5 月，出版总署发出《关于编印发行 1952 年历书的指示》，用新历书取代封建迷信的旧历书。当时，政府运用一定的策略，不是查禁旧历书，而是大力出版发行新历书来取代旧历书。

制止私商非法出版图书。1954 年，沈阳、鞍山等地有几家私商和私营印刷厂未经出版许可，擅自出版年画、唱本等，引起东北人民政府新闻出版处的注意，并立即加以制止，“凡未经核准为出版业者，不得接受其印件”。同时，加强图书市场的管理，发现私人非法出版物时，要追查出版者和承印者。该行为得到出版总署的认可并在全国范围内推广。

1955 年 5 月，中共中央发出《关于处理反动的、淫秽的、荒诞的书刊图画问题和关于加强对私营文化事业和企业的管理和改造的指示》；7 月，国务院发布《关于处理反动的、淫秽的、荒诞的书刊图画的指示》。处理的办法分为查禁、收换、保留。凡属查禁的图书要经过一定的审批手续，收换旧书大体上以 2∶1 的比价发给摊贩新书书券，让他们到国营书店领取新书，以便继续营业。同时，通过书业公会或书摊联谊会把租书摊铺组织起来，经常进行思想教育，有利于更大范围地处理反动、淫秽、荒诞图书，整顿图书市场秩序。

（四）保护版权，禁止翻印书刊

1949年9月，中宣部向各地新华书店发出通知，制止侵权翻印，“以后非经作者和原出版者同意，不得任意翻印外版书籍”。由于翻印书较正版书价格便宜，可以获得巨额利润，很多私营书商都卖翻版书。为预防及处理翻版书问题，出版总署下达了《禁止任意翻印图书的规定》，“一切机关团体不得擅自翻印出版社出版的书籍、图片，以重版权，而免浪费”，该规定取得了良好的效果。到1956年私营书业完成社会主义改造，全国新华书店掌握了图书流通环节，基本消灭了盗版翻印等现象。

三、“文革”时期的出版物市场管理

1966—1978年，这一时期是我国出版物市场管理艰难曲折发展的时期。“文革”十年，使基本培育形成的社会主义出版生产力受到了极其严重的摧残与破坏。

整个“文革”期间，出版物市场管理工作遭到了严重的干扰和破坏。

1966年“文革”开始，出版事业的发展中断，国家以及各省、市、区的出版行政管理机构陷入瘫痪。1967年，“中央文革小组”宣传组领导组织国家计委、文化部出版事业管理局及首都出版、印刷、发行、物资供应等十多个单位的人员组成了“毛主席著作出版办公室”，主要任务是组织全国出版部门印制发行毛主席著作，各地也相继成立了类似机构。1970年5月，国务院指示文化部成立“出版口三人领导小组”，主要领导文化部出版事业管理局机关及在京直属单位的运动和业务。同年10月，根据周恩来总理指示，“毛主席著作出版办公室”并入出版口，成立“出版口五人领导小组”，直属国务院领导，主要负责原由文化部出版事业管理局负责的业务工作。①整个国家的出版事业由这样一个“出版口五人领导小组”来领导管理，可见当时出版物市场管理的大致情况。

“文革”期间，全国各出版机构和出版工作也处于停滞状态。据统计，1964年全国共有出版社87家，职工有8 678人，其中编辑为4 391人；到1971年，全国出版社仅剩46家，职工有4 693人，其中编辑人员仅有1 355人。这一时期的图书出版已完全脱离了为社会经济、政治、文化等各方面需

① 中国出版科学研究所编．出版改革与出版发展战略研究［M］．北京：中国书籍出版社，1998：2.

要服务的轨道，完全脱离了为人民大众利益服务的基本方针，图书出版表现出扭曲、畸形的状态。据“毛主席著作出版办公室”统计，仅1966—1970年年底，全国正式出版毛泽东著作及其语录本、单行本、民族文本、外文本、盲文本共计42.06亿册；正式出版毛泽东像和毛泽东单张语录62.27亿张，两者合计为104.33亿册（张），而同一时期全国出版的图书总计为129.27亿册（张）。也就是说，毛泽东著作、语录、画像等的出版量已占1966—1970年全国所有图书出版量的80.7%。在“文革”期间，仅次于毛泽东著作的出版物是样板戏剧本、曲谱、画册的出版。据当时的出版口统计，仅北京地区1970年9月到1971年9月，一年内出版的《红色娘子军》《智取威虎山》《红灯记》和《沙家浜》4种样板戏的普及本、总谱、画册等就达2 718.1万册，平均每个样板戏印制量为679.5万册。①

“文革”期间，无政府主义思潮泛滥，合理的规章制度被废除。许多书店实行“无领导、无计划、无指标”的三无管理，造成劳动纪律松弛，营业不正常，进销失调，账目混乱，亏损严重。各地新华书店陈列出售的大批图书，被诬为“封、资、修毒草”，被迫下架封存或停售报废。古旧书店被说成是宣扬封建主义的工具，曾一度关门，改营新书。据1972年统计，仅新华书店系统因受“文革”冲击而造成的停售报废损失达2.3亿元（实洋）。②

“文革”期间对文化的摧残和破坏，使“文革”后社会出现了严重的书荒现象，出版物市场秩序十分混乱。

四、改革开放以来我国的出版物市场管理

党的十一届三中全会确立了改革开放的发展思路，有中国特色的社会主义现代化建设全面启动，国家政治、经济、文化等各方面经历着巨大变革。在商业流通方面，党的十二大报告要求流通部门“大力疏通、扩大和增加流通渠道，做到货畅其流，物尽其用”。这就为各行业的发展奠定了理论基础，出版发行业正是在这一原则的指引下开始了改革探索。党的十三大提出应使市场机制在社会主义经济中的功能大大增强。党的十四大明确提出了我

① 阎晓宏．新中国图书出版五十年概述［M］//中国出版年鉴（2000）．北京：中国出版年鉴社，2000：5-11.

② 郑士德．新中国图书发行事业五十年［M］//中国出版年鉴（2000）．北京：中国出版年鉴社，2000：20-24.

国经济体制改革的目标，是建立社会主义市场经济体制。党的十五大提出了坚持和完善公有制为主体、多种所有制经济共同发展的基本经济制度，并强调要在加快国民经济市场化进程中进一步健全宏观调控体系。党的十六大提出要完善公有制为主体、多种所有制经济共同发展的基本经济制度；建设统一开放竞争有序的现代市场体系；完善宏观调控体系、行政管理体制和经济法律制度；建立促进经济社会可持续发展的机制。党的十七大报告指出，实现未来经济发展目标，关键要加快转变经济发展方式，完善社会主义市场经济体制方面取得重大进展。党的十八大提出，经济体制改革的核心问题是处理好政府和市场的关系，必须更加尊重市场规律，更好发挥政府作用。还强调“两个毫不动摇”——既要毫不动摇巩固和发展公有制经济，又要毫不动摇鼓励、支持、引导非公有制经济发展。

在这一过程中，我国的经济体制和运行机制发生了根本变化，社会主义市场经济体制逐步建立，从而使得市场管理工作逐步得以规范和发展。

（一）建立健全了出版物市场管理机构及其职责

新中国成立以来，我国一直设有承担国家新闻出版行政管理的机构，期间经历了几次变更，到 1985 年 7 月，国务院批准文化部下设国家版权局，文化部原出版事业管理局改称国家出版局，与国家版权局为一个机构两块牌子，使得国家出版业有了专门的行政管理机关，出版物市场管理进入了实质阶段。1986 年 9 月 9 日，国家出版局发出《关于发展集体个体书店和加强管理的原则规定》，该规定指出，“出版（文化）部门要与有关部门互相配合，对图书市场加强管理，促进社会主义精神文明建设”，要求各地出版（文化）行政管理部门从实际出发，制定发展集体、个体图书发行网点的规划；明确了集体、个体书店的地位，提出了集体、个体经济作为社会主义经济不可缺少的组成部分，要同全民所有制单位一样，在政治上、经济上一视同仁，平等对待的重要原则；同时指出集体、个体书店必须坚持“两为”方针，明确了审查登记办法和经营范围。《关于发展集体个体书店和加强管理的原则规定》以专门法规的形式为集体、个体书店参与出版物发行业务建立了规则，有效规范了其经营行为，为以后的出版物市场管理积累了经验。

1986 年 10 月，国家出版局和国家版权局脱离文化部，成为国务院直属机构。1987 年 1 月，撤销国家出版局，成立新闻出版署，直属国务院，统一管理全国的新闻出版工作。1998 年，正式成立中华人民共和国新闻出版署。新闻出版署成立后，各省、自治区、直辖市随之成立新闻出版局和版权局。2001年4月，国家新闻出版署升格为新闻出版总署，其主要职责为：制定新闻出版、版权等方面的法律、法令和规章制度；研究制定新闻出版业的经济政策和价格政策；审批出版单位的建立；主持全国性出版物的评奖工作；查处违禁出版物；管理新闻出版方面的对外交流等。与此同时，国务院于1978年9月批准成立的市场监管和行政执法的重要职能部门——国家工商行政管理局，升格为国家工商行政管理总局，为国务院直属机构。党的十一届三中全会以后，各省、自治区、直辖市和市、县也先后建立健全了工商行政管理机构。逐渐明确了工商行政管理部门是市场监管和行政执法的重要职能部门，承担着规范和维护市场秩序的重要职责，并对所有经济行政管理机关和经济监督管理部门的各自职责和权限进行了明确的划分。从而为出版物市场经济活动的有序运行提供了管理上的组织保证。

2013年，根据第十二届全国人民代表大会第一次会议审议通过的《国务院机构改革和职能转变方案》，为进一步推进文化体制改革，统筹新闻出版广播影视资源，要求将国家新闻出版总署、国家广播电影电视总局的职责整合，组建国家新闻出版广电总局。2013年3月22日，国家新闻出版广电总局正式挂牌，并加挂国家版权局牌子，为国务院直属机构。其主要职责是，统筹规划新闻出版广播电影电视事业产业发展，监督管理新闻出版广播影视机构和业务以及出版物、广播影视节目的内容和质量，负责著作权管理等。从中可以看出，出版行政部门历次更迭，对市场的管理日渐完善。

（二）基本建立健全了出版物市场管理的法律法规体系

1978年12月，中国共产党十一届三中全会在北京召开。党的十一届三中全会，是我国进入改革开放新时期的一个伟大的历史转折点，也是我国社会主义法制建设划时代的里程碑。这次全会发表的公报强调指出："为了保障人民民主，必须加强社会主义法制，使民主制度化、法律化，使这种制度和法律具有稳定性、连续性和极大的权威，做到有法可依、有法必依、执法必严、违法必究。"此后，与整个国家的社会主义法制建设同步，社会主义出版法制建设的步子日益加快，社会主义出版法制也日趋完善。

20世纪80年代初，就有学者开始呼吁，"应该尽快制定一部完备的出版法，使唯利是图的'出版商'为法网所阻，无空子可钻"①。作家王蒙也说："我国应该有出版法。"② 武云龙有感于三家出版社争出《男人的一半

① 魏万雄．应尽快制定出版法［J］．新观察，1982（10）：12.
② 王蒙呼吁应有出版法［N］．经济日报，1985-01-10（1）.

是女人》一书，呼吁“应当把读者利益当做制定出版法的根本原则之一”①。这些呼声如一石激起千层浪，在全国范围内引起很大的反响。1982年9月6日，中国共产党第十二次全国代表大会召开。大会通过的《中国共产党章程》明确规定：“党必须在宪法和法律的范围内活动。”同年12月4日，第五届全国人民代表大会第五次会议召开，通过了《中华人民共和国宪法》。这部宪法不仅为我国实行社会主义出版法制、制定社会主义出版法提供了立法依据，也对我国出版事业的基本原则和基本问题作出了明确规定。《宪法》第22条规定：“国家发展为人民服务、为社会主义服务的文学艺术事业、新闻广播电视事业、出版发行事业、图书馆博物馆文化馆和其他文化事业，开展群众性的文化活动。”第47条规定，“中华人民共和国公民有进行科学研究、文学艺术创作和其他文化活动的自由。国家对于从事教育、科学、技术、文学、艺术和其他文化事业的公民的有益于人民的创造性工作，给予鼓励和帮助。”《宪法》的颁布，标志着我国社会主义法制发展到了一个新的历史阶段。

也是在全国五届人大第五次会议和五届政协第五次会议上，委员们针对我国出版业的落后现状，提出要尽快制定出版法和版权法。在会上，姚雪垠委员说：“现在国家大法制定了，应该尽快制定出版法。”② 党和政府重视读者的呼声和委员们的意见，全国人大法律委员会开始着手版权法、出版法的起草工作。

1985年，原国家出版局等有关部门开始着手研究起草出版法；1988年3月，新闻出版署成立新的出版法起草小组，继续该法的调研起草工作。

整个20世纪90年代，是我国出版行政法规大量制定和实施的阶段，出版法制建设的主要成就是在立法方面取得了突破性进展。

1990年9月7日，第七届全国人民代表大会常务委员会第十五次会议通过了《著作权法》。1991年5月30日国务院批准的《著作权法实施条例》于1991年6月1日起实施。1994—1997年3年间，国务院相继颁布了《音像制品管理条例》《出版管理条例》《印刷业管理条例》和《电子出版物管理暂行规定》。1999年，依照《出版管理条例》的法律规定和原则，新闻出版署颁布了《出版物市场管理暂行规定》。

在我国成为WTO正式成员国后，为了与国际规则接轨，2001年10月

① 武云龙．读者利益与出版法［N］．长江日报，1986-12-04（4）．

② 曹剑英，俞峰．出版业改革与法制的思索［J］．法学，1986（10）：46-47．

27 日，修订后的《著作权法》经第九届全国人民代表大会常务委员会第二十四次会议通过并施行。2001 年，国务院先后对《印刷业管理条件》《音像制品管理条件》《出版管理条例》进行了修订，以适应时代发展的新要求。

根据相关法律法规，新闻出版总署与有关部门也相继出台了相关规定。2002 年 6 月 27 日，新闻出版总署、信息产业部联合发布《互联网出版管理暂行规定》，该规定自 2002 年 8 月 1 日起施行。2003 年 7 月 24 日，新闻出版总署颁布了《出版物市场管理规定》，自 2003 年 9 月 1 日起施行。2004 年 6 月 17 日，新闻出版总署公布《音像制品出版管理规定》，该规定自 2004 年 8 月 1 日起施行。2005 年 9 月 20 日，新闻出版总署第 1 次署务会议通过了《报纸出版管理规定》《期刊出版管理规定》，并于 2005 年 12 月 1 日起施行。2007 年 12 月 26 日，新闻出版总署第 2 次署务会议通过了《电子出版物出版管理规定》《图书出版管理规定》，并分别于 2008 年 4 月 15 日和 2008 年 5 月 1 日起施行。

数字技术和网络技术的发展，对相关法律法规提出了新的要求。2010 年 2 月 26 日，修订后的《著作权法》经第十一届全国人民代表大会常务委员会第十三次会议通过，并于 2010 年 4 月 1 日起施行。2011 年 7 月 13 日，新闻出版总署《著作权法》第三次修订工作正式启动。通过向社会征求意见，现已形成《著作权法》修改草案（第三稿），这是全社会共同参与的结晶，但正式出台还需要一个过程。2011 年，作为“十二五”规划的开局之年，相关部门相继对《出版管理条例》《音像制品管理条例》和《出版物市场管理规定》进行了修订。2016 年 2 月 4 日国家新闻出版广电总局、工业和信息化部公布《网络出版服务管理规定》，自 2016 年 3 月 10 日起施行，《互联网出版管理暂行规定》同时废止。

现在，我国已基本建立起了以“一法三条例五规定”为基本框架的较为科学的出版物市场管理的法律法规体系。

（三）对出版物市场管理的内容逐步走上了规范化的道路

第一，在对出版物市场主体的管理上，对设立出版物总发行、批发、零售业务的单位或从事出版物总发行、批发、零售业务的单位或者个人的合法资格，通过审批登记进行了规范，确保了市场主体的合法性。尤其是在我国成为 WTO 正式成员国之后，我国承诺开放出版物的分销业务，2003 年，国家新闻出版总署出台了《出版物市场管理规定》和《外商投资图书、报纸、期刊分销企业管理办法》，规定了设立出版物总发行、批发、零售业务单位的条件，并规定申请设立的外商投资图书、报纸、期刊分销企业为有限责任公司或股份有限公司等；2011年，国家新闻出版总署对《出版物市场管理规定》进行了修订，规定设立出版物总发行、批发、零售和连锁经营企业的条件及新闻出版行政部门的审批程序同样适用于外商投资的出版物总发行、批发、零售、连锁经营企业，同时废止《外商投资图书、报纸、期刊分销企业管理办法》；2013年，国家新闻出版广电总局不再受理有关连锁经营单位变更登记事项申请，于2014年不再受理审批出版物总发行资质及相应变更事项。可见，对出版市场主体的管理也随着市场发展在不断调整，其规范性表现得更为突出。现在我国出版业正在进行的改制，强调政企分开，管办分离，要求改变党政机关既当“裁判员”又当“运动员”的状况，坚决取缔一切挂靠的、套借的非法经营者。

第二，在对出版物市场客体的管理上，近20年来，我国一直不遗余力地打击非法出版活动，1986年3月4日，国家出版局、国家工商行政管理局、公安部联合发出《关于严厉打击非法出版活动的紧急通知》；1987年7月6日，国务院发出《关于严厉打击非法出版活动的通知》。最高人民法院、最高人民检察院于1987年11月27日发出《关于依法严惩非法出版犯罪活动的通知》。从多个方面给刚露头的非法出版以严厉打击，取得了很好的社会效果。从那个时候开始，“扫黄打非”成为我国出版物市场管理的重要内容。

20世纪80年代末以来，全国各地自发地形成了一批出版物交易市场，如湖北武汉的武胜路出版物批发市场，湖南长沙的黄泥街图书批发市场，其交易活动辐射周边甚至全国，对出版物流通格局产生了深远的影响。专门的出版物交易市场的出现和繁荣，符合我国商品市场发展的一般规律，代表着出版物市场发展的方向，出版行政部门及时对这种新型的经济形式实施了积极引导和规范。但是，有些批发市场不按有关规定组织市场交易，甚至成了“制黄贩黄”的窝点，成了非法出版物的集散地。非法出版活动的露头并日益猖獗，成为危害政治稳定和精神文明的毒瘤。为了保证发行体制改革健康发展，培育和建立统一、开放、竞争、有序的书刊市场，1989年，中共中央办公厅、国务院办公厅发布《关于整顿、清理书报刊和音像市场，严厉打击犯罪活动的通知》，并由全国整顿、清理书报刊和音像市场工作小组负责指导和协调，该工作小组于1993年撤销，工作由新闻出版署承担。1995年5月25日，新闻出版署发布《关于加强书刊市场管理的通知》。该通知明确了我国出版物市场的重要规则，即“批发进场、零售归市、售前送审”的制度；规定“建立书刊批发市场，除新华书店、外文书店和出版单位直接进行的批发业务外，其他批发单位一律进场开展批发业务，不得在批发市场以外从事批发业务”；“不论是批发市场还是零售市场，凡进场销售的书刊必须经当地书刊市场管理部门审查批准”；“建立和完善书刊零售（出租）摊点的管理制度”。“批发进场、零售归市、售前送审”制度是出版行政部门借鉴我国其他商品流通行业的发展经验，结合出版物市场的特点所设立的管理制度，它的创立极大地促进了出版物市场的持续健康发展。

为了进一步规范出版物市场，加强对市场客体的管理，2000 年 2 月，中央、国务院决定成立全国扫除黄色出版物、打击非法出版活动工作小组，设在新闻出版总署反非法和违禁出版物司，开展扫黄打非活动是净化文化市场的一个重要手段。

第三，在对出版物市场行为，包括市场交易行为、竞争行为、价格行为、合同行为等方面的管理上，随着我国《著作权法》《反不正当竞争法》《合同法》等的颁布实施，我国的市场经济活动逐步走上了法治的轨道。十一届三中全会以来，针对出版市场上的非法行为，1993 年 10 月 26 日，中共中央宣传部、新闻出版署发布了《关于禁止“买卖书号”的通知》，对违反规定的出版社，将分情况没收非法所得、罚款、追究领导和主要责任者责任、停业整顿，直至撤销社号。其他单位和个人违反规定，按非法出版活动处置。触犯刑律的，由司法机关依法惩处。1996 年 1 月 25 日，国务院办公厅发布《关于坚决取缔非法出版活动的通知》，以维护正常出版秩序，保护知识产权，深入开展“扫黄”“打非”斗争。结合出版行业的特点，1996 年，新闻出版署发布的《关于培育和规范图书市场的若干意见》，要求建立和完善市场规则，加强市场管理以及对图书市场进行宏观调控和引导，保证市场的有序化和经营者行为的规范化，要求总发行权要掌握在国有出版发行单位手中。2006 年 11 月 23 日，新闻出版总署发布了《关于进一步做好出版发行领域不正当交易行为自查自纠工作的通知》，通过专项治理，进一步规范出版物市场秩序，促进我国出版发行业的健康繁荣发展。2011 年修订的《出版物市场管理规定》第 24 条规定，从事出版物发行业务的单位和个人在发行活动中应当遵循公平、合法、诚实守信的原则，依法订立供销合同，不得损害消费者的合法权益。《出版管理条例》第 8 章对出版物市场上的违法行为及惩处进行了严格的规定。可见，相关法律法规为进一步规范出版物市场和市场行为提供了保障。在出版物市场上，除了定点的市场经营行为之外，图书展销越来越成为市场交易的主要形式，关于这方面，我国也出台了相关的规范文件，主要有 1992 年 5 月 28 日新闻出版署发布的《关于举办国内图书展销活动的暂行规定》和1996年3月11日新闻出版署发布的《关于举办国内图书展销活动的管理规定》，规定了举办图书展销的原则、主体资格、活动频率和范围，明确了申办程序，对图书展销活动进行总量上的控制，维护图书市场的正常秩序。2011年修订的《出版物市场管理规定》第28条规定，省、自治区、直辖市新闻出版行政部门和全国性出版、发行行业协会，可以申请主办全国性的出版物展销活动，并须提前6个月报新闻出版总署审批。全国性出版、发行行业协会可以主办跨省专业性出版物展销活动；市、县级新闻出版行政部门和省级出版、发行协会可以主办地方性的出版物展销活动；主办单位须提前2个月报所在地省、自治区、直辖市新闻出版行政部门备案。2013年，取消了新闻出版广电总局审批全国性出版物订货、展销活动以及境外展示、展销国内出版物的职能。

在对市场经营行为进行管理的过程中，政府也在不断转变职能，给市场更多的自主权。对出版物市场主体、客体和特定经营行为的具体规范，是为了将各种要素和力量纳入正常的出版物市场体系中，充分发挥它们各自的特点和力量，改善其经营质量。从改革开放以来的发展情况来看，这些规定基本达到了预期效果。

（四）在出版物市场管理的方式上有了明显的变化

改革开放以后，市场管理人员对出版物市场的监管由原来主要依靠行政手段，转变为行政执法方式，彻底摆脱了计划经济体制下形成的思想观念和工作方式。管理者的市场经济知识、法律知识、政策水平、行政执法能力等较以前均有了明显的提高，在利用现代信息技术、改善监管执法手段和服务方式上都有明显的改进。

我国出版物市场管理的前期是以行政管理为主，在经济体制转型过程中，行政审批权力是否到位和能否发挥积极作用至关重要。在《出版管理条例》尚未出台，行政管理体系还不十分完善的情况下，为了明确管理机关的权利和义务，这一阶段众多的法律规章实质上是对行政权力的确认和分配，虽然还没有完整的规范出版物市场的行政机构和设置高级别法律文件，但立法机构已经通过分部门的法律规章初步建立了行政管理的范式。

1992年，全国各省市都建立了规模不等的专兼职结合的文化稽查队伍。与此同时，执法制度、执法程序也趋于完善，增强了行政执法的严肃性、公正性，逐步减少和杜绝行政执法过程中的滥施处罚、有令不行、有禁不止的不良现象。

1997年颁布、2001年和2011年修订的《出版管理条例》第6条明确规定，国务院出版行政部门负责全国的出版活动的监督管理工作；国务院其他有关部门按照国务院规定的职责分工，负责有关的出版活动的监督管理工作；县级以上地方各级人民政府负责出版管理的部门（以下简称出版行政主管部门）负责本行政区域内出版活动的监督管理工作；县级以上地方各级人民政府其他有关部门在各自的职责范围内，负责有关的出版活动的监督管理工作。第35条规定："从事出版物批发业务的单位，须经省、自治区、直辖市人民政府出版行政主管部门审核许可。从事出版物零售业务的单位和个体工商户，须经县级人民政府出版行政主管部门审核许可。从事出版物发行业务的单位和个体工商户经出版行政主管部门批准、取得《出版物经营许可证》，并向工商行政管理部门依法领取营业执照后，方可从事出版物发行业务。"这是在原有管理模式雏形的基础上进行的管理经验的总结和体系的完善。

第五章　出版物市场管理体制

出版物市场管理体制是我国出版管理体制的重要组成部分，它对于确定出版物市场管理机关在整个出版管理体制中的地位，发挥职能作用，保证执法工作顺利进行，提高行政管理效率和干部队伍素质，建立和维护出版物市场秩序，更好地为建立全国统一、开放、竞争、有序的出版物市场体系，发展社会主义出版产业等各方面，都有着非常重要的意义。

第一节　出版物市场管理体制概述

根据《辞海》的解释，体制，是指“国家机关、企业和事业单位机构设置和管理权限划分的制度”。① 出版物市场管理体制，是国家按照出版事业发展的要求和经济管理体制改革的方向所设置和构成的出版物市场管理机构设置、领导隶属关系、管理权限、管理制度和运行机制等方面的一系列制度，包括出版物市场管理机关、出版物市场管理机关的机构设置及其法律地位，出版物市场管理机关相互之间、上下级之间的职责划分，管理手段和管理方式等。

一、出版物市场管理体制的沿革

中华人民共和国成立之后，随着国家政治、经济体制的变革，我国出版物市场管理体制也发生了一系列变化，这种变化既表现在管理机构的更替上，也体现在管理权限、管理内容的增减及管理制度的完善上。

1949 年 10 月 3 日至 19 日，中共中央宣传部召开了全国新华书店第一届出版工作会议，着重讨论了对出版发行工作实行集中统一领导的问题。同年 11 月 1 日，中央人民政府出版总署成立，它“是中央人民政府负责指导和

---

① 辞海编辑委员会编．辞海（缩印本）［M］．上海：上海辞书出版社，1980：228.

管理全国出版事业的总机关”，在行政上受政务院的直接领导以及政务院文化教育委员会的指导。主要任务是：（1）建立及经营国家出版、印刷、发行事业；（2）管理国家出版物的编辑、翻译及审定工作；（3）联系或指导全国各方面的编辑出版工作，调整公营、公私合营及私营出版事业的相互关系。①

中央人民政府出版总署设有3个主要业务局：一是负责学校教科书、工农通俗读物、时事读物等编审工作的编审局；二是负责社会科学、自然科学、文艺及参考书刊翻译工作的翻译局；三是负责管理全国国营出版企事业、调查研究、指导为读者服务和读书运动的出版局。1950年11月改为三司一局：出版事业司、图书期刊司、出版干部司和编译局。当时，新华书店总店隶属于出版总署，负责对出版、印刷、发行业务的管理。全国各地新华书店的业务都归新华书店总店总管理处领导，在全国各大行政区设有新华书店总分店。出版总署成立以后，新华书店的出版、印刷业务被解除，成为全国统一经营与统一管理的书刊发行机构。全国各级新华书店原有的编辑和出版机构改组为中央和地方人民出版社；设立新华印刷厂总管理处（1952年5月改组为印刷管理局），代替新华书店的印刷管理任务。从此，实行了出版、印刷、发行的专业分工。②

1952年3月，管理新闻业务的新闻总署建制撤销，其一部分业务工作归并到出版总署，主要是汇总和平衡报纸的发行计划，配给纸张和指导经营管理等事项。同时，在各大行政区成立了新闻出版局（部分省设立新闻出版处）。

1954年11月，出版总署建制撤销，其出版行政管理业务划归文化部。在文化部内设置出版事业管理局，负责全国出版、印刷、发行的日常管理工作，同时兼管部分新闻工作（主要是报社的纸张分配）。同时将各省、自治区、直辖市人民政府所属新闻出版处（室）归并到省文化局（上海市仍单独保持出版局）。这时，国家管理出版物市场的组织形式发生了变化，但其管理工作的内容和方式、方法则无多大变化。这种设置一直延续到1966年5月。“文化大革命”开始后，出版管理机构陷于瘫痪。

1973年7月，经国务院批准设立国家出版事业管理局，统一管理全国

---

① 参见《政务院关于改进和发展全国出版事业的指示》。

② 《当代中国》丛书编辑委员会．当代中国的出版事业（中）[M]．北京：当代中国出版社，1993：500.

出版、印刷、发行、物质供应、印刷以及科研教育等部门的工作。此后，各省、自治区、直辖市也相继成立了出版局，其职责范围大体与国家出版事业管理局相对应，再次恢复了中央和省级两级管理体制。这种机构设置一直保持到“文革”结束及其后的几年，为出版事业的发展创造了一定的条件。1978年党的十一届三中全会以来，出版事业之所以恢复和发展得比较快，除了党的路线、方针、政策正确以外，出版行政部门比较健全也是一个重要的原因。

1982年5月，在国务院机构体制改革中，国家出版事业管理局再次划归文化部，复称文化部出版事业管理局，随之地方出版行政部门也大多并入文化厅（局）。由于这一时期出版事业的规模比“文化大革命”前要大得多，管理任务十分繁重，由一个部局承担是相当困难的。尤其是国家出版局改为文化部出版局以后，多数省随之撤销了出版局，有的与文化局合并，有的改为出版总社，有的由省人民出版社代行出版行政管理职能，因而整个出版工作大为削弱，社会各界人士纷纷呼吁恢复原有建制。1986年10月，国务院恢复国家出版局，仍为国务院的直属机构。①

1982年11月26日，文化部设立国家出版委员会，它是文化部党组领导下的加强和改进出版工作的咨询机构，为文化部出版事业管理局提供决策参考。

1985年7月25日，国务院批准文化部设立国家版权局，原文化部出版事业管理局改称国家出版局，与国家版权局为一个机构两块牌子。

为了加强对全国新闻出版事业的统一领导和管理，1987年1月，国务院决定成立中华人民共和国新闻出版署，负责全国新闻、出版事业的管理工作。新闻出版署成立后，国家出版局撤销，国家版权局保留。随之，全国各省、自治区、直辖市人民政府相继设置了新闻出版局和版权局，对全国出版事业仍然实行分级管理。在管理任务较为繁重的部分城市也单独成立新闻出版局或与文化局同时挂牌，合署办公，以弱化对不同出版物市场管理的分工，统一出版物市场管理机构的职能，强化出版物市场管理的效率。

1998年国务院机构调整。根据第九届全国人民代表大会第一次会议批准的国务院机构改革方案和《国务院关于机构设置的通知》，设置国家新闻出版署（国家版权局），是国务院新闻出版事业和著作权管理的直属机构。

---

① 《当代中国》丛书编辑委员会．当代中国的出版事业（中）［M］．北京：当代中国出版社，1993：502.

2001年4月，党中央、国务院决定，新闻出版署升格为正部级单位，更名为“中华人民共和国新闻出版总署”，仍为国务院直属机构。新闻出版署机构升格，目的是为了全面加强对出版行业、著作权、书报刊市场的监管，加大“扫黄打非”工作的协调和力度，增强执法的权威性和有效性，适应我国社会主义市场经济和加入世贸组织的需要，为新闻出版事业的更大发展从组织上提供条件和保障。

2002年12月25日，全国扫黄打非工作小组办公室主办的“中国扫黄打非网”（www.shdf.gov.cn）正式开通；2003年7月16日，新闻出版总署制定颁布了《出版物市场管理规定》；2003年12月30日，新闻出版总署又开通了“中国出版物发行管理网”（www.cnempp.gov.cn）；2004年6月与2011年3月，新闻出版总署先后两次对《出版物市场管理规定》进行了修正，这一系列措施都说明我国对出版物市场管理的力度在加大。

2012年党的十八大报告提出“稳步推进大部门制改革”，意图在政府转变职能的基础上，减少政府管理中的重叠、交叉、真空等领域，从而更好地服务于社会、实现大发展。2013年3月，《国务院机构改革和职能转变方案》公布，将国家新闻出版总署和国家广播电影电视总局的职责整合，组建国家新闻出版广电总局，由其来统筹规划新闻出版广播电影电视事业产业发展，监督管理新闻出版广播影视机构和业务以及出版物、广播影视节目的内容和质量，负责著作权管理等。国家新闻出版广电总局加挂国家版权局牌子，在著作权管理上以版权局名义行使职权。

如图5-1所示，在当前媒介融合的背景下，作为我国出版物市场管理主要机构的新闻出版广电总局，其历史沿革是新闻出版、广播、电影、电视几种文化形式在不同历史时期的合并、分立、划分归属。

从整体上看，我国出版物市场管理机构保持了相对稳定，但在职能权限、管理范围上逐渐有所增加。经过这样逐渐独立、日益完善的过程，目前已基本形成出版行政部门由上而下统一领导、分级管理的出版物市场管理体制。随着出版管理体制改革的进一步深化，各级出版物市场管理也将由以行政管理为主向法制管理、经济管理为主，行政管理为辅的方向转变，使出版物市场管理日益法制化、正规化。

二、出版物市场管理体制的现状及特点

我国的出版物市场管理体制，是党和政府领导、管理出版物市场的一整套组织形式和方法，是中央和地方出版物市场管理机构关于出版物市场管理

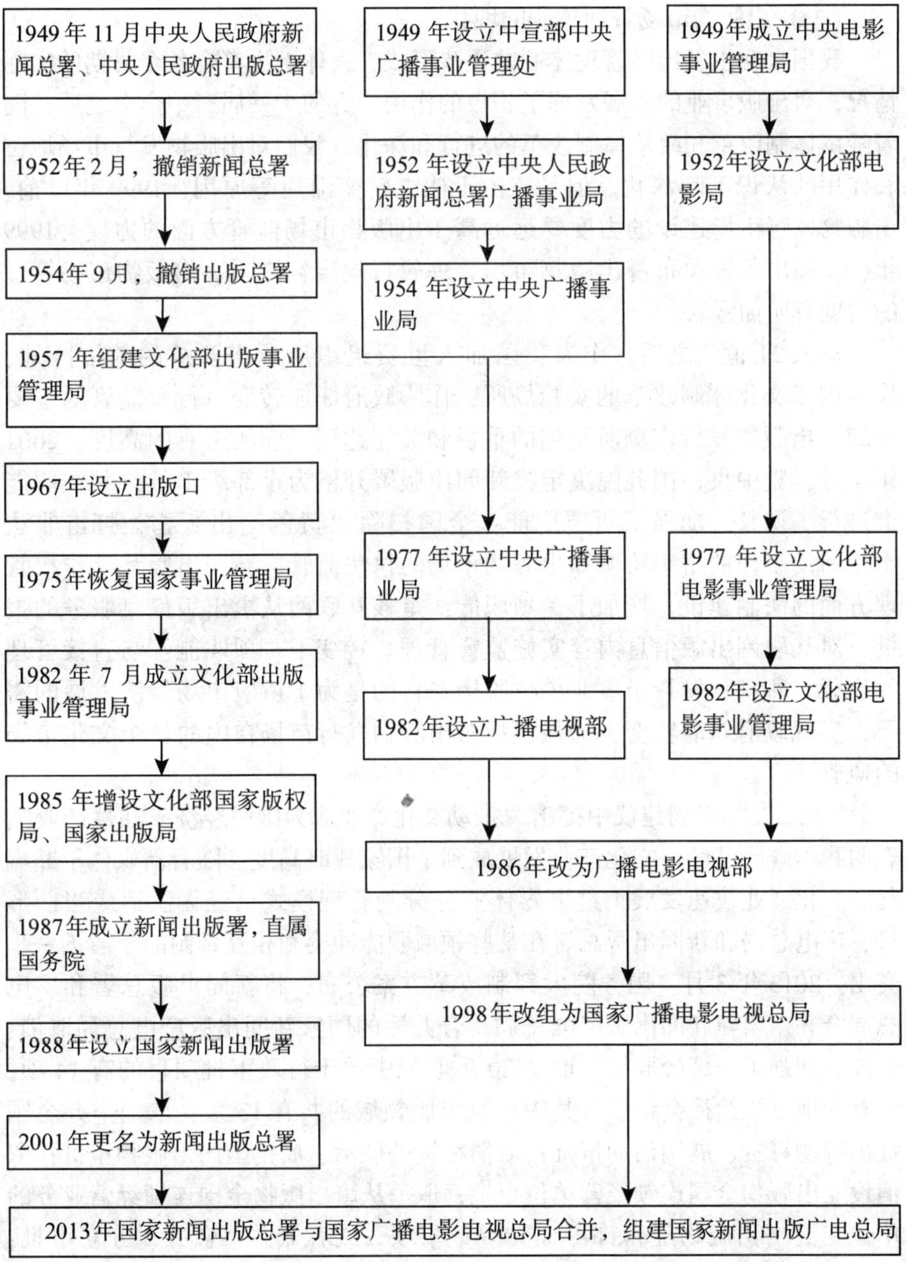

图5-1 新中国成立以来国家新闻出版广电总局历史变革一览表

的制度和职责的规定。

（一）出版物市场管理体制的现状

我国社会主义出版管理体制的逐步形成，大体上也符合各个时期的实际情况，对出版事业的发展发挥了积极的作用。党的十一届三中全会之后，随着经济体制改革和政治体制改革的进行和深化，我们对出版物发行市场地位和作用的认识不断深化。但是，由于职能转变滞后等原因，1999 年以前，出版物发行市场建设的力度要远远高于出版物市场监管方面的力度。1999 年，新闻出版署颁布《出版物市场管理暂行规定》之后，出版物市场管理的力度有所加强。

进入 21 世纪之后，作为我国加入世贸组织后承诺开放的前沿阵地，作为国家文化体制改革的实验场所，作为政府职能转变后行政监管的主要领域，出版物发行市场所受到的重视和关注达到了前所未有的高度。2001 年 4 月，党中央、国务院决定将新闻出版署升格为正部级单位，并在职能上进行了调整，加强了两项职能：全国扫除“黄色”出版物，打击非法出版活动工作的组织协调和出版物市场的执法监管；新闻出版和著作权管理方面的法制建设。增加了一项职能：审核互联网从事出版信息服务的报批，对互联网出版信息内容实施监督管理。转变了一项职能：与直接管理的出版、印刷、发行企事业单位脱钩，目的是为了适应市场经济发展的需要，实现政府职能转变，加强包括对出版物发行市场在内的整个文化市场的监管。

“十二五”规划建议中提出“推动文化产业成为国民经济支柱性产业”，表明我国政府已经将文化产业发展放到了国家战略高度。随着新媒体不断崛起、文化产业快速发展，过去媒体业务分割管理模式已经无法适应当前形势，广电总局和新闻出版总署在某些领域职能冲突和相互牵制的矛盾进一步突出。2013 年 3 月，国务院大部制改革方案公布，将新闻出版总署和广电总局合并，组建新闻出版广电总局。合并后的国家新闻出版广电总局取消、下放、加强了一部分职能。取消 20 项职能中关于行政审批项目的有 14 项，另有 6 项下放给社会组织，其中涉及出版领域的共有 13 项：取消举办全国性出版物订货、展销活动审批；取消在境外展示、展销国内出版物审批；取消设立出版物全国连锁经营单位审批；取消从事出版物全国连锁经营业务的单位变更《出版物经营许可证》登记事项，或者兼并、合并、分立审批；取消只读类光盘生产设备引进、增加与更新审批；取消著作权集体管理组织章程修改审批；取消出版物总发行单位设立从事发行业务的分支机构审批；

取消期刊变更登记地审批；取消出版物发行员职业技能鉴定职责，工作由相关协会、学会承担；取消图书出版单位等级评估职责，工作由中国出版协会承担；取消报纸、期刊综合质量评估职责，工作分别由中国报业协会和中国期刊协会承担；取消涉外著作权登记服务职责，工作由中国版权保护中心承担；取消调控书号总量的职责。下放到省级新闻出版广电行政部门的职能共有 7 项，有 3 项涉及出版领域：音像复制单位、电子出版物复制单位设立审批；音像复制单位、电子出版物复制单位变更业务范围或兼并、合并、分立审批；只读类光盘设备投产验收工作职责。加强的职能共有 7 项，主要明确了政府在推动新闻出版广播影视融合发展和推动数字出版发展方面的决心。这一系列职能转变表明了政府逐渐履行简政放权的承诺，体现其管理理念和方式的创新转变，强调要充分发挥市场调节、社会监督和行业自律作用的目的是减少政府对文化企业的行政干预，加快促进文化产业发展。国家新闻出版广电总局（国家版权局）共有 22 个内设机构，主要职能是对图书、报纸、音像制品、电子出版物、印刷复制、出版物发行市场等进行总量、结构、布局的总体规划和组织实施；审批出版社、报社、期刊社、印刷、发行等单位的成立、分工、变更等事项；对新闻出版市场实施监督管理；草拟新闻出版、著作权方面的法律、法规草案；参与起草与著作权保护有关的法律、法规草案；负责推进新闻出版广播影视与科技融合；检查著作权法律、法规的实施和我国加入的国际版权公约在国内的执行情况；承办新闻出版和著作权方面的对外交流与合作事务；承办政府间文化协定中有关新闻出版、著作权项目的执行工作等。在著作权管理上，以国家版权局名义单独行使职权。

新闻出版广电总局机构和职能调整后，目前有三个机构负责出版物市场管理方面的工作：一是出版管理司，主要承担图书、音像、电子出版单位和出版活动的监督管理工作；另一个是印刷发行司，主要承担印刷、复制、出版物发行单位和业务的监督管理工作，组织查处、纠正重大违法违规行为；还有一个是反非法和违禁出版物司（全国“扫黄打非”工作办公室），主要承担全国“扫黄打非”工作小组日常工作，组织查处非法和违禁出版传播活动的大案要案。

省级出版行政部门除了对本省（自治区、直辖市）出版系统直属单位实施直接管理外，还要对全省印刷行业进行统一管理，对本地区范围内的出版物市场进行管理，并负责地方性报刊的审批、出版选题计划的审定、本省出版业发展规划的制定等工作。

（二）出版物市场管理体制的特点

随着社会主义法制建设的不断发展，我国的出版物市场管理体制逐步得到发展和规范。出版机构建设、队伍建设得到进一步加强，我国出版物市场管理形成了分类管理、分级管理、多部门分工负责的特点。

1. 分类管理

分类管理就是对不同载体的出版物在流通领域由不同的行政管理部门予以管理。按照机构改革后国务院“三定”方案的分工，各级文化行政部门负责网络游戏的日常管理工作，各级出版行政部门负责书报刊、音像制品、电子出版物的日常管理工作。

2. 分级管理

分级管理就是根据出版物市场管理法规，国务院、省（自治区、直辖市）、市、县各级政府出版行政部门和文化行政部门按照分工，各自履行不同职责，承担相应责任，并分别向上级主管行政管理部门负责。

3. 多部门分工负责

在出版物市场管理方面，我国形成了多部门共同负责的特点，主要是司法部门依据我国宪法、法律进行监督；行业性组织按照同业公认的原则进行管理；政府专设的出版行政部门和文化行政部门分工负责。

三、出版物市场管理体制的改革

新中国成立以来逐步形成的一套出版物市场管理体制，对出版物市场的建设和发展起到了保证作用。但是，随着国家工作重心的转移，社会主义市场经济的发展，经济体制改革与政治体制改革的不断深化，现行的出版物市场管理体制存在着诸多弊端和缺陷，难以适应出版物市场经济的高速发展对出版物市场管理越来越高的要求，特别是随着中国加入 WTO，出版业的逐步开放更是给出版物市场管理带来严峻的挑战。因此，正确把握目前出版物市场管理体制存在的问题，对于完善我国的出版物市场管理，规范出版物市场秩序，繁荣出版经济都会起到很大的促进作用。目前，我国出版物市场管理体制中的问题突出表现在以下几个方面：

（一）出版物概念外延的扩大，出版物品种、数量的增加和市场的繁荣，使得出版管理任务加重

目前出版物载体已由单一的纸介质，发展为纸、磁、光、电等多种载体，出版物已从传统的印刷出版物（图书、报纸、期刊）扩展到音像出版物、电子出版物以及网络出版物。出版事业的发展，还带来了出版物品种、

数量的增加。计算机技术的发展，使得出版流程的一些环节正向家庭渗透，出版物印刷活动延伸到乡村。这样，印刷、发行业主体的多元化发展，书报刊市场的培育和完善，出版对外交流领域的不断拓展，使得出版物生产和流通领域出现了许多不同以往的纷繁复杂的局面，市场管理也出现了涉及面广、任务繁重和管理力量严重不足的情况。尤其是著作权管理和“扫黄打非”工作的普遍深入与经常性开展，均使得出版管理任务日趋繁重，管理活动的复杂性和多样性日趋加深。

（二）机构设置不尽合理，职责、权限交叉重复

从我国目前出版物市场管理机构的设置来看，总体上存在着“高位截瘫”的现象。具体表现为全国地市一级的出版行政部门很不健全，设置上也很不平衡，有的地方机构健全，单独设有新闻出版局，机构、人员编制相对稳定，但也存在办公经费不足，交通、通信装备落后，不得已以收取管理费来维持日常工作的现象，而这种非政府的行为，又削弱了行政执法的效果；而有的地方根本不设机构，因历史原因归属文化部门，一般是在文化局设新闻出版科，也有的与文化局是一套机构，两块牌子，甚至有的是广电、文化、新闻、出版合一。文化行政部门在兼管文化娱乐业的同时，还承担互联网文化活动和网络游戏的管理任务。由于文化、艺术、娱乐、文物、新闻、出版等合署办公，没有上下专门对口，人员有限，常出现“何方告急救何方”的现象，出版物市场管理工作得不到应有的重视。

（三）执法不力，出版物市场管理缺乏有效性

出版物市场管理机关主要通过经济手段、行政手段和法律手段等进行日常管理工作，具有一定的强制性，但有些法规在具体操作上显得欠缺，加之市场管理内容复杂，出版物市场管理机关毕竟不同于立法机关和司法机关，对有些情况不能有力地查处，执法往往不能取得应有的效果。特别是在市场整顿和“扫黄打非”的过程中，管理部门往往要同公安、工商等部门联合行动，共同执法，而这种联合行动却面临着公安、工商部门本身繁重的任务，以及彼此在认识上的不一致和一些经济上的原因，不能很好地协调。许多地方的做法是从文化、工商、公安和税务等部门抽调人员组成临时“舰队”，成立临时专项办公室（部），对市场进行阶段性的治理。这种临时性的措施不具备管理的系统性、专门性和持久性，难以达到长治久安的目的，从而使一些不良行为得以逃脱制裁，使出版物市场管理缺乏有效性。

（四）监督管理方式局限于传统的方式和对具体事务的管理，缺乏宏观调控能力

我国的出版物市场管理一贯将行政手段作为管理的主要手段，除了从宏观上研究制定有关政策予以调控，还从微观上出台了不少具体的管理规定，例如《关于出版企业转换经营机制加强经营管理的意见》、《关于图书发行网点建设若干问题的通知》、《关于培育和规范图书市场的若干意见》、《关于加强书刊市场管理的通知》、《关于印发中小学教材价格管理办法的通知》、《关于进一步规范出版物订货、展销活动的紧急通知》等。这种调控方式直接具体，见效较快，调控效率也很高，但过多的微观事务管理会束缚行政管理机关的手脚，在一定程度上抑制了出版物市场主体的自我发展。另外，管理机关对出版物市场的管理缺乏系统性和预见性，出版物市场的哪个部分、哪个环节出了问题，就出台相应的治理措施，这种“头痛医头、脚痛医脚”的传统管理方式显然不能适应高速发展、千变万化的出版物市场的需要。

综上所述，改革现行出版物市场管理体制已是一项非常迫切的任务，必须根据社会主义市场经济发展的客观要求和内在规律，结合中国出版物市场的具体情况，在借鉴国外有益的管理体制的基础上，建立有中国特色的社会主义出版物市场管理体制。

第二节　出版物市场管理机关

根据《辞海》的解释，机关是指“办事单位或机构”①，如学术研究机关、国家行政机关等。我们这里所称机关是指作为整体的办事单位，如国家新闻出版广电总局、文化部、工商行政管理总局等。

一、出版物市场管理机关的概念、性质和法律地位

（一）出版物市场管理机关的概念

出版物市场管理机关是代表国家行使出版物市场管理职能、管理出版物市场的国家职能机关，是国家行政机关序列中的重要组成部分，具体包括出版行政管理机关、文化行政管理机关以及工商行政管理机关。

① 辞海编辑委员会编．辞海（缩印本）[M]．上海：上海辞书出版社，1980：1250.

出版物市场管理机关具有以下基本特性：（1）它是国家行政机关。既区别于国家权力机关、审判机关和检察机关，也区别于其他社会组织。（2）代表国家行使行政管理职能。因此，无论是中央一级还是地方一级的出版物市场管理机关，均是代表国家行使行政管理职能的机构。（3）出版物市场管理是其行政管理职能范畴之一，即这些出版物市场管理机关代表国家行使对出版物市场主体、市场客体、市场行为的监督管理职能。

（二）出版物市场管理机关的性质

出版物市场管理机关的性质，是指它在实施出版物市场管理活动过程中所表现的质的规定性。概括地说，出版物市场管理机关在性质上，是代表国家主管出版物市场和行政执法的政府职能部门。具体来说，可以从两个层次把握其性质。

其一，它是国家行政管理机关，即它是代表国家行使行政权力和执行政府公务的机关，是中央政府和地方政府的组成部分。行政机关区别于事业机关和社会团体，它拥有行政管辖权，依靠国家力量在行政区划内进行管理，它体现国家政权的权威和力量。行政机关还不同于立法机关和司法机关。行政是法的授权。行政机关管辖的职权是由国家权力机关以立法形式授予的，凡是法律没有授权的，或授予某行政机关的，其他行政机关就不能超越自己职权进行管理。行政又是法的执行。法律对行政机关权力、职责所作的规定不能自动生效，而必须由行政行为生效。司法机关和行政机关虽然都是对法的执行，但是它们各有分工。一般正常的社会性活动，都属于行政管理范围。只有违法行为，主要是较严重的违法行为，才由司法机关处理。

其二，出版物市场管理机关是国家行政机关中的市场秩序管理机关。在政府部门中，因分工专管特定事项而设立的职能管理部门较多，有经济类和非经济类之分。经济类职能管理部门中，专门管理市场的职能部门又有两种类别：一种分管市场经济流量的，主要是国家商务部及其地方相应机关；另一种是分管市场行为秩序的，它们有商检、工商、物价、技监等部门，出版物市场管理机关就属于这一类型。分管市场行为秩序的职能部门，同时也是行政执法机关。所谓行政执法，是指以行政手段包括行政措施、行政强制和行政处罚等方法依法处理违法和违规行为。

出版物市场管理机关的上述性质，决定了它在地位上的权威性和在利益上的超脱性。它显示了国家行政的权利和威望，与市场主体之间没有直接的利益连带关系。

（三）出版物市场管理机关的法律地位

出版物市场管理机关的法律地位，是指法律规定的出版物市场管理机关在和其他国家机关、社会组织、企事业单位以及公民个人之间发生的法律关系中所具有的权限和责任、权利及义务关系的总和。虽然我国至今还没有一部有关出版物市场管理机关的行政组织法，对出版物市场管理机关的法律地位也不可能有具体而明确的规定，但仍可以根据一些有关的单行法规来认识其法律地位：

（1）新闻出版广电总局、文化部、工商行政管理总局都是国务院的直属机构，地方各级新闻出版广电局、文化局、工商行政管理局是地方各级人民政府机构的组成部分。

（2）新闻出版广电总局是国务院主管新闻出版市场监督管理和行政执法的重要职能机构，地方新闻出版广电局同样也应是地方政府主管地方新闻出版市场和行政执法的重要职能机构。文化部是国家管理文化市场的重要职能机构，地方各级文化行政部门同样也是地方政府主管地方文化市场和文化行政执法的重要职能机构。工商行政管理总局是国家主管全国工商企业和从事生产经营活动的事业单位、社会团体、公民个人登记注册工作的职能机构，地方各级工商行政管理机关同样是地方政府主管地方工商企业和从事生产经营活动的事业单位、社会团体、公民个人登记注册工作的职能机构。

（3）出版物市场管理机关的管理职责和管理权限，新闻出版广电总局、文化部、工商行政管理总局由国务院赋予，地方各级新闻出版广电局、文化局、工商行政管理局由地方政府参照新闻出版广电总局、文化部、工商行政管理总局的职责赋予。

（4）机构设置为各级政府的常设机构。

（5）工作人员（除勤杂人员等外）列入行政编制，为国家公务员序列。

（6）行政经费由国家财政预算列支。

（7）在民事法律关系中具有事业法人地位，法定代表人为各级新闻出版广电局、文化局、工商行政管理局局长。

二、出版物市场管理机关的种类

我国出版物市场管理机关分为五类：

第一类，业务主管部门，包括各级出版行政部门、版权管理部门和文化行政部门等，是对出版物生产经营进行管理的业务主管部门，是国家对出版物市场进行行政管理的基础。

第二类，经济综合管理部门，包括银行、财政、统计、税务、劳动等有关管理机构。这些机构的任务是按照价值规律的要求，综合运用经济手段，引导和规范市场交易活动。

第三类，经济监督和检查机构，包括标准局、计量局、审计局、商检局、海关、工商行政管理局等部门。市场经济条件下，工商行政管理部门在出版物市场管理中发挥了重要作用。

第四类，公安、司法等部门，它们运用法律、法规的强制力量来维护市场秩序，打击违法犯罪行为。单靠出版行政部门对出版物市场进行管理是不够的，公安、司法部门的参与能更有效地打击和制止各类非法行为。

第五类，民间监督系统，包括消费者协会、出版工作者协会、印刷业协会、书刊发行行业协会等。这些民间组织和群众团体由消费者或同业生产者、经营者自愿组成，对图书商品质量、价格、服务、计量乃至企业商标、广告等进行广泛监督和自律，为消费者提供权益保护。出版发行行业协会是企业与政府间联系的纽带，又是企业成员相互间协调的中介，其具体任务包括：协助政府制定有关出版发行行业的法令、政策，并监督协会成员执行；指导与协调会员的业务活动；规范协调会员的经营行为；代表协会成员与政府及其他行业进行联系协调；组织成员参与国际交流活动；组织开展职工教育培训活动；组织成员交流经营经验，探讨经营规律，传播经营信息。目前，我国的出版行业协会，包括中央和地方的出版、编辑、印刷、发行协会共有近100家。它们对我国出版发行业的繁荣与发展起到了一定的促进作用。

中国书刊发行协会是出版物市场最主要的协会监督机构。中国书刊发行协会于1991年3月6日，经新闻出版署报请民政部批准，正式成立。2010年3月底，中国书刊发行协会召开第五次全国会员代表大会，选举产生了中国书刊发行业协会新一届理事会领导机构。其内部组织机构日趋专业和完善。该协会主要工作是开展行业内中介协调、信息交流、专业研讨、专业培训、图书展评、国内外交流；举办订货会及展销会；制定行规行约，加强行业自律；表彰为书刊发行工作做出显著成绩的单位和个人等。

三、出版物市场管理机关的职责

国家对出版物市场实行统一领导，分级分工管理的原则，国务院出版广电行政部门在国务院领导下管理全国出版物市场，其他有关部门按照国务院的要求协助管理出版物市场。但出版物市场管理的行政管理机构存在权限交叉、重叠、上下体制错位、职责不清等严重问题，在实践中，我国的出版物市场管理体制实际上是条块分割，纵横交错的。不同的出版物市场管理机关对不同的出版物市场有不同的管理职责分工。这里主要介绍业务主管机关和登记管理机关的职责。

(一) 业务主管机关——出版行政部门的职责及划分原则

1. 新闻出版广电总局的职责

新闻出版广电总局是国务院的直属职能机构，加挂国家版权局牌子，主要负责统筹规划新闻出版广播电影电视事业产业发展，监督管理新闻出版广播影视机构和业务以及出版物、广播影视节目的内容和质量，负责著作权管理等。目前主要职责有：

(1) 负责拟订新闻出版广播影视宣传的方针政策，把握正确的舆论导向和创作导向。

(2) 负责起草新闻出版广播影视和著作权管理的法律法规草案，制定部门规章、政策、行业标准并组织实施和监督检查。

(3) 负责制定新闻出版广播影视领域事业发展政策和规划，组织实施重大公益工程和公益活动，扶助老少边穷地区新闻出版广播影视建设和发展。负责制定国家古籍整理出版规划并组织实施。

(4) 负责统筹规划新闻出版广播影视产业发展，制定发展规划、产业政策并组织实施，推进新闻出版广播影视领域的体制机制改革。依法负责新闻出版广播影视统计工作。

(5) 负责监督管理新闻出版广播影视机构和业务以及出版物、广播影视节目的内容和质量，实施依法设定的行政许可并承担相应责任，指导对市场经营活动的监督管理工作，组织查处重大违法违规行为。指导监管广播电视广告播放。负责全国新闻记者证的监制管理。

(6) 负责对互联网出版和开办手机书刊、手机文学业务等数字出版内容和活动进行监管。负责对网络视听节目、公共视听载体播放的广播影视节目进行监管，审查其内容和质量。

(7) 负责推进新闻出版广播影视与科技融合，依法拟订新闻出版广播影视科技发展规划、政策和行业技术标准，并组织实施和监督检查。负责对广播电视节目传输覆盖、监测和安全播出进行监管，推进广电网与电信网、互联网三网融合，推进应急广播建设。负责指导、协调新闻出版广播影视系统安全保卫工作。

(8) 负责印刷业的监督管理。

(9) 负责出版物的进口管理和广播影视节目的进口、收录管理，协调推动新闻出版广播影视领域“走出去”工作。负责新闻出版广播影视和著作权管理领域对外及对港澳台的交流与合作。

(10) 负责著作权管理和公共服务，组织查处有重大影响和涉外的著作权侵权盗版案件，负责处理涉外著作权关系和有关著作权国际条约应对事务。

(11) 负责组织、指导、协调全国“扫黄打非”工作，组织查处大案要案，承担全国“扫黄打非”工作小组日常工作。

(12) 领导中央人民广播电台、中国国际广播电台和中央电视台，对其宣传、发展、传输覆盖等重大事项进行指导、协调和管理。

(13) 承办党中央、国务院交办的其他事项。

中华人民共和国新闻出版广电总局及各省市新闻出版广电局专职管理各项出版管理工作。新闻出版广电总局是全国主管新闻出版事业的最高职能机构，它依照《出版管理条例》、《出版物市场管理规定》负责全国出版物市场的指导和监督管理工作，负责制定全国出版物市场结构、布局和发展的规划，指导省、自治区、直辖市新闻出版局根据社会经济发展的实际情况制定本地区出版物市场发展规划和管理细则。

各省、自治区、直辖市新闻出版广电局是省级人民政府的职能机构，负责制定本行政区域内出版业发展规划，实施出版物出版发行活动的监督管理。

省级以下各级人民政府新闻出版行政部门，受同级人民政府和上一级新闻出版行政部门的双重领导，负责本行政区域内出版物出版发行活动的监督管理。

2. 各级出版行政部门职责划分的原则

根据现行出版物市场管理体制，各级出版物市场管理机关职责的划分体现了以下原则：

(1) 分级管理和分类指导原则。新闻出版广电总局主要对涉及出版物市场管理全局性、方向性、原则性的问题进行决策，以指导整个出版物市场管理系统的工作。省级新闻出版广电局指导省以下出版物市场管理机关正确执行国家有关出版物市场管理的法律、法规和方针政策。直辖市、计划单列市新闻出版局除承担地区性指导工作外，也履行部分监督管理职责。地、市、县（区）新闻出版广电局负责具体的监督管理，并领导各种派出机关开展各项业务工作。

(2) 属地原则。出版物市场管理的日常监督管理工作，一般按属地原则进行，即按区域管辖，各级出版物市场管理机关在本管辖区域内，进行日常监督管理工作。

比如，按照分级管理和属地管理原则，为加强对本地区出版物市场的管理，2003 年湖北省 75 个县市全部设立了新闻出版局。各地、市、县级出版行政部门的设立对全省加强和改善宏观管理，提高依法行政的水平起到了重要的作用。现在，湖北省成为我国地方出版行政部门成立时间较早、机构比较健全、贯彻分级管理和属地管理原则最为彻底的省份之一。①

(二) 文化行政部门的职责

中华人民共和国文化部是国务院组成部委之一。其主要职责是：

(1) 拟订文化艺术方针政策，起草文化艺术法律法规草案。

(2) 拟订文化艺术事业发展规划并组织实施，推进文化艺术领域的体制机制改革。

(3) 指导、管理文学艺术事业，指导艺术创作与生产，推动各门类艺术的发展，管理全国性重大文化活动。

(4) 推进文化艺术领域的公共文化服务，规划、引导公共文化产品生产，指导国家重点文化设施建设和基层文化设施建设。

(5) 拟订文化艺术产业发展规划，指导、协调文化艺术产业发展，推进对外文化产业交流与合作。

(6) 拟订非物质文化遗产保护规划，起草有关法规草案，组织实施非物质文化遗产保护和优秀民族文化的传承普及工作。

(7) 指导、管理社会文化事业，指导图书馆、文化馆（站）事业和基层文化建设。

(8) 拟订文化市场发展规划，指导文化市场综合执法工作，负责对文化艺术经营活动进行行业监管，指导对从事演艺活动民办机构的监管工作。

(9) 负责文艺类产品网上传播的前置审批工作，负责对网吧等上网服务营业场所实行经营许可证管理，对网络游戏服务进行监管（不含网络游戏的网上出版前置审批）。

(10) 拟订动漫、游戏产业发展规划并组织实施，指导协调动漫、游戏产业发展。

---

① 中国出版科学研究所编．出版改革与出版发展战略研究［M］．北京：中国书籍出版社，1998：33.

(11) 拟订文化科技发展规划并监督实施，推进文化科技信息建设。

(12) 指导、管理对外文化交流和对外文化宣传工作，组织拟订对外及对港澳台的文化交流政策，指导驻外使（领）馆及驻港澳文化机构的工作，代表国家签订中外文化合作协定，组织实施大型对外文化交流活动。

(13) 承办国务院交办的其他事项。

(三) 登记管理机关——工商行政管理机关的职责及其划分原则

登记管理机关——工商行政管理机关是国家主管市场监督管理和有关行政执法工作的机构。这里主要谈谈工商行政管理机关涉及出版物市场管理的职责。

1. 国家工商行政管理机关涉及出版物市场管理的职责

国家工商行政管理总局，是国务院主管市场监督管理和有关行政执法工作的直属机构。其涉及出版物市场管理的主要职责是：

(1) 依法组织管理各类企业（包括外商投资企业）和从事经营活动的单位、个人以及外国（地区）企业常驻代表机构的注册，核定注册单位名称，审定、批准、颁发有关证照并实行监督管理。

(2) 依法组织监督市场竞争行为，查处垄断、不正当竞争、走私贩私、传销和变相传销等经济违法行为。

(3) 依法组织监督市场交易行为，组织监督流通领域商品质量，组织查处假冒伪劣等违法行为，保护经营者、消费者合法权益。

(4) 依法对各类市场经营秩序实施规范管理和监督。

(5) 依法组织实施合同行政监管，组织管理动产抵押物登记，组织监管拍卖行为，查处合同欺诈等违法行为。

(6) 依法对广告进行监督管理，查处违法行为。

(7) 依法组织监管个体工商户、个人合伙和私营企业的经营行为。

2. 各级工商行政管理机关职责的划分原则

根据《中华人民共和国民法通则》和其他有关法律的规定，目前，我国市场主体的登记管理机关是工商行政管理机关。具体地讲，在中央是国家工商行政管理局，其下设企业注册局和个体私营经济监督管理司，专门负责市场主体的登记管理工作；在地方是省、自治区、直辖市和市、县（区）等各级工商行政管理机构，其内部设立了企业注册和个体私营经济监督管理机构，专门负责市场主体的登记管理工作。

各级工商行政管理机关作为市场主体登记管理机关，有其各自的职责分工。其分工遵循分级管理、属地管理、委托授权管理等原则。

（1）分级管理原则，是指用法律的形式明确划分上、下级登记主管机关的职权范围，并根据登记管理业务的繁简、数量的多少和主要职责来进行分工。国家工商行政管理局主要对涉及登记管理的全局性、方向性、原则性的问题进行决策，对重要的市场主体直接登记，并负责组织、指导、协调整个系统的工作。省级工商行政管理局负责组织、指导、协调本行政辖区内的工商行政管理机关正确执行国家有关登记管理的法规和政策，并承担部分市场主体的直接登记注册工作。对同级人民政府和国家工商行政管理局负责并报告工作，业务工作接受国家工商行政管理局指导。市、县（区）级工商行政管理局负责本行政辖区内一般市场主体的登记管理工作，并指导基层工商所的有关业务工作。

（2）属地管理原则，是指按照地域范围的不同，确定登记管辖的原则。各级登记管理机关根据管理权限，对本辖区范围内的各类市场主体直接进行登记管理。一般实行就地登记，就地管理，谁登记谁管理的原则。

（3）委托授权管理原则，是指下级登记机关根据上级登记主管机关的委托授权，从事某项具体的登记管理工作。上级工商行政管理局认为需要，可以委托下级工商行政管理局代为行使其部分登记管理职权。委托机关对被委托机关在委托权限内实施的行为，承担法律责任。上级工商行政管理局也可以授权下级工商行政管理局直接行使其部分登记管理职权。接受授权的机关对其在授权范围内实施的行为承担法律责任，如对外商投资企业实行国家工商行政管理局授权登记管理。

第三节 出版物市场管理机关的机构设置

根据《辞海》的解释，机构，泛指“工作机关或工作单位”；也指“机关、单位的内部组织”，如机构健全、调整机构等。① 我们这里所称“机构”，是指出版物市场管理机关的内部组织。

一、出版物市场管理机关机构设置的原理和原则

（一）出版物市场管理机关机构设置的原理

出版物市场管理机关的机构设置，必须遵循任何行政组织机构设置的原

① 辞海编辑委员会编．辞海（缩印本）［M］．上海：上海辞书出版社，1980：1250.

理，这些原理包括：

1. 行政组织构成原理

（1）专业化，即基于行政事务的专业分工而必须由许多部门来承担处理行政事务的责任。（2）集中统一，即各业务部门各司其职，但不能各自为政，必须保证整体的集中统一。（3）阶梯制，即按照能级从上至下逐级委托，形成决策、执行工作的系统。（4）政务职和事务职区分，即政务官员由选举产生，实行任期制；事务官员由上级机关或负责官员委派，为永业职，不因政府组织的变迁而变化。

2. 控制幅度原理

所谓控制幅度，是指一个领导者能用有效管理方法将其管理权力扩大到个人或行政机构的范围。控制幅度取决于多种因素，包括工作类型、管理者和被管理者的性格、主管人员与部属间的距离远近，以及参谋职能人员能向主管人员提供的有效帮助。控制幅度原理关系到公共事务中有效管理的基本问题。大多数主管人员，在多数情况下要对一定数目的部属或机构进行管理。如果该数目超过了一定限度，则管理效率必然降低，甚至会出现失控现象。

3. 整分合原理

整分合原理认为，只有在整体规划下明确分工，在分工基础上有效综合，才能实现有效管理。其要求是：要提高工作效率，必须首先对如何完成整体工作有充分的了解，在此基础上，将整体科学地分解为一个个组成部分，据此明确分工，使每项工作规范化，建立责任制。把握整体、科学分解、组织综合，这就是整分合。整体与部分既彼此相异，又彼此相关，二者的辩证关系是：整体大于部分之和。

4. 职能合并原理

职能合并原理，是指从事相似工作的两个或更多的行政机构合并为一个较大的机构。在美国，职能合并是管理与组织专家们用来加强联邦、州和地方各级政府管理工作的主要方法之一。因为在出现新的经济和社会问题时，美国国会、州立法机关和地方决策机关都倾向于设立新的行政机构，其结果是造成管辖权限的大量重叠重复劳动、职权混乱。这时通常是用职能合并原理，把从事相似工作的不同机构组合起来。其目的在于：（1）以综合机构来处理相同或类似的事务，消除浪费和行政机构重叠；（2）将许多不同的机构并入少数大机构，以减少行政长官负责机构的数目；（3）向行政长官提供工作人员和辅助服务人员，以起到咨询和事务管理的作用；（4）划清职权和责任的界限，以便使决策更为有效，各部门的责任更为明确；（5）取消那些从事日常行政事务并不涉及决策的职位和多头领导的部门。

在国家进行出版物市场管理机关机构改革的过程中，职能合并原理有着极为广泛的应用价值。

5. 能级原理

能级原理，是指根据组织机构职能范围的大小、政策制度影响力的大小和管理者能力的大小来划分层级，按照能级对应的原则组合成管理系统的不同层次，实现管理系统的有序状态。这样，机构职能、政策制度的影响力和管理者的才能都能得到充分发挥。该原理可以应用在：（1）建立管理组织系统；（2）按照能级对应的原则授权，使授权与能级相称，责、权对等；（3）按能级原理建立政策制度体系等。

（二）出版物市场管理机关机构设置的原则

1. 依法设置的原则

对依法设置原则一般有两种解释：一种解释是，由法律规定设置何种机构，如果没有直接的法律依据，机构即不能存在。另一种解释是，政府机构的设置必须遵循法律规定的原则和程序。法律无须规定政府的具体机构设置，而只规定设置机构所应遵循的原则和设立程序。此外，依法设置原则还包括用法律（或法规、规章等）规定政府机构的性质、地位、职权、编制、工作程序和方法等。

依法设置的原则应用到出版物市场管理机关，就是要求：（1）在目前的出版物市场管理体制下，一般机构设置都要有相应的政府部门批准，不能擅自设立；（2）在批准设立机构的同时，要用具有法律或规章效力的文件，明确该机构的职责、编制、职位等；（3）机构的撤销，同样要经过一定的批准程序。

2. 精干原则

精干原则是行政机构设置的根本原则。它要求机构设置必须根据任务和需要，分工合理，职责分明，层次简化，管理幅度适宜。具体包括：（1）机构的数量和规模精干，一个机构能履行的职责，不要由两个机构承担，防止机构重叠，职能交叉；（2）领导部门精干，不应设虚职；（3）人员精干，能够承担起职位所设定的任务；（4）层次简化，合理划分行政层次，每个层次都要明确责权关系，避免层层批示，官僚主义。

精干原则应用于出版物市场管理机关，就是要求：（1）设置机构必须是基于真正需要，而不是照顾人事安排。（2）既要根据需要设置新机构，也应根据情况变化撤销旧机构。(3) 加强职能机构，尽可能减少事务性机构。(4) 当事务性职能较多时，应按职能合并原理，进行相关职能的机构合并，可以一个机构多个职能。(5) 尽量简化层次，一般省级以上出版物市场管理机关是三个层次，市、县级出版物市场管理机关为两个层次。

3. 统一原则

统一原则就是要求所有的机构成为科学的、完整的统一体系，都为着一个共同的目标去完成管理任务。它要求必须正确处理统一领导与分级管理、分工负责的关系。

4. 效能原则

效能原则指行政组织能最大限度地发挥其功能以取得最佳行政效率、效益，从而达到一定行政目标的原则。其主要内容是：在一定的行政机构、人员、经费、物资的条件下，工作数量越多，质量越高，速度越快，效果越好，就表明行政效能越高，社会效益就越好。因此，行政机构设置与行政效能有着非常密切的关系，机构设置应该以提高行政效能为原则。该原则要求机构设置精干、合理和科学，人员配备与机构职责相适应。效能原则可以说是机构设置的一项综合性原则。

根据以上各原则，出版物市场管理机关机构的设置取决于管理职责的划分和行政管理效能的提高两个主要因素。由于管理层次的不同，各级出版物市场管理机关的职责也会有所不同，因而其机构的结构形式也会相应不同。不必强求各级出版物市场管理机关机构设置的上下对口划一。中央和省两级的出版物市场管理机关，职能重点是政策法规制定和管理业务指导，因而必须在机构设置上加强综合性的调研机构，基层出版物市场管理机关的主要职责是进行具体的业务管理，机构设置的重点是要考虑有利于行政效能的提高。各机构职责划分不宜过细，而要因地制宜，充分发挥整体功能。

二、出版物市场管理机关的机构设置

出版物市场管理机关是一个由多个机关单位构成的系统，各个机关单位的职责和业务范围各不相同。因此，在各个出版物市场管理机关单位中，都会根据自己的业务活动分工，来横向设置各种职能机构。这种按业务活动的不同而分别设置的职能机构，就构成了各出版物市场管理机关机构的组成部分。

（一）新闻出版行政部门的机构设置

根据 2013 年经国务院批准的《国家新闻出版广电总局主要职责内设机

构和人员编制规定》，国家新闻出版广电总局共设置了 22 个职能司（局）和机关党委，见图 5-2 所示。

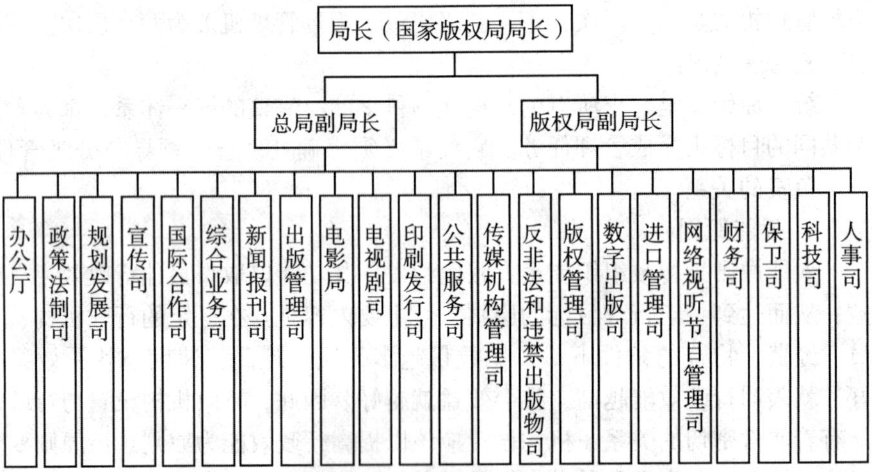

图 5-2　新闻出版广电总局机构设置

在出版物市场管理方面，新闻出版广电总局机构和职能调整后，有三个机构负责出版物市场管理方面的工作。一个是出版管理司，一个是印刷发行司，还有一个反非法和违禁出版物司，也就是全国“扫黄打非”工作办公室。

1. 直接负责出版物市场管理的机构

（1）出版管理司（古籍整理出版规划办公室）。承担图书、音像、电子出版单位和出版活动的监督管理工作，组织对图书、音像制品、电子出版物内容和质量进行监管。组织指导涉及党和国家重要文件文献、教科书的出版工作，组织实施全民阅读推广活动。承担国家古籍整理出版规划的组织协调工作。承担书号、版号管理工作。

（2）印刷发行司。主要承担印刷、复制、出版物发行单位和业务的监督管理工作，组织查处、纠正重大违法违规行为。组织指导党和国家重要文件文献、教科书的印制发行工作。指导内部资料性出版物的印刷管理工作。推动印刷业转型升级及新兴印刷业发展。

（3）反非法和违禁出版物司（全国“扫黄打非”工作办公室）。拟订“扫黄打非”方针政策和行动方案并组织实施，组织、指导、协调全国“扫黄打非”工作，组织查处非法和违禁出版传播活动的大案要案。承担全国“扫黄打非”工作小组日常工作。

2. 新闻出版广电总局其他内设职能机构

（1）办公厅。

负责文电、会务、应急值班、机要、档案、督查等机关日常运转工作，承担政务公开、新闻发布、安全保密、信访、建议提案办理和机关财务等工作，指导机关后勤服务管理和政务信息化工作。

（2）政策法制司。

研究新闻出版广播影视管理重大政策。组织起草新闻出版广播影视和著作权管理法律法规草案和规章，承担规范性文件的合法性审核工作。承担重大行政处罚听证、行政复议、行政应诉、涉外法律事务等工作。

（3）规划发展司（改革办公室）。

拟订新闻出版广播影视事业产业发展规划、政策和调控目标并组织实施，协调推动新闻出版广播影视事业产业发展。研究拟订新闻出版广播影视领域重大改革措施，指导、协调推进有关体制机制改革工作。依法承担新闻出版广播影视统计工作。

（4）公共服务司。

拟订新闻出版广播影视基本公共服务政策和保障标准，协调推进基本公共服务均等化和城乡一体化发展。组织实施重大公益工程，对老少边穷地区进行扶助，指导监督相关重点基础设施建设。

（5）综合业务司。

指导行政审批制度改革，组织、协调行政审批工作。拟订行政许可的实施办法，承办相关行政许可事项。

（6）宣传司。

承担广播电视宣传和播出的指导、监管工作。指导、协调全国性重大广播电视活动。指导、监管理论文献片、纪录片、电视动画片的制作和播出。具体指导中央人民广播电台、中国国际广播电台和中央电视台的重大宣传工作。

（7）新闻报刊司。

承担报纸（报社）和期刊（刊社）出版活动，国内报刊社、通讯社分支机构和记者站的监督管理工作。组织对报纸、期刊内容的审读和舆情分析工作。承担全国新闻单位记者证的监制审核、发放、备案和管理工作。组织查处重大新闻违法活动。

(8) 电影局。

承担电影制片、发行、放映单位和业务的监督管理工作，组织对电影内容进行审查。指导、协调全国性重大电影活动。指导电影档案管理、技术研发和电影专项资金管理。承办对外合作制片、输入输出影片的国际合作与交流事项。

(9) 电视剧司。

承担电视剧制作的指导、监管工作，组织对国产电视剧、引进电视剧和对外合拍电视剧（含动画片）的内容进行审查。指导、调控电视剧的播出。

(10) 传媒机构管理司。

承担广播电视播出机构和业务、广播电视节目制作机构、广播电视节目传送、有线电视付费频道、移动电视业务的监督管理工作。指导和监督管理广播电视广告播放。

(11) 数字出版司。

承担数字出版内容和活动的监督管理工作，对网络文学、网络书刊和开办手机书刊、手机文学业务进行监督管理。

(12) 网络视听节目管理司。

承担网络视听节目服务、广播电视视频点播、公共视听载体播放广播影视节目内容和业务的监督管理工作。指导网络视听节目服务的发展和宣传。

(13) 版权管理司。

拟订国家版权战略纲要和著作权保护管理使用的政策措施并组织实施，承担国家享有著作权作品的管理和使用工作，对作品的著作权登记和法定许可使用进行管理。承担著作权涉外条约有关事宜，处理涉外及港澳台的著作权关系。组织查处著作权领域重大及涉外违法违规行为。组织推进软件正版化工作。

(14) 进口管理司。

承担出版物、广播电视节目的进口管理。依法管理境外新闻出版广播影视机构在华设立办事机构。对境外广播电视节目的引进、播出和中外广播电视节目合作的制作、播出，以及卫星电视接收设施、境外卫星电视节目的落地和接收进行监督管理。

(15) 科技司。

拟订新闻出版及印刷业、广播影视及视听类新媒体科技发展规划、政策、行业标准并组织实施。拟订广播影视传输覆盖网和监测监管网的规划，推进三网融合。承担广播影视安全播出的监督管理和技术保障工作，承担广播影视质量技术监督、监测和计量检测工作。

（16）财务司。

承担机关和直属单位财务管理工作，负责预决算、国有资产管理、基本建设项目、政府采购及内部审计工作。

（17）国际合作司（港澳台办公室）。

组织开展新闻出版广播影视和著作权的对外及港澳台交流与合作。协调推动新闻出版广播影视“走出去”工作。承担国际文化协定中有关项目的执行工作。

（18）人事司。

承担新闻出版广播影视行业队伍建设和教育培训工作。承担机关和直属单位的人事管理、机构编制、劳动工资等工作。

（19）保卫司。

拟订新闻出版广播影视有关安全制度和处置重大突发事件预案并组织实施，指导、协调新闻出版广播影视系统安全保卫工作。指导、管理机关、中央人民广播电台、中国国际广播电台、中央电视台等重点单位和核心机密、要害部位的安全保卫工作。

（二）文化行政管理机关的机构设置

文化部作为国务院的组成部委之一，其主管文化市场的机构是文化市场司。

文化市场司的主要职责是：拟订文化市场发展规划和政策，起草有关法规草案；指导文化市场综合执法，推动副省级城市和地市级以下文化、广电、新闻出版等部门执法力量的整合；对文化领域的经营活动进行行业监管；对文艺演出、文化娱乐和文化艺术品市场进行监管；承担网络音乐美术娱乐、网络演出剧（节）目、网络表演业务和手机音乐的前置审批工作；在使用环节对进口互联网文艺类产品内容进行审查；负责对网吧等上网服务营业场所实行经营许可证管理，对电子游戏机在生产、进口和经营环节上进行内容监管；对网络游戏服务进行监管（不含网络游戏的网上出版前置审批）；指导对从事演艺活动民办机构的监管工作。

文化部其他的内设职能机构主要有：办公厅、政策法规司、财务司、人事司、艺术司、文化科技司、文化产业司、公共文化馆司、非物质文化遗产司、对外文化联络局（港澳台办公室）、机关党委、驻部纪检组监察局、离退休干部司、机关服务局和文化部信息中心等。

（三）工商行政管理机关的机构设置

国家工商行政管理总局是国务院主管市场监督管理和有关行政执法工作的直属机构。国家工商行政管理总局设12个职能司（局）。

1. 与出版物市场管理有关的机构

（1）企业注册局（外商投资企业注册局）。拟定企业（含外商投资企业、港澳台商投资企业及在中国境内从事生产经营活动的外国企业，下同）、外国企业常驻代表机构登记注册管理的具体措施、办法；组织指导企业、外国企业常驻代表机构登记注册工作；承担规定范围内的企业、外国企业常驻代表机构登记注册工作；承担企业法人基础信息库的建立、维护工作；承担企业、外国企业常驻代表机构登记注册信息的分析、公开工作。承办总局交办的其他事项。

（2）个体私营经济监督管理司（非公有制经济组织党建工作办公室）。调查研究个体、私营经济发展与管理情况，拟订监督管理的具体措施、办法；指导个体工商户、私营企业、农民专业合作社的登记注册与监督管理工作；组织指导个体工商户信用分类管理工作；查处取缔无照经营；指导个体劳动者协会、私营企业协会的工作；在中央组织部指导下，负责指导各地工商行政管理部门（市场监督管理部门）配合党委组织部门开展小微企业、个体工商户、专业市场的党建工作。承办总局交办的其他事项。

（3）企业监督管理局。拟定企业监督管理具体措施办法，组织指导对企业登记注册行为的监督检查；组织指导企业信用分类管理，依法开展企业信息公示工作，承担企业信用信息公示系统的建立、维护工作；对企业监督管理信息和公示信息进行研究分析，推动建立企业经营异常名录和市场主体“黑名单”制度；承担与其他国家机关企业监督管理信息和公示信息交换共享的协调联系工作。承办总局交办的其他事项。

（4）市场规范管理司（网络商品交易监管司）。拟订规范市场秩序的具体措施、办法；承担规范、维护各类市场经营秩序工作；负责监督管理网络商品交易及有关服务的行为；组织实施合同行政监督管理，查处合同欺诈等违法行为；承担管理动产抵押登记、经纪人、拍卖行为工作；组织指导商品交易市场信用分类管理工作；组织指导市场专项治理工作。承办总局交办的其他事项。

（5）广告监督管理司。拟订广告业发展规划、政策措施并组织实施；拟订广告监督管理的具体措施、办法；组织、指导监督管理广告活动；组织监测各类媒介广告发布情况；查处虚假广告等违法行为；指导广告审查机构和广告行业组织的工作。

（6）消费者权益保护局。拟订保护消费者权益的具体措施、办法；承担流通领域商品质量监督管理工作；开展有关服务领域消费维权工作；查处假冒伪劣等违法行为；承担指导消费者咨询、申诉、举报受理、处理和网络体系建设工作。

2. 内设的其他机构

（1）办公厅。负责机关文电、信息、督查、值班、档案、保密、保卫、信访等工作；承担机关政务公开、政府信息公开、新闻宣传管理等工作。承办总局交办的其他事项。

（2）综合司。负责市场监管和行政执法的政策研究和综合分析工作；承担市场监督管理和行政执法重大专项的督导工作；组织指导全国工商行政管理业务统计工作；研究提出与工商行政管理发展相关的财税、金融等政策建议；拟订并组织实施总局机关及直属单位的预算、财务审计和基本建设等工作。承办总局交办的其他事项。

（3）法规司。组织起草有关法律法规草案和规章；组织开展工商行政执法监督和听证工作，承担或参与有关行政复议、行政应诉和赔偿工作；承担指导本系统行政执法行为监督工作。

（4）反垄断与反不正当竞争执法局（规范直销与打击传销办公室）。拟订有关反垄断、反不正当竞争、直销监督管理和禁止传销的具体措施、办法；承担有关反垄断执法工作；查处市场中的不正当竞争、商业贿赂、走私贩私及其他经济违法案件，督查督办大案要案和典型案件；承担监督管理直销企业和直销员及其直销活动工作，查处违法直销和传销大案要案，协调相关方面开展打击传销联合行动工作。承办总局交办的其他事项。

（5）商标局。负责商标注册和管理工作，依法保护商标专用权和查处商标侵权行为，处理商标争议事宜，加强驰名商标的认定和保护工作；负责特殊标志、官方标志的登记、备案和保护；研究分析并依法发布商标注册信息，为政府决策和社会公众提供信息服务。实施商标战略。

（6）人事司。负责机关和直属单位的人事管理、机构编制、队伍建设等工作；承办省、自治区、直辖市工商行政管理部门领导班子双重管理的有关事项；指导本系统队伍建设的有关工作。

（7）国际合作司（港澳台办公室）。开展工商行政管理方面的国际合作与交流，承担涉及港澳台的合作与交流事务；承办机关和直属单位的外事工作。

第四节 出版物市场管理制度

出版物市场管理制度是出版物市场管理机关管理出版物市场的一系列措施。由于出版物这种精神产品的市场具有不同于其他商品市场的特性，单纯依靠市场机制无法完成宏观管理的任务，因此，出版物市场管理机关从出版物市场的复杂性、多样性出发采取了一系列行政的、法律的及相应的经济制度来实施对出版物市场的管理。

一、行政审批制度

行政审批制度是国家管理出版事业的一项重要制度，作为一项重要的行政权力，直接涉及出版行业的经营者、管理者，关系到政府职能的转变和社会主义市场经济的发展，因此，应遵守行政许可法的有关规定，进一步转变政府职能，减少行政审批。充分发挥市场在资源配置中的基础性作用，把制度创新摆在突出位置，努力突破影响生产力发展的体制性障碍，加强和改善宏观调控，规范行政行为，提高行政效率，促进经济发展，推进政府机关的廉政勤政建设。

（一）审批制的概念

审批，是指政府机关或授权单位，根据法律、法规、行政规章及有关文件，对相对人从事某种行为、申请某种权利或资格等，进行具有限制性管理的行为。审批有三个基本要素：一是指标额度限制；二是审批机关有选择决定权；三是一般都是终审。

目前，世界上创办出版发行机构的制度主要有审批制、保证金制、注册登记制和完全自由制四种。审批制是指一国的公民或法人首先须提出从事出版发行活动的申请，经审批同意、注册登记后方可在法律许可的范围内从事出版发行活动。保证金制是指交纳一定数额的保证金后可以从事出版发行活动，如我国香港地区的《刊物管制综合条例》规定，只要缴纳1万元保证金，再有两人担保，即可开业。注册登记制是指创办出版机构者（一国的公民或法人）在开业前经过有关机关登记注册后才可在法律许可的范围内从事出版发行活动。登记注册是程序性、手续性的要件，目的是便于有关国家机关事后的管理和了解情况。目前，美国、英国、德国、法国等大多数西方国家都采取注册登记制。① 完全自由制，即创办出版机构不需要国家机关批准，也不需要开业者到有关机关登记注册，可以自由开业。如德国北莱茵—威斯特伐利亚州《新闻法》第 2 条规定：包括创立出版企业和开设其他新闻机构等，均可不经任何形式的登记或认可。②

审批制是市场经济不发达国家通常采取的制度，在我国，它又是计划经济向市场经济转换、过渡时期的产物。其基本特征是，审批机关严格按照实质条件和程序，不仅对申请人的申请文件进行形式审查，还进行全面的实质性审查，而且根据情势有权决定批准与不批准，也就是说，对于即使符合法律规定条件的申请，审批机关也可以不予批准。我国对出版发行机构的设立采取的是审批制与登记制相结合的制度。③

（二）行政审批制度改革应遵循的原则

2001 年 10 月 18 日，国务院发布《关于行政审批制度改革工作的实施意见》，由此拉开了我国行政审批制度改革的序幕。2004 年 7 月 1 日，《中华人民共和国行政许可法》出台。十年来，我国行政审批制度的改革进程不断推进，国务院分批取消和调整的行政审批项目达到 2000 余项。2013 年 6 月，国务院明确行政审批制度改革工作牵头单位由监察部调整为中央机构编制委员会办公室（简称“中央编办”），国务院行政审批制度改革办公室（简称“审改办”）设在中央编办。2013 年 8 月 14 日，四川省人民政府在办公厅设立行政审批制度改革处，成为我国首个设立该机构的地方政府。行政审批制度改革的总体要求是：不符合政企分开和政事分开原则，妨碍市场开放和公平竞争，以及实际上难以发挥有效作用的行政审批，坚决予以取消；可以用市场机制代替的行政审批，采用市场机制运作；对于确需保留的行政审批，要建立健全监督制约机制，做到审批程序严密，审批环节减少，审批效率明显提高，行政审批责任追究制得到严格执行。

行政审批制度改革应遵循如下原则：

1. 合法原则

行政审批作为一项重要的行政权力，直接涉及公民、法人和其他组织的合法权益，关系政府职能的转变和社会主义市场经济的发展。设定行政审批应

---

① 张志强主编．现代出版学［M］．苏州：苏州大学出版社，2003：123.

② 魏玉山，杨贵山．西方六国出版管理研究［M］．北京：中国书籍出版社，1995：52.

③ 张志强主编．现代出版学［M］．苏州：苏州大学出版社，2003：123.

当遵循我国的立法体制和依法行政的要求，符合法定权限和法定程序。法律、行政法规、地方性法规和依照法定职权、程序制定的规章可以设定行政审批。

2. 合理原则

设定行政审批，要符合社会主义市场经济发展的要求，有利于政府实施有效管理。凡是通过市场机制能够解决的，应当由市场机制去解决；通过市场机制难以解决，但通过公正、规范的中介组织、行业自律能够解决的，应当通过中介组织和行业自律去解决。对虽符合合法原则，但不符合上述要求的行政审批，应当取消。

3. 效能原则

要合理划分和调整部门之间的行政审批职能，简化程序，减少环节，加强并改善管理，提高效率，强化服务。一个部门应当实行一个“窗口”对外；涉及几个部门的行政审批，应当由国务院规定的主要负责部门牵头，会同其他有关部门共同研究决定后办理；实施行政审批要规定合理时限，提高工作效率，在限定期限内办结。

4. 责任原则

按照“谁审批、谁负责”的原则，在赋予行政机关行政审批权时，要规定其相应的责任。行政机关实施行政审批，应当依法对审批对象实施有效监督，并承担相应责任。行政机关不按规定的审批条件、程序实施行政审批甚至越权审批、滥用职权、徇私舞弊，以及对被许可人不依法履行监督责任或者监督不力、对违法行为不予查处的，审批机关主管有关工作的领导和直接责任人员必须承担相应的法律责任。

5. 监督原则

赋予行政机关行政审批权，要按照公开、公平、公正的原则，明确行政审批的条件、程序，并建立便于公民、法人和其他组织监督的制度。行政审批的内容、对象、条件、程序必须公开，未经公开的，不得作为行政审批的依据。行使行政审批权的行政机关应当建立健全有关制度，依法加强对被许可人是否按照取得行政许可时确定的条件、程序从事有关活动的监督检查。

另外，行政审批是行政机关的主要权力形式，而权力如果没有严格有效的机制约束和制度规范，就会出现权力滥用和滋生腐败。所以，深化行政审批制度改革的一项十分重要的工作就是建立健全监督制约机制和责任追究制度。建立健全监督制约机制，首先要查找和分析审批当中容易导致行为失范，尤其是滋生腐败问题的部位和环节，其次是有针对性地制定实施避免问题发生以及有效制止问题的机制和制度，使审批程序、环节之间紧密衔接，前后监督，互相制约。建立健全责任追究制度，首先要明确实施审批的部门、机构和人员的具体责任，其次明确规定不依法履行审批责任的法律后果。

（三）新闻出版广电总局的行政审批制度改革

2004 年 7 月 1 日，《中华人民共和国行政许可法》开始实施。与此相适应，新闻出版广电总局一方面积极落实行政许可法的相关规定，另一方面不断加快行政审批制度改革的步伐。

1. 新闻出版广电总局行政审批项目清理的总体情况

自 2002 年 11 月 1 日《国务院关于取消第一批行政审批项目的决定》（国发［2002］24 号）起，十余年来，国务院已累计发文十余次，逐步推动简政放权，激发市场主体活力。2004 年为中国行政审批制度改革的重要节点，为使行政审批有法可依，《行政许可法》于当年 7 月 1 日开始施行，至此，我国的行政审批进入一个相对比较规范的阶段。2004—2014 年，国务院分别进行了六个批次的行政审批取消或下放。据梳理，截至 2014 年 3 月，在取消和下放的管理权限中，涉及新闻出版的行政审批项目，累计取消 50 项、下放 10 项。

2002 年 11 月 1 日，《国务院关于取消第一批行政审批项目的决定》（国发［2002］24 号）中，取消 6 项。包括：取消举办体育新闻发布会审批；取消出版超额品种挂历审批；取消出版向港澳台地区及海外发行的繁体字版本图书核准；取消出版向港澳台地区及海外发行的繁体字版本报纸核准；取消出版向港澳台地区及海外发行的繁体字版本期刊核准；取消出版向港澳台地区及海外发行的繁体字版本音像制品核准。

2003 年 2 月 17 日，《国务院关于取消第二批行政审批项目和改变一批行政审批项目管理方式的决定》（国发［2003］5 号）中，取消 4 项。包括：取消书刊印刷国家级定点企业审批；取消书刊印刷省级定点企业审批；取消中央单位报纸出版地方广告版审批；取消在京举办新闻发布会登记。

2004 年 5 月 19 日，《国务院关于第三批取消和调整行政审批项目的决定》（国发［2004］16 号）中，取消 18 项。包括：取消地方软件登记办事机构设立审批；取消涉外版权代理机构设立审批；取消出版物进出口单位在境外设立机构审批；取消出国参加国际书展审批；取消出版单位设立发行本版出版物不具备法人资格的分支机构审批；取消非出版物经营单位从事出版物储存、运输、投递活动审批；取消出版物出租单位设立审批；取消地方或专业性出版物订货、展销活动审批；取消电子出版物复制单位（含磁盘、只读类光盘等）改变名称审批；取消电子出版物复制单位（含磁盘、只读类光盘等）改变企业类型审批；取消设立出版物批发市场审批；取消报纸出版“号外”审批；取消报纸变更版数审批；取消中小学教辅类图书选题审批；取消报纸出版精选本审批；取消出版物发行员职业资格证书核发；取消部分古旧小说出版审批；取消性知识、性科学图书出版审批。

2010 年 7 月 4 日，《国务院关于第五批取消和下放管理层级行政审批项目的决定》（国发［2010］21 号）中，取消 8 项，下放 2 项。包括：取消音像制品出租单位变更名称审批；取消音像制品出租单位变更业务范围审批；取消音像制品出租单位兼并审批；取消音像制品出租单位合并审批；取消音像制品出租单位分立审批；取消从事音像制品出租业务审批；取消全国性音像制品连锁经营单位设立审批；取消音像非卖品复制审批；下放期刊出版增刊审批；下放改变连续型电子出版物刊期审批。

2012 年 10 月 10 日，《国务院关于第六批取消和调整行政审批项目的决定》（国发［2012］52 号）中，取消 4 项，下放 5 项。包括：取消期刊出版增刊审批；取消被查缴非法光盘生产线处理审批；取消电子出版物制作单位接受境外委托制作电子出版物审批；取消设立专门从事名片印刷的企业审批；下放设立从事包装装潢印刷品和其他印刷品印刷经营活动的企业审批；下放印刷业经营者兼营包装装潢和其他印刷品印刷经营活动审批；下放从事包装装潢印刷品和其他印刷品印刷经营活动的企业变更印刷经营活动审批（不含出版物印刷）；下放印刷业经营者兼并其他印刷业经营者（不含出版物印刷企业）审批；下放印刷业经营者因合并、分立而设立新的印刷业经营者（不含出版物印刷企业）审批。

2013 年 5 月 15 日，《国务院关于取消和下放一批行政审批项目等事项的决定》（国发［2013］19 号）中，取消 4 项。包括：取消只读类光盘生产设备引进、增加与更新审批；取消设立出版物全国连锁经营单位审批；取消举办全国性出版物订货、展销活动审批；取消在境外展示、展销国内出版物审批。

2013 年 7 月 13 日，《国务院关于取消和下放 50 项行政审批项目等事项的决定》（国发［2013］27 号）中，取消 4 项，下放 4 项。包括：取消从事出版物全国连锁经营业务的单位变更《出版物经营许可证》登记事项，或者兼并、合并、分立审批；取消著作权集体管理组织章程修改审批；取消期刊变更登记地审批；取消出版物总发行单位设立从事发行业务的分支机构审批（属于“出版物总发行单位设立审批”项目的子项）；下放音像复制单位设立审批；下放电子出版物复制单位设立审批；下放音像复制单位变更业务范围或兼并、合并、分立审批；下放电子出版物复制单位变更业务范围或兼并、合并、分立审批。

2014 年 2 月 15 日，《国务院关于取消和下放一批行政审批项目的决定》（国发［2014］5 号）中，取消 2 项。包括：取消出版物总发行单位设立审批；取消从事出版物总发行业务的单位变更《出版物经营许可证》登记事项，或者兼并、合并、分立审批。①

2. 新闻出版广电总局保留的行政审批项目

根据国家新闻出版广电总局 2014 年发布的行政审批事项清单，目前新闻出版领域的审批事项共有 39 项（21 大项）。在现有的行政审批项目中，有行政许可类审批项目 38 项，非行政许可类审批项目 1 项。其中，对于 38 项行政许可类审批项目，从设定的法律依据上，可以分为两大类：一是属于法律、行政法规设定的行政审批项目，二是属于非法律、行政法规设定的行政审批项目。

属于法律、行政法规设定的行政审批项目共有 34 项。根据行政许可法的规定，这 34 项行政审批项目具有合法依据，经国务院审改办核定也具备合理性，属于保留的范围，国务院不公布。这 34 项行政审批项目包括：（1）设立图书出版单位审批；（2）设立音像出版单位审批；（3）设立电子出版物出版单位审批；（4）设立网络出版单位审批；（5）设立报纸出版单位审批；（6）设立期刊出版单位审批；（7）图书出版单位变更（不含资本结构变更）、合并或者分立、设立分支机构审批；（8）音像出版单位变更（不含资本结构变更）、合并或者分立、设立分支机构审批；（9）电子出版物出版单位变更（不含资本结构变更）、合并或者分立、设立分支机构审批；（10）网络出版单位变更（不含资本结构变更）、合并或者分立、设立分支机构审批；（11）报纸出版单位变更（不含资本结构变更）、合并或者分立、设立分支机构审批；（12）期刊出版单位变更（不含资本结构变更）、合并或者分立、设立分支机构审批；（13）出版单位变更资本结构审批；

① 晓今，龚牟利．新闻出版行政审批项目取消下放知多少［EB/OL］．中国出版网，2014-03-21. http：//www. chuban. cc/mtsd/201403/t20140321_ 154166. html.

(14) 专项出版业务范围变更审批；(15) 出版新的报纸审批；(16) 报纸变更名称审批；(17) 出版新的期刊审批；(18) 期刊变更名称审批；(19) 出版新的连续型电子出版物审批；(20) 连续型电子出版物变更名称审批；(21) 图书、音像、电子出版物、期刊出版机构重大选题备案核准；(22) 中学小学教科书出版资质审批；(23) 中小学教科书发行资质审批；(24) 设立出版物进口经营单位审批；(25) 出版物进口经营单位变更名称、业务范围、资本结构、主办单位或者其主管机关，合并或者分立，设立分支机构审批；(26) 接受境外机构或个人赠送出版物审批；(27) 进口用于出版的音像制品审批；(28) 进口音像制品成品审批；(29) 出版物进口单位进口电子出版物制成品审批；(30) 进口出版物目录备案核准；(31) 出版境外著作权人授权的电子出版物（含互联网游戏作品）审批；(32) 著作权集体管理组织及分支机构设立审批；(33) 举办境外出版物展览审批；(34) 订户订购境外出版物审批。

属于部门规章和规范性文件等非法律、行政法规设定的行政审批项目，共有 4 项。根据行政许可法的规定，这 4 项属于无合法依据的情况，具体如下：(1) 境外出版机构在境内设立办事机构审批；(2) 新闻出版中外合作项目审批；(3) 著作权涉外机构、国（境）外著作权认证机构、外国和国际著作权组织在华设立代表机构审批；(4) 新闻记者证核发。

新闻出版广电总局的唯一一项非行政许可类审批项目为出版国产网络游戏作品审批。

对比当前国家新闻出版广电总局行政审批事项清单与 2004 年《新闻出版总署实施的行政许可事项目录》可以看到，主要变化在于报纸或期刊增刊、变更刊期或变更登记地的审批取消或下放，涉及总发行、全国连锁经营及“设立中外合资、合作和外商独资出版物分销企业”等的审批取消，而总发行、全国连锁经营过去一直由国有企业独占。同时电子出版物与音像制品的复制单位设立审批下放到省级出版行政部门。政府由管印刷、出版、复制、批发、零售及出租等具体业务逐渐过渡到主要管“大出版”及涉外相关业务。从总趋势看，新闻出版领域的行政审批和监管逐渐从发行、生产与经营等领域退出，正在履行其简政放权、由市场主导的承诺，但关乎国家文化与意识形态安全的出版及涉外相关项目仍需审批。

当前，经过国家新闻出版广电总局清理保留的审批项目中，涉及出版物市场管理且属于法律、行政法规设定的有：(1) 设立出版单位审批；(2) 出版单位变更名称、主办单位或者其主管机关、业务范围、资本结构，合并或者分立，设立分支机构审批；（3）出版新的报纸、期刊、连续型电子出版物或者报纸、期刊、连续型电子出版物变更名称审批；（4）图书、音像、电子出版物、期刊出版机构重大选题备案核准；（5）中学小学教科书出版资质审批；（6）中学小学教科书发行资质审批；（7）设立出版物进口经营单位审批；（8）出版物进口经营单位变更名称、业务范围、资本结构、主办单位或者其主管机关，合并或者分立，设立分支机构审批；（9）接受境外机构或个人赠送出版物审批；（10）进口用于出版的音像制品及音像制品成品审批；（11）出版物进口单位进口电子出版物制成品审批；（12）进口出版物目录备案核准；（13）出版境外著作权人授权的电子出版物（含互联网游戏作品）审批；（14）订户订购境外出版物审批。

属于部门规章和规范性文件等非法律、行政法规设定的有：（1）境外出版机构在境内设立办事机构审批；（2）新闻出版中外合作项目审批；（3）著作权涉外机构、国（境）外著作权认证机构、外国和国际著作权组织在华设立代表机构审批；（4）新闻记者证核发。

而唯一一项非行政许可类审批项目——出版国产网络游戏作品审批也与出版物市场管理息息相关。

这表明，我国的出版物市场管理是建立在审批制基础上的，出版物发行单位的设立、发行活动的组织都需要得到政府有关主管部门的批准。也就是说，任何机关、单位、公民未经出版行政机构批准不得进行出版物出版发行活动。随着《出版管理条例》、《音像制品管理条例》等行政法规的颁布和不断完善，出版物市场管理更加有序，政府努力让市场主体“法无禁止即可为”，让政府部门“法无授权不可为”的诚意得以彰显。

3. 取消和下放的行政审批项目后续监管措施

2004 年是行政审批制度改革关键的一年，也是新闻出版总署取消、下放行政审批项目最多的一年。为做好行政审批项目取消、下放后的后续监管和衔接工作，防止出现管理上的脱节，2004 年 6 月 15 日，新闻出版总署制定了《国务院公布取消的新闻出版总署行政审批项目（28 项）后续监管措施》（见表 5-1）和《国务院公布下放的新闻出版总署行政审批项目（5 项）管理措施》（见表 5-2），要求各地方严格执行后续监管措施，特别是对取消审批后转为日常监管的事项，要加大事中检查、事后稽查的力度，切实保证管理措施落实到位。

表 5-1 国务院公布取消的新闻出版总署行政审批项目后续监管措施

序号	国务院公布取消的审批项目名称	取消审批后的监督管理措施
1	出版超额品种挂历审批	由图书出版单位自主决定
2	出版向港澳台地区及海外发行的繁体字版本图书核准	由图书出版单位自主决定
3	出版向港澳台地区及海外发行的繁体字版本报纸核准	由报纸出版单位自主决定
4	出版向港澳台地区及海外发行的繁体字版本期刊核准	按照《期刊管理暂行规定》第 21 条的规定，期刊的不同版别、文种均按不同的期刊发给登记证。出版向港澳台地区及海外发行的繁体字版本期刊应按新办期刊的审批程序办理，向新闻出版总署申请“国内统一连续出版物号”
5	出版向港澳台地区及海外发行的繁体字版本音像制品核准	由音像出版单位自主决定
6	书刊印刷国家级定点企业审批	取消书刊印刷国家级定点企业。原定点企业和其他印刷企业享有平等的权利和义务，按照《印刷业管理条例》和有关规章加强日常监管
7	书刊印刷省级定点企业审批	取消书刊印刷省级定点企业。原定点企业和其他印刷企业享有平等的权利和义务，按照《印刷业管理条例》和有关规章加强日常监管
8	中央单位报纸出版地方广告版审批	任何报纸不得单独发售部分版页。报纸出版单位出版地方广告版，视同创办新报，按新办报纸的审批程序办理，向新闻出版总署申请“国内统一连续出版物号”
9	在京举办新闻发布会登记	取消在新闻出版总署的登记程序，在京举办新闻发布会应符合国家其他有关的法律法规
10	中小学教辅类图书选题审批	为保证此类图书的出版质量，避免重复出版，须按照新闻出版总署确定的出书范围出版此类图书

续表

序号	国务院公布取消的审批项目名称	取消审批后的监督管理措施
11	部分古旧小说出版审批	新闻出版署《关于部分古旧小说出版的管理规定》（新出图［1993］612号）中所列50种古旧小说及此类其他古旧小说，按“重大选题”管理，出版前须履行重大选题备案手续
12	性知识、性科学图书的出版审批	出版此类图书应坚持从正面普及性科学知识。出版行政部门应加强对此类图书出版的审读监管工作，对以传播性知识、性科学的名义进行淫秽、色情出版物出版的，按出版管理的有关规定进行处罚
13	鲁迅著作出版审批	按照《出版管理条例》第20条的规定，以年度出版计划方式经所在地省、自治区、直辖市出版行政部门审核后报国务院出版行政部门备案
14	报纸出版“号外”审批	报纸出版单位遇国内、国际重大活动、重大事件或重大的公益性活动可出版“号外”，出版时间不得超过三天，“号外”要在一定范围内免费赠阅，不得定价发行。出版时间在三天以上的，为临时报纸，按创办报纸的程序申请临时“国内统一连续出版物号” 中央单位的报纸出版“号外”在15日内向新闻出版总署备案，地方单位的报纸出版“号外”在15日内向所在地省、自治区、直辖市出版行政部门备案
15	报纸变更版数审批	报纸日均出版的版数不应少于报纸征订时标明的版数
16	报纸出版精选本审批	报纸如定期出版报纸精选本，按创办新期刊对待，须向新闻出版总署申请“国内统一连续出版物号”，以期刊形式出版；如不定期出版报纸精选本，交由出版社审定，按图书出版办理
17	电子出版物复制单位改变名称审批	因音像复制单位与电子出版物复制单位往往是一体而不可分，即使此项目取消审批，还需依《音像制品管理条例》第20条的规定，要求复制单位改变名称先到工商行政管理部门办理变更登记，并在变更后一个月内通过省、自治区、直辖市出版行政部门报新闻出版总署备案

续表

序号	国务院公布取消的审批项目名称	取消审批后的监督管理措施
18	电子出版物复制单位改变企业类型审批	企业到工商行政管理部门办理变更登记后，需在变更后一个月内通过省、自治区、直辖市出版行政部门报新闻出版总署备案
19	地方软件登记办事机构设立审批	软件登记机构应在其地方软件登记办事机构设立后一个月内报国家版权局备案
20	涉外版权代理机构设立审批	版权代理机构依法开展业务活动
21	出版物进出口单位在境外设立机构审核	出版物进出口单位在境外设立机构应于设立后一个月内报新闻出版总署备案
22	出国参加国际书展审批	企事业单位单纯参观国际书展、不租展台、不带参展书的无须新闻出版总署审批，可通过其主管部门报省或市外事部门审批，办理相关的出访手续。在境外展示、展销境内出版物的，按原规定报新闻出版总署办理审批手续
23	出版单位设立发行本版出版物不具备法人资格的分支机构的审批	出版单位须持总署核发的《出版物经营许可证》复印件及分支机构设立地址、人员情况等相关材料于分支机构设立后 15 日内到所在地省、自治区、直辖市出版行政部门备案。分支机构的建立应符合当地出版物发行网点规划
24	非出版物经营单位从事出版物储存、运输、投递活动的审批	各级出版行政部门应对非出版物经营单位从事出版物的储存、运输、投递活动加强日常监管
25	出版物出租单位设立审批	出租单位应于取得营业执照后 15 日内持营业执照复印件及经营地址、法定代表人或主要负责人情况等材料到县级出版行政部门备案

续表

序号	国务院公布取消的审批项目名称	取消审批后的监督管理措施
26	地方或专业性的出版物订货、展销活动审批	主办单位须符合《出版物市场管理规定》要求的资格条件，且须在活动举办前一个月持参展单位名单、展场位置图、组委会人员名单等有关材料报所在地省、自治区、直辖市出版行政部门备案。出版行政部门应对订货、展销活动加强监管
27	设立出版物批发市场审批	除已经省、自治区、直辖市出版行政部门按照新闻出版总署的限额依法批准的出版物批发市场外，各省、自治区、直辖市不得再批准设立出版物批发市场或扩大现有市场规模；今后设立出版物批发单位一律按《出版物市场管理规定》中独立设置经营场所的条件进行审批；已经批准的批发市场，五年内场内批发单位均须达到《出版物市场管理规定》中关于独立设置经营场所的批发单位的条件
28	《中华人民共和国出版物发行员职业资格证书》核发	取消出版物发行员职业资格准入后，由出版物发行单位组织出版物发行员参加职业技能鉴定。《中华人民共和国出版物发行员职业资格证书》由新闻出版总署职业技能鉴定指导中心核发

表 5-2　**国务院公布下放的新闻出版总署行政审批项目管理措施**

序号	国务院公布下放的审批项目名称	下放后的审批办法
1	设立中外合资、合作印刷企业和外商独资包装装潢印刷企业审批	设立中外合资、合作印刷企业和外商独资包装装潢印刷企业，由所在地省、自治区、直辖市出版行政部门审批后，到商务行政管理部门办理有关审批手续。省、自治区、直辖市出版行政部门应于审批后一个月内报新闻出版总署备案

续表

序号	国务院公布下放的审批项目名称	下放后的审批办法
2	可录类光盘生产设备引进审核	申请的可录类光盘生产项目经省、自治区、直辖市出版行政部门批准后，凭省、自治区、直辖市出版行政部门的批准文件到商务行政管理部门办理进口手续 为提高我国光盘产业的整体素质，严禁可录类光盘生产企业进口二手光盘生产复制设备 省、自治区、直辖市出版行政部门批准可录类光盘生产设备引进后一个月内应向新闻出版总署备案
3	设立可录类光盘生产企业的审批	申请单位需参照《音像制品管理条例》中设立复制单位的条件和程序，持设立可录类光盘生产项目申请书、可行性研究报告、生产单位法定代表人或者主要负责人的身份履历证明、相关资金信用证明、经营生产场所和必备的生产条件证明等到省、自治区、直辖市出版行政部门申请报批。批准后，申请单位到所在地工商行政管理部门办理注册登记手续 每年年底新闻出版总署发布下一年度可录类光盘产业发展指导意见，各省、自治区、直辖市出版行政部门可按指导意见中有关总量、结构、布局的规划进行审批 省、自治区、直辖市出版行政部门批准可录类生产企业后一个月内应向新闻出版总署备案
4	被关闭光盘厂生产线和被查缴非法光盘生产线处理审批	被关闭光盘厂生产线和被查缴非法光盘生产线的处理由所在地省、自治区、直辖市出版行政部门在本行政区域内定向审批。接收或收购被关闭光盘厂生产线和被查缴非法光盘生产线的单位必须是现有的合法光盘复制生产企业。在本行政区域范围内处理有困难的，所在地省、自治区、直辖市出版行政部门可报新闻出版总署在省与省之间调剂，由同意收购的光盘复制生产企业所在省、自治区、直辖市出版行政部门审批 省、自治区、直辖市出版行政部门要将对此类光盘生产线的处理情况在一个月内向新闻出版总署备案 省、自治区、直辖市出版行政部门要加强对光盘生产线处理流向的监管，严防这类生产线流入“地下”

续表

序号	国务院公布下放的审批项目名称	下放后的审批办法
5	加工贸易项下光盘进出口审核	企业从事加工贸易项下光盘进出口，须向当地省、自治区、直辖市出版行政部门提出申请并提供样品备案，经省、自治区、直辖市出版行政部门批准后，抄送海关部门 省、自治区、直辖市出版行政部门的批件签发后15日内报新闻出版总署备案 省、自治区、直辖市出版行政部门要健全相应的内容审查机构和工作规程，并在人员、技术、设备等方面给予必要的投入和保障。对在加工贸易项下进出口光盘的内容要严格审查把关，载有国家法律、法规规定禁载内容的光盘，不得放行

由于《行政许可法》的出台，我国的行政审批制度逐渐进入到一个比较规范的阶段。2013 年新闻出版广电总局成立后，根据国务院审改办要求于 2013 年、2014 年分别出台了《关于国发［2013］19 号文公布取消新闻出版行政审批项目后续监管措施的通知》（见表 5-3）和《关于国发［2014］5 号文取消出版物总发行相关审批事项后续监管措施的通知》（见表 5-4）。

表 5-3　**国发［2013］19 号文公布新闻出版行政审批项目取消后续监管措施**

序号	国务院公布取消的审批项目名称	取消后的审批办法
1	只读类光盘生产设备引进、增加与更新审批	各级出版行政主管部门要落实属地管理职责，建立完善日常巡查制度，依据《复制管理办法》第 20 条，严格执行只读类光盘来源识别码（SID）蚀刻制度，依法查处违法违规行为
2	设立出版物全国连锁经营单位审批	各级出版行政主管部门要完善年度核验制度和日常巡查制度，会同文化市场执法机构加大监督检查力度，依法查处违法违规行为，并积极协调工商行政管理部门，加强信息共享

续表

序号	国务院公布取消的审批项目名称	取消后的审批办法
3	举办全国性出版物订货、展销活动审批	举办单位于活动举办前，应将活动时间、地点书面告知举办地出版行政主管部门；出版行政主管部门依照法规和职责，加强对此类活动版权、内容等有关方面的监管
4	在境外展示、展销国内出版物审批	积极引导、支持在境外展示、展销国内出版物活动，鼓励中国出版“走出去”

表 5-4　**国发［2014］5 号文取消出版物总发行相关审批事项后续监管措施**

序号	国务院公布取消的审批项目名称	取消审批后的监督管理措施
1	出版物总发行单位设立及从事出版物总发行业务单位变更《出版物经营许可证》登记事项，或者兼并、合并、分立的审批	原总发行业务《出版物经营许可证》于 2014 年 6 月 30 日统一作废。此前，仅有从事总发行业务《出版物经营许可证》的企业，可前往省级新闻出版广电行政主管部门换领从事批发业务的《出版物经营许可证》 各级新闻出版广电行政主管部门要完善出版物市场日常巡查制度，加强对出版物发行活动的事中、事后监管，会同文化市场执法机构加大监督检查力度，依法查处违法违规经营活动

二、行政许可制度

行政许可制度，简单地说，就是有关行政许可证的申请、审查、发放、使用、效力以及撤销等内容的法律制度，它是国家管理社会生活和经济生活的一项重要制度。

（一）行政许可的概念

“许可”一词，含有授权或者准许之意。在行政法上，狭义的许可是指行政机关根据当事人的申请，在一定条件下解除禁止，准许公民、法人或者其他组织从事某种活动的行政行为。广义的许可则是指行政机关对被管理者请求的同意，即通常所说的，行政机关不点头，管理相对人不能做。出版物经营许可，就其本质来说，是出版行政部门赋予出版物经营者从事出版物经营活动的行为。只有取得了出版行政部门的许可，管理相对人才能从事出版物相应的经营活动；没有取得出版行政部门的许可，当然不能从事相关的经营活动。

出版物经营许可具体表现为《出版物经营许可证》的申领与颁发。国家允许某管理相对人从事出版物的批发、零售、出租等活动，通常是通过发放许可证来体现的。未经许可，任何单位和个人不得从事出版物经营活动。

（二）行政许可的主要功能

1. 调控功能

随着市场经济的发展和社会的进步，国家对经济生活、社会生活的调控功能越来越重视，许可制度就是国家调控经济和社会生活的重要手段。许可制度的调控功能主要是基于许可的羁束裁量性质产生的。羁束裁量，不仅要求行政机关要依照法定的权限和程序办事，还赋予行政机关一定的裁量权。行政机关在审查许可证申请的过程中，可以根据经济、社会生活的总体情况，作出许可的决定，也可以作出不许可的决定。比如，当全社会的出版物经营者趋于饱和时，出版行政部门可以通过作出不许可的决定来调控其总量；当出版物经营者关停较多，不能满足经济、社会生活的需求时，出版行政部门可以通过许可的决定来调控其总量。此外，出版行政部门还可以通过许可证的发放，对出版物出版单位、生产复制单位以及出版物进口业务经营单位的结构、布局进行调控。

2. 保护功能

行政许可制度的确立是与依法行政的思想密不可分的，可以说，依法行政是行政许可制度的基础。正是出于保护公民、法人的利益，防止行政权的滥用，才创设了许可制度。行政许可制度对保护行政机关依法行政具有重要意义。出版物经营许可制度的保护功能不仅体现为对出版物批发、零售、出租、进口单位利益的保护，也在某种程度上体现了对出版行政部门依法行政的保护，以及对社会稳定、国家安全等方面的保护。

许可制度一方面需要保护出版物经营者从事出版物经营活动的权利，另一方面还要起到抑制和打击非法出版物经营活动，维护正常的出版业内竞争秩序的作用。

（三）行政许可应遵循的基本原则

行政许可制度既然是一种行政许可，出版行政部门在实施出版物经营许可制度时就应当遵循行政许可的基本原则。

1. 合法原则

法律包括行政法规是许可制度存在和运行的基础。没有法律，就没有行政许可。一方面，许可制度的产生必须以国家的法律为依据，法律是行政许可产生的唯一依据，没有法定依据的行政许可无效；另一方面，出版物经营许可的实施，包括从申请人提出许可证申请开始直至出版行政部门颁发许可证为止的全过程，都必须依法进行。这意味着出版行政部门在实施行政许可的过程中，不仅要以法定的权限和条件为依据，还要以法定的程序为依据。超越法定权限或者违反法定程序的行政许可无效。另外，出版物行政许可的争议和纠纷要依照法律规定予以处理和解决，包括对出版物经营许可决定不服的行政复议、行政诉讼，以及因出版行政部门违法实施行政许可而受到损害时的损害赔偿请求，均应依照法律规定的原则和程序进行。

2. 公开原则

公开原则是行政许可的核心原则，是行政许可制度科学化、民主化的标志。公开原则要求出版行政部门实施行政许可的过程要向社会公开。具体地讲，就是要求出版行政部门将有关出版物经营许可的事项、依据、条件、程序、期限、费用，以及申请出版物经营许可需要提交的全部材料和填写出版物经营许可申请书的示范文本等情况，在办公场合公示，并根据申请人的要求，就公示材料的内容向申请人作出明确地说明和详尽地解释。

3. 效率原则

效率原则是行政许可制度的又一重要原则，其目的不仅在于提高行政机关的办事效率，还在于保证申请人的权利得到及时的实现。根据效率原则的要求，出版行政部门应在法定的期限内作出出版物经营许可的决定。如在法定的期限内无法作出出版物经营许可决定，需要延长审查期限的，必须经出版行政部门的负责人批准，并应当将延长审查期限的情况书面告知申请人。

三、备案登记制度

备案，据《现代汉语词典》解释，是指“向主管机关报告事由存案以备查考”①。备案制度是指相对人按照法律、法规、行政规章及相关性文件等规定，向主管部门报告制定的或完成的事项的行为。一般来说，备案只需书面告知，行政机关接到后登记在案即可。

---

① 中国社会科学院语言研究所编辑室编．现代汉语词典（修订本）［M］．北京：商务印书馆，2000：54.

备案制度有事先备案和事后备案两种。事先备案等同于审批，属于行政审批制度改革和行政许可法规定的范畴，如出版物重大选题备案、进口出版物备案。事后备案属于事后告知性质，不属于行政审批制度改革和行政许可法规定的范畴。如出版物出租单位设立审批、电子出版物复制单位（含磁盘、只读类光盘等）改变名称审批、地方软件登记办事机构设立审批等均为事后备案。

（一）重大选题备案制度

1997年10月10日，新闻出版署根据《出版管理条例》的规定，为了实施图书、音像制品、电子出版物重大选题备案制度，制定了《图书、期刊、音像制品、电子出版物重大选题备案办法》。该办法规定："凡列入备案范围内的重大选题，图书、音像制品、电子出版物出版单位在出版之前，必须报新闻出版署备案。未经备案的，不得出版发行。"《出版管理条例》第20条也明确规定："图书出版社、音像出版社和电子出版物出版社的年度出版计划及涉及国家安全、社会安定等方面的重大选题，应当经所在地省、自治区、直辖市人民政府出版行政主管部门审核后报国务院出版行政主管部门备案；涉及重大选题，未在出版前报备案的出版物，不得出版。"于2016年3月10日起正式实施的《网络出版服务管理规定》第26条规定："网络出版服务单位出版涉及国家安全、社会安定等方面重大选题的内容，应当按照国家新闻出版广电总局有关重大选题备案管理的规定办理备案手续。未经备案的重大选题内容，不得出版。"这是一种事先备案制度。

所谓重大选题，是指涉及国家安全、社会安定等方面的内容，对国家的政治、经济、文化、军事等会产生较大影响的选题。对于重大选题的范围，新闻出版广电总局将根据情况适时予以调整并另行公布。

出版单位向新闻出版广电总局申报重大选题备案时，应当填写备案登记表并提交下列材料：备案申请报告；选题、书稿、文章、图片或者样片、样带；出版单位的上级主管部门或所在地党委宣传部门的审核意见。出版单位的上级主管部门是指：中央各部门出版社的主管部门是中共中央和国务院各部委、各民主党派和人民团体；解放军系统出版单位的主管部门是解放军总政治部宣传部；地方出版单位的主管部门是所在地省级新闻出版广电局或音像出版行政部门。

上述备案材料不齐备时，不予受理。新闻出版广电总局自决定受理备案之日起30日内，对备案申请予以答复或者提出意见，逾期未予答复或者提出意见的，备案即自动生效。新闻出版署对备案的重大选题进行审核，必要时可以转请有关部门协助审核。

出版单位违反规定，未经备案出版属于重大选题范围内的出版物的，由省级新闻出版广电局或新闻出版广电总局责成其上级主管部门对出版单位的主要负责人员给予行政处分；停止出版、发行该出版物，并责令该出版单位按照规定办理申报备案手续；违反《出版管理条例》的，依照有关规定处罚。

根据《出版管理条例》的精神和期刊出版中存在的问题，该办法适用于期刊中涉及的重大选题。

（二）出版物市场管理备案制度

为了提高出版物市场的科学化管理水平，及时了解出版物市场信息，掌握全国出版物市场发展动态，根据《出版物市场管理暂行规定》和《出版管理行政处罚实施办法》的有关规定，2000 年 8 月 2 日，新闻出版署发布了《关于进一步完善出版物市场管理备案制度的通知》，通知要求各省、自治区、直辖市新闻出版局负责本行政区域内的出版物市场管理备案工作。各级新闻出版行政部门应给予高度重视，切实加强领导，认真做好出版物市场管理备案工作。

下列有关登记项目，经各省、自治区、直辖市新闻出版局批准后 30 日内报新闻出版署备案：（1）经批准设立的出版物批发单位或批准从事出版物批发业务的单位，其备案登记项目包括：单位名称、经营地址、邮政编码、联系电话、法定代表人、注册资本、企业类型、经营范围、经营期限、许可证号、银行账号、纳税人号、审批机关、审批时间等。（2）经批准开办的出版物批发、零售交易市场，其备案登记项目包括：市场名称、地址、邮政编码、联系电话、市场管理机构负责人、经营范围、开办时间、总营业面积、单位摊位面积、摊位数、主办单位、主管单位、审批机关、审批时间等。（3）经批准开办的出版物读者俱乐部等进行出版物交流、销售活动的经营性组织，其备案登记项目包括：读者俱乐部名称、经营地址、邮政编码、联系电话、法定代表人（负责人）、注册资本、企业类型、会员人数、经营范围、设立时间、审批机关、审批时间等。（4）经批准的出版社在注册城市之外设立的发行分支机构，其备案登记项目包括：分支机构名称、经营地址、邮政编码、联系电话、分支机构负责人、注册资本、企业类型、经营范围、设立时间、主管单位、审批机关、审批时间等。（5）经批准举行的地方或专业性出版物订货、展销活动，其备案登记项目包括：活动名称、地点、场所、举办时间、主办单位、主办单位地址、邮政编码、联系电话、主办单位负责人、展销范围、参展单位名单、审批机关、审批时间等。

经县级新闻出版行政部门批准设立的出版物零售、投递、出租单位或批准从事出版物零售、投递、出租业务的单位和个人，由审批部门将有关登记项目于批准后30日内，经地、市级新闻出版行政部门报当地省级新闻出版行政部门备案。

备案登记项目包括：单位名称、经营地址、邮政编码、负责人、注册资本、企业类型、经营范围、许可证号、审批机关、审批时间等。

开办网上书店或从事出版物网上购销活动的出版物发行单位，应于网上书店设立登记后30日内，将有关登记项目报原审批部门备案。

备案登记项目包括：网上书店名称、住所、经营地址、法定代表人(负责人)姓名、注册资本、企业类型、经营范围、通信地址、联系电话、注册域名、网络地址、开办单位名称、审批机关、审批时间等。

出版物批发单位的年检情况，由各省、自治区、直辖市新闻出版局于年检结束后30日内，将年检情况报告等材料报新闻出版署备案。

对出版物发行单位或个人的行政处罚情况，各省、自治区、直辖市新闻出版局每半年向新闻出版署提交一次统计报告；对处以10000元以上罚款、责令停业整顿、吊销许可证等重大行政处罚，各省、自治区、直辖市新闻出版局于行政处罚决定做出后30日内，将行政处罚决定书等案件相关材料报新闻出版署备案。

已经备案的登记项目发生变更的，应于批准变更后30日内，按照要求报新闻出版行政部门重新备案。

在《关于进一步完善出版物市场管理备案制度的通知》下发前，已经批准设立的出版物发行单位，应按照要求于30日内报新闻出版行政部门备案。

四、售前送审制度

售前送审制度是我国对在批发市场或零售市场从事出版物经营的经营者实行的一项制度。

“售前送审”制，也称事前检查制，是预审制的一种表现形式。应该说，预审制表现在两个方面，一是出版前检查制度，二是销售前检查制度。出版前检查制度，是指出版物必须在出版前经过政府指定的检查机构对内容审查核准或删改后才能公开出版的制度①。这种制度自出版业开始存在时就出现了。在18世纪以前，英国、法国、德国等国家曾普遍实行这一制度。现在西方绝大多数国家采用的是另外一种截然不同的审查制度——追惩制。所谓追惩制，也称事后检查，即事后惩治的出版管理制度。在实行这种制度的国家，出版物在出版发行前不受限制，政府管理机构不做任何检查，在出版物出版发行后，通过有关机构审读样书或社会舆论监督，发现任何违法的行为，政府有关机关将依照新闻出版法或其他法律予以惩处。西方国家实行追惩制也是为了对出版物内容进行限制，包括对政治方面的限制；对淫秽、色情方面的限制；对诋毁宗教的限制；对影响青少年成长的出版物的限制；对影响国家安全方面的限制等。也有些国家由于出版物类别的不同，既实行追惩制，又实行预审制。如日本对教科书实行的就是预审制。日本从1949年起，对小学、初中、高中教科书，实行由公认权威审定其是否可行的审批制度。这种审批都是由文部省掌管的。首先出版者要提出申请，缴纳保证金，然后等待文部省的批示，文部省批准后，方可列入“审定教科书”之列，才有被定为中小学教科书的可能。②

而销售前检查制度，是指出版物在销售前必须经过政府指定的检查机构对内容进行审查核准才能公开销售的制度。这一制度是我国针对书刊市场发展过快，管理跟不上，书刊市场出现了一些格调不高、粗制滥造及宣扬色情、暴力和封建迷信的出版物；制黄贩黄屡禁不止；无照经营或超范围经营问题比较严重；无书刊批发权的单位和个人违规批发书刊，有的甚至买卖书号、从事总发行等，书刊市场管理极为混乱的状况，为加强书刊二级批发市场的管理而实施的一项制度。1995年5月25日，新闻出版署发布《关于加强书刊市场管理的通知》，要求“不论是批发市场还是零售市场，凡进场销售的书刊必须经当地书刊市场管理部门审查批准。未经报审而擅自进货销售者，所售书刊予以没收，对情节严重者可给予停业整顿或吊销许可证、营业执照的处罚。各地书刊市场管理部门应配备充足的人员，建立规范的工作制度，提高办事效率，对送审的书刊，一般应在72小时之内予以答复；如遇特殊情况，要及时向上级主管部门报告，对于涉嫌非法出版、盗版和内容有问题的书刊，书刊市场管理部门有权暂时封存”。

① 张志强主编．现代出版学［M］．苏州：苏州大学出版社，2003：127-128.

② 魏玉山、杨贵山编著．西方六国出版管理研究［M］．北京：中国书籍出版社，1995：69.

2000年，新闻出版署制定的《出版物批发市场管理暂行办法》第24条规定："出版物批发市场内经营单位要严格遵守'售前送审'制度，不准经营含有法律、法规禁止内容的出版物以及国家规定不能经营的其他出版物。"2011年3月25日新闻出版总署颁布的《出版物市场管理规定》第42条规定："进入出版物批发市场的经营单位在出版物销售前，须将出版物样本报送批发市场管理机构审验，报送审验的出版物样本必须与所销售的出版物一致。"这表明我国出版行政部门对进场经营的批发企业和不进场经营的批发企业采取了区别对待的政策。这主要是因为进场批发企业和不进场批发企业实行了不同的经营面积准入条件，本着区别准入、区别管理的原则，对不进场企业不再实行售前送审，而对进场批发企业仍旧实行售前送审制度。

这项制度在颁布之初，有些省市因不符合行政许可的有关规定而被停止执行。如北京市第十二届人民代表大会常务委员会第十二次会议，根据《中华人民共和国行政许可法》第83条第2款的规定，决定34件地方性法规中的66项行政许可事项的有关规定停止执行：其中第28项是停止执行《北京市图书报刊电子出版物管理条例》第26条有关"出版物批发前送审"的规定。①

五、年检制度

出版年检制度是指出版行政部门依法按年度对出版发行企业进行检验，确认出版发行企业法人继续经营资格的制度。

年检是新闻出版行政部门对出版物发行单位的经营行为合法性进行监督管理的方式，通过年检对出版物发行单位一年来遵守国家法律、法规和政策规定的情况进行监督检查；纠正并处理出版物发行单位的违法、违章行为，发现带有倾向性的问题，为研究制定相应对策，有重点地深入发行单位监督检查打下基础。新闻出版行政部门通过年检可以掌握出版物发行单位的各种信息，对发行单位进行政策、法规指导，发挥服务作用。

为加强对出版物市场的管理，规范出版物发行单位的经营行为，促进出版物市场的繁荣和发展，2003年10月新闻出版总署根据2003年9月1日施行的《出版物市场管理规定》，下发了《关于出版物发行单位年检登记的通知》。通知要求，凡经过各级新闻出版行政部门批准已领取《出版物发行许

① 北京市人大常委会关于停止执行北京市地方性法规中若干行政许可事项有关规定的决定［N］. 北京日报，2004-5-28.

可证》(现为《出版物经营许可证》) 并在工商行政管理部门办理营业执照的出版物发行单位，都必须参加年检登记工作。年检登记工作按照审批者负责的原则，由新闻出版总署和各省、县级新闻出版行政部门分工负责。通知还详细规定了年检登记工作的程序、内容和对出现问题的出版发行单位的处分办法。

2003 年 12 月 22 日，新闻出版总署发布了《关于 2004 年出版物总发行单位、全国性出版物连锁经营总部、中外合资、合作和外资出版物发行单位年检登记的通知》，自 2004 年 1 月 1 日至 4 月 20 日，将对出版物总发行单位，全国性出版物连锁经营总部，中外合资、合作和外资出版物发行单位进行年检登记工作（成立不满一年的不参加此次年检）。主要是总结检查 2003 年 1 月 1 日至 12 月 31 日一年来是否有违反国家的法律、法规及各项发行管理规定的行为，有无被处罚记录。按照《出版物市场管理规定》中设立发行机构的条件逐一对照检查。总结检查一年来的经营状况，包括出版物发行品种、册（盘）数、出版物销售收入、利润总额及库存出版物总定价等情况。

这次年检是新闻出版总署在全国范围内统一布置的首次年检，对总发行、批发、网上销售和 1000 平方米以上的零售单位实行的是网上年检。要求出版物总发行单位、全国性出版物连锁经营总部、中外合资、合作和外资出版物发行单位在接到通知后，应按照通知要求认真进行自查，写出自查报告，填写所附《年检登记表》（此表内容需填报到新闻出版总署指定的网站，填报符合网站要求的，网站会自动生成回执)，并于 2004 年 2 月 15 日前将《年检登记表》、自查报告和从网上下载的回执报至所在地省级新闻出版局。

据统计，仅北京市通过年检的出版物发行企业就有 5 093 家，其中总发行单位有 149 家，批发单位有 603 家，零售单位有 4 300 余家，总固定资产为 15. 69 亿元，从业人员达 4. 38 万人。从这次年检情况看，有几个特点：一是与 2002 年年检时的 7 000 余家发行单位相比，总数减少了 1 900 余家。拥有许可证的发行企业总量大幅度减少，一方面是出版物发行业的行业准入政策放宽后，社会各类资本纷纷进入该领域，导致业内竞争加剧，迫使规模小、实力弱的企业不得不退出；另一方面是新法规出台后，连锁经营得以进一步发展，北京市 16 家连锁发行单位下辖的 470 个直营门店不再办理单独的许可证。二是发行单位经营主体结构发生了显著变化，全民和集体所有制企业数量减少，股份制企业和有限责任公司数量不断增长，发行业多种经济形式并存的局面更为明显。三是商业连锁企业进军发行业趋势明显，遍布社区的商业连锁门店逐步取代了原有小书店。①

2011 年 3 月 25 日实施的《出版物市场管理规定》第 31 条规定："从事出版物发行业务的单位和个人应当按照新闻出版行政部门的规定接受年度核验，并按照《中华人民共和国统计法》、《新闻出版统计管理办法》及有关规定如实报送统计资料，不得以任何借口拒报、迟报、虚报、瞒报以及伪造和篡改统计资料。出版物发行单位不再具备行政许可的法定条件的，由新闻出版行政部门责令限期改正；逾期仍未改正的，由原发证机关撤销《出版物经营许可证》。"2008 年 5 月 1 日起实施的《图书出版管理规定》第 40 条规定，"图书出版单位实行年检核验制度，年度核验每两年进行一次。"年检制度作为一种检查监督手段，已经被明确提升到行政法规层面。

随着网络技术的发展，年检制度的范围也在扩大。《网络出版服务管理规定》第 38、39 条规定，"网络出版服务单位实行年度核验制度，年度核验每年进行一次。省、自治区、直辖市出版行政主管部门负责对本行政区域内的网络出版服务单位实施年度核验并将有关情况报国家新闻出版广电总局备案。年度核验内容包括网络出版服务单位的设立条件、登记项目、出版经营情况、出版质量、遵守法律规范、内部管理情况等"；"网络出版服务单位提交年度自检报告，省、自治区、直辖市出版行政主管部门对本行政区域内的网络出版服务单位的设立条件、登记项目、开展业务及执行法规等情况进行全面审核，并在收到网络出版服务单位的年度自检报告和《网络出版服务年度核验登记表》等年度核验材料的 45 日内完成全面审核查验工作。对符合年度核验要求的网络出版服务单位予以登记，并在其《网络出版服务许可证》上加盖年度核验章"。

第五节　完善出版物市场管理体制的对策

在市场经济条件下，特别是在我国加入 WTO 之后，出版业已正式划归服务业，出版业被赋予了更多的社会服务职能。出版物市场管理体制完善与否，直接影响出版业的发展。因此，我们应建立健全出版物市场管理的宏观调控体系，加强法制建设，实施高效明晰的行政管理，加强行业组织和其他

① 北京市新闻出版局 .2004 年北京市出版物发行管理工作会议［EB/OL］. http：//www. bjppb. gov. cn.

社会团体的行业管理功能，进一步完善出版物市场管理体制。

一、建立健全出版物市场管理的宏观调控体系

单纯的法律法规、市场制度和行政机构构成的仍是一个单向性的从上到下的权力导向型的管理体系，它的缺陷在于管理者对市场信息反应迟钝，管理行为缺乏弹性和连续性，行政行为的社会接受程度低。为了克服这些弊端，有必要建立一个以行政管理机构为主导，多方合作的管理网络，其基本结构如图 5-3 所示。

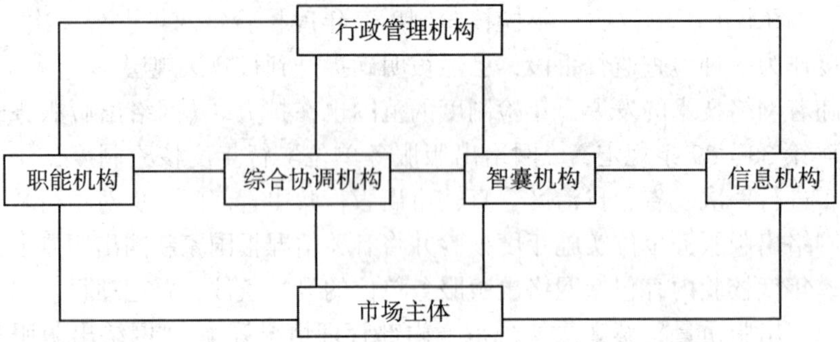

图 5-3　出版物市场宏观管理网络示意图

行政管理机构是指新闻出版行政部门，即新闻出版广电总局以及地方新闻出版行政部门，同时还包括中宣部、文化部等方针政策制定部门，它们的职责是制定和贯彻相关政策法规，建立基本的市场制度和规则，检查和监督其执行情况，对出版物市场实施宏观调控。市场主体就是直接参与出版物市场行为的经营者和从业人员，是管理行为的直接利害关系人。

职能机构是指其他参与市场管理的相关机构，如工商、税务、公安，出版物市场不属于其专属管理对象。

综合协调机构主要是指行业协会，如发行业协会、民营发行联合会等，是从业者在自发自愿的基础上形成的行业性组织，介于传统管理者与被管理者之间，其基本职能包括自我管理；协商解决行业内部问题；建立行业内的中观运行规则；行业信息沟通；经政府授权执行某些行政管理事务；争取行业利益等。

智囊机构是指专业的市场研究机构、政策研究机构、高等院校等，它们能够为管理机关提供强大的决策支持和政策建议，在方针政策、法律法规的

制定和调整过程中，智囊机构提出建议方案或对已有方案实施科学论证，协助管理机构合理、有效地施政。

信息机构是指市场信息统计机构，负责统计行业发展的数据信息，如发行量、发行金额、经营者数量，据此作出市场评估和分析预测报告，为管理机构提供参考。

为了避免管理权力过于集中，保证每一项制度的完善和行政行为的及时性和有效性，行政管理机构要大力放权，将某些事务性管理的权力转移给行业协会等中介组织来执行，减少行政权力对中介组织的干预，释放其自我管理、综合协调的功能，加强与其他职能机构的协同。针对智囊机构和信息机构的决策支持乏力，缺乏规范和统一的市场信息统计制度和机构的情况，应建立全国性的出版物市场监测体系，通过对批发市场、大规模连锁书店、大中型书店的经营数据监测，来把握市场动向和发展规律。积极推动书业信息标准化建设，统一数据统计的格式和程序，组建全国性书业信息数据网络，促进信息交流，完善沟通。鼓励和资助科研机构和高校开展出版物市场的专业化研究，推动产学研一体化，服务于整个出版产业。

二、加强法制建设

我国的出版物市场管理制度以政策性制度和行政法规为主。为了适应我国出版物市场管理的要求，应针对出版物市场上出现的问题，及时制定治理的措施，并把行之有效的管理办法和规章制度上升为法律、法规，以法律条文的形式固定下来，逐步建立健全出版管理法律制度，理顺出版管理法律体系。

（一）做好立法规划，完善法律体系

管理一个行业的市场经济法律体系应该包括核心法律、基本法规和相关配套规章，核心法律是对该行业进行宏观综合调控的成文法，它的作用是对特定行业进行法律界定，确认与行业相关的各方的权利和义务，规定行业运行的基本规则。现在虽然有了比较完善的《出版管理条例》和《出版物市场管理规定》，但其位阶低，缺乏权威性，尤其是在打击非法经营活动方面不能独立发挥作用；基本法规是对核心法律的内容进行细化的法律法规，比如《书业连锁经营条例》《图书总发行规定》等；配套规章就是为了利于法律法规的贯彻而制定的具体法律法规执行说明或司法解释等。

为改变核心法律缺位，基本法规缺乏体系的现状，出版行政部门应在充分调查研究的基础上，针对新的情况，做好立法规划，构建一个比较完善的

行业内的法规体系。应当在《出版管理条例》的基础上制定出版法及其实施细则，据此将《出版物市场管理规定》升格为《出版物管理条例》，对图书、报纸、期刊、音像、电子、网络等各类发行机构进行系统完备的规范，对管理机关的权责、工作程序和原则等进行明确规定，同时，建立监督制约机制，明确其法律责任，建立和完善与之相配套的各项出版行政法规和部门规章，这是出版法构建的基本内容和基本要求。其次要针对专门调整对象和特殊问题进行立法，如当前出现的书业连锁经营、网上书店、书店股份制等新情况，仅仅靠修改原有的行政规定是不够的，亟须专门的法律予以调整。应加快出版法制的步伐，其工作重点就是制定以专门市场行为为调整对象的法律法规。只有建立和健全出版法律体系，才能做到出版物市场有法可依，有章可循；才能使虚监、弱监、漏监现象得到控制，真正达到法网恢恢，疏而不漏。

（二）建立严格执法的有效机制

纠正行政执法中有法不依、执法不严、违法不究、滥用职权等现象，是出版法制建设中的一个最为突出的问题。严格执法的主体主要是出版行政部门。对出版行政部门的机构设置，人员组成、职权、责任，工作程序，应该用法的形式肯定下来，使执法者真正有法可依。要采取切实可行的措施，提高执法水平，确保执法准确到位。还应当制定专门的出版行政处罚条例，对行政处罚加以规范，减少行政处罚的随意现象。同时建立对执法违法的追究及赔偿制度，以利于对出版执法人员执法活动的有效监督。严格执法，关键是要培养一支高素质的执法队伍，要提高执法人员的法律意识、综合素质、政治觉悟、道德素养和业务能力。为此，除了教育培训外，还要建立严格的考核制度，这是加强执法的一项根本性措施。

（三）加强守法教育

立法是执法的前提和基础，执法是立法的基本要求和守法的保障，守法是立法的要求和执法的必然结果。加强出版法的宣传教育，提高全民依法办事、依法律己、依法行使权利和履行义务的法律意识是达到依法管理、行业自律的有效手段。

三、实施高效明晰的行政管理

调整管理内容，改变管理方式，转变管理思路，从管制规范为主转变到服务发展为主上来。坚持党委领导、政府管理、行业自律、企业参与的方针，政府部门要按照党中央文化体制改革的要求，积极实现政府职能转变，主要包括以下方面：

（一）减少行政审批

目前，出版物发行企业登记前置性行政审批过多、过滥，需要经过相关行政部门的批准许可后方符合注册登记条件，在相关法律法规中计划经济的成分还很明显，与出版业发展及当前形势发展不相适应。较为突出的是政府监管职能强调得多，使市场主体充分发挥其经营自主权不够。政府部门在管理方式上仍然沿用计划经济下文件管理、直接干预的办法，层层审批，管得过死，干涉过多，无法形成自主经营、自负盈亏的市场竞争主体，企业化管理没有落实，改革与发展的动力不足，许多改革举措都流于形式，缺乏实质性内容。这样的现象不仅给出版物市场管理工作带来了诸多困难，更主要的是阻碍了市场主体的进入，降低了出版物发行业的整体活力。

行政审批过多、过滥的直接后果是部门利益的滋生。只有减少行政审批，才能从根本上杜绝类似的违规行为。2011 年 3 月 1 日，原署长柳斌杰签署第 50 号总署令，废止了 161 件规章和规范性文件。换言之，行政审批权必须有明确的来源，设定和实施行政许可，应当依照法定的权限、范围、条件和程序；行政审批权必须按照行政许可法的要求，由权力机关通过法律法规的形式给予明确规定。

（二）分清行政职权和层次

在美、英等西方国家政府中没有专门的出版行政部门，出版管理职能由政府的一些部门共同承担，即由几个部门按照各自的管理职能进行联合管理，是一种分部门的管理制度。行政职权和层次的清晰划分保证了管理的效果和效率。从实际情况来看，这些国家的出版管理体制运行良好，各部门按照法定职权负责各自领域内的管理工作。如一本书在内容上有问题，政府有关部门就会主动来查处。

我国一直采用“总局—省局—地市局”三级管理体制，对规范出版物市场，进行宏观调控发挥了积极作用。但随着经济的发展和产业结构的改变，这样的模式越来越呈现出其弊端。至今没有明确的法律文件规定省局的管理职能，往往是出现问题后由政府协调有关部门给予解决。职责的不明确导致行政效率低下，部门互相推诿责任的情况时有发生。三级管理体制的另外一个弊端就是管理力量的不平衡分布。由于历史的原因，我国大多数大中城市的出版行政部门、人员配置和管理手段相对健全，地市以下大多是文化与出版行政部门合署办公，即俗称的“一个单位两块牌子”，出版管理分支机构既没有人员编制也没有专门的财政预算，越是需要管理的地区管理力量越是薄弱，造成了出版行政部门的“高位截瘫”现象。目前，盗版盗印等非法行为有向中小城镇和农村地区转移的趋势，这在一定程度上反映了行政层次设置的不合理。有必要出台出版管理行政法规，明确界定出版管理行政层次，各层次管理机构的职权范围、运作方式、相互关系，保障各层次管理机构的财政预算和人员配置，在预算和机构规模上应因地制宜，不宜搞“一刀切”。

（三）健全行政管理制度，提供公共服务

政府行为应当遵循便民的原则，提高办事效率，提供优质服务。以服务强化管理，为培育市场主体服务。过去政府部门权力化的色彩浓重，改革的目标是让政府部门成为宏观经济活动的规则制定者、仲裁者、公共服务提供者。

行政管理应加强多项制度建设：

公示制度。有关出版物市场管理的规范性文件和具体行政程序应当予以公布；未经公布的，不得作为实施行政管理的依据。任何行政处理的依据和结果（例如行政审批、行政处罚）都要及时公布并且允许查阅。公示制度的基本前提是管理机关与市场主体拥有平等的人格地位，对于政府行政是一种很好的制约，可以避免暗箱操作，有助于维护市场主体的利益。

并联审批制度。积极推行并联审批制度，并使之法制化。目前我国不少地方设立了服务功能很强的“政务中心”，推行的“集中受理、抄告相关、并联审批、限期完成”的并联审批制度，使申请人只从一个“窗口”进入，到规定时限时又从这个“窗口”获取相关证照，避免了由申请人到各个相关管理部门跑路的做法，大大提高了办事效率，很受社会好评。对此应当逐步完善规范，并提升为法律制度。

行政责任制度。应完善登记审批责任制，强化对行政机关的法律控制。首先应对审批、登记机关内部的受理、审查、核准环节进行明确的责任划分；其次要对相关岗位人员和负责人的职责权限进行明确界定；再次应根据责任轻重建立问责制度，在强化行政机关内部约束的同时，还应当强化其他国家机关和社会组织以及新闻舆论对行政管理工作的监督。

听证制度。出版物市场管理规章层出不穷却越治越乱，这个怪圈的形成，一方面是行政管理机关缺少调查研究，对政策的稳定性和适用性欠考虑；另一个重要方面在于管理者和市场主体之间没有很好的交流渠道，政府单方面的行为无法充分反映经营者的要求。政府行政的过程必须对社会开放，尤其是对利害关系人开放。在涉及公共利益的重大事项、仲裁纠纷处理过程中，要实行听证制度，广泛征求各方面意见，尤其是给予利害关系人陈述意见或申辩的机会。听证制度可以有效避免单向性行政行为的发生，确保依法行政，提高效率，防止行政腐败行为的发生。

四、加强行业组织和其他社会团体的行业管理功能

政府的力量是有限的，政府机构改革就是要把那些本来不应该由政府管理的事情、那些不属于政府的职能分离出去，交由相关的社会组织来承担。例如，2004 年 7 月 1 日实施的《中华人民共和国行政许可法》第 13 条列举了四种情况可以不设立行政许可，即公民、法人或者其他组织能够自主决定的；市场竞争机制能够有效调节的；行业组织或者中介机构能够自律管理的；行政机关采用事后监督等其他行政管理方式能够解决的。

比如，法国管理出版企业和国家图书馆的政府机构是文化通讯部的图书与阅览司，主管图书的创作、出版、发行和阅览各环节的工作。该机构主要是制定出版政策，主管图书进出口，对全国的出版与阅读活动进行指导与资助，制定有关法规，与行业组织及出版社创设各种图书奖①。大量事务性管理工作由出版商联合会与书商联合会出面协调，如出版发行事业事务活动、行业利益维护、信息交流等。在对出版物内容进行审查时，西方国家的行业组织和其他社会团体也发挥了很大的作用。如日本的出版协会制定了《出版伦理纲领》、《杂志编辑伦理纲领》，规范出版物内容，倡导文化品位。在德国，书业协会则直接对出版物进行审查和管理，政府有关部门与各界代表组成“出版管理委员会”，负责审定青少年读物。英国的图书馆学会在馆藏书目上制定了严格的审查制度，未经认可的书刊一律不得进入馆藏书目。我国的行业协会独立性不够，大多是政府部门的附庸。国家有关部门早在前两年就明确发文，要求将有关职能转移给行业协会等社会中介组织，但很多社会组织从成立之日起，主管部门就一直未授权给行业性社团。因此，各行业性社团作用的发挥受到一定限制，大部分行业性协会只能起到一个上传下达的“收发室”作用，对企业和行业服务工作基本上开展不起来，行业指导和行业管理职能更是无从谈起，没有真正发挥行业性社团应有的作用。

通过行业组织加强对出版物市场的管理不失为一个良策。政府部门应适当放权，鼓励行业自律和自我管理，主动将过去承担的大量具体的政策执行职能、社会监督职能、行业管理职能转移给行业组织，同时在法律上赋予行

① 李祥洲．国外出版业宏观管理体系探析［J］．出版科学，2004（5）：42-46.

业组织应有的地位，增强其权威性。随着行业协会管理职能的相应增强，行业协会的自身管理和监督机制也应随之加强。如新修订的《著作权法》确立了著作权集体管理组织的法律地位，越来越多的该类组织就参与了著作权纠纷的解决，不仅维护了著作权人的利益，也推动了出版行业的法制化进程。行业协会作用的充分发挥，将改变原有的市场管理权力结构，促进政府与产业界的沟通，提高管理行为的社会认可程度，促进社会稳定和市场繁荣。

第六章　出版物市场主体管理

出版物市场管理的主要内容既包括对出版物市场主体的管理，也包括对这些市场主体所从事的各种市场行为及出版物的管理。其中，市场主体管理包括市场主体准入管理和市场主体设立管理，市场主体准入管理是从宏观上就市场主体准入进行的分析；市场主体设立管理主要涉及市场主体设立的原则、条件和程序。市场客体管理包括对出版物、书号和图书质量管理。市场行为管理主要包括市场价格行为管理、交易行为管理、合同行为管理、竞争行为管理等。

第一节　出版物市场主体准入制度

出版物市场主体是以生产、经营出版物为主的市场主体。市场主体准入制度对出版物市场主体准入制度的建立具有重要的指导意义。出版物市场主体准入管理是对进入出版物市场的生产者、经营者进行管理，包括确立出版物市场主体准入的原则、出版物市场主体准入的法律依据、出版物市场主体的权利义务等。

一、市场主体准入制度

市场主体是指进入市场从事商品生产经营活动的行为主体和经济实体，它是市场主体最主要的组成部分。一般认为，市场主体包括从事生产经营活动的企业组织和个人、消费者、社会组织和政府。但是，在现代市场经济中，政府具有组织社会经济和调节市场运行的职能，是市场管理主体，而不是市场主体；社会组织和消费者虽然参与商品交换活动但不以盈利为目的，只是为了获得个人需要的使用价值，是市场消费主体，也不是市场主体；只有在市场上从事商品生产经营活动的行为主体才称为市场主体。

（一）市场主体准入制度的概念及由来

市场主体准入制度主要是由国家行政管理机关依照法律、政策，对申请人是否具备市场主体资格并有能力从事经营活动进行审查核准，对符合条件的申请人及其经营事项和范围给予批准和许可的一系列具体制度。它通过政府有关部门对市场主体发放许可证、进行登记等方式来体现。这是政府对市场管理和经济发展的一种制度安排，是政府对经济实施管理的重要组成部分。政府实施市场主体准入的管理机关主要是行业主管部门和工商行政管理机关，市场主体准入制度所规范的对象主要是从事生产经营性活动的企业。

以企业登记管理为核心的市场主体准入制度，最初主要是国家为了掌握税源而产生的。随着市场主体加入者的多元化和交易方式的复杂化，进入管制的重点逐步偏重于对市场主体资格的确认和保护，对滥用主体资格的行为加以监管纠正。随着资源及市场开发的不平衡和利益主体的多元化，对某些资源和市场的保护，又被纳入了政府管制者的视野。总之，在一切被视为“市场失灵”的地方，都可以看到政府那只“看得见的手”。而政府对“市场失灵”的矫正，包括宏观调控和微观管制。设立市场主体准入制度，基本属于微观管制，但它却是政府实施宏观调控的基础性条件，也是千千万万个市场进入者与政府打交道的“第一道门槛”。

由于政治、经济和法律制度的不同，世界各国企业设立的程序也有所不同。一般而言，有长期市场经济传统的国家，往往强调企业的自主地位和市场的自发调节，允许申请人依照法律直接向登记机关申请注册登记，通常很少设立审批程序。而在计划经济为主的国家，往往是强调国家的管理职能，要求企业在登记之前得到政府许可，因而通常存在设立审批程序。

市场主体准入制度的合理与否对经济发展具有重要的影响。一般来说，相对宽松的制度安排，能够降低公众参与各类经济活动的成本，创造经济发展的整体活力。而相对严格的制度安排，虽然能够为市场秩序和交易安全提供一定的基础，但同时也提高了市场主体的进入门槛和成本，从而会影响经济效益的提高和经济发展的进程。评价制度是否良好的主要标准表现在两个方面：一方面是消费者、市场主体和国家（社会整体）的合法权益是否得到了有效保护；另一方面是体现市场机制作用的价值规律、供求变化、竞争机制是否在国家宏观调控下，最大限度地发挥其配置资源的决定性作用。

改革开放以来，我国的经济发展取得了巨大成就，社会主义市场经济体制基本框架初步确立，市场准入制度也在不断进行改革，逐步按市场经济的基本要求和国际惯例建立起来。发行领域逐步放开，动员了更多的民间资源进入该市场，有力地促进了非公有制经济的迅速发展和壮大。但同时，现行的准入制度在实践中也暴露出自身的缺陷和不足，如法规过分分散且庞杂，互不配套，互不衔接；差别待遇造成不同所有制、不同组织形式的市场主体的不平等竞争；所需审批和核准的要求过多，增大了从事经济活动的事前成本的支出。这些都在很大程度上制约了市场主体的培育和经济发展的活力。

目前，各个行政利益主体制定的市场准入规则，尤其是我国行政审批制度为适应 WTO 的要求而拉开了改革的序幕。在出于应对外部挑战和中央政府的压力促成的市场准入规则的变革与创新过程中，原地方政府和主管部门的职能在逐步削减。在新准入规则下对政治权力资源重新配置（包括新规则的制定等），最终结果是为达到符合市场准入管制的目的。同时，为了克服政府“失灵”，最大限度地减少政府管制的负面影响，应当按照“必要、科学、合理、效率”的原则，对市场准入管理进行一系列的制度创新和工作创新。

（二）实行市场主体准入制度的必要性

市场经济是依靠市场对社会资源进行基础配置的经济。在市场经济条件下，市场的作用可以得到充分发挥，实行市场主体准入制度对于市场经济的形成以及健康有序运行，弥补“市场失灵”、优化资源配置等各方面非常必要。首先，市场经济的生机和活力，来源于具有合格的市场主体身份和资格的企业，而这种身份和资格的取得，不得由当事人自封，应当由国家专门机关以法定程序予以确认。因此，实行市场主体准入制度，是社会主义市场经济形成的重要前提。其次，市场要正常运行，需要有一个良好的经济秩序。通过设立科学而合理的进入与退出机制，可以大大增加某些不法行为的成本代价，大大抑制虚假出资、假冒他人企业名称、擅自变更登记事项以逃避债务、无证照经营等消极现象，从而为建设良好的市场秩序和企业信用体系奠定基础。可以说，实行市场主体准入制度，是社会主义市场经济健康有序运行的重要保障。再次，实行市场主体准入制度，是弥补“市场失灵”、优化配置的重要手段。因为市场主体都有自己独立的物质利益，往往追求局部、个人的利益，并对未来的决策有一定的片面性。市场主体的生产经营决策是分散进行的，其决策的依据主要是利润最大化原则，根据市场供求和价格的波动这只“看不见的手”作为导向和进行调节的。

但是，市场并不是万能的，市场的积极作用主要表现在市场经济活动的微观方面，而对市场管理的宏观方面作用甚微，甚至根本不起作用。市场本身存在着一些与生俱来的缺陷。

（1）市场调节不能保证市场经济运行过程中商品供求总量的平衡和结构的合理。在完全的市场机制作用下，存在着两个方面的缺陷，使商品供求总量和结构合理不能充分实现。一是市场经济是追逐局部、个人利润的经济，这就使资源配置具有高度分散的性质，并且市场调节只指明资源的投向，并不标示投入的量。这就容易造成总量与结构的失衡。二是由于市场信息的分散、扭曲和反馈的不充分，使得企业行为具有盲目性，从而使分散的资源配置脱离供求趋势变动的要求，造成总量失衡和结构失控。

（2）市场调节不能确保市场经济运行过程中竞争的公平性和良好的市场秩序。在自发的市场经济中，公平竞争机制是不能自发形成的。一是市场经济发展，市场主体追逐利润，开展竞争的结果必然带来个体的资本积累和规模经济的发展，由此可能产生垄断。二是市场活动存在自发性、逐利性，这是商品生产经营者的本质特点，市场调节受局部利益、个人利益驱动，具有排他性，这就不排除个体“唯利是图”“见利忘义”，在激烈的市场竞争中采取非正当竞争手段牟取私利。由于垄断和不正当竞争的存在，由此产生垄断利润或不正当利润，必然造成资源配置不当或资源的浪费，同时，也破坏竞争的公正性原则，侵犯和损害竞争对手和广大消费者的利益，导致市场经济的无序运行，阻碍市场经济的稳定、协调、健康发展。

既然自由放任的市场并非尽善尽美，市场这只“看不见的手”作为一种事后调节，也不是万能的，存在着许多缺陷，具有一定的盲目性和滞后性。因此，国家对市场进行必要的干预是一种必然的选择。国家对市场的干预主要是通过制定法律、法规和建立各种管理制度，由国家授权的有关职能部门，利用经济的、行政的和法律的手段来实施。其中，实行市场准入制度，尤其是市场主体准入制度，通过培育市场主体，引导市场主体依法进入市场，以确保市场主体的公平性，市场竞争行为的公正性，市场交易规则的统一性。市场主体准入制度就像是蓄水池的一道“闸门”，通过设立必要和合理的进入限制，可以调节市场主体的量，确保市场主体的质，有利于促进生产力的合理布局和产业结构的优化组合，减少社会资源的浪费，增进社会总体效益，从而使市场对社会资源的配置趋于合理。因此，市场主体准入制度是国家对市场进行干预的一项主要措施，这也是当前市场经济国家通行的制度。

（三）建立市场主体准入制度的途径

在市场经济条件下，市场交易是自由的，市场竞争是自由的，市场运行也是自由的，但这种自由只能是相对的。如果不对这种自由运行的市场加以外在的规范和约束，就可能出现偏差和混乱，市场所固有的缺陷将会暴露无遗。因为在市场经济条件下，价值规律作用的必然结果，一方面促进了社会生产力的发展，而另一方面又带来了一系列的利益矛盾。商品生产经营者为了追求局部或个人利益的最大化，总是通过采用各种正当的或非正当的方式和手段来达到目的，因而必须对之加以规范和约束。市场主体准入制度的建立，就是要实现国家对市场主体的规范和约束。主要体现在以下三个方面：

1. 规范市场主体的入市条件，确认市场主体资格

并不是任何人或组织都可以自由入市进行出版发行活动的，它必须具备一定的条件，取得合法的资格。入市条件主要受两个因素制约：一是经济因素的制约，即出版发行活动本身对市场主体的要求。任何一个市场主体无论从事何种生产经营活动，都必须以一定的物质条件做基础，即通常所说的"人、财、物"，还必须要求市场主体有驾驭"人、财、物"的能力，即管理素质。二是法律因素的制约，即国家法律对市场主体的规定和要求。国家为了明确市场主体的合法地位、经营权利与义务以及法律责任，必须对市场主体从法律上予以确认。市场主体的入市条件，通常由国家在市场主体法和有关法律中加以明确，而对主体资格的确认是由市场主体准入机关——出版行政部门和工商行政管理机关来执行的。

2. 规范市场主体组织

规范市场主体组织主要通过两个途径来实现：一是国家从宏观上确定市场主体组织的范围和结构，达到国家调控市场，市场引导企业的目标。如确立市场主体的入市范围，包括所有制范围、行业范围等，并根据本国经济发展的实际状况，动态调整市场主体的结构。二是从微观上规范市场主体的具体组织形态。市场经济的发展阶段不同，市场主体的具体组织形态亦不同，并呈逐步完善的趋势。市场经济在其数百年的孕育和发展过程中，逐步形成了三种基本的企业制度，即个人业主制企业、合伙制企业和公司制企业。近代、现代市场经济中企业制度的演变，主要表现在公司制度的逐步完善和成熟上。市场经济国家正是通过颁布公司法，确立公司制度，逐步健全公司内部组织机构，完善公司运行机制，才使得市场经济由低级阶段走向发达阶段的。

3. 规范市场主体行为

市场主体的行为，是指市场主体受出版发行目的支配所反映的活动，它体现在编辑、出版、印刷、发行等市场主体活动的全过程。市场主体行为要受各种因素的影响和制约，如出版物市场供求状况、纸张材料供应、出版物种类、出版物销售情况、出版发行企业的经营意识和观念等，但国家的政策、法律制度无疑是最大的决定因素，是衡量出版物市场主体行为合理与合

法的唯一标准。因为能做什么、不能做什么、应该如何做等，一般都由国家在市场主体法、市场主体准入法中加以规定。根据市场主体的组织形态、章程、资本、设备、场地，规定市场主体的经营范围、财产责任等，以此来确立和规范市场主体的行为。同时，国家通过制定产业政策，进一步引导和调整市场主体的行为，使其在市场导向下实现企业的微观效益，在产业政策导向下实现国家的宏观效益。市场主体只有用合法的手段来追求利益的最大化，才受国家法律的保护。对市场主体的违法行为则要依法加以查处。

二、出版物市场主体准入制度

出版物市场主体准入，是指国家为了建立和维护出版物市场秩序，依法确认市场主体资格，规范市场主体的组织和行为，使其合法进入市场的一种行政管理制度。

（一）出版物市场主体准入制度的原则

一般来说，出版物具有不同于物质产品的特殊属性，对人们的思想道德和科学文化素质的培养具有重要的影响。出版物市场主体既有一般行业属性，又有意识形态的特殊性；既是大众传媒，又是思想宣传阵地，事关国家安全和政治稳定，负有重要的社会责任。我们有必要建立严格、规范的准入制度，把好思想关、政治关。出版物市场主体进入市场应遵循一定的原则，主要包括依法准入、政企分开、产权关系明晰、市场主体平等竞争等原则。

1. 依法准入原则

依法准入原则，是指严格依照法律法规的规定，使出版物市场主体进入市场的原则。

市场经济是法制经济，它与高度集中的计划经济不同。计划经济条件下，设立多少个市场主体，市场主体是从事生产还是从事销售，是进行批发还是进行零售，都由国家计划安排。而在市场经济条件下，在逐步开放的出版物市场中，计划的作用将越来越小，市场主体的进入与退出都将以法律法规为依据。依法准入原则主要包括四层含义：

（1）出版物市场主体审批机关，要依法对出版物市场主体申请进入市场的条件进行审批。新闻出版行政部门对出版物市场主体的审批权限，是由法律所规定的。《出版管理条例》第 6 条明确规定：“国务院出版行政主管部门负责全国的出版活动的监督管理工作。国务院其他有关部门按照国务院规定的职责分工，负责有关的出版活动的监督管理工作。县级以上地方各级人民政府负责出版管理的部门（以下简称出版行政主管部门）负责本行政区域内出版活动的监督管理工作。县级以上地方各级人民政府其他有关部门在各自的职责范围内，负责有关的出版活动的监督管理工作。”因此，新闻出版行政部门应严格依照国家授权和法律规定，对市场主体进行审批，既不能滥用职权，随心所欲；也不能放弃职权，由其他部门代为行使。从而使进入市场的市场主体符合法律的规定。

（2）出版物市场主体登记机关，要依法对出版物市场主体进行登记管理，使其合法进入市场。工商行政管理机关对市场主体进行登记管理的权限，也是由法律所规定的根据《民法通则》第 26 条、第 33 条、第 41 条的规定，个体工商户、个人合伙、全民所有制企业、集体所有制企业，在中华人民共和国境内设立的中外合资经营企业、中外合作经营企业、外资企业以及具备法人条件的其他企业，必须经工商行政管理机关核准登记，才能从事生产经营活动。因此，工商行政管理机关也应该严格依照国家授权和法律规定，对市场主体进行登记管理，使市场主体准入活动规范、统一、有序的运行。

（3）出版物市场主体进入市场要严格遵循市场主体的法定条件。市场主体的法定条件是由法律规定的各种市场主体进入市场的资格条件。这种资格条件是各个经营单位取得市场主体资格的法定前提，特别是随着市场经济的不断发展，市场主体准入由特许主义、许可主义向核准主义、准则主义过渡，法律确定市场主体进入市场的法定条件尤为重要。《民法通则》对各种经营单位进入市场的资格条件做了统一规定，《全民所有制工业企业法》《中华人民共和国公司法》《中华人民共和国中外合资经营企业法》《中华人民共和国中外合作经营企业法》《企业法人登记管理条例》《公司登记管理条例》等，根据各种市场主体的不同情况和特点，规定了各自具体的资格条件。《出版管理条例》《音像制品管理条例》《出版物市场管理规定》等，根据出版行业的特点和经营不同出版物的要求，规定了各种市场主体批发、零售各种出版物的资格条件。此外，为了规范网络出版服务秩序，促进网络出版服务业健康有序发展，国家新闻出版广电总局联合工业和信息化部，于 2016 年 3 月 10 日颁布了《网络服务管理规定》，明确了从事网络出版服务的出版单位的设立条件。严格按照这些条件进行登记管理，便于科学规范市场主体的组织及其行为。

（4）出版物市场主体准入，要依照法定程序来进行。法定程序是指由法律规定的市场主体进入市场所必须经过的环节和履行的手续。一般包括两方面的内容：一是市场主体申请进入市场的程序，包括领取申请登记表、递交申请材料、办理其他有关手续、领取营业执照；二是市场主体登记机关的注册程序，包括受理、审查、核准、发照、公告等。认真执行法定程序，是做好市场主体准入工作的基础，同时，也为对各类市场主体进行规范化监督管理提供了有利条件。

2. 政企分开原则

政企分开，是指政企职责分开，职能到位。政府作为社会经济的管理者，主要任务是统筹规划，制定政策，宏观调控，信息引导，提供服务，检查监督，为社会经济的发展提供一个公平、公开、公正的市场竞争环境。而企业作为商品生产、经营的经济实体，主要任务是管好、经营好企业资产，积极参与市场竞争，实现资产的保值、增值。① 政企分开原则是指在政府机构内部实行双重经济职能的分离②，它包括两层含义，其一是明确划分作为国有资产所有者的政府与企业的关系；其二是明确划分作为社会经济管理者的政府与企业的关系。政企分开原则既是建立社会主义市场经济体制的迫切要求，也是建立现代企业制度的必要前提。

长期以来，我国出版行业存在着政企不分的现象。具体表现为：一是国家作为出资者，对出版单位实行全方位管理，造成所有权与出版单位法人财产权、经营权扭合在一起。这体现为政府部门在管理方式上仍然沿用计划经济条件下政府直接管理企业的办法，层层审批，管得过死，过多干预出版单位的经营生产，出版单位企业化管理没有落实，改革与发展的动力不足，许多改革举措都流于形式，缺乏实质性内容。二是由于我国出版业的部门主管主办制度，使出版单位依附于党政机关与社会团体，经营与发展的自主性差，根本无法形成自主经营、自负盈亏的独立的市场竞争主体。由于经营自主权不够完善和稳定，出版单位的决策过程容易受到各种因素的干扰，导致决策过程复杂、缓慢，丧失了许多竞争取胜的机会。三是隶属于不同部门和地区的出版发行单位之间相互割裂，难以开展专业化协作和市场竞争。因此，必须完善作为社会经济管理者的政府与企业之间的关系。一方面，要加强政府对企业的宏观管理，政府主要通过经济的、行政的、法律的手段加强宏观调控和监督，减少对企业的直接管理，做到宏观管好，微观放开；另一方面，要使企业真正成为自主经营、自负盈亏的法人实体和市场竞争主体。企业对国家授予其经营管理的财产，享有占有、使用、收益和依法处分的权

① 刘建一. 市场主体登记管理［M］. 北京：北京工业大学出版社，1998：35-36.

② 刘建一. 市场主体登记管理［M］. 北京：北京工业大学出版社，1998：59.

利。企业自身如何经营、如何发展，其资产如何依法处置等，都由企业自主决定。

近年来，在出版业改革的过程中，由于对政府职能的认识还不完全清晰，加上政企分开触及权力与利益的重新调整，因此政企分开推进起来遇到较大阻力。当前，多数地方新闻出版局与直属出版社的分开工作还没有开始，一些局与集团也未完全分开，既是“裁判员”又是“运动员”的状况没有根本改变。此外，由于出版管理中的主管主办制度，各部委所属出版单位与部委机关剥离工作也还没有启动。在一些已经开始进行政企分开的地方，政企分开的过程也产生了一些不适应现象，带来了新的矛盾与摩擦，其中既有由于利益调整引发的矛盾，又有政企职能、党企职能、党政职能重新划分中出现的暂时性混乱。这些矛盾与混乱纠结到一起，影响了改革的深入进行。①

要发展壮大出版产业，必须实现政企分开、政事分开，使出版单位与政府管理部门脱钩，改变目前政府与出版单位的这种“父子”关系，在此基础上建立起新型的政府与出版企事业的关系。这里需要解决三个层次的问题：一是政府出版行政部门的工作重点要转向行业监管和创造公平有序的市场环境上，政府机构不再直接干预出版单位经营管理事务；二是要进一步确立出版单位的法人地位，在坚持正确出版导向的前提下，使其自主经营、自负盈亏、自谋发展；三是在政企分开后，需要设立新的出资人机构来行使所有权，以解决国有资产所有者长期缺位的问题。要按照“管资产与管人、管事相结合”的原则，对出版单位既要管资产，又要管人、管导向。②

总之，在审批、登记出版物市场主体的问题上，国家新闻出版行政部门、工商行政管理部门一定要坚持政企分开的原则，要严格依法核准市场主体资格。

3. 产权关系明晰原则

产权是一种财产权，它是财产所有权在法律上的体现。企业产权的主体是投资者。一般来说，谁投资，谁就享有企业的产权，即对企业财产的所有权，表现为占有、使用、收益和处分企业财产的权利。通常情况下，所有权

① 中国出版科学研究所出版业年度分析报告课题组. 2002—2003 中国出版业状况及预测［J］. 出版发行研究，2003（3）：15.

② 何志勇. 出版改革向经济改革借鉴什么？［J］. 出版参考，2003（7）（上旬刊）.

的主体与产权的主体是合一的，如民营企业的投资者，既是所有权主体，也是产权主体。但国有资产的财产所有权和产权的主体是可以分离的。国有资产的财产所有权属于国家，国家授权的投资机构以国有资产投资者的名义进行投资，成为产权主体；而投入企业的资产，形成企业法人财产，企业可以依法行使对法人财产的各种权利，同时以法人财产承担民事责任。

产权关系是指投资者与企业法人财产之间的关系。理顺国有企业产权关系，是指理顺国家、投资者与企业法人之间的关系。产权关系清晰，其标志是企业中的资产所有权归投资者所有；企业拥有包括所有出资者投资形成的全部法人财产权，是享有民事权利、承担民事义务的法人实体。①

产权关系明晰是现代企业制度的基本特征，也是企业由计划经济体制向社会主义市场经济体制过渡的基础和关键环节，需要国家和有关部门采取多种措施加以规范和保障。如果产权关系明晰，就可以对人、财、物、产、供、销各个生产经营环节形成一套严密的管理网络和制度体系，建立科学的激励与约束机制。由于产权制度不健全，所有者的激励和约束功能难以有效结合。当权力过分集中时，由于经营自主权的残缺，在一定程度上会影响企业的积极性和创造性，致使一些出版企业显得活力不足；当权限过多放给出版企业时，所有者难以对出版企业进行有效监督，导致国有资产流失。不仅如此，产权的残缺，也容易导致出版企业的短期行为和冒险行动，造成出版资源的浪费。② 因此，在审核批准出版物市场主体时，一定要坚持产权关系明晰原则。

出版业产权明晰一般体现在以下四个方面：一是国家和出版单位之间的产权明晰；二是出版单位各物质投资者的产权明晰；三是出版单位各物质投资者与出版单位员工之间的产权明晰；四是出版单位内部员工（人力资本所有者）之间的产权关系明晰。前两者的产权明晰应当通过国家相应的法律、法规和出版单位合理的投资分配方案来保证。国家作为出资者享有出资人的权利，出版单位作为经营者则享有法人财产权、自主经营权，同时负有资产保值增值的责任。通过逐步建立国有资产监管运营体系和机制，建立严格的责任制度，使投资主体（国有控股公司、出版集团等）人格化，以提高国有资产的使用效率。而后两者的产权明晰，由于人力资本所有者主体行为的动态性，因而需要通过当事人的平等博弈来确定。也可以通过股权、债

① 刘建一．市场主体登记管理［M］．北京：北京工业大学出版社，1998：57.

② 曾庆宾．论中国出版企业的产权制度创新［J］．出版科学，2004（3）.

权、物权等管理形式和分配形式来明晰产权，提高内部资产的运作效率。①

4. 市场主体平等竞争原则

竞争是在市场经济条件下，商品生产者、销售者以及相互之间，为谋求有利的产销条件和经济利益而进行的斗争。它是市场经济发展的必然现象，是价值规律得以贯彻和实现的条件，也是市场经济推动生产力发展的基本动力。

市场经济是一种竞争经济，竞争能够给经营者带来动力和压力，促使其优胜劣汰，竞争对经济的运行和发展所起的作用是巨大的。可以说，没有竞争，就没有市场，就没有市场经济，就不能实现资源的优化配置和经营者的优胜劣汰。但竞争必须是公平竞争，任何经营者都不能利用非经济的关系或享有经济上的特权来取得市场竞争的优势，必须通过公平、合理的竞争来奠定自己在市场中的优势地位。

公平竞争的核心条件是要建立一个平等竞争的市场环境。具体地说，就是作为市场调节者的国家，要为参与市场竞争的行为主体提供一个权利平等、机会平等的竞争环境。

权利平等是指每一个参与竞争的经营者，在政治、经济、法律上的地位是平等的。地位平等，是指主体的地位处于同一标准或水平，如我们全社会倡导的"法律面前人人平等"就是指人的主体地位平等。② 公平竞争要求市场主体在法律上处于平等的地位，即享有民事权利和承担民事义务的资格是平等的。企业不分大小，不分所有制形式，不分行业、部门，参与市场竞争的权利是平等的。任何一方在参与市场竞争时，都普遍地受法律约束，不存在超经济的强制，不享有任何特权。

机会平等，是指每个竞争者都随时可以参与竞争，市场进入机会均等，不存在阻碍竞争的垄断和人为的壁垒。这就涉及我国在加入 WTO 后的承诺。根据我国入世协定书的内容，我国政府考虑到现有的国情，只承诺开放出版物的分销市场，在出版物分销领域对国内的民营书业企业和外商投资企业提供了平等的参与出版物分销的机会，但没有承诺开放编辑出版领域，这并不是机会的不平等，而是因为出版物具有不同于物质产品的特殊属性，事关国家安全和政治稳定，稍有不慎会危及我国出版产业的根基。因此，在加入世贸组织的初始阶段，我国对出版产业这样尚不具备参与国际竞争的弱质

① 林涛．出版业产权改革进入新阶段［J］．出版参考，2004（3）（下旬刊）．

② 黄先蓉．书业法律基础［M］．太原：山西经济出版社，2001：117-118.

产业提供了有限期而又适度的市场保护。

（二）出版物市场主体准入的法律依据

市场经济是一种法治经济，要建立和完善社会主义市场经济，必须有完备的法律来规范和保障，形成与之相应的市场经济法律体系。所谓出版物市场主体准入的法律法规体系，是指调整出版物市场主体准入关系的法律法规的总称。它以《宪法》为核心，以《民法通则》为基础，包括对各种市场主体法律地位、市场准入作出规定的法律法规以及相关的法律规范。这些法律法规为出版物市场主体准入提供了基本的法律依据，是做好出版物市场主体准入工作的前提和基础。

1.《宪法》

宪法是一个国家的总章程，是一切关于市场主体立法的法律依据。我国于1954年制定了《中华人民共和国宪法》，1975年、1978年、1982年均作了修改。此后，又在1988年、1993年、1999年和2004年由全国人民代表大会对个别条款作了修改与补充。2004年3月14日第十届全国人民代表大会第二次会议通过了《中华人民共和国宪法修正案》，2004年的宪法修正案在其第11、17、18、19条分别明确了个体经济、私营经济、国有企业、集体经济组织以及外商投资企业的合法地位。其关于市场主体的规定可以概括为：

（1）国有企业在法律规定的范围内有权自主经营。

（2）集体经济组织在遵守有关法律的前提下，有独立进行经济活动的自主权。

（3）在法律规定范围内的个体经济、私营经济等非公有制经济，是社会主义市场经济的重要组成部分。国家保护个体经济、私营经济等非公有制经济的合法权利和利益。国家鼓励、支持和引导非公有制经济的发展，并对非公有制经济依法实行监督和管理。

（4）中华人民共和国允许外国的企业和其他经济组织或者个人依照中华人民共和国法律的规定在中国投资，同中国的企业或者其他经济组织进行各种形式的经济合作。在中国境内的外国企业和其他外国经济组织以及中外合资经营的企业，都必须遵守中华人民共和国的法律。它们的合法权利和利益受中华人民共和国法律的保护。

宪法规定的这些原则，是各种类型出版物市场主体获得合法地位的法律依据。

2.《民法通则》

民法是我国法律体系中关于民事法律关系的重要法律。我国《民法通则》第 2 条规定："中华人民共和国民法调整平等主体的公民之间、法人之间、公民和法人之间的财产关系和人身关系。"我国《民法通则》中对市场主体的规定，可以概括为：

（1）关于市场主体的范围和法律地位的规定。《民法通则》将种类繁多的商品经营者概括为个体工商户、个人合伙、企业法人、机关和事业单位以及社会团体法人、联营法人、法人合伙等，同时规定了各种民事主体应具备的基本条件，以赋予其民事主体地位。同时对各类民事主体实行平等的保护，使其具有民事主体资格，从而为各类市场主体进入市场创造了前提条件。

（2）明确了各类市场主体要依法进入市场。《民法通则》第 26 条规定："公民在法律允许的范围内，依法经核准登记，从事工商业经营的，为个体工商户。个体工商户可以起字号。"第 33 条规定："个人合伙可以起字号，依法经核准登记，在核准登记的经营范围内从事经营。"第 41 条规定："全民所有制企业、集体所有制企业有符合国家规定的资金数额，有组织章程、组织机构和场所，能够独立承担民事责任，经主管机关核准登记，取得法人资格。在中华人民共和国领域内设立的中外合资经营企业、中外合作经营企业和外资企业，具备法人条件的，依法经工商行政管理机关核准登记，取得中国法人资格。"第 51 条规定："企业之间或者企业、事业单位之间联营，组成新的经济实体，独立承担民事责任、具备法人条件的，经主管机关核准登记，取得法人资格。"

所有这些都明确规定了市场主体依法准入的要求，为市场主体登记机关做好登记管理工作提供了基本的法律依据。

3. 各类市场主体法

市场主体法是对各类市场主体的设立、变更和终止、市场主体的管理、市场主体的权利义务以及法律责任等作出规定的法律，是各类市场主体取得法律地位，享有权利、履行义务、承担责任的直接依据。主要包括全民所有制企业法、集体所有制企业法、私营企业法、个体经济法、外商投资企业法、公司法等，这些法律法规适用于各种所有制形式的市场主体。由于出版行业是生产经营精神文化产品的行业，具有不同于其他行业的特殊性，因此，国家针对出版发行单位出台了一些法律法规，对出版物市场主体的设立、管理、权利义务及法律责任等作了规定。这方面的法律法规主要有《出版管理条例》《音像制品管理条例》《出版物市场管理规定》《网络出版服务管理规定》等。这些法律法规明确规定了出版单位，出版物批发、零售单位，中外合作音像制品分销企业或者外商投资图书、报纸、期刊分销企业的法律地位、设立条件和程序、出版发行管理以及法律责任等，是指导出版物市场主体取得法律地位，进行出版发行活动的主要依据。

4. 市场主体登记管理法和其他有关法律法规

市场主体登记管理法是专门规定各种市场主体经过登记注册依法进入市场的法律法规，这些法律规范除了关于市场主体登记管理方面的两个基本法规《企业法人登记管理条例》《公司登记管理条例》外，还包括《企业名称登记管理规定》《法定代表人登记管理规定》《年度检查办法》《关于核定注册资本的规定》等，出版物市场主体在登记设立时都要遵守这些法律法规。

其他有关法律，主要包括企业破产法、民事诉讼法、银行法、保险法等。随着社会主义市场经济体制的发展和不断完善，与市场主体登记有关的相关法律将更加完善。

（三）出版物市场主体的权利和义务

出版物市场主体在依法取得法人资格后，就必然依法享有一定的权利，并承担一定的义务，且这种权利受国家法律的保护，义务受国家法律的制约。

1. 出版物市场主体的权利

出版物市场主体的权利，是指出版物市场主体根据国家法律的规定，自己从事一定行为或不从事一定行为，以及要求他人从事一定行为或不从事一定行为的能力和资格。根据现行法律的有关规定，我国各类出版发行企业依法享有产、供、销和人、财、物等方面的权利。

（1）产、供、销方面的权利。

生产经营决策权。包括作出生产经营决策、调整生产经营范围等。出版发行企业根据国家宏观计划指导和市场需要，有权自主作出出版物生产经营决策，出版各类出版物和批发、零售各类出版物，为读者提供服务；可以自主决定在本行业内或者跨行业调整生产经营范围，比如开展多种经营等。

物资选购权。在出版发行行业表现为批发、零售企业可以自行选择出版物供货单位、供货形式、供货品种和数量，自主签订买卖合同，并可以自主进行与出版物有关的各种物资调剂。出版发行企业有权拒绝执行任何部门和地方政府以任何方式为出版发行企业指定的供货单位和供货渠道。

出版物销售权。包括出版物定价权和自销权。出版单位出版的出版物，除国务院物价部门和省级政府物价部门管理价格的教科书等少数品种外，由出版单位自主定价。出版发行企业提供的加工、技术协作等劳务，由出版发行企业自主定价。出版单位可以在全国范围内自主发行本出版单位出版的出版物，不得发行其他出版单位出版的出版物。任何部门和地方政府不得对其采取封锁、限制和其他歧视性措施。

联营、兼并权。出版发行企业依照法律法规规定，有权与其他企业、事业单位联营。按照自愿、有偿的原则，可以兼并其他企业，但要报政府主管部门备案。

（2）人、财、物方面的权利。

人事劳动管理权。包括内部机构设置权、人事管理权、劳动用工权、工资奖金分配权等。出版发行企业有权决定内部机构的设立、调整和撤销，决定企业的人员编制；有权拒绝任何部门和单位提出的设置对口机构、规定人员编制和级别待遇的要求，法律另有规定和国务院有特殊规定的，从其规定。按照德才兼备、任人唯贤的原则和责任与权利相统一的要求，自主行使人事管理权。按照面向社会、公开招收、全面考核、择优录用的原则，自主决定招工的时间、条件、方式、数量。企业有权依照政府规定的工资总额与经济效益挂钩的办法来确定企业的工资总额；在提取的工资总额内，企业有权自主使用、自主分配工资和奖金。企业也有权根据职工的劳动技能、劳动强度、劳动责任、劳动条件和实际贡献，决定工资奖金的分配档次。

投资决策权。包括向国内外投资的决定权和选择折旧办法权等。出版发行企业依照法律和国务院有关规定，有权以留用资金、实物、土地使用权、工业产权和非专利技术等向国内各地区、各行业的企业、事业单位投资，购买和持有其他企业的股份。经政府有关部门批准，也可以向境外投资或在境外开办企业。出版发行企业按照国家统一制定的有关固定资产折旧的规定，有权选择具体的折旧办法，确定加速折旧的幅度。

留用资金支配权。企业在保证实现企业财产保值、增值的前提下，有权自主确定税后留用利润中各项基金的比例和用途，报政府有关部门备案。

资产处置权。企业根据生产经营需要，对一般固定资产可以自主决定出租、抵押或者有偿转让；对重要建筑物可以出租，经政府主管部门批准也可以抵押、有偿转让。法律和行政法规另有规定的除外。企业处置固定资产，应当依照国家有关规定进行评估。

债券发行权。企业有权依照企业法和国务院发布的《企业债券管理条例》的规定，在境内发行债券。

拒绝摊派权。企业有拒绝任何部门和单位向企业摊派人力、物力、财力的权力。企业可以向审计部门或者其他政府有关部门控告、检举、揭发摊派行为，要求作出处理。除法律和国务院另有规定外，企业有权抵制任何部门和单位对企业进行检查、评比、达标、升级、鉴定、考试、考核。

2. 出版物市场主体的义务

出版物市场主体的义务是指出版发行企业具有法律所规定的为一定行为或不为一定行为的责任。根据现行法律法规的有关规定，出版发行企业的义务可以概括为企业对国家的义务、企业对社会的义务和企业对职工的义务三个方面。

（1）企业对国家的义务。

完成指令性计划的义务。我国经济正在由计划体制向市场体制转变。改革计划体制的重要内容之一，就是缩小指令性计划的范围。但对部分产品的生产，国家仍然有权下达指令性计划。指令性计划具有强制性，承担指令性计划任务的企业，要履行“必须完成指令性计划”的义务。

提高劳动生产率，节约能源和原材料，努力降低成本的义务。企业必须保障固定资产的正常维修、改进和更新设备，节约能源和原材料，合理使用劳动力，努力降低产品成本，提高劳动生产率。

依法纳税，保证企业财产保值、增值的义务。企业必须坚持工资总额增长幅度低于本企业经济效益增长幅度、职工实际平均工资增长幅度低于本企业劳动生产率增长幅度的原则。企业职工工资总额基数的确定与调整，应当报政府有关部门审查核准。企业必须严格执行国家财政、税收和国有资产管理的法律、法规，依法缴纳税金、费用和利润，并定期进行财产盘点和审计，做到账实相符；如实反映企业经营成果，不得造成利润虚增或者虚盈实亏，确保企业财产的保值、增值；接受财政、审计、劳动工资和物价等机关的监督。

维护生产秩序，保护国家财产的义务。企业必须加强保卫工作，维护生产秩序，保护其经营管理的国家财产不受侵犯。

（2）企业对社会的义务。

保证产品质量和服务质量的义务。对于出版业来说，出版发行企业必须建立和健全全面质量管理制度，保证出版物质量和服务质量，对读者、消费者负责。企业因出版、销售质量不合格出版物，给读者、消费者造成损害的，应当承担赔偿责任。

履行合同和协议的义务。合同和协议依法成立，具有法律效力。企业应当本着重合同、守信用的原则，按照合同和协议中约定的条件，履行自己的全部义务。由于企业的过错，造成合同、协议不能履行或不能完全履行的，要由企业承担违约责任。

(3) 企业对职工的义务。

搞好职工教育，提高职工队伍素质的义务。企业应当加强思想政治教育、法制教育、国防教育、科学文化教育和技术业务培训，提高职工队伍素质。

支持职工开展科技活动和劳动竞赛的义务。企业应当支持和奖励职工进行科学研究、发明创造，开展技术革新、合理化建议和社会主义劳动竞赛活动。

实行安全生产的义务。企业必须贯彻安全生产制度，改善劳动条件，做好劳动保护工作，实行安全生产。

第二节 出版物市场主体设立管理

不同组织形式的出版物市场主体不是固有的，而是按照法定的设立方式建立起来的。市场主体的设立是指其依法取得出版发行资格的行为。它是市场主体产生和存在的前提，也是市场主体从事出版发行活动的必要条件。市场主体设立管理，是对其设立行为进行规范。通常情况下，市场主体的设立管理主要包括市场主体设立应遵循的原则、设立条件管理和设立程序管理。

一、市场主体的设立原则

市场主体的设立原则是指设立市场主体所必须遵循的原则，它决定市场主体设立登记的基本条件和基本程序。它是对设立市场主体所持的基本态度或基本要求，也是为规范市场主体设立行为所采取的必要措施。我国市场主体的设立原则是在总结国外市场主体设立原则的基础上并结合我国的具体实际建立的。

(一) 一般市场主体的设立原则

一般市场主体的设立原则，是指设立普通类型的市场主体所必须遵守的基本准则。由于不同历史时期不同国家的政治和经济体制不同，以及不同类型的市场主体的社会关系不同，市场主体的设立原则也不完全一致。从历史上看，一般市场主体的设立原则主要包括自由设立原则、特许设立原则、核准设立原则和准则设立原则。

1. 自由设立原则

自由设立原则，是指政府对市场主体的设立不加任何干预，设立时不需要经过任何法定程序，只要各发起人之间达成设立合意即可宣告市场主体的设立。

自由设立又可以具体分为完全的自由设立和部分的自由设立。在完全自由设立条件下，设立市场主体完全是发起人自主决定的行为，法律对设立市场主体没有任何强制性限制，政府也不设立专门的或兼职的监管机关，发起人可以按照其主观意愿完全自由的设立各种类型的市场主体。在部分自由设立原则条件下，仅对某些类型市场主体的设立采取自由设立原则，发起人可以自由地设立市场主体；其他类型市场主体的设立，则具有比较严格的限制制度，一般不得自由设立。

自由设立是在中世纪末公司制度处于萌芽时期时西方国家采用的方式，是同当时资产阶级反对封建势力，提倡民主自由相联系的。由于过分自由不需任何手续，政府无法掌握各行业企业的发展状况，更无从监督，因此，这种方式很快被各国舍弃而成为历史。

2. 特许设立原则

特许设立原则，是指市场主体须经特别立法或基于国家元首命令而设立。这种市场主体设立又可以具体分为普通法人市场主体特许原则和特殊法人市场主体特许原则。普通法人市场主体特许原则，要求设立任何业务范围和任何规模的法人市场主体，都必须经国家元首或法定的特许机关颁发特许状或特许令，否则不得设立。特殊法人市场主体特许原则，要求设立普通法人市场主体不需要经过特许，而设立在业务范围和规模上比较特殊的市场主体，则需要经国家元首或法定特许机关颁发特许状或特许令，否则该市场主体不得设立。

这一方法在16—19世纪为一些西方国家所采用。特许设立是与政府保持对市场主体的垄断和特权相适应的。由于设立程序繁琐，限制过严，不利于市场主体的发展，因此，这一方式目前仅在很小范围内使用。如许多国家颁布中央银行法，设立中央银行，但对绝大多数市场主体，则不采取特许设立方式。

3. 核准设立原则

核准设立原则，是指设立市场主体除必须符合相应的法定要件外，还必须经过行政机关审批许可，再到登记主管机关依法登记注册后才能宣告市场主体的设立。核准设立虽不需专门立法和元首特许，但也须两个部门审批，与特许设立相比有所简化。这种市场主体设立又可以分为单纯的核准原则和依法核准原则。在单纯核准原则条件下，监管机关享有绝对按照其审核结果，作出是否允许市场主体设立的决定权力。在依法核准原则条件下，市场主体设立必须具备法律规定的全部要件，但即使具备了全部法律规定的要件，是否能够设立市场主体还必须经监管机关批准。

19 世纪的法国、德国等均采用核准设立。随着资本主义经济的进一步发展，西方国家认为核准手续繁琐，具有较强的行政干预特性，故不再采用。目前仅一部分第三世界国家采用此方法。

4. 准则设立原则

准则设立原则，是指设立市场主体不需要经任何行政管理机关批准，只要经设立监管机关审核具备法律要求的各项设立条件，就可经监管机关登记宣告市场主体设立。这种市场主体设立原则又可分为单纯准则原则和严格准则原则。单纯准则原则要求设立监管机关只需对市场主体是否符合法定的设立条件进行审核，审核合格就必须允许市场主体设立，设立监管机关不享有市场主体设立的批准权力。严格准则原则既规定市场主体的设立要件及设立责任，又强调法院、行政管理机关对市场主体的监督。

单纯准则设立手续简便，有法可依，减少了行政机关对市场主体设立的干预，这一方法在 20 世纪为西方各国普遍采用。但单纯准则设立易导致滥设市场主体的严重后果，因此西方各国在总结单纯准则设立的基础上进而实行严格准则设立。

（二）我国出版物市场主体的设立原则

我国的政治、经济和文化制度，以及目前的管理体制，决定了出版物市场主体设立由国家特定的业务主管部门和行政管理机关，依据核准设立原则，通过对出版物市场主体的审批、登记管理活动来进行。

核准设立原则要求我国出版物市场主体的设立需先经上级行政主管部门批准，再到登记主管机关依法核准登记注册。核准设立在国家对出版物市场主体的宏观调控和事前监督方面发挥了应有的作用。

我国于 2013 年最新修订的《出版管理条例》第 12 条规定：“设立出版单位，由其主办单位向所在地省、自治区、直辖市人民政府出版行政主管部门提出申请；省、自治区、直辖市人民政府出版行政主管部门审核同意后，报国务院出版行政主管部门审批。设立的出版单位为事业单位的，还应当办理机构编制审批手续。”

第 31 条规定：“从事出版物印刷或者复制业务的单位，应当向所在地省、自治区、直辖市人民政府出版行政主管部门提出申请，经审核许可，并依照国家有关规定到工商行政管理部门办理相关手续后，方可从事出版物的印刷或者复制。未经许可并办理相关手续的，不得印刷报纸、期刊、图书，不得复制音像制品、电子出版物。”

第 35 条规定：“从事出版物批发业务的单位，须经省、自治区、直辖市人民政府出版行政主管部门审核许可；从事出版物零售业务的单位和个体工商户，须经县级人民政府出版行政主管部门审核许可；从事出版物发行业务的单位和个体工商户经出版行政主管部门批准、取得《出版物经营许可证》，并向工商行政管理部门依法领取营业执照后，方可从事出版物发行业务。”

第 43 条规定：“设立出版物进口经营单位，应当向国务院出版行政主管部门提出申请，经审查批准，取得国务院出版行政主管部门核发的出版物进口经营许可证后，持证到工商行政管理部门依法领取营业执照。设立出版物进口经营单位，还应当依照对外贸易法律、行政法规的规定办理相应手续。”

1999 年我国出台的《出版物市场管理暂行规定》（在《出版物市场管理规定》实施后失效）、自 2011 年 3 月 25 日起施行的最新修订的《出版物市场管理规定》也就出版物市场主体的设立作了明确规定：“国家实行出版物发行许可制度，未经许可，任何单位和个人不得从事出版物出版发行活动。”

二、市场主体的设立条件

市场主体是独立或者相对独立的社会经济实体，必须承担相应的内部责任和社会责任。特别是在采取核准设立原则的条件下，必须对市场主体的设立规定严格的条件，以保证市场主体能够具备完善的生产经营条件，保证其能够正常地从事生产经营活动，保护市场主体业务关系主体的正当权益，维护正常的出版物市场秩序。

（一）一般市场主体的设立条件

一般市场主体的设立条件，是指普通的市场主体设立所必须具备的基本法定条件。一般市场主体要进行正常的生产经营活动，都必须具备基本的生产经营条件，包括生产经营活动的目的、财产状况、从业人员以及组织机构和制度等。

1. 生产经营活动的目的

市场经济条件下的市场主体，必须具有一定的生产经营活动目的，主要是以满足不同的社会商品服务需要和实现自身的生产经营收益为目的。市场主体的生产经营活动必须以满足社会需要为基本前提，如果不以满足社会需要为目的，法律一般禁止设立。

2. 财产状况

市场主体以具备一定的财产作为其从事生产经营活动的物质基础。通常，市场主体的财产主要包括资本或资金以及生产经营场所。

市场主体的资本或资金主要表现为：独立的具有法人资格的市场主体，其资本或资金应达到法定资本最低限额；非独立的不具有法人资格的经营主体，其资本或资金应与其从事的生产经营活动相适应。资本或资金既可以是货币资金，也可以是其他的有形财产或无形财产。但应注意的是，如果采用非货币资产出资，该资产必须经法定评估机构进行价值评估。如果采用无形资产出资，其价值总额应有一定限制。

市场主体的生产经营场所主要表现为满足其生产经营需要的固定的业务活动场所，这是其进行生产经营活动的物质基础，也是其承担责任的物质条件。

3. 从业人员

从业人员主要包括市场主体的管理人员和生产经营人员。设立市场主体必须具有符合条件的具有完全行为能力的管理人员，同时还必须具有相应的从事具体业务活动的人员。

管理人员应具有相应的管理能力，并具有管理该市场主体的业务素质。业务人员则必须经过相应的业务培训，取得了从事相关业务活动的法定资格证明，并获得了该市场准入证书。另外，达到某种业务处理水平的业务人员还必须达到法律规定的数额比例标准。否则，也不能设立从事某种特定生产经营活动的市场主体。

4. 组织机构和制度

组织机构和制度主要包括市场主体的名称、组织机构和组织制度。

市场主体的名称是一个市场主体区别于其他市场主体的标志或符号，一般情况下，市场主体享有其经法定程序注册的市场主体名称的专有权，其他市场主体非经许可不得擅自使用。市场主体的名称一般由地名、字号、行业名和性质四部分组成。

市场主体的组织机构包括法定的组织机构和自定的组织机构两类。在有法定组织机构条件要求时，必须依法设立法定组织机构，自定的组织机构应本着合理的原则设定。

市场主体的组织制度则包括组织协议、组织章程和管理制度。组织协议是指不具有法人资格的市场主体，其全体发起人共同订立的合伙协议或合作协议；组织章程是指具有法人资格的市场主体订立的从事生产经营活动的基本行为准则；管理制度则是市场主体按法律规定的条件制定的规范其具体业务行为的内部业务经营制度。

（二）出版物市场主体的设立条件

我国《出版管理条例》对设立出版单位、设立出版物进口经营单位规定了应具备的条件，同时还规定："国务院出版行政主管部门负责全国的出版活动的监督管理工作。国务院其他有关部门按照国务院规定的职责分工，负责有关的出版活动的监督管理工作。县级以上地方各级人民政府负责出版管理的部门（以下简称出版行政主管部门）负责本行政区域内出版活动的监督管理工作。县级以上地方各级人民政府其他有关部门在各自的职责范围内，负责有关的出版活动的监督管理工作。"

2011 年 3 月 25 日新闻出版总署公布了最新修订的《出版物市场管理规定》，其中就设立出版物总发行企业或者其他单位从事出版物总发行业务，设立出版物批发企业或者其他单位从事出版物批发业务，设立出版物零售、出租企业或者其他单位、个人从事出版物零售、出租业务以及设立出版物连锁经营企业或者其他连锁经营企业从事出版物连锁经营业务应具备的条件，作了明确规定。概括起来，我国设立出版物市场主体应具备如下条件：

1. 组织机构和专业人员

出版物的出版、印刷、发行是专业性很强的行业，根据出版发行活动的特征，从事出版物经营活动应当具备适应业务范围需要的组织机构，有取得国家出版专业技术人员资格的编辑人员和出版物发行员资格的发行人员。因此，组织机构和专业人员是出版发行单位的基本要素，也是决定出版发行活动的最主要的因素。

出版发行单位的组织机构是对出版物进行编辑、出版、印刷、发行等活动实行计划、组织、指挥、协调和控制的内部管理组织，是依法设立出版发行单位的决策、管理和执行、监督体系。

专业人员包括编辑、技术、发行和管理人员四类。编辑、技术和发行人员是指具有相应的专业知识和技能的编辑、美术设计、制作、校对、发行人员等；管理人员是指行政、后勤人员和财务人员等。

《出版管理条例》要求，"设立出版单位，应有适应业务范围需要的组织机构和符合国家规定的资格条件的编辑出版专业人员”。

《出版物市场管理规定》要求，“设立出版物总发行企业或者其他单位从事出版物总发行业务，应当有与出版物总发行业务相适应的发行人员，法定代表人或者主要负责人应当具有高级以上出版物发行员职业资格或者新闻出版总署认可的与出版物发行专业相关的中级以上专业技术资格”；“设立出版物批发企业或者其他单位从事出版物批发业务，以及设立外商投资出版物批发企业，要有与出版物批发业务相适应的组织机构和发行人员，至少一名负责人应当具有中级以上出版物发行员职业资格或者新闻出版总署认可的与出版物发行专业相关的中级以上专业技术资格”；“申请设立出版物零售企业或者其他单位、个人申请从事出版物零售业务，以及设立外商投资出版物零售企业，要求至少一名负责人应当具有初级以上出版物发行员职业资格或者新闻出版总署认可的与出版物发行专业相关的初级以上专业技术资格”；“设立出版物连锁经营企业或者其他连锁经营企业从事出版物连锁经营业务，法定代表人或者主要负责人应当具有中级以上出版物发行员职业资格或者新闻出版总署认可的与出版物发行专业相关的中级以上专业技术资格”。

《图书出版管理规定》要求，“设立图书出版单位，有适应图书出版需要的组织机构和符合国家规定资格条件的编辑出版专业人员”；“申请设立图书出版单位要提交编辑出版人员的出版专业职业资格证书”。

《电子出版物管理规定》要求，“电子出版物出版单位要有适应业务范围需要的组织机构，有 2 人以上具有中级以上出版专业职业资格”等。

《网络出版服务管理规定》要求，“从事网络出版服务的出版单位要有符合国家规定的法定代表和主要负责人，法定代表必须是在境内长久居住的具有完全行为能力的中国公民，法定代表和主要负责人至少 1 人应当具有中级以上出版专业人员职业资格”；“除法定代表和主要负责人外，有适应网络出版服务范围需要的 8 名以上具有国家新闻出版广电总局认可的出版及相关专业技术职业资格的专职编辑出版人员，其中具有中级以上职业资格的人员不得少于 3 名。”

2014 年 1 月 28 日，《国务院关于取消和下放一批行政审批项目的决定》取消了出版物总发行设立及从事出版物总发行业务单位变更《出版物经营许可证》登记事项，或者兼并、合并、分立的审批。2015 年 8 月 28 日国家新闻出版广电总局根据国务院的相关要求颁布了《国家新闻出版广电总局关于修订部分规章和规范性文件的决定》，《出版物市场管理规定》中有关出版物总发行和连锁经营的相关内容被删除。

(1) 出版专业技术人员职业资格。

职业资格是对从事某一职业所必备的学识、技术和能力的基本要求。职业资格包括从业资格和执业资格。从业资格是指从事某一专业（工种）所必备的学识、技术和能力的起点标准。执业资格是指政府对某些责任较大、社会通用性强、关系公共利益的专业（工种）实行准入控制，要求依法独立开业或从事这类特定专业（工种）所需学识、技术和能力的必备标准①。我国从1994年开始，伴随着社会主义市场经济体制的建立和发展，已在22类专业（工种）建立了职业资格制度。各相关行业专业技术人员，通过各种考试取得了相应的职业资格证书，持证从业、上岗、执业。这种借鉴国际通行惯例，与社会经济发展密切相关的人才评价制度，已受到社会各界特别是广大专业技术人员的关注和重视。根据出版专业事关公众利益和国家安全、技术性强、对从业人员要求高的特点，2001年8月7日，国家人事部、新闻出版总署根据国务院《出版管理条例》和《音像制品管理条例》的有关精神及职业资格证书制度的有关规定，制定了《出版专业技术人员职业资格考试暂行规定》，决定从2002年起对出版专业技术人员实行职业资格证书制度，并将此纳入全国专业技术人员职业资格制度的统一规划之中。2007年12月26日新闻出版总署第2次署务会议通过《出版专业技术人员职业资格管理规定》，并于2008年6月1日起施行。

2004年行政许可法实施之后，出版专业技术人员职业资格审批由规章、规范性文件设定，属于新闻出版总署保留的行政审批项目，但在国务院的保留决定中没有直接列在新闻出版总署名下，而是体现在决定的第84项，即“列入政府管理范围的专业技术人员执业资格审批”，实施机关是：人事部、国务院各有关主管部门，包括现在的新闻出版广电总局。因此，新闻出版广电总局据此可以实施出版专业人员职业资格审批②。

出版专业技术人员职业资格（以下简称出版专业资格），是国家对出版从业人员从事出版专业技术工作所必备的素质和能力的认定。国家对在报

① 那拓祺．我国实施出版专业职业资格制度的意义和主要内容［J］．出版科学，2003（2）．

② 孔繁丽．新闻出版总署对行政审批制度改革情况进行通报，继续深化行政审批制度改革［EB/OL］．中国图书出版网．2004-9-20. http：//www.shdf.gov.cn/contents/767/46782.html.

纸、期刊、图书、音像、电子、网络出版单位从事出版专业技术工作的人员实行职业资格制度，对职业资格实行登记注册管理。

建立和实施出版专业技术人员职业资格制度的范围是在图书、非新闻性期刊、音像、电子、网络出版单位内承担内容加工整理、装帧和版式设计等工作的编辑人员和校对人员，以及在报纸、新闻性期刊出版单位从事校对工作的专业技术人员。凡在正式出版单位工作的专业技术人员，必须通过国家统一组织的出版专业资格考试，取得规定级别的出版专业资格，持相应的《中华人民共和国出版专业资格证书》上岗。

出版专业资格分为初级资格、中级资格、高级资格。职业资格登记有效期3年，每3年续展登记一次。超过3个月不作续展登记的，原登记自动失效。初级资格也就是从事出版专业岗位工作的上岗证。根据《出版专业技术人员职业资格管理规定》，凡在出版单位从事出版专业技术工作的人员，必须在到岗2年内取得出版专业职业资格证书，并按本规定办理登记手续，否则，不得继续从事出版专业技术工作；中级资格是在出版专业某些关键岗位工作的必备条件。凡取得中级资格者，可以根据《出版专业技术人员职业资格管理规定》有关规定，受聘担任责任编辑职务；凡在出版单位担任社长、总编辑、主编、编辑室主任（均含副职）职务的人员，除应具备国家规定的任职条件外，还必须具有中级以上出版专业职业资格并履行登记、注册手续。出版专业实行职业资格考试制度后，不再进行相应级别出版专业技术职务任职资格的评审工作。

目前，初级、中级职业资格可以通过全国出版专业技术人员职业资格考试取得，高级职业资格则通过考试、按规定评审取得。全国出版单位出版专业技术人员职业资格的监督管理工作和中央在京出版单位出版专业技术人员职业资格登记注册工作由新闻出版广电总局负责。省、自治区、直辖市新闻出版行政部门负责本行政区域内的出版专业技术人员职业资格登记注册及管理工作。

出版专业资格实行全国统一的考试制度，由国家统一组织、统一时间、统一大纲、统一试题、统一标准、统一证书。出版专业资格实行一考多用原则。通过出版专业资格考试并获得该专业相应级别职业资格证书的专业技术人员，表明其已具备出版专业相应岗位职业资格和担任相应级别出版专业职务的水平与能力，用人单位可根据工作需要，从中择优聘用。《出版专业技术人员职业资格证书》由人事部统一印制，人事部和新闻出版广电总局共同用印，在全国范围内有效。

出版专业职业资格制度是一个完整的制度体系和系统工程。国家对出版专业技术人员实行资格考试、持证上岗和资格管理，既加强了出版从业人员在从事出版专业技术工作资格准入方面的源头控制，提高了进入出版专业领域工作的“门槛”，又可通过对出版专业技术人员资格、岗位、绩效考核，继续教育等，从制度上实施全方位的管理，达到加强对出版物市场和出版活动管理的目的①。

（2）出版物发行员职业资格。

出版物发行员职业资格是新闻出版署、劳动部为提高图书发行员队伍整体素质，建立稳定、良好的图书市场秩序，根据劳动法和中共中央办公厅、国务院办公厅转发的1996年冬季“扫黄打非”集中行动方案以及新闻出版署、国家工商行政管理局《关于加强集体、个体、私营书店（摊）管理的暂行规定》文件精神和劳动部关于国家职业技能鉴定的有关规定，对图书发行行业的从业人员实行职业技能鉴定制度。该规定在2004年《新闻出版总署决定废止的第二批规章、规范性文件目录（新闻出版总署令第25号）》里就被废止。为了进一步完善国家职业标准体系，为职业教育培训提供科学、规范的依据，劳动和社会保障部组织有关专家根据《中华人民共和国劳动法》的有关规定，制定了《出版物发行员国家职业标准》，并于2002年2月11日起实施。根据新闻出版总署与劳动和社会保障部《关于对图书发行员实行职业资格证书制度的通知》《出版物发行员国家职业标准》的规定，出版物发行员是新闻出版行业特有的实施职业资格证书制度的工作，必须持证才能上岗，对从事出版物发行的从业人员进行职业技能鉴定，实行就业准入控制和职业资格证书制度。根据《中华人民共和国国家职业标准（出版物发行员）》规定，出版物发行员资格分初、中、高、发行师四个等级，从事出版发行的人员依照不同条件要求可以参加相应等级的出版物发行员职业资格鉴定。

改革开放以来，随着国家经济体制改革和出版改革的不断深化，我国图书发行体制改革取得了较大的进展，形成了一个以国有书店为主体、多种经济成分、多条流通渠道、多种购销形式的图书流通体系。截至2014年末，

① 那拓祺．我国实施出版专业职业资格制度的意义和主要内容［J］．出版科学，2003（2）．

全国图书发行从业人员已约达 72 万人①。图书发行行业不仅是流通领域的一项产业，更是精神文明建设的重要阵地。图书发行工作既是一项宣传教育工作，又是向广大人民群众提供精神食粮的服务工作，要始终把社会效益放在首位。图书发行行业的特点要求图书发行人员必须具备较高的政治、业务素质和职业道德水平。

鉴于图书发行工作的特殊性，劳动部批准图书发行员工种为就业上岗前必须培训的工种，并列为新闻出版行业特有工种。

申报图书发行工种职业技能鉴定的单位或个人，可向当地新闻出版行业职业技能鉴定站提出申请，职业技能鉴定站签发准考证，按规定的时间进行考核鉴定。根据《中华人民共和国国家职业标准（出版物发行员）》规定，出版物发行员资格分初级、中级、高级、技师四个等级，从事出版发行的人员依照不同条件要求可以参加相应等级的出版物发行员职业资格鉴定。

鉴定对象包括图书、期刊、音像制品、电子出版物等出版物由出版领域输送到消费领域的人员及其他自愿参加图书发行职业资格鉴定的人员。

鉴定内容包括：出版物发行基本知识、专业知识、操作技能、文明服务与安全工作等。针对初级、中级、高级出版物发行员和技师的不同鉴定要求，分别进行理论知识和操作技能鉴定。

行政许可法实施之后，发行员资格证书的核发作为一个审批项目被取消了，但这并不是取消了发行员资格制度。实质上，发行员的培训、资格的鉴定由出版物发行单位自愿组织参加，新闻出版广电总局鉴定指导中心核发证书。由于仍然需要对发行人员进行业务培训，提高素质，新闻出版广电总局由原来强制性的审批转变为自觉性的服务。当事人可以自觉自愿参加。当然如果不参加，没有发行员资格证，有与出版物发行相关的初级以上职业或技术资格证书，也可以做出版物发行员②。与此要求相适应，2011 年 3 月修正后的《出版物市场管理规定》对从事出版物批发的法定代表人或者主要负责人，就要求他们具有中级以上出版物发行员职业资格或者新闻出版广电总局认可的与出版物发行专业相关的中级以上专业技术资格；对从事出版物零售的经营者要求具有初级以上出版物发行员职业资格或者新闻出版广电总

① 新闻出版广电总局．2014 年全国新闻出版业基本情况［EB/OL］. http：//www. gapp. gov. cn/govpublic/80/965. shtml.

② 新闻出版总署法规司副司长于慈珂就取消下放审批项目的后续监督答记者问［N］. 中国图书商报，2004-6-16.

局认可的与出版物发行专业相关的初级以上专业技术资格，在申请成立时要求提供经营者的身份证明和职业或者技术资格证书。

2. 财产

财产是指出版发行企业享有所有权或者经营管理权的财产，出版发行企业对这些财产应该享有独立的法人财产权，即法人可以依法占有、使用、收益和处分这些财产。

出版发行单位要开展正常的生产经营活动，以自己的名义享有权利，承担义务，就必须有其可以独立支配的财产，包括资金、设备、固定的工作场所等。资金是保证出版发行活动正常进行的经济基础。注册资本包括固定资产和流动资金。对出版发行单位而言，除拥有相应的设备和资金以外，出版发行出版物的场所也是必不可少的物质条件。场所是进行出版物编辑、出版、发行活动的地方，是保证出版物出版发行的基本条件。

为了保证出版发行企业出版发行活动正常进行，我国《出版管理条例》《出版物市场管理规定》分别对从事出版、发行工作的单位应具备的财产最低限额作了规定。

《出版管理条例》规定，设立出版单位应具有“30万元以上的注册资本和固定的工作场所”，这一规定是与其业务范围相适应的，包括注册资金和工作场所，主要用于开展出版物的出版发行活动。

《出版物市场管理规定》要求，“设立出版物批发企业或者其他单位从事出版物批发业务，以及设立外商投资图书、报纸、期刊批发企业，应当有与出版物批发业务相适应的设备和固定的经营场所，其中进入批发市场的单店营业面积不少于50平方米，独立设置经营场所的营业面积不少于200平方米；注册资本不少于500万元；具备健全的管理制度并具有符合行业标准的信息管理系统”；“设立出版物零售企业或者其他单位、个人从事出版物零售业务，以及设立外商投资图书、报纸、期刊零售企业，应当有与其业务相适应的固定的经营场所”等。

3. 章程

章程是规定出版发行企业组织和行为准则的书面文件，经登记主管机关批准后具有法律效力。章程在出版发行企业设立及其运作中具有十分重要的作用。

一般说来，企业章程是规定企业权利义务和调整企业内外关系的准则，具有规范性。它是企业申明其宗旨、资产状况、组织形式和组织机构、基本权利义务、内部管理制度及分配原则的行为准则文件。企业章程从根本上决定企业的组织原则、活动范围以及发展方向。

同时，企业章程虽然是由企业自身制定的，但当企业向登记主管机关提交之后，就意味着企业向政府提供了一种书面保证，保证按照章程所规定的准则规范从事经营活动。登记主管机关核准企业章程，就意味着代表政府接受了企业的保证，从而使企业的自律性文件上升为政府规范企业的依据①。因此，企业章程对企业具有法律约束力，企业必须遵循其章程进行活动。企业如有违反企业章程的行为，政府主管部门、登记主管机关有权干预和处罚，直至吊销营业执照。

出版发行企业章程，是根据出版发行单位的业务性质和工作需要而制定的内部总的规章制度，主要包括经济性质、业务范围、经营管理方式、组织原则等，它集中反映和规定了出版发行单位的基本情况和主要事项，是从事出版发行活动的准则和纲领，对出版发行单位业务工作起着指导作用。

出版发行企业的章程应当包括以下内容：出版发行单位的名称和住所，经营范围，注册资本，主办单位及其主管机关的名称和法定代表人，出版发行单位的机构及其产生办法、职权、议事规则，出版发行单位的法定代表人等。

三、出版物市场主体的设立程序

市场主体是具有法律属性的经济组织，必须经过法定程序依法确立市场主体的合法身份。就一般市场主体而言，只要符合法定设立条件，并向市场主体设立监管机关提供相关证明，即可依法取得市场主体资格。一般市场主体的设立程序，是指具有法人资格的市场主体的设立程序，主要包括发起设立和募集设立程序。发起设立的基本程序主要是指有限责任公司的设立程序及股份有限公司的发起设立程序，具体包括订立发起人协议书、制定公司章程、按照约定缴纳出资、建立公司组织机构以及办理公司设立登记五个步骤。募集设立的基本程序主要是指采用募集方式设立的股份有限公司的设立程序，具体包括订立发起人协议书、起草公司设立文件、各发起人缴纳出资，以及募股的审核与实施、召开公司创立大会和办理公司设立登记六个步骤。

出版物市场主体要取得合法的市场主体资格，就要履行审批登记的程序。主要是指出版物市场主体除具备法定条件外，还得经出版行政部门审核

---

① 刘建一．市场主体登记管理［M］．北京：北京工业大学出版社，1998：110.

批准，到登记主管机关登记注册才能获得市场主体资格。这是保证出版物市场主体依法设立的重要法律程序。

我国《出版管理条例》和《出版物市场管理规定》规定了设立出版单位、出版物进口经营单位以及出版物批发、零售单位的程序；《音像制品管理条例》规定了设立音像制品出版单位的程序和设立音像制品批发、零售、出租单位的程序；《网络出版服务管理规定》规定了设立从事网络出版服务单位的程序；《出版物市场管理规定》还规定了设立外商投资图书、报纸、期刊批发企业和零售企业的程序，与我国相关出版企业设立程序相同。

（一）申请设立出版物出版发行单位的程序

1. 提出申请

申请设立出版物出版、发行、出租单位或申请从事出版物出版、发行、出租业务的单位或个人，应按要求向新闻出版行政部门提交申请书、章程及有关证明材料。

《出版管理条例》规定，设立出版单位，首先由其主办单位向所在地省、自治区、直辖市人民政府出版行政部门提出申请。申请书应当载明下列事项：出版单位的名称、地址；出版单位的主办单位及其主管机关的名称、地址；出版单位的法定代表人或者主要负责人的姓名、住址、资格证明文件；出版单位的资金来源及数额。设立报社、期刊社或者报纸编辑部、期刊编辑部的，申请书还应当载明报纸或者期刊的名称、刊期、开版或者开本、印刷场所。申请书还应当附具出版单位的章程和设立出版单位的主办单位及其主管机关的有关证明材料。

《出版物市场管理规定》第 8 条规定，申请设立出版物批发企业或者其他单位申请从事出版物批发业务，须向所在地地市级新闻出版行政部门提交规定的申请材料。申请材料包括下列书面材料：申请书，载明单位的名称、地址、法定代表人或者主要负责人姓名、住址、资本来源、资本数额等；组织机构和章程；注册资本信用证明；经营场所的情况及使用权证明；法定代表人或者主要负责人的身份证明；法定代表人或者主要负责人的职业或者技术资格证书；企业信息管理系统情况的证明材料。

《出版物市场管理规定》第 10 条规定，申请设立出版物零售企业或者其他单位、个人申请从事出版物零售业务，须向当地县级人民政府新闻出版行政部门提交规定的申请材料，申请材料包括下列书面材料：申请书，载明单位名称、地址、法定代表人或者主要负责人的姓名、住址等；经营场所的情况及使用权证明；经营者的身份证明和发行员职业资格证书或其他专业技术资格证明材料。

2. 审批和许可

任何单位和个人从事出版物出版发行业务，必须经新闻出版行政部门审核批准，法律另有规定的除外。

设立出版单位，由其主办单位向所在地省、自治区、直辖市人民政府出版行政主管部门提出申请；省、自治区、直辖市人民政府出版行政主管部门审核同意后，报国务院出版行政主管部门审批。国务院出版行政主管部门应当自受理设立出版单位的申请之日起60日内，作出批准或者不批准的决定，并由省、自治区、直辖市人民政府出版行政主管部门书面通知主办单位；不批准的，应当说明理由。设立出版单位的主办单位自收到批准决定之日起60日内，向所在地省、自治区、直辖市人民政府出版行政部门登记，领取出版许可证。

《出版管理条例》将出版单位审批许可的行政机关明确为国务院出版行政部门，既排除了出版行政部门以外的其他任何部门、单位、个人对出版单位的行政许可权，也排除了新闻出版广电总局以外的省、市、县三级政府的出版行政部门对出版单位的行政许可权。这样规定，充分考虑了中央事权与地方事权的划分，有利于克服地方保护主义。

申请设立出版物批发企业，或者其他单位申请从事出版物批发业务，须向所在地地市级新闻出版行政部门提交申请材料，经审核后报省、自治区、直辖市新闻出版行政部门审批。省、自治区、直辖市新闻出版行政部门自受理申请之日起20个工作日内作出批准或者不予批准的决定，并书面告知申请人。批准的，由省、自治区、直辖市新闻出版行政部门颁发《出版物经营许可证》，并报新闻出版总署备案。不予批准的，应当书面说明理由。

申请设立出版物零售企业，或者其他单位、个人申请从事出版物零售业务，须向当地县级人民政府新闻出版行政部门提交规定的申请材料。县级新闻出版行政部门应当自受理申请之日起20个工作日内作出批准或者不予批准的决定，并书面告知申请人。批准的，由县级人民政府新闻出版行政部门颁发《出版物经营许可证》，并同时报上一级新闻出版行政部门备案，其中营业面积在5000平方米以上的应同时报省、自治区、直辖市新闻出版行政部门备案。不予批准的，应当书面说明理由。

通过互联网等信息网络从事出版物发行业务的单位或者个人，应当依照本规定取得《出版物经营许可证》，外商投资企业还应按照相关规定办理外商投资审批手续。

已经取得《出版物经营许可证》的出版物发行单位在批准的经营范围内通过互联网等信息网络从事出版物发行业务，应自开展网络出版物发行业务15日内到原批准的新闻出版行政部门备案。

3. 登记

出版物出版发行单位经审批、许可后，持《出版许可证》或《出版物经营许可证》到工商行政管理部门依法领取营业执照。

出版单位经登记后，持《出版许可证》到工商行政管理部门登记，依法领取营业执照。

经批准从事出版物发行业务的单位和个人，持《出版物经营许可证》到工商行政管理部门依法领取营业执照。

出版单位变更名称、主办单位或者其主管机关、业务范围、资本结构，合并或者分立，设立分支机构，出版新的报纸、期刊，或者报纸、期刊变更名称的，应当依照《出版管理条例》第12条、第13条的规定办理审批手续。出版单位属于事业单位法人的，还应当持批准文件到事业单位登记管理机关办理相应的登记手续；属于企业法人的，还应当持批准文件到工商行政管理部门办理相应的登记手续。出版单位除前款所列变更事项外的其他事项的变更，应当经主办单位及其主管机关审查同意，向所在地省、自治区、直辖市人民政府出版行政主管部门申请变更登记，并报国务院出版行政主管部门备案。出版单位属于事业单位法人的，还应当持批准文件到事业单位登记管理机关办理变更登记；属于企业法人的，还应当持批准文件到工商行政管理部门办理变更登记。

经批准从事出版物发行业务的单位和个人，需变更登记事项的，应事前向原审批部门提出申请，经批准后方可变更。

出版单位终止出版活动的，由主办单位提出申请并经主管机关同意后，由主办单位向所在地省、自治区、直辖市人民政府出版行政主管部门办理注销登记，并报国务院出版行政主管部门备案。出版单位属于事业单位法人的，还应当持批准文件到事业单位登记管理机关办理注销登记；属于企业法人的，还应当持批准文件到工商行政管理部门办理注销登记。

从事出版物发行业务的单位和个体工商户变更《出版物经营许可证》登记事项，或者兼并、合并、分立的，应当依照本条例第35条的规定办理审批手续，并持批准文件到工商行政管理部门办理相应的登记手续。

从事出版物发行业务的单位和个体工商户终止经营活动的，应当到工商行政管理部门办理注销登记，并向原批准的出版行政主管部门备案。

（二）申请设立网络出版服务单位的程序

2016年2月4日，由新闻出版广电总局、工业和信息化部联合发布的《网络出版服务管理规定》明确指出，从事网络出版服务，必须依法经过出版行政主管部门批准，取得《网络出版服务许可证》。

1. 提出申请

申请从事网络出版服务，应当向所在地省、自治区、直辖市出版行政主管部门提出申请，申报材料应该包括下列内容：《网络出版服务许可证申请表》；单位章程及资本来源性质证明；网络出版服务可行性分析报告，包括资金使用、产品规划、技术条件、设备配备、机构设置、人员配备、市场分析、风险评估、版权保护措施等；法定代表人和主要负责人的简历、住址、身份证明文件；编辑出版等相关专业技术人员的国家认可的职业资格证明和主要从业经历及培训证明；工作场所使用证明；网站域名注册证明、相关服务器存放在中华人民共和国境内的承诺。

其中，图书、音像、电子、报纸、期刊出版单位从事网络出版服务只需提交《网络出版服务许可证申请表》、工作场所使用证明和网站域名注册证明、相关服务器存放在中华人民共和国境内的承诺。

《网络出版服务许可证》有效期为5年。有效期届满，需继续从事网络出版服务活动的，应于有效期届满60日前按上述程序提出申请。出版行政主管部门应当在该许可有效期届满前作出是否准予延续的决定。批准的，换发《网络出版服务许可证》。

2. 审批和许可

申请从事网络出版服务，应当向所在地省、自治区、直辖市出版行政主管部门提出申请，经审核同意后，报国家新闻出版广电总局审批。国家新闻出版广电总局应当自受理申请之日起60日内，作出批准或者不予批准的决定。不批准的，应当说明理由。

中外合资经营、中外合作经营和外资经营的单位不得从事网络出版服务。网络出版服务单位与境内中外合资经营、中外合作经营、外资经营企业或境外组织及个人进行网络出版服务业务的项目合作，应当事前报国家新闻出版广电总局审批。

此外，网络游戏上网出版前，必须向所在地省、自治区、直辖市出版行政主管部门提出申请，经审核同意后，报国家新闻出版广电总局审批。

3. 登记

设立网络出版服务单位的申请者应自收到批准决定之日起30日内办理

注册登记手续。持批准文件到所在地省、自治区、直辖市出版行政主管部门领取并填写《网络出版服务许可登记表》。省、自治区、直辖市出版行政主管部门对《网络出版服务许可登记表》审核无误后，在10日内向申请者发放《网络出版服务许可证》，并在15日内报送国家新闻出版广电总局备案。

网络出版服务经批准后，申请者应持批准文件、《网络出版服务许可证》到所在地省、自治区、直辖市电信主管部门办理相关手续。

网络出版服务单位变更《网络出版服务许可证》许可登记事项、资本结构，合并或者分立，设立分支机构的，应依据本规定第11条办理审批手续，并应持批准文件到所在地省、自治区、直辖市电信主管部门办理相关手续。

网络出版服务单位中止网络出版服务的，应当向所在地省、自治区、直辖市出版行政主管部门备案，并说明理由和期限；网络出版服务单位中止网络出版服务不得超过180日。

网络出版服务单位终止网络出版服务的，应当自终止网络出版服务之日起30日内，向所在地省、自治区、直辖市出版行政主管部门办理注销手续后到省、自治区、直辖市电信主管部门办理相关手续。省、自治区、直辖市出版行政主管部门将相关信息报国家新闻出版广电总局备案。

网络出版服务单位自登记之日起满180日未开展网络出版服务的，由原登记的出版行政主管部门注销登记，并报国家新闻出版广电总局备案。同时，通报相关省、自治区、直辖市电信主管部门。

因不可抗力或者其他正当理由发生上述所列情形的，网络出版服务单位可以向原登记的出版行政主管部门申请延期。

第七章 出版物市场客体管理

这里的出版物市场客体，是从狭义上讲的，主要是指出版物市场主体在市场上交易的商品——出版物，包括图书、报纸、期刊、音像制品和电子出版物等，是出版物市场上批发、零售活动赖以存在的物质基础。作为出版物市场客体的出版物商品，具有使用价值和价值的双重属性，是构成出版物市场的基本因素，在市场运行中占有重要地位。对出版物的管理主要表现在对出版物内容的管理（包括出版物的形式）、书号的管理以及出版物质量的管理等方面。

第一节 出版物内容的管理

出版物具有精神产品和物质产品的双重属性，为此，世界各国对出版物的内容都严格加以限定。我国自新中国成立以来，党和政府就非常重视对出版物内容的管理，目的在于依法取缔非法出版活动，查禁非法出版物，保障人民有秩序地行使出版自由的正当权利，维护社会安定和进步，维护出版发行行业的合法权益和健康发展，促进社会主义精神文明和物质文明建设。特别是从20世纪80年代后期开始，我国开展了全国范围内的“扫黄打非”运动，就是对出版物内容的管理措施之一。

一、出版物内容的管理

目前，世界各国对出版物内容的管理主要有预审制和追惩制两种主要方式。

（一）预审制

预审制是出版前检查制度，指出版物必须在出版前将原稿或清样送经政府指定的检查机构检查、删改和批准后，才能公开出版。预审制最主要的特征是由政府委派官员实施书报检查，决定允许出版或不许出版或删改后才许出版，当然也包括其他一些防范措施。采用预审制即事先检查的目的，主要是为了保护国家、政府的利益，维护社会秩序，防止泄露国家机密等。在18世纪以前，英国、法国、德国等国家曾普遍实行这一制度。

出版检查制度的建立几乎与出版业的历史一样悠久，往往是统治者限制言论自由、钳制舆论的重要手段之一。在出版检查制度中，实施预审制的国家大多通过行政立法手段，在其新闻出版法中予以明文规定。在古代，罗马教会在几乎与印刷机发明的同时就开始禁止所谓改革的著作，与此同时，各国国王也均设立了检查制度，不允许危害国家利益的出版物出版发行。在许多国家最早的出版法中，一般均规定印刷与出版书报需事先得到政府批准并经过审查，如果违反，对当事者处以监禁、流放与徒刑。如英、法等国最早的印刷出版法令，以及被称为“铁法”的俄国的书报审查法。

英国是实行出版检查制度最严厉的国家。在16世纪，英国当局对出版业实行严格的检查制和特许制。由于异教图书屡禁不绝，17世纪，英国出版管理制度仍继续执行预审制。到18世纪以后，英国的出版管理制度才逐步有点变化，对出版的直接干预有所减少。但是，对某些出版物仍然实施检查制度。

法国政府在16世纪初期就制定了检查出版物的制度。17世纪中叶，法国政府开始对书籍和报刊实行严格的审查制度和出版特许制度。这个时期，为了实施对出版业的控制和管理，法国在中央政府专门设立了“书业总局”，对出版实行原稿审查制度，凡是它认为有颠覆之嫌的手稿，一律禁止出版。17世纪末法国因实行出版前检查制度，使巴黎的印刷所只剩36家①。1789年爆发的法国大革命，动摇了法国政府对出版业的控制和管理。《人权宣言》和1791年的宪法，为出版业的大发展提供了法律保护，使法国出版业获得了空前的繁荣和发展。拿破仑执政后（1799—1815），出版许可证制度是政府对出版业的控制手段，诸如原稿审查等，又被恢复。在拿破仑看来，“印刷厂是武器库，不能人人都使用。”②

西方其他一些国家也存在出版前检查制度。如1804年颁布的《俄国书报审查法》和1826年再次颁布的《俄国书报审查法》，也明确规定所有发表的文章必须事先送书报检查机构审查、通过后方可刊出。被马克思、恩格斯斥为对进步出版物进行扼杀的1841年颁布的普鲁士政府的书报检查法令，

① 陆本瑞．外国出版概观［M］．沈阳：辽宁教育出版社，1996：21.

② 魏玉山，杨贵山编著．西方六国出版管理研究［M］．北京：中国书籍出版社，1995：20-21.

更是事先检查的集大成者。这个法令不仅给予书报检查官任意扼杀不合当时政府口味的报刊的权力，而且还给予他们追究出版物倾向性的权力。在美国建国前夕，在英国殖民者统治下，禁锢言论自由，实行预审制新闻出版法。“二战”时，美国1942年颁布的美国报纸（适用于所有出版物）战时管理办法，规定了在战争时期美国新闻检查局有权对所有的邮件、出版物等进行审慎的检查，然后决定是否可以通过或刊出。

随着资本主义的发展，理性观念风靡欧洲，大多数西方国家的出版前检查制度逐渐衰微。1695年，英国议会决定终止许可证法，使出版前检查制度在英国首先废止。随后，该制度在整个欧洲逐渐崩溃。此后，西方各国都陆续废除了出版前检查制度。

我国最早见诸法律形式的出版检查始于晚清时期。1906年由清政府颁布的《大清印刷物专律》以及1908年颁布的《大清报律》是我国最早的新闻出版法，其中规定了“所有关涉一切印刷及新闻记载”，均须实行注册登记，并规定了“诽谤”条款及处罚办法。1910年清政府又对《大清报律》进行修订，明确规定实行保证金加事先检查制度。1914年，北洋军阀政府公布的出版法，要求“出版之文字图画，应予发行或散布前禀报该管警察署及内务部备案”。1937年，国民党政府颁布《修正出版法》，规定凡进行出版行为前，须填具登记申请书呈送地方官署，再于15日内转呈省政府或直属行政院的市政府核准；同时严禁刊载有损国民党之言论。这个修正法还规定了在特殊时期国民党政府有权禁止或限制出版物的出版发行，以及对出版物内容进行事先检查等。

马克思、恩格斯曾对资本主义制度下的出版检查制度作过精辟的分析，指出这种检查制度已成为令人难堪的监督，成为对社会舆论的真正压制，最终只能导致官吏专制。因此会受到社会的谴责。目前，这一制度逐渐被一些国家废止。但也有一些国家在其新闻出版法中明文规定实施事先检查制度。如波兰1981年颁布的《出版与演出监督法》，便规定要对新闻、出版、演出等活动进行事先检查。

（二）追惩制

追惩制，亦称事后检查，是事后惩治的出版管理制度。主要指政府对出版物事先不予检查，出版后如发现违法内容依法惩处。重大选题备案制度也是一种追惩制。美国、英国、德国、日本等国家均实行了追惩制。

许多国家的出版法中已明确规定公民享有出版自由，政府机构对出版行为、出版物内容不作检查。美国独立后，于1789年通过的著名的《美国宪法第一修正案》，规定国会不得废止言论与出版自由，或限制人民集会、请愿、诉愿之自由。但对引发危害公众秩序导致暴乱的言论、泄露国家机密的言论等不予保护，而且要追究其相应的责任。如《义务兵役法》（1917 年通过），对以言论、刊物诱导他人逃避兵役征召者，用某种刑法条款予以处置。《史密斯法》（1940 年通过）规定，编辑、出版、发表、散布、出售或公开展示任何鼓吹、劝导、教授以武力、暴力摧毁、推翻美国政府、州政府或任何政府部门者都要判重刑或罚重金①。

法国到 1870 年，法兰西第三共和国成立后，才逐步结束原稿审查制，实行追惩制。1881 年通过的《人权宣言》和《新闻出版法》分别规定，每一个公民享有言论、著作和出版自由。但在法律限制内，须担负滥用此项自由的责任。法国的《出版自由法》和其他相关法律明令禁载国防机密、司法机密、罪行材料、未成年犯、假消息、教唆犯罪、伤害风化等方面的内容，违者要追究责任。

英国的《淫秽出版物法》（1857 年颁布，1959 年修订）规定，无论是文章还是出版物，如果从整体来看体现腐化读者的趋势的均被认定是淫秽出版物。此类出版物的著译者、出版者和销售者都将受到该法的制裁。机关、团体、个人都可依据此法对有关出版物进行起诉。《官方机密法》规定，任何出版物不得泄露国家机密，损害国家利益。英国现在的出版管理制度主要是追惩制，并同时保留预审制中的某些措施。创办出版单位要经过登记，但不需要特许。出版书报刊不经事先检查，而是事后检查。但碰到特殊情况，在出版前仍进行行政干预②。

统一前的原联邦德国宪法中也规定对出版物禁止采取任何形式的审查，包括事先事后的审查。但德国的《传播危害青少年之文学作品法》规定，禁止下流或猥亵的出版物的出版和传播，并由政府、教育界、报界、宗教界等代表组成出版委员会来审定出版物是否与法律相抵触。1985 年，德国政府两次修订公布该法，新的法律规定③：凡危害儿童和青少年品德的书刊，

---

① 魏玉山，杨贵山编著．西方六国出版管理研究［M］．北京：中国书籍出版社，1995：35-36.

② 魏玉山，杨贵山编著．西方六国出版管理研究［M］．北京：中国书籍出版社，1995：3-4.

③ 魏玉山，杨贵山编著．西方六国出版管理研究［M］．北京：中国书籍出版社，1995：48-49.

要列出名单予以公布。凡是把这类书刊提供给未满 18 岁之人或使其取得者；在未满 18 岁之人可以进入或看到之场所陈列、张贴、展示或以其他方法使之了解者；在营业区范围之外零售或在书报亭出售者；在普通图书馆借书处提供、交付他人者；未经他人要求而提供者；为上述目的而印刷、贩运、储存或引进者，均构成犯罪，可以处一年以下监禁或课以罚金。

（三）我国对出版物内容的管理

我国对出版物内容的管理也实行追惩制，既通过颁布《出版管理条例》规定出版违禁出版物的责任，也通过制定《图书、期刊、音像制品、电子出版物重大选题备案办法》来加强对重大选题的管理。

我国对出版物内容的管理主要包括以下方面：（1）对涉及国家、政府安全、社会秩序稳定等内容的出版物；（2）对民族、宗教出版物；（3）对未成年人为对象的出版物；（4）淫秽、色情出版物；（5）法律、法规禁止的其他内容。

我国并没有实行作为预审制最主要特征的出版前的书报检查制。我国政府多次向全世界宣布我国不存在新闻检查制度。《出版管理条例》第 24 条规定："出版单位实行编辑责任制度，保障出版物刊载的内容符合本条例的规定。"这就是说，出版物内容的合法性主要是依靠出版单位内部的编辑责任制来保证的，这种编辑责任制，主要是"三审制"，通过三级编审程序，决定出版物内容的取舍增删，使出版物符合党和国家的要求和人民的需要。这种出版单位内部的工作制度同以国家的强制力为后盾的书报检查制完全是两回事。而且按照这条规定不难得出这样的理解：一切对法定的编辑责任制度的无理干预应视为非法。要是编辑失职，致使出版物刊载了非法内容，那么就要追究出版单位法人和责任人员的法律责任。这就是追惩制。

《出版管理条例》第 25、26、27 条对出版物的内容进行了详细的规定。其中第 25 条规定，出版物的内容必须符合法律的规定。任何出版物不得含有下列内容：（1）反对宪法确定的基本原则的；（2）危害国家统一、主权和领土完整的；（3）泄露国家秘密、危害国家安全或者损害国家荣誉和利益的；（4）煽动民族仇恨、民族歧视，破坏民族团结，或者侵害民族风俗、习惯的；（5）宣扬邪教、迷信的；（6）扰乱社会秩序，破坏社会稳定的；（7）宣扬淫秽、赌博、暴力或者教唆犯罪的；（8）侮辱或者诽谤他人，侵害他人合法权益的；（9）危害社会公德或者民族优秀文化传统的；（10）有法律、行政法规和国家规定禁止的其他内容的。

第26条规定，以未成年人为对象的出版物不得含有诱发未成年人模仿违反社会公德的行为和违法犯罪的行为的内容，不得含有恐怖、残酷等妨害未成年人身心健康的内容。第27条规定，出版物的内容不真实或者不公正，致使公民、法人或者其他组织的合法权益受到侵害的，其出版单位应当公开更正，消除影响，并依法承担其他民事责任。报纸、期刊发表的作品内容不真实或者不公正，致使公民、法人或者其他组织的合法权益受到侵害的，当事人有权要求有关出版单位更正或者答辩，有关出版单位应当在其近期出版的报纸、期刊上予以发表；拒绝发表的，当事人可以向人民法院提起诉讼。

如果出版、进口含有《出版管理条例》中禁止内容的出版物；明知或者应知出版物含有《出版管理条例》禁止内容而印刷或者复制、发行的；明知或者应知他人出版含有《出版管理条例》禁止内容的出版物而向其出售或者以其他形式转让本出版单位的名称、书号、刊号、版号、版面，或者出租本单位的名称、刊号的，触犯刑律的，依照刑法有关规定，依法追究刑事责任；尚不够刑事处罚的，由出版行政主管部门责令限期停业整顿，没收出版物、违法所得，违法经营额1万元以上的，并处违法经营额5倍以上10倍以下的罚款；违法经营额不足1万元的，可以处5万元以下的罚款；情节严重的，由原发证机关吊销许可证。

如果进口、印刷或者复制、发行国务院出版行政主管部门禁止进口的出版物的；印刷或者复制走私的境外出版物的；发行进口出版物未从《出版管理条例》规定的出版物进口经营单位进货的，由出版行政主管部门责令停止违法行为，没收出版物、违法所得，违法经营额1万元以上的，并处违法经营额5倍以上10倍以下的罚款；违法经营额不足1万元的，可以处5万元以下的罚款；情节严重的，责令限期停业整顿或者由原发证机关吊销许可证。

除《出版管理条例》之外，《刑法》《国家安全法》《保守国家秘密法》《治安管理条例》《民法通则》《未成年人保护法》《著作权法》《反不正当竞争法》《证券法》等法律法规中也有一些对出版物内容进行管理的规定。例如，依照《刑法》规定，在出版物内容上可能发生的犯罪有：煽动分裂国家罪、煽动颠覆国家政权罪、泄露国家秘密罪、制作传播淫秽物品罪、损害商业信誉罪、侮辱罪、诽谤罪等。

1997年10月10日，新闻出版署根据《出版管理条例》的规定，还颁布了《图书、期刊、音像制品、电子出版物重大选题备案办法》。该办法规定："凡列入备案范围内的重大选题，图书、音像制品、电子出版物出版单位在出版之前，必须报新闻出版署备案。未经备案的，不得出版发行。"

这些重大选题，涉及国家安全、社会安定等方面的内容，对国家的政治、经济、文化、军事等会产生较大影响的选题，具体包括：(1) 有关党和国家的重要文件、文献选题；(2) 有关党和国家曾任和现任主要领导人的著作、文章以及有关其生活和工作情况的选题；(3) 涉及党和国家秘密的选题；(4) 集中介绍政府机构设置和党政领导干部情况的选题；(5) 涉及民族问题和宗教问题的选题；(6) 涉及我国国防建设及我军各个历史时期的战役、战斗、工作、生活和重要人物的选题；(7) 涉及"文化大革命"的选题；(8) 涉及中共党史上的重大历史事件和重要历史人物的选题；(9) 涉及国民党上层人物和其他上层统战对象的选题；(10) 涉及前苏联、东欧以及其他兄弟党和国家重大事件与主要领导人的选题；(11) 涉及中国国界的各类地图选题；(12) 涉及香港、澳门特别行政区和台湾地区图书的选题；(13) 大型古籍白话今译的选题（指500万字以及500万字以上的项目）；(14) 引进版动画读物的选题；(15) 以单位名称、通信地址等为内容的各类"名录"的选题。上述所列重大选题的范围，新闻出版署将根据情况适时予以调整并另行公布。

出版单位违反规定，未经备案出版属于重大选题范围内的出版物的，由省级新闻出版局或新闻出版署责成其上级主管部门对出版单位的主要负责人员给予行政处分；停止出版、发行该出版物，并责令该出版单位按照规定办理申报备案手续；违反《出版管理条例》的，依照有关规定处罚。

二、对出版物形式的管理

出版物的形式是出版物内容的表现形式，包括出版物的规格、开本、版式、装帧、版本记录、条码等。我国《出版管理条例》规定，"出版物的规格、开本、版式、装帧、校对等必须符合国家标准和规范要求"；"出版物必须按照国家的有关规定载明作者、出版者、印刷者或者复制者、发行者的名称、地址，书号、刊号或者版号，在版编目数据，出版日期、刊期以及其他有关事项"；"任何单位和个人不得伪造、假冒出版单位名称或者报纸、期刊名称出版出版物"。

出版物的规格，包括纸张的规格和音像制品、电子出版物的各种规格。目前我国生产的全张纸，仍较多采用传统规格，其中最为常见的规格是787毫米×1 092毫米、850毫米×1 168毫米和890毫米×1 240毫米，也可见到

787 毫米×960 毫米、850 毫米×1 092 毫米等多种规格①。

音像制品包括录音带、录像带、唱片、激光唱盘、激光视盘等，音像制品和电子出版物都有各种不同的规格，如音像制品中，盒式录音带按录放时间标准可分为 C-30、C-60、C-90、C-120、C-160 五种；唱片根据声道标准，可以划分为单声道、双声道、四声道唱片；根据转速标准，可以划分为粗纹唱片（78 转/分）和密纹唱片$\left(45\text{ 转/分、}33\frac{1}{3}\text{转/分、}16\frac{2}{3}\text{转/分}\right)$；根据直径标准，可以划分为 17 厘米、25 厘米、30 厘米三种。为了简明地描述各种唱片类型，国际电工委员会建议采用“四位数符号表示法”对各类唱片特征进行描述。前两位数表示唱片的标准直径，后两位表示唱片的速度，如 1733、3033 等。声道也需加以注明，单声道用“▽”符号，立体声用“∞”符号。国产唱片规定用汉语拼音字母作为代号，并在封套、片芯和目录上明文标记，如表 7-1 所示②：

表 7-1　　**国产唱片分类及代号**

代　号	唱片名称	规格（厘米）
M	单声道密纹	25
ML	立体声密纹	25
XM	小型单声道密纹	17
XL	小型立体声密纹	17
DM	大型单声道密纹	30
DL	大型立体声密纹	30
BM	单声道薄膜	17
BL	立体声薄膜	17
DBM	大型单声道薄膜	25
DBL	大型立体声薄膜	25

盒式录像带有不同规格，分别与不同的录像机配套使用。常见规格有 VHS 型、Beta 型、8 毫米型等。电子出版物包括软磁盘（FD）、只读光盘

① 国家新闻出版广电总局出版专业资格考试办公室编．出版专业实务（初级）[M]．武汉：崇文书局，2015：175.

② 全国出版专业职业资格考试办公室编．出版专业理论与实务（初级）[M]．武汉：崇文书局，2003：11.

（CD-ROM）、交互式光盘（CD-I）、照片光盘（Photo-CD）、高密度只读光盘（DVD-ROM）、集成电路卡（IC-Card）等。①

出版物的开本、版式，是针对印刷出版物而言的。开本是指一本书幅面的大小，也是以整张纸裁开的张数作标准来表明书刊本子的大小。1965 年，国家标准局制定了《图书杂志开本及其幅面尺寸》，这个标准在我国出版行业使用了 20 多年，规定将图书杂志开本分为 A、B、C 三组，各组的纸张尺寸分别是 880 毫米×1 230 毫米、787 毫米×1 092 毫米、695 毫米×960 毫米，其中 B 组尺寸使用的最多、最普遍。为了促进对外贸易和国际交流，1987 年，国家标准局又颁布了一项与图书有关的新的国家标准，即《 GB/T 788-1987 图书杂志开本及其幅面尺寸》，新标准分为 A、B 两个系列，即保留了旧标准中符合国际标准的 A 系列，淘汰了旧标准中的 B、C 系列，另采用了国际标准 B 系列。② 1999 年，国家标准局再次修订标准，颁布了《图书和杂志开本及其幅面尺寸（GB/T 788-1999）》③，以代替 GB/T 788-1987 新标准尺寸如表 7-2 所示：

表 7-2　**图书和杂志开本及其幅面尺寸（GB/T 788-1999）**

系列	未裁切单张纸尺寸	已裁切成开本		
		开数	代号	公称尺寸（允差±1 毫米）
A	890×1 240M	16	A4	210×297
	890M×1 240	32	A5	148×210
	890×1 240M	64	A6	105×144
	900×1 280M	16	A4	210×297
	900M×1 280	32	A5	148×210
	900×1 280M	64	A6	105×144

① 全国出版专业职业资格考试办公室编．出版专业理论与实务（初级）［M］．武汉：崇文书局，2004：11-12.

② 吴平．图书学新论［M］．太原：山西经济出版社，1998：199-200.

③ 国家新闻出版广电总局出版专业资格考试办公室编．出版专业实务（初级）［M］．武汉：崇文书局，2015：177.

续表

系列	未裁切单张纸尺寸	已裁切成开本		
		开数	代号	公称尺寸（允差±1毫米）
B	1 000M×1 400	32	B5	169×239
	1 000×1 400M	64	B6	119×165
	1 000M×1 400	128	B7	82×115

注：①表中的A、B表示开本尺寸系列的代号。

②A和B代号后面的数字，表示将全张纸对折长边裁切的次数。如，A4表示将全张纸对折长边4次裁切为16开；A5表示将全张纸对折长边5次裁切为32开。

③表中未裁切单面纸后面的M，表示纸张的丝绺方向与该尺寸边平行。

出版物的版式，主要是指出版物的内文版式设计，包括版心及四周边口(天头、地脚、翻口、订口)、字体、字号、字间行距、分栏、标题、正文、文首、注释、书眉或中缝、页码的设计，序、前言、目录或图次、跋或后记、索引、参考书目、年表等的设计，图片、插图的版式编排与构成。书名页、环衬、赠献词、出版说明、内容提要、作者简介、题词的设计，也属于内文版式设计。①

出版物的装帧是对出版物内容的高度概括和提炼，是以一定的外观形式为出版物主题服务的一种方式。装帧设计包括技术设计和美术设计两大部分。其中技术设计又可分为整体设计（包括开本的大小、装订的形式、纸张材料的选择）和版面设计，美术设计又可分为封面的设计、插图的配置等内容。②

出版物的开本、版式、装帧等，一般是按规定必须有的，有固定的位置，但其表现形式可以丰富多彩，设计者可以充分发挥创造力，使各项设计与出版物内容协调，显示特色。

出版校对工作是出版工作全过程中的一项重要工作，对于保证出版物质量有着非常重要的意义。国家出版局1981年12月20日发布了《中华人民

① 全国出版专业职业资格考试办公室编．出版专业理论与实务（初级）［M］．武汉：崇文书局，2004：173-174.

② 吴平．图书学新论［M］．太原：山西经济出版社，1998：194-195.

共和国专业标准·校对符号及其用法》，并于1982年1月1日在全国试行。1993年11月16日，国家技术监督局正式颁布了《校对符号及其用法》国家标准（GB/T 14706-1993），这就为全国出版校对工作的标准化打下了良好的基础。为了保证出版物的质量，新闻出版署颁布的《图书质量保障体系》第11条规定，坚持责任校对制度和“三校一读”制度。专业校对是出版流程中不可缺少的环节，直接影响图书的质量。出版社应配备足够的具有专业技术职称的专职校对人员，负责专业校对工作。出版社每出一种书，都要指定一名具有专业技术职称的专职校对人员为责任校对，负责校样的文字技术整理工作，监督检查各校次的质量，并负责付印样的通读工作。一般图书的专业校对应不低于三个校次，重点图书、工具书等，应相应增加校次。终校必须由本社有中级以上专业技术职称的专职校对人员担任。聘用的社外校对人员，必须具有相应的专业技术职称和丰富的校对经验。对采用现代排版技术的图书，还要通读付印软片或软片样。

根据国家规定，所有正式出版物都应记录版本项目，这是对其形式进行的管理。版本记录，是一种出版物生命历程的档案材料。国家规定，版本记录必须包括的项目有：书名、书号、著作编译者；出版者、发行者、印刷者及其所在地址；出版者营业许可证号（登记号）；版次、印次、印数；出版年月、开本、印张、字数、定价；责任编辑、装帧设计者。除此之外，地图出版物还必须包括地图审图号。还有版本记录页，是提供图书的版权说明、图书在版编目数据和版本记录的，应该位于主书名页的背面，即双数页码面。

我国《图书质量保障体系》也对这个方面作了规定，其第13条规定，坚持图书书名页使用标准。图书书名页是图书正文之前载有完整书名信息的书页，包括主书名页和附书名页。

主书名页是载有本册图书书名、著作责任说明、版权说明、图书在版编目数据、版本记录等内容的书页，包括扉页和版本记录页。扉页位于主书名页的正面，即单数页码面，但不设页码，提供图书的书名、作者名和出版者信息。版本记录页位于主书名页的背面，即双数页码面，也不设页码，提供图书的版权说明、图书在版编目数据和版本记录。版权说明应置于版本记录页的上部位置，对本图书著作权的归属做出明示。图书在版编目数据又称“CIP数据”，是指根据国家标准《图书在版编目数据》（GB/T 12451-2001），在图书出版过程中编制并印制在图书上的书目数据。版本记录提供图书在版编目数据未包含的出版责任人记录、出版发行者说明、载体形态记录、印刷发行记录等项目。排印在版本记录页的下部位置。

附书名页是载有多卷书、丛书、翻译书、多语种书有关书名信息的书页，位于主书名页之前。附书名页主要列载多卷书的总书名、总卷数、主编或者主要作者名；丛书名、丛书主编名；翻译书的原作书名、作者名、出版者的原文，出版地、出版年及原版次，原版权说明，原作的ISBN；多语种书的第二语种及其他语种的书名、作者名、出版者名；会议录的会议名称、届次、日期、地点、组织者。附书名页的信息一般列载于双数页码面，与扉页相对。必要时，可以使用附书名页单数页码面，或增加附书名页。不设附书名页时，附书名页的书名信息需列载于扉页上。①

图书书名页是图书不可缺少的部分，具有重要信息价值。出版社出版的图书必须严格按照国家的有关标准执行。

三、非法出版物

非法出版物是指不符合国家法律、法规规定的出版物。在我国，非法出版物的非法性主要表现在程序和内容两方面。从程序上看，它是非出版单位未经出版行政部门批准印制的出版物；从内容上看，其出版内容存在着与新闻出版管理规定或其他法律、法规和规定相违背的部分。②

对于非法出版物的界定，最高人民法院，最高人民检察院《关于摘要转发（依法查处非法出版犯罪活动工作座谈会纪要）的通知》早有规定："凡不是国家批准的出版单位印制的在社会上公开发行的报纸、期刊、图书、录音带、录像带等，都属于非法出版物。"

这类非法出版物的形式主要有：（1）伪称根本不存在的出版单位印制的出版物；（2）盗用国家批准的出版单位的名义印制的出版物；（3）盗印、盗制合法出版物而在社会上公开发行销售的出版物；（4）在社会上公开发行的、不署名出版单位或署名非出版单位的出版物；（5）承印者以牟取非法利润为目的，擅自加印、加制的出版物；（6）被明令解散的出版单位的成员，擅自重印或以原编辑部名义出版的出版物；（7）其他非出版单位印制的供公开发行的出版物。

---

① 国家新闻出版广电总局出版专业资格考试办公室编．出版专业实务（初级）［M］．武汉：崇文书局，2015：192-197.

② 张志强主编．现代出版学［M］．苏州：苏州大学出版社，2003：170.

此外，根据中共中央办公厅、国务院办公厅《关于整顿、清理书报刊和音像市场严厉打击犯罪活动的通知》的规定，以“买卖书号、刊号，违反协作出版、代印代发规定从事出版投机活动”印制的出版物，亦属非法出版物。

非法出版单位未经新闻出版行政部门批准，编印、翻录供内部使用的图书、报刊、音像带（软件）等；内容淫秽、反动的出版物；其他违反出版规定的出版物等也属于非法出版物。

凡是非法出版物，一律由新闻出版署或省级新闻出版局认定，并通令取缔。

盗用中央级出版单位名义出版和印制的出版物，由新闻出版署认定并通令取缔；盗用地方出版单位名义出版和印制的出版物，由出版单位所在的省级新闻出版局认定并通令取缔；其他的非法出版物，一经发现，由当地省级新闻出版局认定并通令取缔。

出版单位或其他有关单位、个人，请求出版行政部门认定、取缔非法出版物时，应同时提交该出版物的样本。如果是盗用出版单位名义或盗印、盗制合法出版物的，还应一并提交非法的和合法的两种版本的样本，作为行政管理部门认定的依据。出版行政部门在下发取缔通知时，应尽可能具体列述非法出版物的特征及与其相应的合法出版物的区别，以便有关部门识别。

第二节　书号的管理

书号，即中国标准书号，是标识中国合法出版者所出版的每一种出版物及每一版本的国际通用的编号，是在图书的出版、发行等过程中为方便图书的管理、流通而设置的标识符号。由于它具有唯一性、国际通用性的特点，因而成为每一种具体图书的代号。

我国主要通过出版物编码系统和条码系统来对书号进行管理。

一、出版物编码系统

出版物中的编码系统包括中国标准书号、中国标准连续出版物号以及中国标准音像制品编码。

（一）中国标准书号

中国标准书号（China Standard Book Number，CSBN）第 1 版（GB/T

5795-1986）于1986年1月16日由国家标准局发布，1987年1月1日起在全国出版社实施，1988年1月1日起完全取代了从1956年开始使用的“全国统一书号”。从2002年8月1日起，按照国家质量监督检验检疫总局2002年1月4日批准的《中华人民共和国国家标准·中国标准书号》（GB/T 5795-2002）规定，采用国际标准书号（International Standard Book Number，ISBN）作为中国标准书号。2006年10月，根据国际标准化组织（ISO）对国际标准书号的修订（位数从10位改为13位），中华人民共和国国家质量监督检验检疫总局和中国国家标准化管理委员会颁布了再次修订后的国家标准《中国标准书号》（GB/T 5795-2006），规定从2007年1月1日起中国标准书号的编号位数也从10位改成13位。

中国标准书号由不同长度的5段共13位阿拉伯数字组成，段之间以短线隔开，前面冠以ISBN作为标志符，如“ISBN 978-7-5064-2595-7”。各段数字分别表示EAN. UCC前缀、组区号、出版者号、出版序号和校验码。

EAN. UCC前缀由3位数字组成，是国际物品编码协会分配的产品识别编码，由国际ISBN中心向国际EAN组织申请获得。中国的EAN. UCC前缀为978和979，目前使用978，何时使用979由国际ISBN中心决定。

组区号由国际ISBN中心分配，分别由2~7位数字组成。非连续型电子出版物使用专用的中国标准书号，其中的出版者号均为6位数。

出版序号由出版者按出版物的出版次序管理和编制，分别由1~6位数字组成，具体位数取决于出版者号的位数，即出版者号和出版序号连在一起须共为8位数字。

校验码用以检查中国标准书号编号的正确性，仅1位数字，采用模数10的加权算法对前12位数字计算后得出。①

《中国标准书号》的主要内容有以下几点。

第一，中国标准书号的构成：中国标准书号由标识符“ISBN”和13位数字组成。其中13位数字分为以下五部分：（1）EAN. UCC前缀；（2）组区号；（3）出版者号；（4）出版序号；（5）校验码。

书写或印刷中国标准书号时，标识符“ISBN”使用大写英文字母，其后留半个汉字空，数字的各部分应用半字线隔开。

① 国家新闻出版广电总局出版专业资格考试办公室编．出版专业基础（初级）[M]．武汉：崇文书局，2015：16.

如下所示：ISBN EAN. UCC 前缀—组区号—出版者号—出版序号—校验码

第二，中国标准书号的分配：中国 ISBN 管理机构按照分配规则，根据出版者的出版计划，分配出版者号。出版者应向中国 ISBN 管理机构提供分配中国标准书号的出版物的元数据。一个中国标准书号在任何情况下均不能改变、替换或重复使用。各出版者出版发行的每一出版物或其单行本均应使用不同的中国标准书号。内容相同而语种不同的出版物也应使用不同的中国标准书号。同一出版物的不同产品形式均应使用不同的中国标准书号。已经出版且单独制作、发行的电子出版物的不同格式均应使用不同的中国标准书号。出版物的任何部分有较大改动，形成新的版本时，应分配新的中国标准书号；出版物内容相同题名更改的，应分配新的中国标准书号；版本、形式或者出版者毫无变化的重新印刷或者复制的出版物，不分配新的中国标准书号。仅仅是定价改变或者诸如修正打印错误等细微变化的重新印刷或复制的出版物，也不分配新的中国标准书号。

第三，中国标准书号在出版物上的位置和显示方式：中国标准书号应永久性出现在出版物上。对于印刷形式出版物，中国标准书号应同时印刷在出版物的版本记录页和封底（或护封）。

（1）在版本记录页中，字号不小于 5 号。

（2）在封底（或护封）上，中国标准书号应以条码格式印刷在封底（或护封）的右下角，条码符号上方印 OCR-B 字体的中国标准书号。①

国际 ISBN 管理机构为中国分配的组区号为“7”，此组区号设置范围内的允许出版量见表 7-3。

表 7-3　**EAN · UCC 前缀 978 内组区号“7”的允许出版量**

EAN · UCC 前缀	组区号	允许出版量
978	7	100 000 000

组区号、出版者号和出版序号共 9 位数字，但三部分中的每一部分的位数均是可变的。在组区号不变的情况下，设置出版者号后，即可推导出所含

① 李晶晶，黄先蓉．新闻出版标准与新闻出版法规体系的协调发展研究（二）[J]．出版科学，2012（1）：48-52.

有的出版量，具体见表 7-4。

表 7-4　　　**出版者号的取值范围和出版量**

EAN · UCC 前缀-组区号	出版者号设置范围	每一出版者号含有的出版量
978-7	00~09	1 000 000
	100~499	100 000
	5 000~7 999	10 000
	80 000~89 999	1000
	900 000~989 999	100
	9 900 000~9 999 999	10

校验码的计算方法，以 ISBN 978-7-5064-2595-7 为例，其计算方法见表 7-5。

表 7-5　　　**13 位中国标准书号校验码计算方法示例**

序号	方法	EAN · UCC 前缀			组区号	出版者号				出版序号				校验码
1	取 ISBN 前 12 位数字	9	7	8	7	5	0	6	4	2	5	9	5	?
2	取各位数字所对应的加权值	1	3	1	3	1	3	1	3	1	3	1	3	—
3	将各位数字与其相对应的加权值依次相乘	9	21	8	21	5	0	6	12	2	15	9	15	—
4	将乘积相加，得出和数	123												
5	用和数除以模数 10，得出余数	123÷10=12 余 3												
6	模数 10 减余数，所得差即为校验码	10−3=7												

续表

序号	方法	EAN·UCC 前缀	组区号	出版者号	出版序号	校验码
7	将所得校验码放在构成中国标准书号的基本数字的末端	978-7-5064-2595-7				

我国有关部门对中国标准书号的使用有严格规定，一本书只能有一个书号（包括同一种书的不同装帧形式，同一种书的不同版别、不同开本，同一种书有不同的文字类别，都须使用不同的书号）；多卷本的丛书、套书（含上、中、下），若能分别定价分开销售的，则须使用不同的书号。①

（二）中国标准连续出版物号

中国标准连续出版物号（China Standard Serial Numbering，CSSN），是中国国家出版行政部门批准注册的出版者所出版的每一种连续出版物的代码标识。由国际标准连续出版物号和国内统一连续出版物号两部分组成。国际连续出版物号是指国际标准连续出版物号（International Standard Serial Numbering，ISSN），是连续出版物的代码标识。它由前缀 ISSN 和 8 位数字组成，由 ISSN 中心负责分配。国内统一连续出版物号（CN Serial Numberinl），是由国家出版行政部门负责分配给连续出版物的代号。它以 CN 为前缀，由 6 位数字以及分类号组成。CN 为中国的国名代码。其结构格式为：

ISSN XXXX-XXXX

CN XX-XXXX/YY

连续出版物（serial）是印有编号或年月标识，定期或不断更新并计划无限期地连续出版的出版物。国际标准连续出版物号由前缀 ISSN 和 8 位数字组成。ISSN 与 8 位数字之间空半个汉字空。8 位数字分为两段。每段 4 位数字，中间用半字线“-”隔开。8 位数字的最后一位是校验码。校验码的计算方法类似于中国标准书号中校验码的计算方法。即取 ISSN 的前 7 位数字为基数，依次取 8-2 为各位数的加权值对应各位相乘，乘积之和再除以模

① 全国出版专业职业资格考试办公室编．出版专业理论与实务（初级）［M］．武汉：崇文书局，2004：13-14.

数 11，再用模数减去其余数。国际标准连续出版物号不反映连续出版物的语种、国别或出版者。国内统一连续出版物号的结构为“CN 报刊登记号/分类号”，其中报刊登记号为定长的 6 位数字，由地区号（2 位数字）和序号（4 位数字）两部分组成，其间用半字线“-”隔开。地区号是按 GB/T 2260 规定的省、自治区、直辖市地区代号给出，序号由报刊登记所在的省、自治区、直辖市出版行政部门分配。序号范围一律从 0001～9999，其中 0001～0999 为报纸的序号，1000～5999 为印刷版连续出版物的序号，6000～8999 为网络连续出版物的序号，9000～9999 为有形的电子连续出版物（如光盘等）的序号。分类号用以说明连续出版物的主要学科范围，以便于对连续出版物的分类统计、订阅、陈列和检索。分类号置于国内统一连续出版物号 6 位数字之后，用一斜线“/”隔开。

中国标准连续出版物号应印在每期连续出版物显著的、固定的位置上。国际标准连续出版物号（ISSN）与国内统一连续出版物号（CN 号）可以分开印刷。当国际标准连续出版物号（ISSN）和国内统一连续出版物号（CN 号）一起印刷时，中国标准连续出版物号的印刷位置在出版物的封面右上角、版权页（块）或目次页和封四下方。国际标准连续出版物号（ISSN）独立印刷时，应印在封面的右上角、版权页（块）或目次页，也可与条码一起印刷。国内统一连续出版物号（CN 号）独立印刷时，应印在版权页（块）、目次页和封四下方。

（三）中国标准音像制品编码

中国标准音像制品编码是参照采用《国际标准音像制品编码》（International Standard Recording Code，ISRC）制定的，一个中国标准音像制品编码由国际标准音像制品编码（ISRC）和类别代码两部分组成，其中 ISRC 编码是中国标准音像制品编码的主体，可以独立使用。一个 ISRC 码分为 5 段，由 12 个字符组成，各段之间用一个连字符“-”分隔，编码前面应冠以大写字母“ISRC”。类别代码用以说明一个音像制品整体记录的载体类型和学科分类。ISRC 码与类别代码之间以斜线“/”分隔。其结构关系为：ISRC 国家码-出版者码-录制年码-记录码-记录项码/类别代码。其中，国家码是标志音像制品出版者所在国家的名称代码，这些代码是由《世界各国和地区名称代码》（GB/T2569-2000）规定的，它一般由 2 个字符组成。根据 GB 2569 中的二字符代码的规定，中国国家码以大写字母“CN”表示。中国的 ISRC 出版者码由 3 个字符的字母、数字组成，由中国的 ISRC 中心分配和管理，一个出版者码只允许分配给一个音像制品出版者，该出版者码不可以转让。录制年码是标志音像制品录制出版的年份代码，由录制出版年份的后 2 位数字组成。如 1996 年录制，录制年码则为 96。记录码是标志一个音像制品记录的整体代码，它可以决定一个音像制品出版者在一年之内最多可以出版的独立音像制品的数量。记录项码是标志一个音像制品记录中每一项独立节目的代码，根据这个代码可能对某一音像制品中的每一单独的节目进行识别。记录码和相应的记录项码的长度之和恒为 5 位数字。类别代码是对音像制品的载体类型和承载内容的识别代码，由载体代码和分类代码两部分组成。录音制品载体代码为“A”；录像制品载体代码为“V”。分类代码由 1~2 个字符组成，根据《中国图书馆图书分类法》确定。

中国标准音像制品编码（简称 ISRC，即“版号”）自 1993 年使用以来，对规范音像出版活动起到了较大作用。但随着音像载体的不断变化，特别是数字压缩技术和网络的发展，为了与国际接轨，2010 年 2 月我国修订实施了新版《中国标准录音制品编码》国家标准。新版 ISRC 编码仅在录音节目和音乐录像节目（如演唱会、MV、卡拉 OK 等）上使用，变制品登记为单曲登记，电影、电视剧等录像节目不再使用 ISRC 编码，只使用音像制品和电子出版物专用书号（ISBN）。在此办法施行前，按照《中国标准音像制品编码》（GB/T 133961996）国家标准已进入出版生产环节的，可继续进行该制品的生产和销售。自 2013 年 1 月 1 日起，上述制品尚未生产或售出的，不得继续生产、销售。所有再版、重新复制和新版的音像制品中涉及录音制品或音乐录像制品的，均须申领、携载新版 ISRC 编码。电子出版物（含以硬盘、优盘、存储卡等形态出版的移动存储类电子出版物）涉及音乐作品的，参照此办法执行。

为了进一步规范《中国标准录音制品编码》（GB/T 13396—2009）国家标准实施后对音像制品和电子出版物的管理，进一步完善音像电子出版物专用书号的管理方式，国家新闻出版广电总局于 2015 年组织修订了《音像电子出版物专用书号管理办法》，全国所有正式出版的音像制品或电子出版物，均应使用中国标准书号（以下简称 ISBN）作为出版物标识。音像制品使用音像制品专用书号，电子出版物使用电子出版物专用书号，其使用范围和分配原则，参照《中国标准书号》国家标准（GB/T 5795—2006）和《中国标准书号使用手册》规定执行。

二、出版物条码系统

出版物条码系统包括中国标准书号（ISBN 部分）条码、中国标准连续出版物号（ISSN 部分）条码、中国标准音像制品条码。为了规范出版物条码管理，保证出版物条码质量，加快出版物条码推广应用，促进社会主义市场经济发展，根据国家有关规定，2000 年 3 月 29 日新闻出版署发布《出版物条码管理办法》，要求凡在中国注册并获准使用 ISBN、ISSN、ISRC 号的出版单位，必须办理和使用出版物条码。

（一）中国标准书号条码

中国标准书号条码于 1991 年 5 月颁布，1992 年 1 月 1 日起在图书上使用条码。条码统一由新闻出版总署条码中心制作。1993 年新闻出版署发布《关于在出版物上全面推广使用条码的通知》，在全国出版物上全面推广使用条码技术。1996 年 3 月 12 日，新闻出版署发布《关于进一步在出版物上全面推广使用条码的通知》，要求“所有使用 ISBN 书号的出版物，包括再版书和重印书都必须使用条码。1996 年 6 月 1 日以后出版的图书，未使用条码的，不得上市销售。违反者一律按违反出版管理规定，给予没收所得利润、罚款的处罚。各级出版行政部门要严格管理、加强检查”。2001 年 4 月 9 日，我国国家质量技术监督局批准了新的国家标准《中国标准书号条码》（GB/T 12906-2001），对中国标准书号条码进行了规范，该标准于 2001 年 10 月 1 日开始施行。要求凡使用中国标准书号的出版物，都应该使用中国标准书号条码。2008 年 1 月 9 日，新闻出版总署条码中心正式发布《中国标准书号条码》（GB/T 12906-2008），在规范性引用文件中增加了 GB/T 12508 和 GB/T 18348；为更方便地使用标准，将 GB 12904 中第 5~9 章的有关技术内容放入标准正文；根据《中国标准书号》（GB/T 5795-2006）的要求，将条码印制位置做了适当调整，即将原来的《中国标准书号条码》（GBT 12906-2001）规定的优选位置为封底（或护封与之对应位置）的左下角改为优选位置为封底（或护封与之对应位置）的右下角。该标准于 2008 年 8 月 1 日正式实施。

新闻出版总署条码中心自 1994 年 6 月成立以来，组织协调管理全国出版行业条码推广应用工作，提供条码技术支持与服务，承担全国各出版单位出版物条码软片的制作发放等职责。2010 年 5 月，新闻出版总署根据我国文化事业大发展大繁荣以及新闻出版业改革创新、向新闻出版强国迈进的总体要求，调整了部分署直事业单位的机构和职能，恢复中国版本图书馆的建制，加挂新闻出版总署条码中心的牌子，更名为中国版本图书馆（新闻出版总署条码中心），首次将书号实名申领、条码制作、图书在版编目、馆藏样书编目和样书收藏管理等业务整合到中国版本图书馆，形成了一个从印前信息一直到样书管理的完整的工作链①。

中国标准书号条码的代码采用EAN. UCC代码结构，且有两种形式：其一，由13位数字（EAN-13）组成；其二，由主代码（EAN-13）+附加码组成，其结构如表7-6和表7-7。

EAN. UCC前缀码是国际物品编码协会（GS1）指定给国际标准书号（ISBN）系统专用的三位数字。其中，3位数字码中的第1位为前置码。数据码由X1- X9九位数字组成，它同前缀码和校验码一起构成与中国标准书号相同的由13位数字组成的中国标准书号条码的代码，见GB/T 5795。校验码C按GB/T 5795附录C规定的方法计算得出。附加码由S_1S_2两位数字组成，用于表示同一中国标准书号的出版物价格变化的次数信息。

表7-6　**代码结构1**

EAN-13		
前缀码	数据码	校验码
$Q_1Q_2Q_3$	X_1 X_2 X_3 X_4 X_5 X_6 X_7 X_8 X_9	C

表7-7　**代码结构2**

主代码（EAN-13）			附加码
前缀码	数据码	校验码	S_1S_2
$Q_1Q_2Q_3$	X_1 X_2 X_3 X_4 X_5 X_6 X_7 X_8 X_9	C	

按《中国标准书号条码》（GB/T 12906-2008）的规定条码符号上方以OCR－B字体印刷中国标准书号。图书上的条码印制优选位置为封底（或护封与之对应位置）的右下角。非纸封面的精装书的条码印刷在图书封二的左上角或图书的其他显著位置。条码符号条的方向与边线平行。音像出版

① 中国版本图书馆［EB/OL］. http：//www. capub. cn/bgjs/index. shtml.

物和电子出版物的条码印制在外包装背面的便于识读位置。

《图书质量保障体系》第 14 条规定，坚持中国标准书号和图书条码使用标准。中国标准书号是目前国际通用的一种科学合理的图书编码系统。条码技术是国际上通行的一种主要的信息标识技术与图书使用条码技术，有利于图书信息在销售中广泛、快捷地传播、使用。出版社必须严格按照国家标准和有关规定，正确使用中国标准书号和条码技术。

（二）中国标准连续出版物号（ISSN 部分）条码

中国标准连续出版物号（ISSN 部分）条码有主码和附加码两部分。主码由前缀码、数据码（ISSN 号）、年份码和校验码四部分构成。ISSN 号的权威管理机构——国际连续出版物数据系统（International Series Data System，ISDS）国际中心与国际物品编码协会签订协议，规定了国际标准连续出版物号系统专用的前缀码为 977；数据码由 7 位数组成，即不含校验码的中国标准连续出版物号 ISSN 部分；年份码用公历年份的最后两位数字表示；校验码是按 GB12904-1998 中规定的计算方法计算出来的。附加码为 2 位数字，表示连续出版物的系列号（即周或月份等序数）。条码的印刷位置为封面左下角或封底右下角。

（三）音像制品条码

为加强对音像出版的标准化管理，规范音像制品的经营活动，实施音像制品条码制度，2000 年 9 月 1 日，新闻出版署颁布了《音像制品条码实施细则》。

音像制品条码由 13 位数字组成，共分四段，第一段为出版物前缀（共 3 位），第二段为出版者前缀（共 6 位），第三段为出版物序号（共 3 位），第四段为校验码（共 1 位）。

音像出版单位的出版者前缀由新闻出版署分配，并向出版单位颁发《出版者前缀证书》。

出版物序号自实行条码之日起开始计算，不分年度，按出版单位的音像制品出版顺序依次累加。出版物序号使用完后，需重新申请出版者前缀。

音像制版单位申请版号时，须提交《音像制品条码（版号）使用目录》一式两份；申请出版者前缀时须填报《申请出版者前缀数据单》。

音像制品条码与中国标准音像制品编码（版号）是相互对应的，对于同一品种、不同载体的音像制品，将使用不同版号和条码，以保证条码的唯一性。

条码软片由新闻出版署条码中心统一制作，其他单位不得从事此项业务。条码软片制作费用按国家规定的标准，每个条码收取人民币 48 元。

各音像出版单位在接到新闻出版署分配的版号额度后，持批文和《音像制品条码申请单》到新闻出版署条码中心申办条码。新闻出版署条码中心收到条码申请单后，应在3个工作日内完成条码软片的制作。

条码须印制在彩封、封套背面的显著位置。条码软片的尺寸为38×13毫米。印制单位应当按规定印制条码，不得随意缩小。

音像制品条码自2001年1月1日起正式实施。自实施之日起，所有的音像制品均需使用音像制品条码。对不按规定使用条码者将按照《音像制品管理条例》《出版物条码管理办法》等有关规定进行处罚。

三、中国标准书号的管理

书号是图书走向市场的"通行证"，是政府宏观调控图书出版的重要杠杆。在我国，出版业是国家严格管理的行业，出版物合法与否的标志是有无国家有关管理部门授予的书号，而国家制定了明确的书号核定、核发政策对书号进行管理。

（一）书号管理的发展历程

新中国成立后，在图书出版管理标识上长期实施的"国内统一书号"办法和1987年过渡、1988年起全面实施的"中国标准书号"办法，均明确规定经国家批准设立的出版单位根据出书类别、数量自行排列编定书号，直到1993年。这期间，随着我国市场经济的不断发展，控制、管理严格的出版活动除受市场影响外，还受到不正常的市场运作的冲击，如协作出版政策被利用，并被演化为"买卖书号"或直接进行"买卖书号"的交易等，导致图书数量剧增，内容出现问题等，因此，为了抑制当时图书总体数量的盲目增长，减少低水平的重复出版，压缩低质量平庸图书品种，以期实现出版工作从规模数量增长向优质高效的阶段性转移，从1994年开始，我国实行书号总量的宏观调控政策。

1997年实施的《图书质量保障体系》第31条规定，坚持书号使用总量宏观调控制度。合理控制书号使用总量，有利于优化选题，调整结构，提高质量，保证重点图书、学术著作的出版，也有利于出版资源的合理配置。各省、自治区、直辖市新闻出版局、出版社主管部门和出版社必须严格执行新闻出版署制定的有关对书号使用总量进行宏观调控的规定。

1998年12月2日，新闻出版署颁发《关于加强书号总量宏观调控的通知》，强调要进一步增强书号总量宏观调控能力。

中国ISBN中心按照《中华人民共和国国家标准·中国标准书号》

（GB/T 5795-2002）关于“中国出版者号的设置”的规定，对每一个出版者分配一个与其出版量相适应的出版者号。出版者应为出版的每一种图书分配一个书名号，书名号必须顺序使用，不得将一个书名号分配给两种或两种以上的图书。一个出版者号下的书名号用完时，可再向中国 ISBN 中心申请一个新的出版者号。

《中国标准书号》（GB/T 5795-2006）规定，中国 ISBN 管理机构按照分配规则，根据出版者的出版计划，分配出版者号。出版者应向中国 ISBN 管理机构提供分配中国标准书号的出版物的元数据。一个中国标准书号在任何情况下均不能改变、替换或重复使用。

（二）国家对“买卖书号”现象的管理

1. “买卖书号”现象的产生及表现

书号的产生和在图书出版中的应用，说明书号是为了图书出版、统计、销售等方面业务工作的需要，是一个规范化、标准化的识别标志①。由于我国规定只有经国家出版行政部门正式批准的出版单位才允许从事出版活动，才有资格领取书号，因此，书号成为国家赋予出版单位的特许权利，成为出版物的“准生证”。而不具有合法出版资格的集体或个人，是不能领取书号的。

所谓“买卖书号”，是一些出版社在协作出版政策的执行过程中，以管理费、书号费、刊号费、版号费或其他名义收取费用，出让国家出版行政部门赋予的权力，给不具备合法出版资格的单位或个人提供书号、刊号、版号和办理有关手续，放弃编辑、校对、印刷、复制、发行等任何一个环节的职责，使一些不法分子得以牟利的现象。书号本身并不是商品，不能像出版物一样进行交易。但由于我国出版物在从计划经济体制向市场经济体制转化过程中的特殊性，以及出版资源的稀缺性与市场需求日益扩张之间的缺口，使书号成为一些人牟取非法利益的工具。一些出版单位放弃职责，出卖书号，使一批平庸的、粗制滥造的读物得以出版，损害了读者的利益，导致图书出版总量失衡，败坏了社会主义出版事业的形象。尤其是少数不法分子利用买到的书号，出版有严重政治错误、泄露国家机密、损害民族团结、违反外交政策、宣扬封建迷信以及色情淫秽内容的图书，造成了很坏的社会影响，损害了社会主义精神文明的建设。一些单位或个人利用书号，无照经营，偷税、漏税，牟取暴利，损害了国家的利益。“买卖书号”的行为，违反了国

① 张志强主编．非法出版活动研究［M］．贵阳：贵州人民出版社，1998：140.

家关于出版管理的规定，背离了社会主义市场经济的发展要求和出版事业发展的规律，造成许多严重后果。一方面“买卖书号”使非法出版活动披上了“合法化”的外衣，加大了国家打击非法出版活动的难度；另一方面，“买卖书号”还严重腐蚀了出版队伍，一些出版单位和个人，为捞取经济上的好处，贪污受贿，以权谋私，甚至与不法书商内外勾结，走上犯罪的道路。这是拜金主义和腐败现象在出版工作中的重要表现，是出版行业中突出的不正之风。

“买卖书号”的典型表现可分为“体内循环”和“体外循环”。“体内循环”的做法是：在编辑环节，一般由“协作”方进行先期编辑，出版单位进行“终审”；在出版印制环节，与“协作”方商定书的定价、印数后，由出版社安排印制（协作方也可推荐印刷厂，出版社审核其资格并与其签订印制协议），监督印制质量，结算印刷费用；在发行环节，出版单位多为图书的总发行，协作方“包销”若干册；费用，包括“编审费”和相应的印制费用，“协作”方多于印刷前打入出版单位账户；作者稿酬由协作方直接支付或打入出版单位账户转付；出版单位销售的部分图书，多按35%左右结算。图书出版后的软片由出版社保存，遇有“协作”方重印，另付一定的租型费；出版社重印的，向协作方支付一定的费用。

“体外循环”的做法是：出版单位只收编审费和象征性地签发付印单（或将付印单交协作方自行签发），其他尽由协作方操作。或者编辑个人收取编审费，其他尽由协作方操作。这是典型的“买卖书号”，现在已较少见。伴随着国家有关法规的严厉禁止和各级相关管理部门的查处，书号直接买卖的程度有所减弱，但手法有所变化，书号买卖的变相程度提高。特别是各种名义的“出版工作室”的出现，使一些不规范的出版活动以某种合法身份掩盖而半公开，也使管理难度加大。

2. “买卖书号”的发展过程

国家为解决学术著作出版难而出台的协作出版政策出现于20世纪80年代，也称为委托出版或合作出书。1983年年底、1984年年初，湖北省、辽宁省的一些非出版单位（主要是科研单位）与出版社合作，将一些学术成果采取由科研单位支付出版费用，同时承担编辑、印刷、发行等任务，由出版社终审、终校并采用出版社书号出版的方式解决学术著作出版难的问题。这一方式在1984年6月原文化部出版局召开的哈尔滨全国地方出版工作会议上得到大多数人的赞同。

但这一方式一出现就与买卖书号搅在一起，其间整顿、恢复、再整顿，

“剪不断，理还乱”，一直延续到20世纪90年代。

1985年1月1日，文化部发出《关于在协作出版中需要注意的问题的通知》。文件肯定了“协作出版”这一方式，认为它“能补出版社编辑、印刷、发行力量之不足，从而能增加出书、缩短周期”，“不失为对出版社的一种有益补充”。“但个别出版社在进行协作出版时，只注意经济利益放弃了出版社应负的责任，出现了‘卖书号’‘卖牌子’的现象，致使有些协作出版的书质量低劣，引起社会的批评。”为使协作出版健康发展，文件对“协作出版”提出了具体要求，要求协作出版应坚持四项基本原则，坚持出版方针；协作出版的选题应列入出版社年度出书计划（须注明为协作出版项目），报上级主管部门审批后，送文化部出版局备查；出版社应对书稿内容和质量负责；图书的定价和稿酬，由出版社按国家现行的有关规定制定和核发；出版社与协作单位应签订合同，明确规定各自的责任；严格禁止出版社“卖书号”“卖牌子”等。

该文件对协作出版过程中应注意的事项作了规定，但对协作出版的单位和书稿内容范围没有界定。因此，在这一文件实施4个多月后，文化部在5月2日又发出了《关于开展协作出版业务的补充通知》。补充通知将协作出版作为一项改革措施提出来，认为“协作出版是出版改革中出现的新事物，对补充当前出版力量的不足，繁荣图书出版有积极作用”。因此，补充通知为协作出版规定了范围，即“协作出版应着力安排出版社力量不足的各类学术著作，以及社会急需的推广科研成果的读物，有利于发展生产的新科学技术的普及读物。此外，还可适当安排一些专业面窄、印量较少，但在教学、科研上确有需要的品种。超出以上范围的品种，不要安排协作出版”。还对“卖书号”的行为作了界定：“出版社不认真负责进行终审，让供稿单位以出版社书号出书，出版社借此收钱，是‘卖书号’的错误行为。”

协作出版的本意是为解决学术著作出版难等问题，为出版业增加活力。但在具体操作中，一些出版社对协作出版的图书在选题和内容上没有按照规定严格把关，致使图书质量降低，粗制滥造现象时有发生，引起社会批评。特别是有些出版社在协作出书中，突破本社专业分工，大量出版超出协作出版范围的图书，造成管理上的混乱。因此，国家出版局于1986年6月5日发出了《关于整顿协作出版工作的通知》，要求“各出版社一律暂停对协作出版业务的安排，进行检查和总结”。

整顿之后，为了适应改革的需要，1988年5月10日，中共中央宣传部、新闻出版署在《关于当前出版社改革的若干意见》中指出：“协作出版是出版改革中出现的一种新做法。根据前几年试行中的经验教训，协作出版图书的范围，目前应限于学术著作、自然科学和工程技术方面的著作；协作的对象目前应限于国家科研、教学单位、机关和国营企事业单位，不能是集体和个人；协作出版的书稿要经过出版社终审终校；协作双方应事先签订合同。严禁出版社借协作出版之名出卖书号。”同时还提到了自费出版问题，认为“自费出版有利于解决学术著作出版难的问题，有条件的省、自治区、直辖市可以指定一家出版社统筹安排自费出版业务。有条件的中央一级出版社经新闻出版署审核同意后可办理自费出版业务。自费出版的图书目前限于学术著作、自然科学和工程技术方面的著作；自费出版者可以是单位，也可以是个人；自费出版著作的编、印、发全过程统一由出版社负责……”

但是，一些出版社违反出版管理规定，以协作出版或代印、代发的名义卖书号，致使一批格调不高、质量低劣甚至内容淫秽的图书经过协作出版或代印、代发进入了图书市场；一些出版单位超越规定的范围搞协作出版，造成出版管理的混乱。于是，新闻出版署于 1989 年 1 月 17 日发出了《关于协作出版和代印、代发的补充规定》，再次对协作出版图书的范围、协作对象作了强调，同时指出：“出版社以协作出版名义卖书号的将给予处罚。凡超出规定范围搞协作出版或虽属协作出版范围，但出版社未认真负责地终审终校就把书号给协作单位的，均为卖书号行为。凡查实确属卖书号的，对出版社处以没收非法收入、罚款的处罚，情节严重的，可以停业整顿，撤销社号。”

经过对出版社的压缩、整顿和重新注册登记，1991 年 4 月 8 日新闻出版署发布了《关于缩小协作出版范围的规定》，指出：“经过整顿，协作出版违反规定的情况有所好转，但仍存在问题，主要是协作出版范围过大，一些门类的图书进行协作出版，继续造成图书品种增长过快，图书质量下降，同时还有变相卖书号现象的发生。这同调整结构、优化选题、压缩品种、提高质量的要求是相抵触的。考虑到客观情况的变化，为了有利于压缩品种、提高质量，杜绝卖书号的行为，决定缩小协作出版的范围，并对审稿、发行等作出新的规定。”新规定将协作出版的范围限定于自然科学和工程技术类的图书，以及省级地方志办公室、省级党史资料办公室组织编纂和审定的地方志、党史资料；同时要求出版社执行三审制，对违反规定的“协作出版”以“非法出版活动”从严查处。但仍有部分出版社置若罔闻，继续出卖或变相出卖书号，导致图书质量下降，平庸书、粗制滥造图书泛滥，有严重政治错误、泄露国家机密、损害民族团结、违反外交政策、宣扬迷信以及有淫秽内容的图书不断出现。1993 年 6 月，12 位政协委员联名提出议案，建议严禁“买卖书号”。

3. 买卖书号行为的查禁

为了继续深化出版改革，加快建立适应社会主义市场经济发展要求、符合社会主义物质文明和精神文明建设需要的出版管理体制和运行机制，进一步繁荣出版事业，1993 年 10 月 26 日，中共中央宣传部、新闻出版署联合发出了《关于禁止“买卖书号”的通知》，开始全面禁止买卖书号。1993 年 11 月 26 日，新闻出版署又发布了《关于贯彻执行中宣部、新闻出版署〈关于禁止“买卖书号”的通知〉的办法》，对清理、检查的范围、办法、原则作了明确的规定，通知规定“暂停新的协作出版业务”。此后，新闻出版署在一系列文件中，都涉及禁止“买卖书号”问题。

为了进一步加强出版管理，树立行业新风，繁荣出版事业，根据国务院颁布的《出版管理条例》和中宣部、新闻出版署的有关规定，1997 年 1 月 29 日新闻出版署发布《关于严格禁止买卖书号、刊号、版号等问题的若干规定》，采取坚决有力的措施，禁止各种形式买卖书号的行为。具体规定如下：

（1）严禁出版单位买卖书号、刊号、版号。凡是以管理费、书号费、刊号费、版号费或其他名义收取费用，出让国家出版行政部门赋予的权力，给外单位或个人提供书号、刊号、版号和办理有关手续，放弃编辑、校对、印刷、复制、发行等任何一个环节的职责，使其以出版单位的名义牟利，均按买卖书号、刊号、版号查处。

（2）严禁任何单位和个人以任何名义直接或间接地购买书号、刊号、版号，并参与出版、印刷、复制、发行等活动。凡购买书号、刊号、版号从事的出版活动均属非法出版活动，坚决予以取缔。

（3）出版工作者在组稿和编辑过程中，不得以任何名义，向供稿单位或个人索取和收受各种费用（如审稿费、编辑费、校对费等），不得索取和收受礼品、礼金或有价证券等。

（4）出版工作者不得在出版、印刷、复制、发行等经营活动中索取和收受回扣或提成。

（5）严禁出版工作者参与各种非法出版活动。出版工作者不得为不法书商提供证明材料和办理有关手续，以掩盖买卖书号、刊号、版号的非法行为。

（6）出版工作者不得利用职务之便在他人作品上署名，以谋取个人名利；不得利用职务之便以他人名义支取稿费、编审费、校对费等费用。

(7) 出版单位要严格财务管理，严格审计制度，不得在出版、印刷、复制和发行活动中以任何名义搞任何形式的“体外循环”或虚假的“体内循环”。

(8) 出版单位必须建立、健全严格的书号、刊号、版号的管理制度，指定专人负责书号、刊号、版号的管理。不得将书号、刊号、版号和经济创收指标等承包到编辑部或个人，不得在异地设立编辑机构。

(9) 出版单位或个人不得以出版个人或企事业单位名录或约稿收费等名义，向供稿单位或个人以任何名义索取任何费用。

(10) 出版单位印刷、复制出版物必须到有印刷许可证、复制许可证的印刷厂、复制厂印刷或复制；出版单位不得向没有一级批发权的任何发行单位转让或变相转让总发行权，也不得向非发行单位批发出版物。出版单位的一切印刷业务、复制业务和发行业务，必须严格遵守新闻出版署关于实行印刷委托书、复制委托书、书刊发行委托书的有关规定。

(11) 出版单位的年度出版计划及涉及国家安全、社会安定等方面重大选题，应严格按国家出版行政部门的具体规定，办理备案等手续。出版单位对书稿的初审、复审和终审工作要切实到位、严格把关，对编、排、校、印等环节进行全程监督。

(12) 对违反上述规定的单位和个人，由国家出版行政部门，根据国务院颁布的《出版管理条例》和其他有关规定，视其情节轻重，给予行政处罚，触犯法律的，移交司法机关处理。

1997 年，国务院颁布《出版管理条例》，以行政法规的方式禁止买卖书号，明确提出对违犯者依法追究法律责任。随着出版业的不断发展，《出版管理条例》于 2001 年、2011 年经过两次修订，得到不断完善。

《出版管理条例》第 21 条明确规定：“出版单位不得向任何单位或者个人出售或者以其他形式转让本单位的名称、书号、刊号或者版号、版面，并不得出租本单位的名称、刊号。”

《出版管理条例》第 62 条规定，明知或者应知他人出版含有本条例禁止内容的出版物而向其出售，或者以其他形式转让本出版单位的名称、书号、刊号、版号、版面，或者出租本单位的名称、刊号的，依照刑法有关规定，依法追究刑事责任；尚不够刑事处罚的，由出版行政部门责令限期停业整顿，没收出版物和违法所得，违法经营额 1 万元以上的，并处违法经营额 5 倍以上 10 倍以下的罚款；违法经营额不足 1 万元的，可以处 5 万元以下的罚款；情节严重的，由原发证机关吊销许可证。

《出版管理条例》第66条规定，出版单位出售或者以其他形式转让本出版单位的名称、书号、刊号、版号、版面，或者出租本单位的名称、刊号的，由出版行政部门责令停止违法行为，给予警告，没收违法经营的出版物和违法所得，违法经营额1万元以上的，并处违法经营额5倍以上10倍以下的罚款；违法经营额不足1万元的，可以处5万元以下的罚款；情节严重的，责令限期停业整顿或者由原发证机关吊销许可证。

（三）禁止中国标准书号“一号多用”

在书号使用过程中，有少数出版社不按照中国标准书号使用的有关规定使用书号，出现了一个书号多次使用，即“一号多用”的问题。特别是1994年下半年新闻出版署对各出版社的书号总量进行核定后，有些出版社为了多出书，“一号多用”问题更加突出。

“一号多用”主要表现为：多卷本的丛套书（含上、中、下册）在每卷册分别定价销售的情况下，全套书使用一个书号；内容相同但装帧形式不同、开本不同、版本不同和文种不同的图书使用一个书号；以出版图书的名义，用书号变相出版期刊等。

“一号多用”不仅违反了书号使用的规定，而且还给图书的出版管理、销售和馆藏造成了混乱，干扰了图书出版管理工作。1994年1月，新闻出版署为了加强图书出版的管理，规范书号使用秩序，颁布《关于禁止中国标准书号“一号多用”的规定》；2001年6月13日，新闻出版总署再一次发出《关于重申禁止中国标准书号“一号多用”规定的通知》，进一步对“一号多用”的问题作了规定。

1. 重申并补充了中国标准书号使用的规定

（1）每一种不同形式的图书应分别使用一个ISBN编号。

（2）同一种图书的不同装帧形式（精装、平装）、同一种图书的不同版本（修订版、年度版）、相同内容的不同开本图书、相同内容的不同文字版图书均应单独使用书号。

（3）多卷本的丛套书（含上、中、下册）在每卷册分别定价销售的情况下，各分卷册应单独使用书号；若丛套书的分卷册不分别定价销售，全套书只有一个总定价，可使用一个书号。

（4）重印或再版没有ISBN编号的库存图书，必须补编ISBN编号。

（5）各出版单位不得以任何形式，用书号变相出版期刊；凡属刊物，必须按规定申报，经过批准才能出版。

2. 继续“一号多用”的处罚规定

在《关于重申禁止中国标准书号“一号多用”规定的通知》下发之后继续“一号多用”的，一律按违反出版管理规定，给予没收所得利润、罚款、视情节轻重核减出版社年度书号总量的处罚。各出版社的上级主管部门应加强对出版社书号使用的管理，要按上述规定对所辖出版社书号的使用进行认真检查，如有“一号多用”的图书应立即采取措施补编新的ISBN编号，并将情况上报新闻出版总署图书管理司。对违反出版管理规定的出版单位，将视具体情况作出处罚：

(1) 对违反规定“一号多用”出书的出版单位，除核减其“一号多用”的书号量外，还要加罚一倍。例如，用1个书号出版了6种图书，除正常使用的1个书号外，要扣除5个书号并加罚扣除量的一倍（即5×2= 10个书号）。

(2) 对违反规定以书号出刊（即以书代刊）的出版单位，凡每出一个品种，即扣除该出版单位全年书号总量的10%，依此累积计算。

(3) 对违反规定的出版单位，新闻出版总署图书出版管理司还要对其发出违规通知单。对“一号多用”量特别严重者，将给予停发书号的处罚。

2003年10月23日，在新闻出版总署条码中心在北京召开的全国出版物条码管理工作会议上公布的对图书书号、条码使用情况进行市场抽查的结果来看，有几个方面问题较为突出：一是一号多用，占抽查总册数6%的图书存在此问题。据各大书店反映，由于多种图书使用同一书号，造成书号不能作为图书的唯一标识代码进入书店的计算机销售管理系统，书店不得不再花大量人力、财力给这类图书贴店内码。北京图书大厦年均经营15万种图书及音像制品，其中30%的图书需重新贴店内码，既增加了图书销售的流动成本，又为管理带来不便。二是出版单位自制条码占抽查总册数的10%。三是条码印制不规范，主要是任意缩放条码比例、条码印制位置及色彩不符合标准，书店计算机销售系统难以识别。这类图书占抽查总册数的6.4%。四是用音像及电子出版物号段出版图书。①

可见，新闻出版总署条码中心必须进一步做好书号发放、条码软片的制作工作，加大监管力度，解决图书一号多用和出版单位自制条码的问题。

① 金霞. 新闻出版总署：一号多用和自制条码叫停［N］. 中国图书商报，2003-11-10.

(四) 书号总量宏观调控的原则和办法

从1994年开始，我国实行书号总量的宏观调控政策，由出版行政部门收权直接发放书号。1998年12月2日，新闻出版署颁发《关于加强书号总量宏观调控的通知》，强调要进一步优化出书结构，提高图书整体质量，压缩低质平庸图书品种，增强书号总量宏观调控能力，并从三个方面对书号总量宏观控制进行了规定。

1. 书号总量核定、核发的原则和办法

全国各出版社新出图书的书号总量按年度核定。新闻出版署依据新闻出版业总体发展目标和出版社每年报送的有关材料，在综合研究当年选题计划、上年度出书结构、出书质量及图书供求总量的基础上，于每年1~3月核定全年书号总量。书号总量分上、下半年两次发至省级新闻出版局和中央、国务院各部委出版社主管部门以及总政治部宣传部，上半年核发的时间为1~2月，下半年为7~8月。

各出版社申请核发书号须报如下材料：（1）在职在岗有发稿权的图书编辑名单，包括姓名、职称、职务、所在部门。（2）上年度书号使用目录，包括书号、书名、出版时间、发稿时间。书号按顺序排列，不得空缺；未使用的书号，书名空缺的，须在第二年所报书目中补齐；已使用的书号，必须注明出版时间或发稿时间。（3）上年度样书缴送清单，包括书号、书名、初版时间、重印时间。书号按顺序排列，并注明初版时间和重印时间。（4）年度出版选题计划，按照报送出版选题计划通知执行。（5）上年度图书出版情况统计报表。

上述材料经出版社主管单位审核并汇总后，于当年1月30日前报送新闻出版署图书出版管理司。地方出版社报送材料须经省级新闻出版局审核，中央、国务院各部委出版社须经其主管部门审核，军队出版社须经总政治部宣传部审核。

材料报送不符合要求、不齐全者，不予核发书号。对逾期报送材料者，书号核发将延至下半年7~8月办理，并以收齐材料时间为准，逐月递减书号核发量。

各出版社新出图书书号总量仍按每位有发稿权的图书编辑年度5个书号量核定。各出版社编辑人数经新闻出版署审定后，再结合上年度书号使用目录、样书缴送情况的审核，核定其书号总量。校对、技术编辑、美术编辑（有美术、少儿出书范围的出版社除外）、实习编辑及非图书编辑人员不作为核发书号人员计算。各出版社书号总量基数要保持相对稳定，要严格控制品种总量的增长，着力优化选题，提高质量，增进效益。新成立未满两年的出版社，每年书号总量不超过50个。

2. 国家书号总量调控原则和办法

(1) 被评为优秀、良好的出版社在核定的书号总量使用完后可适当追加，良好出版社追加量不超过本社书号总量的10%；优秀出版社的追加数量不超过本社书号总量的20%。

(2) 出版社在书号使用上，应首先保证国家重点图书、国家统编教材、科技专著、少数民族文字图书、外文版图书的出版。在出书结构合理的情况下，书号使用完后，可少量追加，追加数量一般不超过本社书号总量的10%。

(3) 凡是在上年度受到停业整顿处分的出版社，核减其书号总量的10%~20%。正在停业整顿的出版社，书号核发暂停，在结束停业整顿工作后，不再补发停业整顿期间的书号数量。

(4) 对于存在超出批准书号使用总量出书、虚报编辑人数多领书号、将申请追加的书号移作他用（未用于所申请项目）、超专业分工出书、“买卖书号”“一号多用”及其他违规问题的出版社，将视情节轻重给予批评、缓发书号、扣减书号直至停发书号。扣减书号量为“买卖书号”“一号多用”量的2~5倍。

(5) 对于存在出书结构明显不合理，超范围出书，图书质量合格率较低及其他出书问题的出版社，将视情况压缩其书号总量的10%~15%。

(6) 各省、自治区、直辖市新闻出版局和中央、国务院部委出版社的主管部门以及总政治部宣传部，可以根据上述原则，在不突破本地区、本部门书号总量的情况下，制定对所属各出版社书号使用的调控原则和办法。可掌握一定比例的书号调剂量，以保证重点图书的出版。

3. 书号核发程序和管理办法

(1) 书号总量核定后，新闻出版署将书号使用总量交给各省、自治区、直辖市新闻出版局和中央、国务院各部委出版社的主管部门以及总政治部宣传部管理并分配。

(2) 各出版社持省级新闻出版局或中央、国务院各部委出版社主管部门、总政治部宣传部出具的含有书号分配数量、书号起止号的证明信，经新闻出版署图书出版管理司核准后，到中国ISBN中心领取书号的顺序号、校验位，到条码中心制作条码。

(3) 各省、自治区、直辖市新闻出版局和中央、国务院各部委出版社的主管部门以及总政治部宣传部每年应对所属、所辖出版社的书号使用情况进行一次检查。新闻出版署也将定期进行抽查。

书号的宏观调控政策自1994年起实施近10年来，取得了一定成效，但同时对不少成长速度快、图书品种多、书号需求量大的出版社形成了限制，某种程度上限制了出版业的发展。根据这一现实情况，国家新闻出版总署将从2003年起对书号的宏观调控政策加以改进。①

作为新的年度书号核发办法，其改进的具体方法主要包括以下7个方面的内容②：①2003年书号实行总量调控，略有增长，奖优罚劣。②改变以往上年度书号余量全部冲减下年度书号核发量的规定，即出版社余量不完全冲减下年度书号核发量，其余量可适量留存到第二年继续使用。③将以往每年分上、下半年两次核发书号改为每年第一季度一次性核发全年书号。④对地方出版社，以省局为单位，将全省书号总量一次性核发给省局，在总署的指导下，由省局根据实际情况对各社进行适度调控。省局在调控时应按照调整出书结构，优化选题的原则，对国家重点图书、各类优秀图书以及新教材、科技、少儿、民族文字等图书给予倾斜；并着力压缩重复出版和平庸的选题；对受到行政处罚或存在其他违规行为的出版社必须核减书号。⑤每年9月、10月份办理追加书号事宜，对于确实出好书、有好稿的出版社将给予支持，按照出书情况适度增加书号。加强出书后的检查，若申报增加项目与实际出书不符，将核减相应数量的书号，并取消增加书号资格。⑥根据有关规定，对于本年度停业整顿的出版社，将在下一年度核减停业整顿期间的书号量；对于本年度受到内部整顿处罚的出版社，将在下一年度酌情核减书号量，并取消这两类出版社当年追加书号的资格；对于存在“一号多用”违规行为的出版社，将根据有关文件的规定扣减书号；对经查实，图书编校质量不合格的图书，将按不合格图书数量的3~5倍核减书号。对于无能力出书的出版社，不发书号，终止其出版活动。⑦出版社需报送的材料为：在职在岗有发稿权的图书编辑人员名单；年度选题计划；上年度书号使用目录；缴送样书清单；出版统计年报；主管部门审核意见。

此外，今后书号的核发还将采取与出版社年检相结合，逾期未进行年检或年检未达标的出版社，将核减或停发书号。

---

① 陈晓梅，赵彤宇．为精品图书保驾护航 明年书号宏观调控将作改进［N］．中华读书报，2002-11-06.

② 2003年图书出版书号核发出台新举措［N］．中国新闻出版报，2003-01-22.

国家新闻出版总署在对书号宏观调控政策改进的同时，还将加强对有关省、市、出版社的书号使用情况定期进行调查，对所追加的书号使用情况进行检查，如发现有违规行为，将予以严肃处理。对执行情况好的单位将予以表扬和奖励；使书号核发成为宏观调控的一项有效手段。

（五）书号实名申领制度

书号管理定额分配必然会导致一些实力雄厚的出版社书号不够用，难以发挥应有的作用；而一些本该被市场淘汰的能力较弱的出版社，却借助手中的书号资源与民营图书策划公司做交易，极大地败坏了出版社的整体形象。这样既不利于资源优化配置，也不符合市场经济环境下的通行规则。①

2008 年 7 月 15 日，我国出版界存在多年的书号发放制度彻底改革，新闻出版总署开展书号网上实名申领试点工作，由新闻出版总署条码中心等单位研制的“书号实名申领系统”投入运行。2009 年 1 月 8 日，我国图书出版全面启用“书号实名申领”系统，采取书号网上实名申领取代原有面向出版单位定额发放的书号管理办法，全国出版单位通过网络申领书号。

1. 书号实名申领

书号实名申领是指出版单位在图书出版活动中通过总署书号实名申领信息系统按书稿实名申领书号，一书一号，出版单位可随时通过网上申领书号。

出版单位须按照出版法规，对所申报的书稿内容、书稿质量及其出版活动严格把关，承担相应责任。出版单位在按规定完成书稿“三审”程序后，方可进行书号实名申领；涉及党和国家领导人等重大题材作品和涉及国家安全、社会安定等方面的重大选题，要严格执行重大革命和重大历史题材作品管理办法和图书重大选题备案办法，在履行重大选题备案手续后方可进行书号实名申领；出版单位不得向任何单位或者个人出售或者以其他形式转让本单位的书号。

2. 书号实名申领实行分级管理

国家新闻出版广电总局负责全国出版单位书号实名申领工作。各省、自治区、直辖市新闻出版行政部门负责本行政区域内出版单位的书号实名申领、发放及相应的管理工作。中央在京出版单位主管部门所辖出版单位达到一定数量并有专门机构和专职人员从事出版单位管理的，国家新闻出版广电总局委托其负责所辖出版单位的书号实名申领工作；其他中央在京出版单位的书号实名申领工作在主管部门指导下，由中国版本图书馆（条码中心）

---

① 柳青．书号实名申领好处多［J］．中国编辑，2009（5）：26.

在技术层面负责书号的实名申领工作。

3. 书号实名申领的程序

（1）书号实名申领通过基于互联网的计算机系统（书号实名申领信息系统）实现，书号实名申领工作涉及的部门、单位应依据工作流程和职能通过该系统进行相关工作。

（2）出版单位已完成“三审”的书稿可随时通过网络进行书号实名申领。申领书号信息要完整、真实、准确。书稿出版后要向有关部门及时报送有关出版物信息，并按规定向出版行政部门送缴样本。

（3）各省、自治区、直辖市出版行政部门（或负责中央出版单位书号实名申领工作的有关部门）应对所辖出版单位的申请在 7 个工作日内通过书号实名申领信息系统予以办理。

（4）国家新闻出版广电总局出版管理司负责对书号实名申领工作进行管理、监督，发现问题及时纠正。

（5）中国版本图书馆（条码中心）负责通过计算机信息系统进行书号编制和条码配发工作，对书号实名申领信息系统及出版物信息数据进行维护，保障其安全、稳定运行，并在条码制作、发放等方面探索与书号实名申领相适应的工作模式。

4. 音像电子出版物专用书号实名申领

为了进一步提高音像电子出版单位书号信息报送效率，加强音像电子出版物专用书号的规范管理，国家新闻出版广电总局委托中国版本图书馆（条码中心）开发建设了音像电子出版物专用书号实名申领信息系统，并于 2015 年 1 月 1 日在全国范围内正式上线运行。

国家新闻出版广电总局全面负责全国音像电子出版单位书号申领和核发的管理工作。中国版本图书馆（条码中心）具体负责音像电子出版物专用书号实名申领信息系统的安全运行。

各省、自治区、直辖市出版行政主管部门按照属地管理原则负责本行政区域内出版单位的书号实名申领、发放工作，其中军队系统内出版单位由解放军总政治部新闻出版局负责，中央在京音像电子出版单位由北京市新闻出版广电局负责。各省级出版行政主管部门要切实履行选题审核把关的各项职能，设立专人专岗加强对音像制品和电子出版物专用书号的管理。选题、书号的审核环节应在 5 个工作日以内完成，ISBN 及条码配发在 2 个工作日以内完成。

出版单位应安排专人专岗使用“音像电子出版物书号实名申领信息系

统”申领书号，专人培训合格后要为其办理管理员备案手续；要对所申报选题内容、出版物质量及其出版活动严格把关并承担相应责任；要完整、真实、准确和及时报送出版物信息。

出版单位已完成“三审”的选题可通过音像电子出版物专用书号实名申领信息系统进行书号申领。各省、自治区、直辖市出版行政主管部门和解放军总政治部新闻出版局对所辖出版单位的申请予以办理。

第三节 出版物质量管理

质量是出版物的生命和价值，出版物质量的好坏直接关系到出版物社会功能的发挥，也关系到出版发行企业的声誉和效益的好坏。质量好的出版物不仅使出版物成为经久不衰的传世之作，赢得读者、占领市场，而且可以提升出版发行企业的市场竞争力，扩大市场占有率，实现出版社会效益和经济效益的双丰收。

出版物的质量包括出版物的内在质量和外在质量两个方面。出版物内在质量是指它的思想性、科学性、艺术性、可读性及它的实用性和符号表达的通用性等，它是出版物质量的灵魂和核心，对读者的思想和实践活动最具影响。外在质量则包括它的装帧形式、印刷及用纸水平、色彩及耐用程度等，既能强化其内容特色，又可增加其欣赏、适用和保存的价值。①“出版物的内在质量（文化含量）是由出版人（编辑、审读人员）通过书稿的选择和加工提炼这一过程来决定的。出版物的外在质量（载体、印刷、装订）是由出版人通过对出版物的印装工序来实现的。”②

为了保证出版物的质量，我国不仅制定了有关的国家标准，如《关于出版物汉字使用管理规定》、《中文书刊名称汉语拼音拼写法》（GB 3259-92）、《标点符号用法》（GB/T15834-1995）、《出版物上数字用法的规定》（GB/T 15835-1995）、《社会科学期刊质量标准》《图书书名页》（GB 12450-90）、《图书在版编目数据》（GB 12451-90）、《校对符号及其用法》（GB/T 14706-93）等；还制定了一系列的行政法规和规章，如《中华人民共和国通用语言文字法》《出版管理条例》《报纸管理规定》《期刊管理规定》《图书质量

① 朱静雯主编．现代书业企业管理学［M］．苏州：苏州大学出版社，2003：203-204.

② 于友先著．现代出版产业发展论［M］．苏州：苏州大学出版社，2003：185.

管理规定》《图书质量保障体系》《电子出版物管理规定》等。这些标准和规章对图书、报纸、期刊、音像制品、电子出版物的质量作出了明确的规定。

一、图书质量管理

为了保证我国图书的出版质量，1997 年 3 月 3 日新闻出版署颁布了《图书质量管理规定》，对经国务院出版行政部门批准设立并领取《出版许可证》的图书出版单位出版的图书提出了具体要求；1997 年 6 月 26 日，新闻出版署又出台了《图书质量保障体系》，要求建立和实施严格、有效、可操作的图书质量保障体系，实现图书出版从扩大规模数量为主向提高质量效益为主的转变，提高图书出版整体水平，繁荣社会主义出版事业。为建立健全图书质量管理机制，规范图书出版秩序，促进图书出版业的繁荣和发展，保护消费者的合法权益，2004 年，新闻出版总署发布新版《图书质量管理规定》，对图书的质量管理提出新的要求。

（一）图书质量管理的标准

图书质量包括内容、编校、设计、印制四项，分为合格、不合格两个等级。内容、编校、设计、印制四项均合格的图书，其质量属合格。内容、编校、设计、印制四项中有一项不合格的图书，其质量属不合格。

1. 图书内容质量标准

符合《出版管理条例》第 25、26 条规定的图书，其内容质量属合格。

不符合《出版管理条例》第 25、26 条规定的图书，其内容质量属不合格。

其中第 25 条规定，任何出版物不得含有下列内容：（1）反对宪法确定的基本原则的；（2）危害国家统一、主权和领土完整的；（3）泄露国家秘密、危害国家安全或者损害国家荣誉和利益的；（4）煽动民族仇恨、民族歧视，破坏民族团结，或者侵害民族风俗、习惯的；（5）宣扬邪教、迷信的；（6）扰乱社会秩序，破坏社会稳定的；（7）宣扬淫秽、赌博、暴力或者教唆犯罪的；（8）侮辱或者诽谤他人，侵害他人合法权益的；（9）危害社会公德或者民族优秀文化传统的；（10）有法律、行政法规和国家规定禁止的其他内容的。

第 26 条规定，以未成年人为对象的出版物不得含有诱发未成年人模仿违反社会公德的行为和违法犯罪的行为的内容，不得含有恐怖、残酷等妨害未成年人身心健康的内容。

2. 图书编校质量标准

图书编校差错率，是指一本图书的编校差错数占全书总字数的比率，用万分比表示。实际鉴定时，可以依据抽查结果对全书进行认定。如检查的总字数为 10 万，检查后发现两个差错，则其差错率为 0.2/10000。图书总字数的计算方法，一律以该书的版面字数为准，即，总字数：每行字数×每面行数×总面数。

差错率不超过万分之一的图书，其编校质量属合格。

差错率超过万分之一的图书，其编校质量属不合格。

图书编校质量差错的判定以国家正式颁布的法律法规、国家标准和相关行业制定的行业标准为依据。图书编校质量差错率的计算按照《图书编校质量差错率计算方法》执行。

除环衬等空白面不计字数外，凡连续编排页码的正文、目录、辅文等，不论是否排字，均按一面满版计算字数，分栏排版的图书，各栏之间的空白也计算版面字数。书眉（或中缝）、单排的页码、边码作为行数或每行字数计入正文，一并计算字数。目录、索引、附录等字号有变化时，分别按实际版面计算字数。用小号字排版的脚注文字超过 5 行不足 10 行，按该面正文字数加 15%计算；超过 10 行的，该面按注文满版计算字数。用小号字排版的夹注文字，可采用折合行数的方法，比照脚注文字进行计算。封一、封二、封三、封底、护封、封套、扉页，除空白面不计以外，每面按正文满版字数的 50%计算；版权页、书脊、有文字的勒口，各按正文的一个版面计算字数。正文中的插图、表格，按正文的版面字数计算；插图占一面的，按正文满版字数的 20%计算字数。以图片为主的图书，有文字说明的版面，按满版字数的 50%计算；没有文字说明的版面，按满版字数的 20%计算。乐谱类图书、地图类图书，按满版字数全额计算。外文图书、少数民族文字图书，拼音图书的拼音部分，以对应字号的中文满版字数加 30%计算。图书的差错包括文字差错、标点符号和其他符号差错、格式差错等，按不同标准计算差错率。

3. 图书设计质量标准

图书的整体设计和封面（包括封一、封二、封三、封底、勒口、护封、封套、书脊）、扉页、插图等设计均符合国家有关技术标准和规定，其设计质量属合格。

图书的整体设计和封面（包括封一、封二、封三、封底、勒口、护封、封套、书脊）、扉页、插图等设计中有一项不符合国家有关技术标准和规定的，其设计质量属不合格。

4. 图书印制标准

符合中华人民共和国出版行业标准《印刷产品质量评价和分等导则》(CY/T2-1999）规定的图书，其印制质量属合格。

不符合中华人民共和国出版行业标准《印刷产品质量评价和分等导则》(CY/T2-1999）规定的图书，其印制质量属不合格。

关于书刊印制质量标准的详细规定，可以参见该出版行业标准和新闻出版署1992年11月发布的《书刊印刷产品质量监督管理暂行办法》等规范性文件。①

（二）图书质量的监督管理制度

为了提高图书质量，新闻出版署在《图书质量管理规定》中还规定，新闻出版总署负责全国图书质量管理工作，依照本规定实施图书质量检查，并向社会及时公布检查结果。各省、自治区、直辖市新闻出版行政部门负责本行政区域内的图书质量管理工作，依照本规定实施图书质量检查，并向社会及时公布检查结果。图书出版单位的主办单位和主管机关应当履行其主办、主管职能，尽其责任，协助新闻出版行政部门实施图书质量管理，对不合格图书提出处理意见。图书出版单位应当设立图书质量管理机构，制定图书质量管理制度，保证图书质量合格。新闻出版行政部门对图书质量实施的检查包括：图书的正文、封面（包括封一、封二、封三、封底、勒口、护封、封套、书脊）、扉页、版权页、前言（或序）、后记（或跋）、目录、插图及其文字说明等。正文部分的抽查必须内容（或页码）连续且不少于10万字，全书字数不足10万字的必须检查全书。新闻出版行政部门实施图书质量检查，须将审读记录和检查结果书面通知出版单位。出版单位如有异议，可以在接到通知后15日内提出申辩意见，请求复检。对复检结论仍有异议的，可以向上一级新闻出版行政部门请求裁定。对在图书质量检查中被认定为成绩突出的出版单位和个人，新闻出版行政部门给予表扬或者奖励。

（三）图书质量检查

1998年2月10日，新闻出版署图书司发布《图书编辑工作基本规程》②。其中明确提出要开展“图书质量检查”。图书质量检查的具体内容

① 国家新闻出版广电总局出版专业职业资格考试办公室编．出版专业基础（初级）[M]．武汉：崇文书局，2015：91.

② 新闻出版署图书司．图书编辑工作基本规程（图管字〔1998〕98号）[R]//全国出版专业职业资格考试办公室编．有关出版的法律法规选编[M]．北京：中国大百科全书出版社，2003：345-368.

包括：

1. 上机样检查

在图书临印前，组织专人对封面、正文进行检查，一是对在此以前的编辑工作质量进行监督，二是防止可能存在的质量差错，以免造成政治和经济损失。如发现问题，要尽快采取措施加以改正。

2. 图书成批装订前的样书检查

承印厂在图书印刷完毕、未成批装订以前，要先装订样书送出版社查验。出版社负责联系印刷的业务人员、责任编辑、责任校对及主管社领导，应从总体上对样书的质量进行审核。如发现问题，要及时通知印刷厂封存印成品，并根据情况提出处理意见。如无问题，要正式具文通知印刷厂开始装订。样书检查是对读者负责的表现，关系着出版社的声誉和形象。较之物质产品，精神产品更应严格质量要求。这样做，也可促使以前诸环节坚持制度，加强责任感。

3. 出书后的质量评审

出版社要成立由本社具有高级专业技术职务的人员（包括符合条件的离退休人员）和社会上的有关专家学者组成的图书质量评审委员会，定期对本社新出版的图书质量进行审读、评议。根据评议结果，奖优罚劣；对质量有问题的图书，根据有关规定，进行相应处理。

4. 图书质量检查

按照1997年新闻出版署颁布的《图书质量管理规定》，出版社须设立图书质量管理机构，制定图书质量管理制度，建立质量管理和质量保证体系，于每年1月31日前上报上一年度的图书质量检查结果和有关情况。经检查为质量不合格的图书，须采取技术处理或改正重印，方可继续在市场上销售。同时，应切实加强图书出版前的质量把关，把每一流程应做的工作认真做好。

5. 再版、重印图书检查

图书再版或重印，责任编辑须据样书检查和图书质量检查记录及作者修改过的样书，对图书进行检查。这是因为国内外形势的变化，政策的某些调整，学术研究的进展，图书引用材料的更新等，都会要求对图书内容作某些修改。图书内容要与科学技术发展和时代需要同步。再版、重印图书由责任编辑检查修改后，须组织具有高级专业技术职务的人员（含离退休者）进行审核，写出书面审核意见，经过复审、终审认可和作者同意，才可再版或重印；内容不需修改的，再版、重印也要征得作者同意授权，否则是一种侵犯著作权行为。

6. 严格依据标准进行检查

《图书质量管理规定》对图书质量的分级、标准、管理、奖罚作出了规定，并将编校质量差错率的计算方法加以量化，必须严格执行。审读者的专业修养和掌握标准宽严尺度不一，是质量分级出现不一致的重要原因。因此，审读者要严格依据标准进行检查，秉公办事，不徇私情。同时，出版社要按照条件认真物色、聘请审读员，并对审读员提出严格要求和实行监督。所有检查，不论内容质量、装帧设计质量、印刷装订质量、成品图书质量，都要具体填写差错记录，统计差错数量，划分质量等级并说明原因。成书经过检查仍存在差错的，对审读者要追究责任；检查中如有误判，责任编辑应提出异议。

7. 图书质量分析

出版社要定期公布质量检查情况，并充分利用质量检查的材料，进行综合分析，找出一定时期或某些方面的突出问题和倾向，总结经验教训，讨论制定改进措施。可以开展群众性的讨论或召开专题质量分析会，以充分发挥质量检查的作用。

同时，新闻出版署根据全国图书质量的实际情况及读者的反映，每年选取部分出版社的图书，组织审读员进行质量抽查。地方省级新闻出版局或新闻出版署对图书质量进行检查后，须将检查结果和审读记录以书面形式通知出版社。出版社如有不同意见，可在接到通知后的30日内提出申辩意见上报，请求复议。如有异议，报新闻出版署裁定。地方省级新闻出版局或新闻出版署对所检查图书质量的最终结果及处理决定，发出通报。

二、报纸质量管理

1990年12月25日，新闻出版署发布了《报纸管理暂行规定》，对报纸的定义、类型、刊登的内容、违反规定的责任等作了详细的规定。为促进我国报纸事业的繁荣和健康发展，进一步完善报纸的行政管理，保证报纸质量，1995年3月20日，新闻出版署发布了《报纸质量管理标准》（试行），从报纸的内容、印制、刊登广告、发行量等方面对报纸的质量作了具体规定。为了确定报纸的质量是否合格，新闻出版署1995年3月20日同时发布了《报纸质量管理标准实施细则》，规定对报纸质量管理使用抽查出版质量和限定最低发行量的评定方法。为促进我国报业的发展与繁荣，规范报纸出版活动，加强报纸出版管理，2005年，新闻出版总署发布了《报纸出版管理规定》，规定了报纸创办与报纸出版单位设立的条件。

1. 对报纸内容的规定

报纸出版必须以中国特色的社会主义理论、“三个代表”重要思想以及科学发展观为指导，坚持为社会主义服务、为人民服务的基本方针，坚持四项基本原则和正确的舆论导向，坚持为全党全国工作大局服务的思想，正确宣传中国共产党和国家的方针政策，为社会主义精神文明建设和物质文明建设服务。报纸的各项内容必须符合本报的办报宗旨和专业分工范围，在本报的专业分工范围内开展和从事新闻报道及有关信息的传播活动。

报纸的出版，必须遵守国家宪法、法律和法规。报社必须严格按照《报纸出版管理规定》等法规进行报纸的出版及其他有关活动。

报纸所载内容必须真实、准确；稿件选用要求具有指导性、新闻性、时效性和可读性；版面内容要求信息量大，并能综合运用新闻手段。消息、图片、文章条数，对开报纸要求每版平均不应少于7篇（专、副刊除外），一版不应少于10篇；四开报纸要求每版平均不应少于5篇（专、副刊除外），一版不应少于7篇。同时，要求每期报纸一般都应有消息、评论、通讯、图片。报纸文章标题要求题文相符，表达准确，文字精练，生动形象。报纸栏目设置要求合理、特色鲜明、丰富多彩，符合办报宗旨和专业分工范围。报纸文字校对要求严格、准确，无明显差错。①

2. 对报纸印制的规定

报纸印刷质量要求字体清晰，墨色均匀，套色准确，无缺笔断画、模糊不清的现象。

3. 对报纸刊登广告的规定

报纸刊登广告必须遵守《中华人民共和国广告法》及其他有关法律、法规。报纸刊登广告内容必须真实、可信，语言文字必须文明、规范，不得刊登虚假广告，不得违反社会公德或损害国家利益。报纸刊登任何形式的广告，均应用明显的广告形式刊出或在报纸明显位置注明“广告”字样，严禁刊登“有偿新闻”，以新闻形式刊登广告，收取费用。报纸广告设计应美观、健康。

4. 对报纸发行量的规定

报纸作为大众传播媒介，要求有一定的社会发行量。各类报纸在出版一定时间后，其发行量应达到与本报专业分工和读者对象范围相适应的水平。

① 《报纸质量管理标准》实施细则。

“发行量”指报纸的实际征订、零售数量，不包括赠送、交换的报纸数量。报纸作为一种大众传播媒介，其发行量应达到与本报专业分工和读者对象范围相适应的水平。报纸的期发行量作为重要的质量标准，只规定最低发行量。各级各类报纸在出版两年后，其最低期发行量标准应达到①：

(1) 省级党委机关报 10 万份；地（市）级党委机关报 3 万份；县(市) 级党委机关报 1 万份。

(2) 中央、国务院各部委的机关报、专业报 3 万份。

(3) 省级及省级以下专业、行业报 2 万份。

(4) 晚报 5 万份。

(5) 社会群体对象报纸：中央报纸 5 万份；地方报纸 3 万份。

(6) 各类企业报纸 1 万份。

(7) 各种生活服务类报纸 5 万份。

(8) 各类文摘报纸 5 万份。

对未达到最低发行量的报纸，均判定为质量不合格报纸，应限期观察，或劝其停办。解放军系统、外宣类报纸，少数民族地区、少数民族文字的报纸，以及一些特殊专业的报纸，执行此项标准时，可适当放宽。

报纸质量管理标准的评定，与出版行政部门对报纸的年检工作结合进行。对存在质量问题的报纸，出版行政部门可不予通过年检；对质量标准达不到 60 分的，即视为不合格的报纸，该报已经不具备办报条件，应予以停办并撤销登记。

报纸质量管理标准的评定，中央单位的报纸由国家新闻出版广电总局和报纸所在地省级新闻出版局共同依据报纸的全年期数按比例抽检评定；地方单位的报纸，由报纸所在地省级新闻出版局依据报纸的全年期数按比例抽检评定。

出版行政部门可依据本质量管理标准对报纸质量进行检查、评定，并根据查评结果，对不符合质量标准的报纸进行整顿提高，对发现违规行为者可依据《报纸出版管理规定》给予警告、罚款、停期、停业整顿、撤销登记等处罚。

为加大报刊违规发行治理力度，进一步规范报刊发行秩序，国家新闻出版广电总局于 2015 年 10 月 28 日发布《关于开展报刊发行秩序专项整治的通知》，决定自本通知印发之日起至 2016 年年初开展报刊发行秩序专项整

---

① 《报纸质量管理标准》实施细则。

治。总局专门设立了报刊发行秩序专项整治工作办公室，由新闻报刊司承担具体工作。同时，要求各省级新闻出版广电行政部门立即组建专项整治工作办公室，切实加强专项整治工作的组织领导。

本次专项整治工作，一是严禁搭车摊派，严格做到四个“不得”：不得以党报党刊名义搭车发行其他报刊；不得采取电话通知、下发报刊订阅建议表、扣发工资等手段强行或变相摊派发行其他报刊；不得利用登记、年检、办证、办照、收费、评比等职权强行要求服务和管理对象订阅报刊；不得将乡镇、村级组织等基层单位订阅报刊情况与工作考核、评优达标挂钩。二是严禁违规发行，严格做到五个“不得”：任何单位不得采取提成回扣、赠钱赠物、出国考察、公费旅游等办法推销；不得搞有偿新闻、有偿不闻或所谓“形象版”“广告版”扩大发行；不得以舆论监督要挟相关单位订购报刊；不得打着领导机关、领导干部旗号推销发行；限定范围内的报刊不得超范围发行。①

三、期刊质量管理

据国家新闻出版广电总局发布的《2014 年新闻出版产业分析报告》显示，2014 年全国共出版期刊 9966 种，总印数 31.0 亿册②。为了提高期刊质量，我国也制定了行政法规和规章，以及一系列国家标准来予以规范。1988 年 11 月 24 日新闻出版署发布了《期刊管理暂行规定》，对期刊的定义、期刊的内容、期刊的登记与出版、违反规定的责任等作了详细规定。1991 年 6 月 5 日，国家科委、新闻出版署发布了《科学技术期刊管理办法》，对科学技术期刊的管理范围、管理职责等作了具体规定；1992 年 4 月 2 日国家科委、中共中央宣传部、新闻出版署共同发布了《科学技术期刊质量要求》，1995 年 6 月 13 日，新闻出版署发布了《社会科学期刊质量管理标准》（试行）。这两个标准对学术理论类期刊的业务标准作了要求，是出版行政部门从管理的角度对 5 大类科学技术期刊、7 大类社会科学期刊进行质量监管的依据。此外，原国家科委和新闻出版署分别发布的《五大类科技期刊质量要求及评估标准》《社会科学期刊质量标准及评估办法》，对每一类期刊的

---

① 史竞男．中国开展报刊发行秩序专项整治 将分 3 个阶段开展［EB/OL］. 中国新闻网，http：//finance. chinanews. com/gn，2015-11-02.

② 国家新闻出版广电总局．2014 年新闻出版产业分析报告［EB/OL］. 中国出版网，http：//www. chuban. cc/yw/201507/t20150717_ 168610. html，2015-07-17.

质量标准及评估办法都作了规定。为了促进我国期刊业的繁荣和发展，规范期刊出版活动，加强期刊出版管理，2005年，新闻出版总署发布了《期刊出版管理规定》，具体规定了期刊创办和期刊出版单位设立的条件及期刊出版的要求。

由于科技期刊和社会科学期刊特点不同，质量标准也不一致，我们分别就科技期刊中的“学术类”期刊和社会科学期刊中的“学术理论类”期刊作些介绍。

（一）科技期刊中“学术类”期刊的质量要求①

1. 政治要求

（1）坚持“一个中心，两个基本点”的基本路线，坚持“科学技术必须面向经济建设”的方针。

（2）认真贯彻和体现国家有关科学技术和出版方面的政策、法令、条例。

（3）正确执行有关保密、版权、专利、国界等项规定。

（4）在学术上要认真贯彻执行“百花齐放，百家争鸣”的方针，坚持辩证唯物主义和历史唯物主义。

（5）积极倡导社会主义科技道德、编辑道德，重视社会主义精神文明建设。

（6）在注重社会效益（包括潜在效益）的前提下，不断努力提高经济效益。

2. 学术要求

学术类期刊应能反映国内学术水平，有创新性、探索性，立论科学、论据充分、预见准确，有较高的学术价值。具体要求如下：

（1）反映本学科学术水平和发展动向，及时报道本学科重大研究成果（含阶段性成果）和科研进展，代表学科发展前沿，有超前意识。

（2）发表的文章有创新，有突破性，立论科学、正确、充分，有较高的学术价值。

（3）注重理论与实践、当前与长远、应用与储备、学科发展与新学科生长点，填补空白，注重高新技术基础性研究和科学技术转化为生产力。

（4）努力增强在国际上的学术地位和影响。

3. 编辑要求

① 科技期刊学术类质量要求［EB/OL］. http://cbj.sh.gov.cn.

（1）选题配置适当，栏目设计合理，体例一致。

（2）根据学科发展情况和读者需要提出近、中、远期报道计划。

（3）确保学术上无误，数据、公式、反应式、结构式等正确真实。

（4）文章层次分明，结构严谨，条理清晰，逻辑性强，文字精练，标点符号、数字使用正确。

（5）贯彻执行国家有关出版标准，学科专业名词和术语统一、标准、规范。

4. 出版要求

（1）版式设计科学、规范、合理、美观，布局协调，版权、目次页内容符合标准，出版周期短，按期出版，错字率低。四封庄重，富有特色。

（2）印刷清晰，墨色浓淡适宜、均匀、无污迹，印刷装订无差错，装订整齐、规范、坚固。

科技期刊还包括指导（综合）类、检索类、技术类、科普类等期刊，各有与之相应的质量要求和评估办法。

（二）社会科学期刊中“学术理论类”期刊的质量要求①

1. 政治标准

社会科学期刊出版必须以马克思列宁主义、毛泽东思想和建设有中国特色社会主义理论和党的基本路线为指导，坚持“两为”方向，贯彻“双百”方针，弘扬社会主义时代主旋律，以科学的理论武装人，以正确的舆论引导人，以高尚的精神塑造人，以优秀的作品鼓舞人，正确宣传中国共产党和国家的方针政策。具体要求如下：

（1）严格遵守国家宪法和法律。

（2）坚持党的基本路线，全面、准确地宣传党的基本路线、方针、政策，严格遵守党的有关宣传法律。

（3）遵守《中华人民共和国保守国家秘密法》，维护国家利益。

（4）认真贯彻党和国家的民族政策、宗教政策、对外政策，维护国家利益，促进祖国统一、民族团结和社会稳定。

（5）严格遵守党和国家有关新闻出版的方针、政策和法规，严格执行《期刊管理暂行规定》等期刊管理办法和制度。

（6）严格按照办刊宗旨及专业分工范围出刊，坚持正确的舆论导向和

① 社会科学期刊质量标准及评估办法——学术理论类：学术理论类期刊质量标准［C］. http：//cbj. sh. gov. cn.

“为人民服务，为社会主义服务”的政治方向，认真贯彻党的“双百”方针，促进社会科学的繁荣与发展。

2. 业务标准

社会科学期刊所载内容必须真实、准确、及时，稿件选用应积极传播和积累一切有益于经济发展和社会进步的科学技术和文化知识，丰富人民的精神生活，有益于弘扬民族文化，促进国际文化交流。学术理论类期刊应能反映国内学术水平，论点明确，论据充分，并具有创新性、探索性和较高学术价值。具体要求如下：

（1）学术水平：能代表该学科的学术水平，反映该学科的研究前沿和研究热点，在该学科的研究中起到促进作用。

（2）社会影响：关心社会现实，理论联系实际，在解决实际问题上作出突出贡献，或者对决策部门和管理部门的工作有较大的帮助。符合或基本符合上述要求具有较大社会影响的文章有一定比例。

（3）写作质量：所载文章论点明确，论据充分，概念严谨，推理逻辑严密，没有自相矛盾、不能自圆其说的情况。

（4）尊重知识产权，并遵守《中华人民共和国著作权法》，在每篇文章后标明足够的参考文献，并在醒目位置标有英文目次、摘要及版权说明。

3. 编辑标准

（1）整体构思明确，面向既定读者；内容稳定性与变异性掌握适度，各期的内容与风格具有连续性；与同一学科的期刊相比，在内容和风格上具有自己的特色；栏目设置合理，栏目之间具有关联性。

（2）整体设计思想鲜明，封面、插图、图片设计健康、新颖、大方，图文搭配适度，符合刊物专业特色，全年具有连续性；封面刊名突出，并有英文刊名、年度期号及各种规范完整的标识。

（3）文字无繁简字混用；使用语言规范，语句简练，无病句，无生造名词、概念，无知识性、常识性错误，标题、目次页无差错；内文差错率符合规定标准。

（4）标题、目次、图表、注释、公式、参考文等编排规范；标点符号、数字及计量单位等书写格式符合国家规定。

（5）版本记录齐全、完整和规范，主办单位、出版单位、印刷单位、发行单位、出版日期、主编（总编）姓名、发行范围、定价、刊号（包括分类号及取得国际标准刊号者）、广告经营许可证等无缺漏。

（6）版式设计疏密得当，字号选择既能体现编辑思想，又有较好的视觉效果；文章标题突出，转接页少、无逆转。

4. 出版标准

（1）期刊的出版、印刷、发行、核验，以及登记的变更，符合审批登记的有关规定。

（2）按规定日期出版，不无故拖（脱）期，不随意出版增刊、合刊。

（3）印成品字迹清晰、字体完整，版心周正；照片反差适度，层次分明；装订整齐、牢固，无缺损。

（4）积极做好刊物的宣传工作，在创刊两年后，发行量达到与其读者对象范围相适应的水平。

（5）遵守广告法等与经营广告有关的法律、法规，刊载广告的内容必须真实可靠、导向正确，广告设计美观、健康、大方，无低级趣味、虚假广告。

根据上述标准，新闻出版署制定了《学术理论类期刊质量评估办法》。评估办法包括以下四项内容：政治标准；业务标准；编辑标准；出版标准。政治标准按《社会期刊评分原则和方法》及《社会科学期刊政治质量标准评估办法》评估；业务标准、编辑标准、出版标准总分为100分，其中业务标准满分为40分，编辑标准满分为30分，出版标准满分为30分。

政治标准得分用系数K来表示，数值范围为0.00~1，与其他三条标准所得的总分（业务标准得分A+编辑标准得分B+出版标准得分C）相乘，为最后得分。计算公式：总分S=K×（A+B+C）。根据得分情况将社会科学期刊分为三个级别：100~90分为一级；89~75分为二级；74~60分为三级。①

社会科学期刊中的其他类期刊如“信息文摘类”“外语教学辅导类”“工作指导类”“时事政治类”“文学艺术类”“综合文化生活类”等的质量要求和评估标准基本与之类似。

四、音像制品、电子出版物、网络出版物质量管理

（一）音像制品

为了加强音像制品的管理，繁荣和发展音像事业，传播有益于经济发展和社会进步的思想、道德、科学技术和文化知识，1996年2月1日，文化部、广播电影电视部共同发布了《音像制品内容审查办法》，由广播电影电

① 社会科学期刊评分原则和方法［C］. http：//cbj. sh. gov. cn.

视部和文化部共同组成音像制品内容审核机构，主管全国音像制品的内容审核工作。音像制品内容审核机构履行下列职责："（一）根据《音像制品管理条例》第 3 条的规定和本办法的有关规定，对进口音像制品和国产文艺类音像制品的内容实施审查，提出准予或不准予出版、复制、进口的意见；（二）对需删剪修改后才准出版、复制、进口的音像制品，提出删剪修改意见；（三）委托有关部门代行审查除进口的音像制品以外的音像制品；（四）将审查的音像制品情况，分别报送广播电影电视部、文化部和新闻出版署。"后因职能已调整，《音像制品内容审查办法》于 2010 年 11 月 12 日废止。

为了加强音像制品的管理，促进音像业的健康发展和繁荣，丰富人民群众的文化生活，促进社会主义物质文明和精神文明建设，新闻出版总署于 2011 年发布《音像制品管理条例》，并于 2013 年进行了修改。

《音像制品管理条例》第 3 条规定，出版、制作、复制、进口、批发、零售、出租音像制品，应当遵守宪法和有关法律、法规，坚持为人民服务和为社会主义服务的方向，传播有益于经济发展和社会进步的思想、道德、科学技术和文化知识。

音像制品禁止载有下列内容：

（1）反对宪法确定的基本原则的；

（2）危害国家统一、主权和领土完整的；

（3）泄露国家秘密、危害国家安全或者损害国家荣誉和利益的；

（4）煽动民族仇恨、民族歧视，破坏民族团结，或者侵害民族风俗、习惯的；

（5）宣扬邪教、迷信的；

（6）扰乱社会秩序，破坏社会稳定的；

（7）宣扬淫秽、赌博、暴力或者教唆犯罪的；

（8）侮辱或者诽谤他人，侵害他人合法权益的；

（9）危害社会公德或者民族优秀文化传统的；

（10）有法律、行政法规和国家规定禁止的其他内容的。

出版含有禁止内容的音像制品，或者制作、复制、批发、零售、出租、放映明知或者应知含有禁止内容的音像制品的，依照刑法有关规定，依法追究刑事责任；尚不够刑事处罚的，由出版行政主管部门、公安部门依据各自职权责令停业整顿，没收违法经营的音像制品和违法所得；违法经营额 1 万元以上的，并处违法经营额 5 倍以上 10 倍以下的罚款；违法经营额不足1万元的，可以处5万元以下的罚款；情节严重的，并由原发证机关吊销许可证。

（二）电子出版物

对电子出版物的内容要求，我国也同样非常重视。新闻出版署1997年12月30日发布的《电子出版物管理规定》，对电子出版物的制作、出版、复制、进口、发行作出了具体的规定。2008年，新闻出版总署发布《电子出版物出版管理规定》，取代《电子出版物管理规定》。

其中第3条明确规定，电子出版物不得含有下列内容：

（1）反对宪法确定的基本原则的；（2）危害国家的统一、主权和领土完整的；（3）泄露国家秘密、危害国家的安全或者损害国家荣誉和利益的；（4）煽动民族仇恨、民族歧视，破坏民族团结，或者侵害民族风俗、习惯的；（5）宣扬邪教、迷信的；（6）扰乱社会秩序，破坏社会稳定的；（7）宣扬淫秽、赌博、暴力或者教唆犯罪的；（8）侮辱或者诽谤他人，侵害他人合法权益的；（9）危害社会公德或者民族优秀文化传统的；（10）有法律、行政法规和国家规定禁止的其他内容的。

以未成年人为对象的电子出版物不得含有诱发未成年人模仿违反社会公德的行为和违法犯罪的行为的内容，不得含有恐怖、残酷等妨害未成年人身心健康的内容。

对电子出版物的质量，《电子出版物出版管理规定》还要求：

出版电子出版物，必须按规定使用中国标准书号。同一内容，不同载体形态、格式的电子出版物，应当分别使用不同的中国标准书号。出版连续型电子出版物，必须按规定使用国内统一连续出版物号，不得使用中国标准书号出版连续型电子出版物。

电子出版物出版单位不得以任何形式向任何单位或者个人转让、出租、出售本单位的名称、电子出版物中国标准书号、国内统一连续出版物号。

电子出版物应当符合国家的技术、质量标准和规范要求。出版电子出版物，须在电子出版物载体的印刷标识面或其装帧的显著位置载明电子出版物制作、出版单位的名称，中国标准书号或国内统一连续出版物号及条码，著作权人名称以及出版日期等其他有关事项。境外著作权人授权的电子出版物，须在电子出版物载体的印刷标识面或其装帧的显著位置载明引进出版批准文号和著作权授权合同登记证号。

（三）网络出版物

网络出版物，是指通过信息网络向公众提供的，具有编辑、制作、加工等出版特征的数字化作品，范围主要包括：（1）文学、艺术、科学等领域内具有知识性、思想性的文字、图片、地图、游戏、动漫、音视频读物等原创数字化作品；（2）与已出版的图书、报纸、期刊、音像制品、电子出版物等内容相一致的数字化作品；（3）将上述作品通过选择、编排、汇集等方式形成的网络文献数据库等数字化作品；（4）国家新闻出版广电总局认定的其他类型的数字化作品。

为了规范网络出版服务秩序，促进网络出版服务业健康有序发展，国家新闻出版广电总局与工业和信息化部于 2016 年 2 月 4 日公布的《网络出版服务管理规定》明确指出，网络出版服务单位实行编辑责任制度，保障网络出版物内容合法。网络出版服务单位实行出版物内容审核责任制度、责任编辑制度、责任校对制度等管理制度，保障网络出版物出版质量。在网络上出版其他出版单位已在境内合法出版的作品且不改变原出版物内容的，须在网络出版物的相应页面显著标明原出版单位名称以及书号、刊号、网络出版物号或者网址信息。

网络出版物不得含有以下内容：

（1）反对宪法确定的基本原则的；（2）危害国家统一、主权和领土完整的；（3）泄露国家秘密、危害国家安全或者损害国家荣誉和利益的；（4）煽动民族仇恨、民族歧视，破坏民族团结，或者侵害民族风俗、习惯的；（5）宣扬邪教、迷信的；（6）散布谣言，扰乱社会秩序，破坏社会稳定的；（7）宣扬淫秽、色情、赌博、暴力或者教唆犯罪的；（8）侮辱或者诽谤他人，侵害他人合法权益的；（9）危害社会公德或者民族优秀文化传统的；（10）有法律、行政法规和国家规定禁止的其他内容的。

为保护未成年人合法权益，网络出版物不得含有诱发未成年人模仿违反社会公德和违法犯罪行为的内容，不得含有恐怖、残酷等妨害未成年人身心健康的内容，不得含有披露未成年人个人隐私的内容。

网络出版服务单位发现其出版的网络出版物含有以上所禁止内容的，应当立即删除，保存有关记录，并向所在地县级以上出版行政主管部门报告。

网络出版服务单位出版涉及国家安全、社会安定等方面重大选题的内容，应当按照国家新闻出版广电总局有关重大选题备案管理的规定办理备案手续。未经备案的重大选题内容，不得出版。网络游戏上网出版前，必须向所在地省、自治区、直辖市出版行政主管部门提出申请，经审核同意后，报国家新闻出版广电总局审批。网络出版物的内容不真实或不公正，致使公民、法人或者其他组织合法权益受到侵害的，相关网络出版服务单位应当停止侵权，公开更正，消除影响，并依法承担其他民事责任。此外，网络出版物必须符合国家的有关规定和标准要求，保证出版物质量。网络出版物使用语言文字，必须符合国家法律规定和有关标准规范。

第八章 出版物市场行为管理

《出版管理条例》不仅对创办报社、期刊社和各类出版社（总称“出版单位”）规定了严格的审查批准程序，而且对设立出版单位的条件作了明确的限定。其第 11 条规定，设立出版单位应当“有符合国务院出版行政部门认定的主办单位及其主管机关”，“有确定的业务范围”，“有 30 万以上的注册资本”等。新闻出版署在《关于出版单位的主办单位和主管单位职责的暂行规定》（1993）中规定，主办单位是指出版单位的上级领导部门，而主管单位是出版单位主办单位的上级主管部门，还规定了主管单位的行政级别。2001 年，中共中央办公厅、国务院办公厅下发的 17 号文件明确出版集团为事业单位。因此，我国出版单位的定位一直是实行企业化管理的事业单位，而不是企业。

2003 年召开的全国文化体制改革试点工作会议，按照党的十六大精神，把新闻出版单位分为两类：一类是社会公益性的事业单位，一类是经营性的企业单位①。因此，从 2004 年起，我国 568 家出版社开始全面改革，各省、自治区、直辖市除保留人民出版社为事业单位以外，其余出版社全部转制为企业。除了中央的人民出版社、各省都可以保留一家人民出版社或者其他一家政策性的出版社，加强为公共事业的服务，这些出版社不以盈利为目的，不能进行招商引资，也不能进行股份制改革，是纯粹的服务性事业单位。国家新闻出版总署副署长柳斌杰认为，通过几十年的实践，保留这样一个（出版）单位，对地方出版业是有好处的，因为好多东西不适合竞争，比方说基础理论研究，一些政治宣传品，马克思主义理论著作的出版，这些不适合市场竞争的产品，就由人民出版社来出版。② 2010 年年底，我国出版社

---

① 李敉力．当前新闻出版业人事制度改革需要关注的问题［J］．出版发行研究，2004（8）：5-9.

② 梁宏峰．我国出版社全面改制，事业单位只保留人民出版社［EB/OL］．央视国际 http：//news. xinhuanet. com，2004-05-13.

转企改制全面完成。

这样，在我国出版物市场上，出版环节就有了两类性质不同的主体：一类是社会公益性的出版事业单位，一类是经营性的出版企业单位。对于社会公益性的出版事业单位而言，虽然不以盈利为根本目的，但也不能无视经济规律自行其是，其市场行为也应遵从市场经济的基本法则，只有这样，出版单位才能生存和发展，才能做大做强。而另一类经营性的出版企业单位，其目的则是为了获取利润或者提高出版物市场产品占有率。在出版物经营环节，出版物的批发、零售、出租等主体则都是经营性的企业单位。

因此，我们这里要探讨的是对出版发行企业单位市场行为的管理。在出版发行企业单位取得合法的资格后，通常会采取一系列的行为，包括市场价格行为、市场交易行为、合同行为、竞争行为等去获取利润或者提高出版物市场产品占有率。如果出版物市场主体的行为不合法，不仅会引起出版物市场的混乱，影响出版物市场各项功能的正常发挥，还会影响到整个社会经济利益的充分实现。因此，要加强对出版物市场主体行为的管理，保证出版物市场主体合法经营，维护出版物市场秩序。

第一节　出版物市场价格行为管理

出版物价格是出版物出版时所规定的零售价格，它一般是出版物价值的货币表现。在为特定目的而加以控制时，才会出现定价与价值、成本的背离。在市场经济条件下，出版单位通过出版物定价的实现取得相应的销售收入，以抵偿出版物的成本和交纳出版物税金，并有一定的盈利，从而保证出版物再生产（或扩大再生产）的继续进行。由于图书是我国出版物市场经营的主要商品，这里我们主要探讨对图书的价格管理。

一、我国图书价格管理的形式

价格的管理形式，根据定价主体的不同，通常情况下有三种，一是政府统一定价；二是政府指导价；三是企业自主定价。

我国图书的零售价格是明码标识于封底右下角和主书名页背面的。图书的定价，由于定价方法不同大致分为两种：按印张定价和按成本定价。按印张定价的出版物，其定价一般由正文、封面、插页三部分定价构成，且各有其定价单位和计算标准。正文以印张为计价单位，封面论个计价；如图书内有插页，用纸不同于正文者，论页计算，用纸与正文相同又一起印刷的则作正文计算。按成本定价的出版物，定价由直接成本、间接成本、发行折扣、税金和利润五部分组成（税金主要指营业税，不包括所得税）。

由于我国出版发行体制的改革和图书市场的激烈竞争，国家对图书的价格管理形式经历了一个由国家统一定价发展到逐步放开，由出版社自行定价的过程。目前国家除对少数图书制定严格的价格标准进行管理外，其他图书已经基本实现出版社自行定价、国家出版行政部门宏观调控的格局。

（一）图书由政府统一定价阶段（1956—1984）

政府统一定价，即政府价格监管部门为实现特定的政治经济目的，而以法律形式统一确定权力范围内某市场客体价格的行为。① 图书价格是图书内在质量和外在质量所体现价值的综合反映。合理定价，不仅关系着读者的购买需求，而且影响着出版物市场以及出版业的良性发展。1984 年以前，在计划经济条件下，企业没有产品的定价权，我国图书的价格，一直由政府制定统一的标准来确定。

1950 年 12 月 25 日，中央人民政府教育部和出版总署联合发出了《关于 1951 年春季教科书的售价及生产供应办法的决定》，首先在教科书的售价上在全国实现了统一。

为了保障读者的消费利益，防止私商任意加价进行投机活动，出版总署于 1951 年起作出统一全国书刊定价的决定。规定同样一种书刊，在全国各地都必须一律按出版社的统一定价出售，不得有地区差价。②

1954 年，出版总署根据周恩来总理“出版业没有为国家积累资金的任务，只要能够解决自我发展的问题就行了，因此书价以尽可能低廉为宜”③的指示，起草了第一个书籍定价标准，在中央一级出版社试行。

1956 年 2 月 18 日，文化部颁发全国杂志、书籍定价标准，确立了我国图书产品按印张分类别定价的计划价格模式。当时发布的中国第一个《全国出版社一般书籍、课本正文定价标准表》将书籍、课本分为 11 大类、26 小类，各出版社可根据图书的性质、内容、读者对象、印刷成本等，按印张

---

① 阎应福、郝玉柱．市场管理概论［M］．北京：中国物价出版社，2002：303.

② 《当代中国》丛书编辑委员会．当代中国的出版事业（上）［M］．北京：当代中国出版社，1993：51；《当代中国》丛书编辑委员会．当代中国的出版事业（中）［M］．北京：当代中国出版社，1993：516.

③ 袁亮编著．周恩来刘少奇朱德陈云与新闻出版［M］．北京：中国书籍出版社，2003：162.

分档计价。每印张定价从 4 分 6 厘到 2 角不等。其中，中小学课本和业余学校课本定价最低，每印张 0.046~0.049 元，儿童读物每印张 0.05 元，政策性文件、法令每印张 0.055 元，一般书籍每印张为 0.06~0.20 元，自然科学、工程技术专门书籍，每印张 0.20 元。这一标准的实施，不仅对贯彻“保本微利”的方针，稳定书价起到了重要作用，同时也是我国图书统一定价的开始，也是以正文印张计算定价办法的开始。这一定价标准一直执行到 1984 年，前后共 28 年。

在此期间内，文化部也曾对这个定价标准作过某些微调，但大多数是为了政治运动的需要，强调低书价政策。比如 1958 年 5 月，文化部通知降低书籍定价，并将书籍和课本的定价标准改为参考标准，要求平均降低定价标准 15%左右。1962 年 8 月经全国物价委员会批准，文化部通知调整中小学课本定价标准，小学课本定价由每一个印张 0.046 元调整为 0.06 元，中学课本定价由每印张 0.049 元调整为 0.065 元。1963 年，又要求出版行业的利润比上年降低 18%。“文化大革命”期间，全国的文化事业都遭受了损害，出版业不能提“经济效益”，到 1973 年国务院出版局制定并下发了《图书定价试行标准》，把书籍分为 12 档、38 小类，分档按印张定价，图书价格比 1956 年的水平平均降低了 20%~25%。

这一时期的图书统一定价政策有其一定的合理性。比如它在商品经济不发达、居民生活水平低下和社会物价相对稳定的环境中，核算程序简便，容易管理，也容易被读者接受。但是，在僵化的价格管理体制下实行的这一人为的“冻结书价”，是不计成本、不问需求、不以质论价的。所谓的“保本微利”的定价原则，也只是从总体上和名义上讲的。实际上，由于不按成本定价，小印数图书不仅无法盈利，而且还亏本，甚至大亏本。因此，这种定价有违背图书生产规律和商品经济规律的一面，在一定程度上已经丧失了价格的市场功能，而仅仅作为图书实物计量的单位而存在①。

（二）政府制定指导价阶段（1984—1993）

政府指导价，是指政府有关价格行为监管机构为了调控市场价格水平和结构，在其权力范围内以法律形式统一确定某市场客体价格或其波动范围的价格管理形式。② 在图书的价格管理方面，随着国家逐步取消对出版用纸的补贴，图书生产成本逐渐提高，图书发行体制改革带来的发行企业的高度竞

① 卿家康．我国图书定价改革与当前书价［J］．出版发行研究，1996（4）．

② 阎应福，郝玉柱．市场管理概论［M］．北京：中国物价出版社，2002：301．

争使基层书店在低书价、统一折扣的政策下发生生存危机，书业单位的企业化也引起书业单位的利益冲突，开放的环境培育了读者多样化的需求，这些变化都对图书定价改革提出了强烈要求。于是，政府开始试行图书的政府指导价格管理形式。

图书的政府指导价格管理形式主要有两种，一种是图书定价的分级管理形式，另一种是控制图书的定价利润率形式。

1. 图书定价的分级管理阶段（1984—1988）

图书定价的分级管理形式是在党的十一届三中全会以后，随着改革开放的进行与发展，纸张价格的不断上涨的情况下而推行的。1984 年 11 月，文化部下发经中央批准的《关于调整图书定价的通知》，对 1956 年的书价管理模式作了一些调整。这次调整继续贯彻“保本微利”的原则，既要考虑出版社维持再生产的需要，又要照顾读者的购买力，同时兼顾国家财力。调整的主要内容：一是统编中小学课本和省编课本的定价，由各省、自治区、直辖市根据本地的实际印制成本费用，按“保本微利”的原则自行制定，承担统编课本编辑业务的出版社提供参考性定价，供各地参考；二是对一般图书定价的管理进行了改革。各省、自治区、直辖市的图书定价，由各地根据“保本微利”的原则，自行制定。中央一级出版社按统一制定的图书定价标准幅度（社会科学和文学艺术类书籍，正文每印张定价幅度为 0. 075～0. 16 元；自然科学和生产技术类书籍，定价幅度为每印张 0. 08～0. 23 元；领袖像、年画，每对开印张 0. 13～0. 18 元），制定本单位的定价标准，报上级主管部门批准后实施。期刊可参照图书定价标准计价①。

这次图书定价的调整和改革，最主要的变化表现在两个方面：一是书刊定价权限的分级管理，国家对图书定价作了分级管理的改革，不再制定统一的定价标准，即定价权限改由中央和地方分管，中央一级出版社出版的图书定价由中央管理，地方的图书定价标准由地方自行掌握，各省、自治区、直辖市根据“保本微利”原则研究制定适合于本地区的图书定价标准，付诸实施。二是图书统一定价改为按大类确定每印张定价幅度的办法，就是将过去的 11 大类 26 小类改为两个大类——社会科学类和自然科学与生产技术类，出版社可在规定的幅度范围内根据实际情况制定具体的各类图书的定价。其计算公式是：图书定价＝（每印张正文定价标准×印张数）＋（每页

① 《当代中国》丛书编辑委员会．当代中国的出版事业（中）［M］．北京：当代中国出版社，1993：517-518.

插页定价标准×插页数）+封面定价。

这些改革虽然使图书定价具有了一定的弹性，定价的集中程度有所松动，但并未从根本上改变定价权归国家的这一本质内容，还属于政府指导价格的管理形式。在高度集中的计划经济体制下，书业企业只能按照国家的计划价格体制运作，不能自主定价①。

2. 控制定价利润率管理阶段（1988—1993）

控制定价利润率管理形式是随着我国高度集中的计划经济体制向社会主义市场经济体制过渡，国家原有的价格体制政策开始变革而推行的。以1987年4月吉林出版总社向该省物价局申请试行学术专著按成本定价为契机，同年12月，国家物价局同意科学出版社六类印数在3000册以下的图书，即学术专著、科学研究资料、最新学科介绍、各学科的工具书、著名科学家文集和世界科学名著可以参照成本定价。1988年3月，新闻出版署向全国出版社转发了《同意印数在3000册以下学术著作和专业著作可参照成本定价》的通知，引用了田忆云同志的批示："对科学学术著作价格似应采取放开的政策，不宜采取补贴的办法，个别著作销量少，亏损较多的，可适当补贴"。各出版社在确定印数较少的学术和专业著作价格时，既要核算成本，参照成本定价，又要考虑读者的承受能力，适当把握书价的上调幅度②。这在局部范围内突破了按印张定价的模式。同年8月新闻出版署在《转发国家物价局〈关于改革书刊定价办法的意见〉》中规定，除中小学课本和大中专教材以外的书刊实行价格改革。改革后的定价原则仍按"保本微利"的原则掌握，具体价格水平采取控制定价利润率的办法，即一个出版单位年度图书定价的总利润率应控制在5%~10%的幅度内的办法，定价权仍由中央和地方的有关机关分别管理。为促进科学技术事业的发展，对有价值的学术专著，定价权下放给出版社，由其根据实际情况自行确定售价。具体定价时，出版社要把握一般图书全年的定价利润率不超过10%；中小学课本最高定价利润率不超过5%；大中专教材最高定价利润率不超过10%。

这是图书定价政策的又一次重大改革。这次改革废除了我国沿袭近30年的按印张定价的办法，基本确立了国家控制定价利润率，各出版单位可根

---

① 方卿，姚永春．图书营销学［M］．太原：山西经济出版社，1998：244.

② 吴江江，石峰等．中国出版业的发展与经济政策研究［M］．武汉：湖北人民出版社，1994：472.

据成本等实际情况自行定价的办法。这一改革措施，有利于出版事业的发展，但也出现了提价幅度过大，书价偏高的问题，在某种程度上抑制了购买力。

（三）出版单位自主定价阶段（1993 年至今）

自主定价，是指市场主体根据供求状况，或以协商方式确定市场价格的行为①。1992 年党的十四大明确提出建立社会主义市场经济体制，随着经济体制的转型，我国原有的价格体制政策也发生了变革。在图书价格管理方面，我国原来实行的按印张分类别定价以及控制定价利润率的计划定价模式得到基本改革。除中小学教科书等少数出版物仍实行国家指导定价外，其他各类图书的定价权都已下放到出版单位。在此基础上，我国基本建立起了以成本为导向的书业企业自主定价体制②。

1993 年 4 月，国家物价局重工司和新闻出版署计财司根据国家物价局有关文件精神，联合发出《关于改革书刊价格管理的通知》，这次改革进一步下放了定价权限，再次明确大中专教材和中小学课本价格仍按现行管理体制和管理权限实行国家定价，其他图书的价格基本放开，由出版单位自行制定。即国家和省级教育行政管理机关指定与中小学课本配套的教学参考书、复习资料、学生练习册以及中小学必备的字典，由出版单位提供印张定价标准和定价依据，并按照隶属关系报新闻出版管理部门和物价主管部门批准执行；党和国家的重要文献按照微利原则由出版单位制定具体定价标准，报新闻出版署、国家物价局备案；其他图书的价格由出版单位根据纸张成本、印刷工价和发行册数自行制定定价标准；各级新闻出版主管部门和物价主管部门要加强对图书价格的宏观管理，引导出版单位正确定价，确保图书价格的稳定。这就明确规定了由出版单位根据纸张成本、印刷工价和发行册数制定价格标准。经过这次改革，我国一般图书的价格基本上放开了。

二、图书发行折扣的类型

折扣，即价格折扣，也称为让利，是指在商品买卖活动中一方经营者在所成交的价款上给对方以一定比例的减让而返还给对方的一种交易上的优惠。一般情况下，折扣是卖方给买方的一种让利③。所谓图书发行折扣，是

① 阎应福，郝玉柱．市场管理概论［M］．北京：中国物价出版社，2002：298.
② 方卿、姚永春．图书营销学［M］．太原：山西经济出版社，1998：245.
③ 黄先蓉．书业法律基础［M］．太原：山西经济出版社，2001：188.

指图书发行实价与码价的差额。码价，也称为码洋，是指图书售出时未打折扣的总定价。码洋的“码”源于英文Market（市场）一词的音译；“洋”出自中国旧时对银元的俗称。“码洋”一词是外来语与旧时俗称的结合，是中国出版业约定俗成的用语。中国出版会计制度中现使用“码价”一词。该词源于英文Market Price（市场价格）。实价，也称为实洋，是图书售出的实售价或打了折扣后的批发价①。当图书按定价直接售出时，其码价与实价是一致的；当代销或批发销售时，则因给予销售单位一定折扣，码价与实价就不同。例如，某书定价10元，出版社按6.7折批给书店10册，对出版社来说，该批书销售码洋100元，销售实洋67元。

在我国，图书一般按书上标明的价格零售。但根据出版行政部门的有关规定，对不同的销售方式，允许有销售折扣上的优惠，因而实际销售收入是不同的。在出版社与书店之间，书店系统的发货店与销货店之间，大多采取折扣的办法来结算购销图书的货款。出版社按书价的一定比例给予发行部门的份额，即为发行折扣。发行折扣由两项要素构成：一是出版物在生产领域形成产品后，尚需从生产领域运到使用者领域，才能发挥效益。这一过程中所耗费的社会劳动（包括活劳动和物化劳动），理应追加到出版物价值中，成为出版物价格形成的一个因素。由于出版、发行的分工，这部分价格以发行折扣形式付出。二是对发行部门开展出版物经营活动所必需的补偿。按照现行政策，发行折扣的类型有两种：一种是由国家出版行政部门统一规定的折扣，另一种是浮动折扣②。

1. 统一发行折扣阶段

统一规定的发行折扣，是由国家出版行政部门发布，在全国范围内实施，视不同的购销形式而有所不同的折扣③。在计划经济体制下，企业不以盈利为目的，没有生产经营的自主权，批发者、零售者赚多赚少一个样，互相之间没有利益冲突，因此，由国家出版行政部门统一规定批发者的销售价格，目的是完成图书的发行任务，这在计划经济体制下是可行的。

早在1951年1月1日新华书店总店在北京成立，出版与发行实行分工专业化之后，中共中央宣传部部长胡乔木在一次会议上指出：新华书店总店与人民出版社的关系应该是“亲兄弟，明算账”。本着这个精神，社店双方

---

① 边春光主编．编辑实用百科全书［M］．北京：中国书籍出版社，1994：472.
② 边春光主编．编辑实用百科全书［M］．北京：中国书籍出版社，1994：468.
③ 边春光主编．编辑实用百科全书［M］．北京：中国书籍出版社，1994：468.

于3月1日签订了产销合同。其要点是：人民出版社的出版物由新华书店总店总发行，不得委托第三方发行；购销形式分订货、寄售两种，以订货为主，寄售为辅；出版社按6.5折向总店收款，出书第二个月起，每月付25%，四个月付清；寄售书按月实销实结。产销合同的鉴证人是出版总署办公厅。这个合同符合书刊产销规律，社店关系比较顺，促进了出版发行事业的发展①。

1953年出版总署决定降低书价，并对新华书店减少发行折扣，实行征订包销制度，图书出版后新华书店立即向出版社付清全部书款，改变了原来的产销协议。当时纸张、印刷成本无法减少，只好采取行政命令减少5%的发行折扣。发货店从6.5折进货改为7.0折进货。发货店给各地新华书店的调拨折扣也减少5%。从1954年起，总店的进发货业务部门改制为北京发行所以后，就逐渐实行这种办法。这种征订包销体制一直延续到20世纪80年代，30年没有大的改变②。

1982年7月10日，文化部发布《关于出版社和新华书店业务关系的若干原则规定》，对出版社与新华书店之间的购销形式、征订包销形式的具体做法、征订包销形式下出版社自办发行办法作了明确规定："征订包销的图书，发货店在图书入库后五天，按规定折扣（一般图书为7.0折，马列著作、毛泽东著作暂为8.0折）向出版社划拨货款"；"出版社自办发行的图书，批发折扣原则上应与新华书店的批发折扣统一，零售价格应与新华书店一致，售书时间原则上应与基层店一致"。③

为进一步推动图书发行体制改革，理顺出版社和书店之间的关系，调动各方面的积极性，使图书的出版与发行最大限度地满足广大读者的需要，根据中央关于经济体制改革的决定和加强出版工作的决定精神，国家出版局1986年7月1日发布了《关于推行图书多种购销形式的试行方案》，方案规定：凡包销的图书，除中小学课本和大中专教材仍为7.0折进货，7.8折发货外，其余（党和国家领导人著作，党和国家的重要文献，以及由党和政府统一规定学习的政治理论书籍；年画、年历、挂历、台历；内部发行的图

① 中国新华书店协会．店史述真·新华史话（二）·胜利发展中的十年（1947—1956）［EB/OL］．http：//www.xinhuabookstores.com.

② 《当代中国》丛书编辑委员会．当代中国的出版事业（中）［M］．北京：当代中国出版社，1993：395.

③ 中国出版年鉴社编．中国出版年鉴［M］．北京：中国出版年鉴社，1983.

书；出版行政部门规定控制发行数量的图书）均调整为6.8折进货，7.5折发货。提高的进销差价部分，全部转让给销货店，以利于基层书店扩大批发和零售。

实行经销的图书，由出版社负责总发行，新华书店负责经销，折扣为6.7折进货，7.5折发货。实行寄销的图书，由出版社负责总发行，新华书店负责寄销，折扣为6.9折进货，7.7折发货。统一规定的发行折扣如表8-1①。

表8-1 统一规定的发行折扣

购销形式 \ 折扣 \ 项目		出版社批给发货店（即书店进货折扣）	发货店发货折扣		
			市、县（区）书店	直辖市书店	省（区）店备货
征订包销	课本教材	7.0	7.8	7.5	7.4
	一般图书	6.8	7.5	7.3	7.2
经销		6.7	7.5	7.2	7.1
寄销		6.9	7.7	7.4	

另外，出版社对基层国营书店、集体、个体书店和对自办或合办的门市部的批销折扣，应与发货店对基层书店的发货折扣一致。少数民族文字图书的进发货折扣，由各地参照本方案自行协商确定。基层新华书店对集体、个体书店、农村供销社或其他图书销售点的批发折扣，现款批发不退货的调整为8.2~8.3折（即销货店的进货和批发差价一般应为7%）；对农村供销社的经销包退货的批销折扣调整为8.3~8.5折。

出版社和书店双方的零售价格应保持一致。除在重要节日，举办图书展销、书市或建社（店）纪念活动时可以给读者以最多不超过10%的优惠折扣外，未经当地出版行政部门批准，不得随意给予优惠折扣或降低零售价格（滞销书降价处理除外）。

1986年9月5日，国家出版局发布《关于推行图书多种购销形式的试行方案》的补充规定，规定了图书进发货折扣调整后，新华书店内部相关

① 边春光主编．编辑实用百科全书［M］．北京：中国书籍出版社，1994：468.

的发货折扣调整为：

（1）新华书店北京、上海发行所对北京、天津、上海三个直辖市书店（二级转发）的发货折扣，可按“试行方案”规定的发货折扣适当调低：包销图书（除课本、教材外）调低两个折扣（即由7.5折调为7.3折）；经销图书调低三个折扣（即由7.5折调为7.2折）；寄销图书调低三个折扣（即由7.7折调为7.4折）。货款结算时间按规定办理。

（2）照顾历史延续关系，支援少数民族地区的图书发行工作，新华书店北京、上海发行所给新疆、内蒙古、西藏自治区书店的包销、经销图书的发货折扣一律由7.5折调整为7.2折，寄销图书由7.7折调整为7.4折，货款结算时间按规定办理。

（3）对省级书店备货的发货折扣调整为：包销图书除课本、教材外按7.2折发货；经销图书按7.1折发货。

（4）对实行二级进货的地市书店的发货折扣和委托其他省市书店代发货的费用，由发货店和有关书店协商确定。

2. 浮动发行折扣阶段

浮动发行折扣是指在国家出版行政部门统一规定的发行折扣的基础上，允许由社、店双方协商，在一定范围和幅度内上下浮动的折扣。上浮就是提高批发价，即减少发行折扣；下浮就是降低批发价，增加发行折扣。增加部分又称为优惠折扣①。

根据国家新闻出版署1991年8月16日发布的《关于图书发行浮动折扣的试行办法》，允许实行浮动折扣的范围和幅度是：

（1）国家规定的包销类以外的图书，包括书籍、画册、挂历、年历、年画和台历等，出版社、发货店可以在规定的幅度内实行浮动折扣（或批量折扣）。包销类图书不实行浮动折扣。

（2）实行浮动折扣的图书，批发对象限于新华书店、外文书店和古旧书店的销货店。对其他发行单位不实行。

（3）出版社或发货店对销货店的批发折扣不得高于7.5折和低于7.2折。但经出版社与发货店双方协商一致，或经新闻出版署批准举办的全国性的图书展销会、订货会、书市，其批发折扣的幅度可再向下浮，但不得低于7.0折。

（4）经出版社、发货店双方协商一致，发货店向出版社的进货折扣也

① 边春光主编．编辑实用百科全书［M］．北京：中国书籍出版社，1994：468.

可适当浮动。

（5）自然科学、工程技术类图书（不含生活类图书），印数少、读者面窄的学术著作，经出版社、发货店协商一致或当地省级以上（含省级）新闻出版行政部门同意，其批发折扣和批发对象可不受限制。

1991年12月12日，新闻出版署和财政部联合发布了《关于调整少数民族省（区）图书发行折扣的若干规定》，规定要求：凡发往少数民族省的一般图书（指除中小学课本和大中专教材以外的各类图书、挂历、年画、年历、台历等），出版社一律以6.5折向新华书店发货店供货，发货店一律以7.0折向少数民族省销货书店发货。发往其他地区图书的进发货折扣不变。出版社自办发行部门直接向少数民族省新华书店供应的，一律以7.0折发货。

1992年1月27日，为便于各地贯彻执行《关于调整少数民族省（区）图书发行折扣的若干规定》的内容，新闻出版署发布了《关于调整少数民族省（区）图书发行折扣的补充规定》，要求：少数民族省（区）书店的添货，不执行"若干规定"调整的折扣，仍按现行进发货折扣执行。为简化手续，发货店对少数民族省（区）店发货，一律先按7.5折制票、发货、结算；每半年清算一次（当年七月和次年一月各一次），由发货店按发货总额的5%主动汇付给少数民族省（区）店。

在一般情况下，实行浮动折扣的目的主要是鼓励竞争，扩大图书销售额，促进出版发行企业改善经营管理，支持发行企业进行更多的宣传促销以扩大销售。在实践中，上浮的，即减少发行折扣的，主要是对市场紧俏的畅销书的添进；下浮的，即增加发行折扣的主要是一些大型套书，印装浩繁的图书，有一定季节性的图书，以及展销用的图书等。目的是弥补大量进货可能发生的存货积压风险，或者是弥补举办书市展销或展销活动的场地开支等，鼓励经营者扩大销售，提高出版物的社会效益和经济效益，以满足读者需要。

三、对出版物市场价格行为的管理

在我国由于大中专教材和中小学课本价格仍按现行管理体制和管理权限实行国家定价，其他图书的价格基本放开，由出版单位自行制定，图书发行的折扣也由出版单位与发行单位协商，因此，我国在出版物市场价格行为的管理上，对中小学教材和一般图书有所不同。

(一) 对中小学教材价格的管理

中小学教材（以下简称教材）是指列入教育部和省级教育行政部门颁布的《中小学教学用书目录》的学生用书。中小学教材的编写、出版、发行和管理，是普及九年义务教育和推进素质教育的一个关键环节。多年来，教育、新闻出版行政部门和价格主管部门加强中小学教学用书价格的管理，保证了教育事业的发展。但是，近几年来，中小学教材价格居高不下，教辅材料过多、过滥的现象突出，严重增加了学生家长特别是农村学生家长的经济负担，社会反映强烈，不利于九年义务教育的普及。为加强中小学教学用书管理，切实减轻农民负担，全面推进素质教育，2001 年，《国务院办公厅转发体改办等部门关于降低中小学教材价格深化教材管理体制改革意见的通知》，就降低中小学教材价格，深化教材管理体制改革提出了几点意见。这之后，2001 年 6 月 7 日，经报请国务院同意后，国家计委、教育部、新闻出版总署制定了《中小学教材价格管理办法》，要求各地价格主管部门、教育、新闻出版行政部门对中小学教材编写、出版和发行等环节进行一次全面清理整顿，坚决取缔各种乱收费。

1. 改革教材价格管理体制

加强对中小学教材价格的管理，主要从两方面着手：一方面深化教材出版发行体制改革，打破垄断，引入竞争机制；另一方面改革教材价格管理体制。

(1) 深化教材出版发行体制改革，打破垄断，引入竞争机制。

深化教材出版发行体制改革主要是按照出版发行管理体制改革精神，改革中小学教材指定出版方式和单一渠道发行的体制。规定“教材的出版发行由符合教材出版发行资质的出版发行机构（或出版发行联营机构），在价格主管部门制定的价格范围内，在保证‘课前到书，人手一册’的前提下，通过竞标进行”。教材出版发行机构的资质由新闻出版总署确认。本着保证质量、公平竞争、降低成本的原则，引入新华书店以外的发行机构参与教材的发行。中小学教材的出版发行以省、自治区、直辖市为单位，由省、自治区、直辖市人民政府负责，省级新闻出版行政部门牵头、教育行政部门和价格主管部门参加，面向全国招标。

(2) 改革教材价格管理体制。

对教材价格坚持实行中央和省、自治区、直辖市两级管理原则。进行教材出版发行改革试点的地区，中小学教材的价格在价格主管部门规定的基准价及其浮动幅度内，由出版发行机构竞标产生。教材基准价按租型、出版、发行等环节发生的行业平均成本和5%的成本利润率核定，实行中央和省、自治区、直辖市两级管理。国家课程教材和跨省、自治区、直辖市流通的地方课程教材的基准价和浮动幅度，由国家计委会同新闻出版总署和教育部制定；地方课程教材的基准价和浮动幅度，由省、自治区、直辖市人民政府价格主管部门会同同级新闻出版和教育行政部门制定，并报国家计委备案。

2. 规定教材零售价格

由于教材零售价格直接面对全国广大的中小学学生，事关九年义务教育的普及，国家计委、新闻出版总署要求各地区要按照《关于核定2001年秋季中小学教材价格有关问题的通知》的要求，取缔不合理教材费用项目，调减租型费率和发行折扣率，严格控制教材出版环节的利润率水平，降低2001年秋季教材价格。各地区教材价格核定的具体情况，报国家计委备案。2002年起，教材价格按照保本微利的原则，以租型、出版、发行等环节发生的行业平均成本和5%的成本利润率为基础，核定教材印张绝对金额，进一步核减教材价格。

根据《中小学教材价格管理办法》的规定，教材零售价格由省、自治区、直辖市人民政府价格主管部门会同新闻出版行政部门根据国家规定的印张指导价和教材的印张数量、封面价格、插页价格以及出版发行环节的增值税确定。计算公式为：教材零售价格=（印张单价×印张数量+封面价格+插页价格×插页数量）×（1+增值税率）。

（1）印张单价。

印张单价实行政府指导价，由省、自治区、直辖市人民政府价格主管部门会同新闻出版行政部门在国家规定的印张中准价和浮动幅度范围内，根据纸张价格、印装工价、发行数量、发行距离等因素，制定具体印张单价。印张中准价和浮动幅度也由国家计委会同新闻出版总署制定，印张中准价为不含增值税的价格，由租型费和出版发行环节的行业平均成本费用、利润两部分构成。

- 租型属于著作权使用许可和专有出版权再授权许可的行为。租型费由著作权使用费和版型制作过程中发生的直接支出、间接费用、合理分摊的期间费用构成，由国家计委会同新闻出版总署与国家版权行政部门制定。
- 出版环节的成本费用由出版单位的生产经营成本和合理分摊的期间费用构成。生产经营成本包括稿费、编录费用、校对排版费用、纸张材料费用、印刷装订费用（制版、上版、印刷、装订）等各项直接支出（不含前项规定的租型费）和间接支出。期间费用包括销售费用、管理费用、财务费用。

● 发行环节的成本费用由发行单位的经营成本费用和合理分摊的期间费用构成。

印刷和纸张材料相同的本版教材与租型版教材实行同一印张单价。租型版教材不支付稿酬费用。省、自治区、直辖市人民政府价格主管部门违反规定，对印刷和纸张材料相同的本版教材和与租型教材规定两种价格的，由国家计委责令其纠正。

教材的成本费用要严格依据有关财务会计制度核算。任何部门和单位不得向出版、发行单位收取未经法律、法规明确规定的费用。

教材出版发行实行保本微利原则。印张中准价的利润为印张成本费用的5%。

（2）教材封面价格和插页价格。

教材封面价格和插页价格由制作封面和插页实际发生的成本费用、利润构成。利润率按成本费用的5%计算。具体价格由省、自治区、直辖市人民政府价格主管部门会同新闻出版行政部门制定。

省、自治区、直辖市人民政府价格主管部门会同新闻出版行政部门制定的教材印张单价、零售价格以及教材封面价格、插页价格，报国家计委备案。

在教材生产经营成本发生较大变化时，价格主管部门要会同新闻出版行政部门及时调整印张指导价和教材零售价。

制定或调整印张中准价和教材零售价格应当进行价格、成本费用调查，听取学生家长、出版发行单位和有关方面的意见。价格主管部门进行价格、成本费用调查时，出版发行单位应当如实反映情况，提供必需的账簿、文件以及其他相关资料。

出版单位应在教材版权页中标明零售价格、印张数量、印刷数量等内容。

3. 对违反规定的处罚

租型、出版、发行单位有下列行为之一的：（1）不执行政府定价、政府指导价的；（2）提前或者推迟执行政府定价、政府指导价的；（3）擅自制定属于政府定价、政府指导价范围内教材价格的；（4）违反《中小学教材价格管理办法》的其他行为等，价格主管部门应责令其改正，没收违法所得，并可处违法所得5倍以下的罚款；没有违法所得的可处2万元以上20万元以下的罚款；情节严重的，责令停业整顿。

租型、出版、发行单位、有关部门和单位违反《中小学教材价格管理办法》规定，有下列情形之一的：（1）有禁不止，屡查屡犯的；（2）伪造、涂改或转移、销毁证据资料的；（3）转移与价格违法行为有关资金的；（4）其他性质严重、情节恶劣、社会影响较大的，应从重处罚。

2006年，国家发展改革委、新闻出版总署发布《关于进一步加强中小学教材价格管理等有关事项的通知》，降低教材正文印张基准价格，取消价格上浮政策，根据教材正文印张生产成本变化情况，下调教材正文印张基准价格。要求各省、自治区、直辖市价格主管部门会同新闻出版行政部门根据规定的教材正文印张基准价格，在下浮5%的浮动幅度内，制定本地区教材印张单价。

为促进资源节约，推动中小学教材循环使用工作，保证循环教材出版印刷质量，维护广大学生切身利益，2012年6月12日，国家发展改革委、新闻出版总署、教育部就中小学循环使用教材价格政策问题发布《关于中小学循环使用教材价格政策问题的通知》，考虑到循环使用教材特殊性以及印制、装订要求相对较高，循环使用教材正文可使用105克纸张；循环使用教材正文印张、封面、插页价格按《国家发展改革委、新闻出版总署关于进一步加强中小学教材价格管理等有关事项的通知》相应基准价格上浮20%执行。

2015年6月3日，国家发展改革委、教育部、司法部、新闻出版广电总局发布《关于下放教材及部分服务价格定价权限有关问题的通知》，规定列入中小学用书目录的教科书和列入评议公告目录的教辅材料印张基准价及零售价格，由省、自治区、直辖市人民政府价格主管部门会同同级出版行政部门按照微利原则确定。自此中小学教材退出国家统一定价，定价权下放各省。

（二）对一般图书价格的管理

1．“高定价，低折扣”现象

一般图书是指除中小学教材以外的各类图书。关于一般图书的定价，现在的政策仍然沿用的是1993年新闻出版署、国家物价局联合制定的“放开图书价格，除大中专、中小学教材由国家定价、中国共产党与国家重要文献报总署备案外，其他图书都是出版单位自行定价”的规定，而关于图书发行的折扣，也是根据新闻出版总署1991年发布的文件《关于图书发行浮动折扣的试行办法》的规定，国营书店的折扣不得低于7.0折，书商、民营书店的折扣与出版社自行商定。“在市场规范的情况下，图书发行折扣若稳定在6.5折到6.8折之间，读者、发行、出版三方的利益都会比较合理。”①然而，现在图书发行市场“折扣战”早已冲破这一“合理”临界点，出现了“高定价、低折扣”的现象，既有“新书一上市就打折”的怪现象，也存在各种各样的特价书市。这些现象的出现，严重扰乱了出版物市场正常的经营秩序，滋生了流通环节的腐败，损害了读者的利益，阻碍了出版物市场健康、有序的发展，因此，出版行政部门应建立出版物市场价格行为的约束制度，对市场主体的价格行为进行合理的约束，对这种不规范的市场竞争行为加强管理。

(1)“高定价、低折扣”图书的特点。

“高定价、低折扣”图书，也称为“一折书”，是人们对那些脱离成本核算标准超高定价，又以与定价不成比例的折扣超低价销售的出版物的专用称谓②。它们的特征主要表现在以下几方面：一是盗版、盗印或盗用出版社的名义出版的非法出版物；二是由书商或印刷厂非法加印的；三是由部分出版社和社会上一些文化工作室合作出版的；四是出版社违规卖书号出版的；五是一些出版单位削减库存的图书，特别是近年来兴起的礼品书。

除了“高定价、低折扣”这个显著的特点外，通常还表现为：①内容上以大型工具书、古典名著、史学典籍、绘画艺术、名人传记、百科全书等为主；②装帧精美，看似具有收藏和装潢价值；③多以套书、大书形式出现；④一般在图书批发市场、特价书市、民营图书发行公司等地出售，有时甚至是集贸市场；⑤粗制滥造——缺页、少字、错字、颜色套印参差等现象，看上去包装非常精美的书，看不了几天就散页。当然其中不乏有很高珍藏价值的礼品书。

这些大部头的图书，很容易做大，定价自然就很容易定得很高。面对高定价的大部头图书，再施以特价“一折”的杀手锏，很少有人能抵挡住诱惑。比如，一套《孙子兵法连环画丛书》，原定价是78元。经过重新包装后，“丛书”看上去豪华多了，定价“水涨船高”，变成了680元。经过一折左右的特价打折，卖价是80元。如果仅看折扣，定价680元的大部头书，

① 鲍晓倩．书业竞争重蹈家电业覆辙？出版业亟须自救［EB/OL］．新华网．http：//news. xinhuanet. com/，2003-08-28.

② 方菲．定价制将封杀一折书［N］．中国图书商报，2003-03-21.

花 80 元就能买下，实在是划算。可事实上与原先的定价 78 元相比，吃亏的还是读者，读者不但没捡到便宜，反而比以往多花了两元钱①。

"一折书"的突出特点是大部头、字号大、定天价、卖地价，售价往往只有定价的 1/10，甚至还不到定价的 1/10。这类图书的生产、定价、销售模式与普通图书不同。目前，我国图书多是按成本定价，印刷费、纸张成本、版税以及营业税等约占书价的 30%~40%，再加上 30%左右的流通费用，通常的图书一个印张的定价在 1.2~1.5 元，一些专业书可能略高。而"一折书"由于大多是古典名著、世界名著等畅销书，不需要付稿酬，大批量印刷和整套推出更在印制环节上节省了成本，"一折书"一个印张的定价可达 10 元以上，给此类图书留出了一个相当大的利润空间。出版者由此制定出一条类似传销机制的价值链条，经销者不断发展自己的下线，即使图书最终卖到一折，也依然有利可图。

（2）造成"高定价、低折扣"现象的原因。

图书价格是由生产过程中所耗费的生产资料价值和支付给劳动者的劳动报酬以及管理费、发行费用、税金和利润构成的，这是我国图书价格的构成标准。改革开放以来，生产资料价格和人员费用即生产成本都有所上涨，这是图书价格上涨的根本原因，有着客观必然性，是其合理因素。但是图书价格上涨过猛，幅度过大，让读者难以承受，其非合理因素成分也很多，如企业定价行为不规范，其中最突出的是垄断发行和高折扣。主要是一些学习材料、统编文件、政治读物，其发行依靠行政权力自上而下，而购买者多是单位，因此出版社定高价以获得垄断利润。高折扣，高价低卖，破坏了图书明码实价的权威性，有的甚至价格畸高，严重背离了价值。出现这种现象，其原因恰恰在出版单位自身。在机构臃肿、冗员过多、负担很重且经营管理水平不高的情况下，要保持出版社较好的经营效益，最简便的办法就是提高书价，虽然这是一种以牺牲市场为代价的短期行为，但却十分有效。出版单位所以能够通过提高书价来保证较高的利润和掩盖自身经营管理水平的低下，究其原因：

一是出版业的图书价格机制不科学、不合理，根源在于宏观管理的问题。从我国的国情出发，为保证出版事业坚持正确的政治方向，坚持正确的舆论导向和积极的社会效益，国家对出版业实行保护政策，这对于贯彻党的

① 李艳．冷眼看一折书［EB/OL］. http://www.jhnews.com.cn.

基本路线，繁荣和发展出版事业起了积极的作用，但同时也给图书价格机制的形成带来了一定的负面影响。如果在宏观管理上对价格放松监管，就有可能使价格失控。我国的出版行业中既缺少价格控制，又不能公平竞争。在国家实行保护政策和严格控制市场准入的条件下，出版单位享有国家赋予的出版专营权，又可以不受成本价格控制，自行定价，使他们成为一种特殊的价格形成主体。

二是图书定价仍沿袭传统的方法。从图书单价看，在生产成本、发行费用等一定的情况下，图书价格的高低取决于印数的多少，即图书单价=（生产成本+发行费用+利润+税金）/印数。从上式可以看出，图书单价与印数成正比，而印数的多少由读者需求量决定。目前，从总的情况看，出版社没有考虑市场的需求和市场竞争的需要，仍然采用计划经济时期成本加成定价法，即在成本的基础上加一定的利润确定图书定价。有些出版社则采用更简单的定价方法——印张定价。同时，一些出版社既没有制定严格的图书定价程序及定价原则，也没有严格的成本核算制度，定价的随意性很大。有的出版社甚至放任不管，将定价权下放给责任编辑或承包部门。

（3）对“高定价、低折扣”行为的管理。

近几年来，图书价格偏高的问题越来越突出，书价一路上涨，图书价格上涨幅度超出物价平均上涨水平，难怪在全国政协十届一次会议上，政协委员们要痛斥“买不起书、吃不起药、住不起房”三大价格虚高现象①，认为“‘一折书’有七宗罪：买卖书号、巨额价差、价格欺诈、扰乱市场、诱导犯罪、造成公款流失、部分书籍质量低劣（见表8-2），并准备在下一届两会上提出提案讨论整治天价图书问题”②。尽管有的出版社认为“书价并没有虚高”，“虚高”是一种错觉，并以国内10年前的状况与国外的现状进行“纵”“横”比较；也有的出版社自称本社出版的图书印张价格在1.20~2.00元，还有的称只在1.00元左右，甚至最低会到0.39~0.50元，但据调查统计，85%的读者认为书价过高，想买的书买不

① 李术峰、张景勇．书价、药价、房价，政协委员痛斥三大虚高［EB/OL］．焦点房地产网，http：//house.focus.cn，2003-03-12.

② 记者陈文定，摄影记者徐文阁，编辑廖明．一折书七宗罪——“特价书展”内幕揭秘［N］．南方都市报，2002-12-13.

起，只能“望书兴叹”①。

表 8-2 “一折书”七宗罪

序号	罪状	具体描述
1	出卖书号	出版社将书号卖给书商，由书商印刷包销
2	巨额价差	标价高，售价低，扰乱市场
3	价格欺诈	书商对天价图书的要价不一，有的 100 元，有的上千元，可以由着性子蒙人
4	扰乱市场	天价图书的“畅销”，使多数遵纪守法的出版社和书店同样蒙受损失，破坏了公正合法竞争的图书市场
5	诱导犯罪	出版社高额的标价，为虚开发票等损公肥私的行为提供了“合理”的外衣和“合法”的保护伞
6	造成公款流失	一些部门买来低折扣的书，但虚开发票报账，甚至开全价发票，使巨额公款流入个人腰包
7	部分书籍质量低劣	部分天价图书是错误百出的东拼西凑之作，有的几乎页页都有错，有的错字率超标上百倍

对于任何产业，质量和价格是两大竞争要素。出版物市场上“高定价、低折扣”图书的出现，却使得价格成为出版业竞争中的主要因素（这里的价格是图书在发行时的折扣率，而不是图书的定价）。在出版物市场上，出版物批发者、零售者一般以折扣率作为进货或陈列售卖的主要衡量标准，都希望拿到更低的折扣率，获取更大的利润。而对于出版社来说，要扩大发行量，不得不一再压低折扣率，出版社的利润空间压缩到前所未有的地步。有的出版社为了提高利润，往往会将一部分利润损失通过种种手段转嫁给读者，常见的就是提高图书定价。于是，“高定价、低折扣”的现象成为当前出版业竞争的一大怪现状。出版物发行折扣低—出版利润少—图书定价高，形成了一个恶性循环的怪圈，在这个怪圈中，各级图书经销商获得了较高的利润，读者成为了最终的受害者。

2000 年以来，全国各地兴起的“高定价、低折扣”图书展销活动，使出版行业成为人们心中的暴利行业。据《青年时讯》和《英才》评出的

① 谢静．书价真的“虚高”吗？[N]．新华读书报，2003-3-28（4）．

2003年十大暴利行业，出版业再次位列其中，并高居第四①。本来是“保本微利”经营的文化行业，却成为一些不法分子攫取暴利的工具。出版物定价的严肃性和权威性荡然无存，书价开始面临中华人民共和国成立后前所未有的信用危机。

在这种情况下，国家计委和国家新闻出版总署分别于2002年11月底和12月初发出紧急通知，要求“对图书市场价格进行调研”，“各省市新闻出版局对本行政区域的出版物订货、展销活动认真清查，对未经批准的出版物订货、展销活动坚决予以取缔，对其主办者、承办者按照有关规定予以处罚”。新闻出版总署发布的《关于进一步规范出版物订货、展销活动的紧急通知》指出，近一段时间以来，不少地方出现了所谓“特价”图书展销活动，举办者多为一些不具备主办出版物订货、展销活动资格的单位和个人。展销的出版物多为高定价、低折扣的大部头图书。这些图书不少为买卖书号出版，还有不少非法出版物混迹其中，成了非法出版活动的庇护所和销赃地……严重扰乱了出版物市场的正常秩序，阻碍了出版物市场健康、有序的发展。为了进一步规范出版物订货、展销活动，净化出版物市场，新闻出版总署在紧急通知中，重申各类出版物订货、展销活动，必须严格履行审批和备案程序。未经批准和备案的一切活动都被视为非法活动，必须坚决取缔，对参展的出版物一律扣留审查，对非法出版物依法收缴，并追根溯源，对其主办者、承办者按照有关规定予以处罚②。国家发展计划委员会发出的《关于开展图书市场价格调研的通知》，要求各地对图书市场价格进行调研，进一步规范图书市场价格秩序。两部委认定“高定价、低折扣”行为带来的“一折书”现象，严重违背了价格法的原则，涉嫌价格欺诈，是不正当的经营行为，必须加以整顿③。

在新闻出版总署下文制止“一折书”销售行为的同时，柳斌杰副署长在“2003年书业高峰论坛”上，就出版业的政策走向发表讲话时也指出：“目前出版物市场价格极不规范，要为发展创造一个良好的环境，就要研

① 魏雅华等.2003十大暴利行业，出版位列第四［EB/OL］. 中国出版信息网，http：//www. 5book. com.

② 李艳. 冷眼看一折书［EB/OL］. http：//www. jhnews. com. cn.

③ 刘颖. “一折书”触犯众怒［N］. 中国图书商报，2002-12-13.

究、制定出版产业发展的税收政策、价格政策。”①

书价偏高，一方面抑制了消费，妨碍了文化的普及和全民族素质的提高；另一方面也使市场竞争不规范的行为难以纠正，出版资源大量浪费和大批图书化为纸浆所带来的损失。市场行为仍需要政府的引导与约束。

针对图书价格偏高的现状，各级管理部门应加强管理，对放开的图书价格要适度控制。特别是在我国市场经济体制还不健全、尚未成熟的情况下，出版物市场还难以开展自由竞争，竞争机制还难以充分发挥作用，难以对图书价格进行自由的调节和制约。因此，在现行的出版发行体制下，国家应在放开微观价格权限的同时，加强价格的宏观管理和调控，以市场作为定价的基本标尺，最大限度地引入课本、教材出版发行的招投标制和价格听证制度，切实推进政企分离和出版物流通大市场的建设，使出版单位真正把出书成本降下来，以最终符合政府和人民的利益。具体可以采取如下措施：

第一，适当强化图书价格的宏观调控。政府及有关价格管理部门应加强与出版部门的联系，对图书价格适度控制，对出版社的价格行为进行约束，禁止通过图书出版牟取暴利的行为。同时将发行量这一因素考虑进去，遵循市场规律要求，允许价格随市场供求变化而变化。

第二，把垄断性出版的图书纳入图书价格政府管制范围，以促进市场的开放和竞争。目前，中小学教材及列入省级教育行政主管部门制定目录管理中的教学辅导材料，其价格实行政府定价，其他图书均实行市场调节价格。这个价格管理范围从实际工作中来看，是远远不够的，各种职称、职位、学历考试用书及各级党政领导机关下发通知的指定政治学习书籍，无论是从其垄断性还是对读者的影响都可以与中小学教材相提并论。因此，这些具有实际上的垄断地位的垄断性出版资源的出版物应当纳入政府定价的范围，将其置于与教材等专营出版物同样的竞争规则之中。

第三，国家应该对学术著作和科技类图书的出版进行一定的政策扶持。例如：国家每年都给一些科研课题下拨一部分经费，如果能够建立国家级的或地方性的出版基金，将一定数目的出版基金与科研经费一样经严格审批后附加在课题中，拨给出版社，以鼓励有一定学术价值并以著作的形式结题的科研课题得以出版。

第四，引导企业自我约束。市场经济条件下，企业是定价的主体。引导

① 汪晓军、王建平．走出价格误区——转型期图书的国家定价方略浅议［J］．出版广角，2003（12）．

企业规范价格行为，是规范市场价格行为的一项重要内容。指导企业建立、完善价格管理制度，以引导企业价格行为科学化、制度化、规范化，同时参与指导价格协调工作，防止出现价格垄断。引导企业洞察市场动态，遵守价格法规，提高经济效益。总之，要深化改革，强化管理，使图书价格机制更加合理、科学。

2. 图书价格战

随着电子商务的发展，各种电商纷纷将业务拓展到图书领域。网上书店突破了陈列空间与时间的限制，不仅可以随时向读者提供数量庞大的图书品种，并且可以做到长时间、无限制的陈列。网上书店利用其特有的优势，不断降低价格，与实体书店之间展开价格战，极大地扰乱了出版物市场的秩序，损害了实体书店、出版社及消费者的利益。

（1）图书“价格战”的表现。

图书价格战主要发生在实体书店与实体书店之间、实体书店与网上书店之间、网上书店与网上书店之间。近几年来，读者在网上书店购书的习惯业已形成，网上书店成为图书“价格战”的主要阵地。为了提升自身的影响，扩大市场占有率，各电商通常会在节假日、店庆日举行大规模的促销活动，而促销活动一般都以“低价售书的形式”呈现，例如“买 200 减 100”“买 100 减 20”“买三免一”“全场四折起”。参与促销活动的图书涉及文学、经管、童书等多个领域，还包括最新上市的畅销书。

（2）图书价格战的危害。

首先，价格战扰乱了出版物市场的秩序，不利于出版物市场的健康发展。价格战作为一种市场竞争手段，其显在效应是使读者在短期内受惠，但就根本和长远的角度而言，会导致行业整体和社会公众的利益受损。为了扩大降价空间，出版商要么降低成本，要么提高定价。降价越来越多，分销商的利润在降低，为了生存和获利，分销商向出版商要求越来越多的折扣。为了应对这种要求，出版商会提高图书定价以给书商更多的折扣，由此形成恶性循环。①

其次，价格战不利于实体书店的发展。同一本书，实体书店按原价销售，而网上书店按照 7 折甚至 6 折出售，有的电商甚至会通过促销活动将价格降至 4 折，以低于成本的价格进行出售。价格战挤压了实体书店本就微薄的利润，迫于房租、水、电费的压力，实体书店难以为继，纷纷倒闭。2010

① 杨闯，吴赟．我国出版市场“价格战”探析［J］．编辑学刊，2014（6）：25.

年1月20日，全国最大的民营书店北京第三极书局停业；2011年6月，拥有16年历史的民营学术书店风入松书店停业；2011年9月，广州仅余的两家三联书店宣布关门；2011年11月，号称拥有全国最大连锁渠道的民营连锁书店光合作用书房也关张歇业①。这些实体书店多为当地的文化地标，它们的倒闭也给文化产业带来不小的损失。

再次，价格战不利于出版社的发展。实体书店和网上书店为了争得读者，扩大市场占有率，必然会通过价格战的方式进行促销。网上书店因批量购买图书，进价相对较低。而一些传统书店迫于生存压力，会从网上书店进购图书，然后将书店剩余库存退还给出版社，从中赚取“差价”。长此以往，出版社的分销渠道只会越来越单一，最终会慢慢失去图书定价的话语权。

最后，价格战损害了读者的利益。从短期来看，电商之间的价格战，让消费者能够买到物美价廉的书籍。但从长远来看，价格战会让读者误以为图书行业为暴利行业，养成低价买书的习惯，非打折书籍不买。为了在价格战中争得一席之地，迎合市场对优惠折扣的需求，某些出版社会从定价入手，把折扣作为定价的重要参考值，这样只会导致劣质图书越来越多，图书价格虚高。网上书店为了博取读者的眼球，一味购进低价图书，这些图书中必然充斥着较多的劣质图书，如果读者只是看折扣买书，就很容易买到质量低劣的图书，这样一来，读者是价格战最终的“买单者”。

(3) 行业内的应对措施。

图书价格战扰乱了出版市场的价格秩序，严重损害了出版社的利益，不少出版社意识到联合维权的重要性。2011年5月，某电商打出促销广告，宣称对商城5万种少儿图书进行4折封顶销售。24家少儿社迅速联合起来向此电商发出律师函，并在媒体上发表要求其停止不正当竞争行为的严正声明。

2010年1月8日，中国出版工作者协会、中国书刊发行业协会、中国新华书店协会起草制定并出台了《图书公平交易规则》，从订货、供货、退货、促销、结算等环节对图书交易行为进行了全面规范。《图书公平交易规则》规定新版图书出版一年（以版权页出版时间为准）内，进入零售市场时，须按图书标定的价格销售，不得打折销售。在特殊情况下，经销商可进

---

① 田慎鹏．实体书店发展的三种选择［N］．中国新闻出版报．http：//news. xinhuanet. com/newmedia/2011-11/16/c_ 122290399. htm，2011-11-16.

行优惠促销，但优惠价格不得低于版权页定价的85%。但因为部分条款被国家发改委认为涉嫌违反《反垄断法》的相关规定，须作修改。2012年，国家发改委就制定《关于豁免新版图书出版发行纵向协议的规定》（试行）征求意见，同意以三个协会的名义起草该规定的实施细则，从“建立科学、公正、和平的图书定价体系”“新版图书（出版12个月内）固定销售价格”“设定新版图书优惠销售最低价格”“对各类书店统一供货折扣”四个方面做出明确规定。

出版社的联合维权以及行业协会联合发布《图书公平交易规则》抵制图书价格战都在一定程度反映了出版行业希望建立一个健康、公正、有序的图书价格体系。然而，仅仅依靠出版社与行业协会无法对抗强大的电商，这就需要政府的支持。政府可以借鉴西方的统一定价制度，从法律的层面规范我国图书价格制度，从而推动图书价格朝着更正确的方向发展。行业协会应该继续加强自己在市场中的地位及影响力，来保障出版社的合法权利；出版社应坚持创新，减少生产同质化图书，形成差异化的优势，通过优质服务来对抗价格战。

第二节　出版物市场交易行为管理

市场交易行为是在供给与需求双方平等协商的基础上，实现确定范围和数量财产权利交换的市场行为①，是生产者、经营者和消费者在市场交易活动中围绕市场客体买卖进行的以签约和履约为中心展开的一系列购买和销售行为。它体现的是一种“纵向”秩序，即原材料供应者与生产者、生产者与经营者、经营者与消费者之间的纵向交易关系。经营者在市场上进行商品买卖活动是为了实现货币资本向生产资本或商品资本的转换，使经过生产后增值的商品转化为带增加值的货币，实现产品的价值。如果市场交易行为规范，商品买卖就能顺利实现，各类企业的资金循环和周转就能顺利进行，社会生产和再生产就能健康发展。因此，市场交易是实现社会再生产良性循环的重要环节，也是实现社会主义生产目的的必要手段②。

市场交易发生在商品的买者和卖者之间，产生的是商品交换关系；出版物市场交易则发生在出版物的生产者、经营者和读者之间，产生的是出版物

① 阎应福，郝玉柱著．市场管理概论［M］．北京：中国物价出版社，2002：322.

② 申长友．市场管理行为规范论［M］．北京：法律出版社，1999：121-122.

商品交换关系。出版物市场交易行为包括出版物的发行行为和契约行为。契约行为即合同行为，后面我们专门论述，这里主要探讨对出版物发行行为的管理，特别是出版物发行单位设立管理和出版物出版发行活动管理以及违反规定的责任等。

一、出版物发行单位设立管理

出版物发行，是把图书、报刊、音像制品等出版物发送到读者的一系列流通和储运活动的总称。按照《出版物市场管理规定》的界定，出版物的发行，包括总发行、批发、零售以及出租、展销等活动。出版物发行单位设立管理主要是规定设立出版物总发行、批发、零售以及出租单位或者从事出版物总发行、批发、零售以及出租业务应具备的条件和设立的程序。因为现代的出版物出版发行活动，不仅需要读者有购买出版物的积极愿望和经济能力，也需要发行部门有必要的人力、物力、财力，适时购进适合读者需要的优质多样的出版物，对一时未能售出的出版物有能力进行妥善的储存保管，并开展各种形式的宣传推销活动，以激励潜在读者的购买热情。因此，有必要对出版物发行单位的设立进行管理，以便既吸引优质企业承包、优良资本进入出版物发行市场，也为出版物发行单位提供平等的市场准入机会，为新闻出版行政部门加强对出版物市场主体的管理提供法律依据。

（一）出版物发行的概念及其发展

在我国出版业的发展过程中，出版物发行这一概念的变化深刻地反映了出版发行体制改革的深化，以及我国成为 WTO 成员的现实，带有鲜明的时代特征。

1. 出版物发行的概念

1991 年 5 月 11 日，新闻出版署、国家工商行政管理局联合发布的《图书总发行管理的暂行规定》对图书的总发行作了界定，认为“图书总发行(即总批发、总经销)，是指图书印制完成后统一归某个出版单位或发行单位承担发行的总责，组织一级批发的发行事宜”。

1999 年 11 月 8 日，新闻出版署发布的《出版物市场管理暂行规定》认为：“发行，包括出版物的征订、储运、批发、零售（包括邮购)、投递及互联网上购销等经营行为。总发行是指出版物印制（复制）完成后，统一由具有总发行资格的出版物发行单位负责该出版物在全国发行的经营行为。批发是指以一定折扣、批量，在一定区域内向出版物发行单位销售出版物的经营行为。零售是指直接向用户或读者销售出版物的经营行为。邮购是通过邮送方式向用户或读者销售出版物的经营行为。投递是指将出版物递送至用户或读者的经营行为。”

《出版物市场管理规定（修正）》认为：“发行，包括总发行、批发、零售以及出租、展销等活动。总发行，是指出版物总发行单位统一包销出版物。批发，是指向其他出版物经营者销售出版物。零售，是指直接向消费者销售出版物。出租，是指以收取租金的形式向读者提供出版物。展销，是指在固定场所或者以固定方式于一定时间内集中展览、销售、订购出版物。”

《出版物市场管理规定》认为：“发行，包括总发行、批发、零售以及出租、展销等活动。总发行是指由唯一供货商向其他出版物经营者销售出版物。批发是指供货商向其他出版物经营者销售出版物。零售是指经营者直接向消费者销售出版物。出租是指经营者以收取租金的形式向读者提供出版物。展销是指主办者在一定场所、时间内组织出版物经营者集中展览、销售、订购出版物。”

2. 出版物发行的发展

在1991年，出版物的总发行还只局限于图书，称为图书的总发行或者总批发、总经销，是在图书印制完成后统一归某个出版单位或发行单位承担发行的总责。为了促进出版发行事业的繁荣，加强对图书总发行工作的管理，建立稳定、良好的图书市场秩序，当时规定，只有国营的出版单位或省级新华书店能够享有这一权利，从事的图书批发，称为一级批发；基层新华书店、集体书店不能从事图书的总发行或一级批发，但它们可以从事图书的批发，称为二级批发。二级批发是指从一级批发商那里批得图书进行转批①。当时从事图书二级批发的单位很多，主要有全国各级基层新华书店，经批准的国有发行单位和集体发行机构。这些二级批发单位多是地方性的图书批发机构，其服务对象主要是当地的零售书店和零售摊点。

1999年新闻出版署依照《出版管理条例》的法律规定和原则，颁布的《出版物市场管理暂行规定》，是我国第一部出版物市场管理方面的专门行政规章。它适用于出版物的总发行、批发、零售等发行业务及监督管理，也适用于出版物的出租、散发、附送等行为，暂行规定还对读者俱乐部、连锁经营、中外合资、中外合作零售企业做了原则规定，反映了出版物市场随着时代变迁在经营内容和经营方式上的巨大变化。

① 全国出版专业职业资格考试办公室编．出版专业理论与实务（中级）［M］．上海：上海辞书出版社，2002：281.

2001 年我国加入世界贸易组织以后，承诺一年内开放北京、上海、天津、广州、大连、青岛和 5 个特区的书、报刊零售市场；第二年开放重庆、宁波及所有省会城市的书、报刊零售市场；第三年开放所有城市的书、报刊批发和零售市场，并取消对外资分销企业在数量、地域、股权方面的限制。在对外资开放的同时，也对国内市场开放。而暂行规定中将发行定义为“包括出版物的征订、储运、批发、零售（包括邮购）、投递及互联网上购销等经营行为”，既不能与国际通行表述接轨，在内容上，征订、储运、投递、互联网上购销等与批发、零售等概念也存在交叉重复现象，因此，2003 年颁布的新规定将“发行”的定义更改为：“包括总发行、批发、零售以及出租、展销等活动”，对“征订”不再表述，将“储运、投递、互联网上购销、书友会、读者俱乐部、连锁经营”等作为发行活动的一种手段或组织形式，参照“总发行、批发、零售”的有关规定进行审批和管理。同时规定“依法设立的出版物发行单位和经批准从事出版物发行业务的个人可以依法从事出版物出版发行活动，非依法律规定，任何单位和个人不得干涉”。可见，我国民营出版物发行企业或以出版物发行为主营业务的企业，只要单位具备规定的条件，可以获得出版物的发行权，设立出版物发行企业或者从事出版物发行业务①。

2013 年 9 月，根据《国务院关于取消和下放一批行政审批项目等事项的决定》和《国务院关于取消和下放 50 项行政审批项目等事项的决定》的规定，取消“设立出版物全国连锁经营单位审批”和“从事出版物全国连锁经营业务的单位变更《出版物经营许可证》登记事项，或者兼并、合并、分立审批”等项目。2014 年 1 月 28 日，《国务院关于取消和下放一批行政审批项目的决定》取消了出版物总发行设立及从事出版物总发行业务单位变更《出版物经营许可证》登记事项，或者兼并、合并、分立的审批。

（二）出版物发行单位的设立

我国实行出版物发行许可制度，未经许可，任何单位和个人不得从事出版物出版发行活动。我国《出版管理条例》对从事出版物的总发行、批发、零售有严格的规定：“从事出版物总发行业务的单位，经所在地省、自治区、直辖市人民政府出版行政主管部门审核后，报国务院出版行政主管部门

① 全国出版专业职业资格考试办公室编．出版专业理论与实务（初级）［M］．武汉：崇文书局，2004：280.

批准。国务院出版行政主管部门应当自受理申请之日起60日内，作出批准或者不批准的决定。”“从事出版物批发业务的单位，须经省、自治区、直辖市人民政府出版行政主管部门审核许可。”“从事出版物零售业务的单位和个体工商户，须经县级人民政府出版行政主管部门审核许可。”“从事出版物连锁经营业务的单位，在省、自治区、直辖市范围内经营的，应当经其总部所在地省、自治区、直辖市人民政府出版行政主管部门批准；跨省或者在全国范围内经营的，应当经其总部所在地省、自治区、直辖市人民政府出版行政主管部门审核后，报国务院出版行政主管部门批准。国务院出版行政主管部门应当自受理申请之日起60日内，作出批准或者不批准的决定。”“从事出版物发行业务的单位和个体工商户经出版行政主管部门批准、取得《出版物经营许可证》，并向工商行政管理部门依法领取营业执照后，方可从事出版物发行业务。”

1. 出版物总发行单位的设立

出版物的总发行是按发行权限划分的批发类型，原来曾称为一级批发。我国对出版物总发行单位的设立有非常严格的规定，在《出版物市场管理规定》实施之前，根据新闻出版署1991年《图书总发行管理的暂行规定》，我国只有出版社和省级以上国有书店才具有出版物总发行权。其中，出版社可办理本社出版的图书的总发行；新华书店省级以上（含省级）发货店（发行所）可办理国内出版的图书的总发行；计划单列市新华书店可办理本市出版社出版的图书的总发行。其他单位申请从事图书总发行的，须具备下列条件：(1) 必须是有国家正式编制的、全民所有制的出版单位或发行单位。(2) 有能够承担责任的主管部门。(3) 有必需的国家拨款的资金、运输车辆、仓储设备。(4) 有向全国（含农村、边远地区）发行图书的发货能力和备货能力。(5) 有固定的发行专业人员，发行专业人员应具有高中以上学历。(6) 有健全的业务规章制度和财务管理制度。符合这些条件要求的单位，申请办理图书总发行业务，须由其上级主管部门专项申报，经所在地省级出版行政部门审查同意，再报新闻出版署审批，向工商行政管理机关申请登记注册后，方可承办图书总发行。可见，当时对从事出版物总发行单位的控制之严格。

1999年的《出版物市场管理暂行规定》从出版物发行审批和出版物发行管理两个方面进一步细化了出版物市场管理，详细规定了从事各种出版物经营业务的主体条件和申请的具体程序，完善了总发行、批发、零售等市场行为规范，确认了批发进场、零售归市、售前送审、出版物年检等制度，对出版物订货、展销活动，中小学教材发行的管理提出了具体措施和要求。其中要求从事出版物发行业务必须遵守国家的有关法律、法规和规章，坚持为人民服务和为社会主义服务的方向；规定申请从事出版物总发行业务的单位，应经其上级主管机关同意，省、自治区、直辖市新闻出版局审核后，报新闻出版署批准、颁发“出版物发行（总发行）许可证”，并向工商行政管理部门领取营业执照，方可从事出版物总发行业务。要求从事出版物总发行业务的单位，应具备下列条件：（1）具有法人资格的国有出版物发行单位或国家核准的国有资本控股的出版物发行公司；（2）有符合新闻出版署认定的、能够承担行政责任的上级主管机关；（3）有与出版物总发行业务相适应的、相对固定的发行专业人员；（4）有与出版物总发行业务相适应的设备和固定的经营场所，注册资金不少于1000万元；（5）有向全国（包括农村、边远地区）发货的能力和相应的备货能力；（6）有健全的管理制度；（7）行政法规及新闻出版署规定的其他条件。

在1999年的暂行规定中，有许多内容已无法适应形势的需要，这些不适应性主要体现在以下三个方面①：（1）中国加入世界贸易组织，对外资进入出版物市场分销领域作出了一些承诺，而暂行规定中的许多市场准入条款和审批程序与此相抵触；（2）出版物市场的发展日新月异，实践中出现了许多新情况、新问题，如连锁经营的发展问题、出版物市场网点规划问题等，应加以规范和总结，并在相应的法规条款中得以体现；（3）新闻出版总署升格后，职能有所调整，市场监管和“扫黄打非”的任务更加繁重，需要相应的法规支持，而暂行规定中罚则部分的力度显然不够，而且与《出版管理条例》的有关条款相抵触，给执法监管工作带来诸多不便，必须加以修改。

因此，为了应对我国加入WTO之后的新形势，我国开始对《出版物市场管理暂行规定》进行修订，修订的总原则是平等准入，减少限制；强化监管，推动发展。总的目标是：通过吸引更多的优良资产和负责任的经营主体参与出版物市场的竞争，以及创建良好的出版物市场竞争环境，发展中国的出版物发行产业，提高国际竞争能力②。在具体修订时，取消了关于设立

① 张福海．出版物发行体制改革的重大突破——关于《出版物市场管理规定》的修订说明［N］．中国图书商报，2003-8-1（2）．

② 张福海．出版物发行体制改革的重大突破——关于《出版物市场管理规定》的修订说明［N］．中国图书商报，2003-8-1（2）．

出版物总发行单位或者其他单位申请从事出版物总发行业务条件的三项限制——企业的所有制限制（不再要求必须是国有或国有控股企业，民营企业也可申请总发行权），上级主管单位的限制，“行政法规及新闻出版总署规定的其他条件”的限制；增加了四项条件，即要求设立出版物总发行企业或者其他单位从事出版物总发行业务，应当具备下列条件：（1）有确定的企业名称和经营范围；（2）以出版物发行为主营业务；（3）有与出版物总发行业务相适应的发行人员，法定代表人或者主要负责人应当具有高级以上出版物发行员职业资格或者新闻出版总署认可的与出版物发行专业相关的中级以上专业技术资格；（4）有与出版物总发行业务相适应的设备和固定的经营场所，经营场所的营业面积不少于1000平方米；（5）注册资本不少于2000万元；（6）具备相应的计算机管理条件和健全的管理制度。

总发行权“裁三增四”为各种所有制资本实行彻底的市场准入平等，为行业吸引优质企业和优良资产进入，为实行行业管理创造了必要的条件。这一修改，意义十分重大，意味着长期困扰民营企业发展的政策准入问题得到了彻底解决，我国民营出版物发行企业或者以出版物发行为主营业务的企业，获得了只要具备规定的条件就可获得出版物总发行权的机会。这也是新规定的最大亮点。应该说，20余年的发行体制改革至此发生了根本性的质变，出版物发行业进入了全新的完全开放的时代。截至2004年9月，国家新闻出版总署已先后批准世纪天鸿、国铁传媒、时代经纬、鸿国世文、天林华翰、小红帽、天合行、陕西飞扬、蓝色畅想、英特颂、文德广运等11家企业获得出版物总发行权①。

2011年，《出版物市场管理规定》规定，设立出版物总发行企业或者其他单位从事出版物总发行业务，应当具备下列条件：（1）有确定的企业名称和经营范围；（2）以出版物发行为主营业务；（3）有与出版物总发行业务相适应的组织机构和发行人员，至少一名负责人应当具有高级以上出版物发行员职业资格或者新闻出版总署认可的与出版物发行专业相关的中级以上专业技术资格；（4）有与出版物总发行业务相适应的设备和固定的经营场所，经营场所的营业面积不少于1000平方米；（5）注册资本不少于2000万元；（6）具备健全的管理制度并具有符合行业标准的信息管理系统；（7）最近三年内未受到新闻出版行政部门行政处罚，无其他严重违法记录。除出版物总发行企业依法设立的从事总发行业务的分公司外，总发行单位应为公

① 郭虹．总发企业的正在进行时［N］．中国图书商报，2004-9-17（5）.

司制法人。

2014 年 1 月 28 日，《国务院关于取消和下放一批行政审批项目的决定》取消了出版物总发行设立及从事出版物总发行业务单位变更《出版物经营许可证》登记事项，或者兼并、合并、分立的审批。自决定发布之日起，国家新闻出版广电总局不再审批出版物总发行资质及相应变更事项。原总发行业务《出版物经营许可证》于 2014 年 6 月 30 日统一作废。此前，仅有从事总发行业务《出版物经营许可证》的企业，可前往省级新闻出版广电行政主管部门换领从事批发业务的《出版物经营许可证》。各级新闻出版广电行政主管部门要完善出版物市场日常巡查制度，加强对出版物发行活动的事中、事后监管，会同文化市场执法机构加大监督检查力度，依法查处违法违规经营活动。

2. 出版物批发单位的设立

出版物批发是指批销商通过中介环节将出版物向经营者成批销售以供其转售的一种商业活动。出版物批发处在出版物商品流通过程中的开始阶段和中间阶段。批发这一环节对于出版企业有着非常重要的意义：出版物要靠强大的批发市场支撑才能去完成生产计划；出版物零售市场的繁荣也必须依赖于批发市场的发展。在社会化大生产条件下，批发由于具有节省劳动耗费、增强产品辐射力、缩短流通时间等优势，成为出版物发行中最为重要的发行环节之一①。

1999 年新闻出版署颁布《出版物市场管理暂行规定》时，要求申请设立出版物批发单位或申请从事出版物批发业务的单位，应经地市级新闻出版行政部门审核，省、自治区、直辖市新闻出版局批准，报新闻出版署备案，由省、自治区、直辖市新闻出版局颁发“出版物发行（批发）许可证”，并向工商行政管理部门领取营业执照后，方可开展出版物批发业务。设立出版物批发单位或从事出版物批发业务的单位，应具备下列条件：（1）国有、集体所有制企事业单位，依法设立的公司；（2）有符合省、自治区、直辖市新闻出版局认定的能够承担行政责任的主管单位；（3）有与出版物批发业务相适应的相对固定的发行专业人员；（4）有与出版物批发业务相适应的设备和固定的经营场所，注册资金不少于 50 万元；（5）法规、规章及省、自治区、直辖市新闻出版局规定的其他条件。

---

① 全国出版专业职业资格考试办公室编．出版专业理论与实务（初级）[M]．武汉：崇文书局，2004：280.

但这些条件显然已不适应时代发展的需要，2003 年在修订关于设立出版物批发单位或者其他单位从事出版物批发业务时，取消了四项限制——国有、集体所有制企事业单位限制，能够承担行政责任的上级主管单位限制，批发单位进场经营限制，省级新闻出版行政部门规定的“其他条件”的限制。增加了四项条件，即新的规定要求设立出版物批发企业或者其他单位从事出版物批发业务，应当具备下列条件：（1）有确定的企业名称和经营范围；（2）有与出版物批发业务相适应的发行人员，法定代表人或者主要负责人应当具有中级以上出版物发行员职业资格或者新闻出版总署认可的与出版物发行专业相关的中级以上专业技术资格；（3）有与出版物批发业务相适应的设备和固定的经营场所，其中进入批发市场的单店营业面积不少于 50 平方米，独立设置经营场所的营业面积不少于 500 平方米；（4）注册资本不少于 200 万元；（5）具备相应的计算机管理条件。

2011 年修订的《出版物市场管理规定》要求设立出版物批发企业或者其他单位从事出版物批发业务，应当具备下列条件：（1）有确定的企业名称和经营范围；（2）有与出版物批发业务相适应的组织机构和发行人员，至少一名负责人应当具有中级以上出版物发行员职业资格或者新闻出版总署认可的与出版物发行专业相关的中级以上专业技术资格；（3）有与出版物批发业务相适应的设备和固定的经营场所，其中进入出版物批发市场的单店营业面积不少于 50 平方米，独立设置经营场所的营业面积不少于 200 平方米；（4）注册资本不少于 500 万元；（5）具备健全的管理制度并具有符合行业标准的信息管理系统；（6）最近三年内未受到新闻出版行政部门行政处罚，无其他严重违法记录。除出版物发行企业依法设立的从事批发业务的分公司外，批发单位应为公司制法人。

2015 年 8 月，国家新闻出版广电总局发布《关于修订部分规章和规范性文件的决定》，删除了“注册资本不少于 500 万元”的规定。

当然，设立出版物批发企业同样要经过相关主管部门的审批，新的规定要求申请设立出版物批发企业或者其他单位申请从事出版物批发业务，须向所在地地市级新闻出版行政部门提交申请材料，经审核后报省、自治区、直辖市新闻出版行政部门审批。省、自治区、直辖市新闻出版行政部门自受理申请之日起 20 个工作日内作出批准或者不予批准的决定，并书面告知申请人。批准的，由省、自治区、直辖市新闻出版行政部门颁发《出版物经营许可证》，并报新闻出版总署备案。申请人持《出版物经营许可证》到工商行政管理部门依法办理相关手续。不予批准的，应当书面说明理由。这些规定取消了所有制的限制，降低了从事出版物批发的准入门槛，使民营企业获得了与国营书业平等的市场准入机会，促进出版物市场的发展。

3. 出版物零售单位的设立

出版物零售是指出版物经营单位直接向消费者销售出版物。出版物零售处在出版物流通过程中的最后一个阶段，也可以说是出版发行活动的最前线，是最终实现出版物价值的最后一个环节，对出版物批销市场和整个出版事业的发展都有着非常重要的意义①。

党的十一届三中全会以来，国家实行“以公有制为主，其他经济成分为补充”的战略方针，我国出版发行体制开始改革。在最初几年，图书发行体制初步形成了“以国营书店为主体，辅以多种流通渠道、多种经济成分、多种购销形式、少流通环节”，即“一主三多一少”的新格局，个体书店、个体书摊如雨后春笋般出现在各地图书市场上。但由于图书发行关系到国家精神文明的重要问题，我国对开办图书零售业务的发行企业有较严格的资格限定和明确的业务范围管理规定。比如，出版单位可从事本单位出版物的零售业务，但不得发行其他出版单位的出版物。开办集体、个体、私营书店（摊）必须向县级新闻出版或文化行政部门申请，由其审核同意后，再向所在地工商行政管理机关申请登记，经核发营业执照后，方可营业。集体书店跨地区开办分店或代办站，其申报、审核手续就如同在当地开办一家新书店。

1999 年，我国新闻出版署出台第一个出版物市场管理的行政规章，规定设立出版物零售、投递、出租的单位或从事出版物零售、投递、出租业务的单位和个人，应具备下列条件：（1）经营者必须有当地常住户口；（2）经营者应经过专业培训并取得相应证书；（3）有一定的设施和资金，有固定的经营场所，法人的注册资金不少于10 万元；（4）新闻出版行政部门规定的其他条件。

随着出版物分销市场的发展及我国加入世界贸易组织的需要，经过修订的《出版物市场管理规定》（2003）对设立出版物零售、出租单位或者其他单位、个人从事出版物零售、出租业务的，取消了经营者必须拥有当地常住户口和注册资金两项限制，增加了经营者或主要负责人必须拥有发行员职业

① 全国出版专业职业资格考试办公室编．出版专业理论与实务（中级）［M］．上海：上海辞书出版社，2002：281-282.

资格一项条件。2011年，新修订的《出版物市场管理规定》，延续2003年的规定，要求设立出版物零售企业或者其他单位、个人从事出版物零售业务，应当具备下列条件：（1）有确定的名称和经营范围；（2）至少一名负责人应当具有初级以上出版物发行员职业资格或者新闻出版总署认可的与出版物发行专业相关的初级以上专业技术资格；（3）有固定的经营场所。

当然，申请设立出版物零售企业或者其他单位、个人申请从事出版物零售业务，须向当地县级人民政府新闻出版行政部门提交规定的申请材料，由县级人民政府新闻出版行政部门审批，并报上一级新闻出版行政部门备案，其中营业面积在5000平方米以上的应同时报省、自治区、直辖市新闻出版行政部门备案。申请人持《出版物经营许可证》到工商行政管理部门依法办理相关手续。

4. 出版物连锁经营单位的设立

我国一些传统形式的零售店多是在计划经济条件下形成和经营的。随着市场经济的发展，20世纪90年代以后，我国的零售网点开始大量增加，1995年以后陆续兴建了一批大型书店和超级书店，如深圳书城、广州天河购书中心、辽宁北方图书城，北京西单图书大厦，上海书城、四川成都西南书城、成都购书中心等。现在，连锁经营、网络销售（网上书店）已成为我国出版物零售的一个大趋势。1999年的《出版物市场管理暂行规定》只提出了全国性出版物连锁销售组织的概念，要求设立全国性的出版物连锁销售组织，应经总部所在地省级新闻出版行政部门审核，报新闻出版署批准。

连锁经营是国际流通领域普遍采用的现代营销方式和组织形式，已有100多年的发展史，也是现代出版物零售业的主流和主要发展方向。英、法、德、美50%以上的出版物零售份额都是通过连锁店完成的。从20世纪90年代以来，我国一些省市国营新华书店开始对出版物连锁经营进行尝试和探索。2001年6月，国家新闻出版总署在深圳召开全国新华书店连锁经营会议，出台《关于开展出版发行连锁经营的意见》讨论稿，正式发出号令，在我国出版发行界全面推行和试行连锁经营。连锁经营的最大优势在于较好地解决了出版物销售中消费者需求的分散性与经营者追求的规模性之间的矛盾，因此具有良好的经营效益①。

随着连锁经营的发展，2003年新闻出版总署颁布新的《出版物市场管

① 全国出版专业职业资格考试办公室编．出版专业理论与实务（初级）[M]．武汉：崇文书局，2004：282.

理规定》时，就增加了关于设立出版物连锁经营单位或者其他连锁经营单位从事出版物连锁经营业务的条款。目的在于鼓励连锁经营这一富有生命力的营销组织形式。核心内容是经过新闻出版总署批准的全国性的连锁经营企业和省级新闻出版行政部门批准的区域性连锁经营企业，如果开设新的直营门店，只需到当地新闻出版行政部门备案，而无须审批。如果开设自由、加盟等非直营连锁门店则仍需经当地出版行政部门审批。即设立出版物连锁经营企业或者其他连锁经营企业从事出版物连锁经营业务，应当具备下列条件：(1) 有确定的企业名称和章程；(2) 符合连锁经营的组织形式和经营方式；(3) 注册资本不少于 300 万元，从事全国性连锁经营的，注册资本不少于 1000 万元；(4) 有 10 个以上的直营连锁门店；(5) 法定代表人或者主要负责人应当具有中级以上出版物发行员职业资格或者新闻出版总署认可的与出版物发行专业相关的中级以上专业技术资格；(6) 总部及其门店有与其业务相适应的经营场所，其中样本店的经营面积不低于 500 平方米；(7) 具备相应的计算机管理条件和健全的管理制度。

2011 年《出版物市场管理规定》指出设立出版物连锁经营企业或者其他连锁经营企业从事出版物连锁经营业务，应当具备下列条件：(1) 有确定的企业名称和经营范围；(2) 符合连锁经营的组织形式和经营方式；(3) 注册资本不少于 300 万元，其中从事全国性连锁经营的不少于 1000 万元；(4) 有 10 个以上的直营连锁门店；(5) 有与出版物连锁业务相适应的组织机构和发行人员，至少一名负责人应当具有中级以上出版物发行员职业资格或者新闻出版总署认可的与出版物发行专业相关的中级以上专业技术资格；(6) 有与出版物连锁业务相适应的设备和固定的经营场所，其中样本店的经营面积不少于 500 平方米；(7) 具备健全的管理制度并具有符合行业标准的信息管理系统；(8) 最近三年内未受到新闻出版行政部门行政处罚，无其他严重违法记录。

2013 年 9 月，根据《国务院关于取消和下放一批行政审批项目等事项的决定》和《国务院关于取消和下放 50 项行政审批项目等事项的决定》的规定，取消“设立出版物全国连锁经营单位审批”和“从事出版物全国连锁经营业务的单位变更《出版物经营许可证》登记事项，或者兼并、合并、分立审批”等项目。原新闻出版总署颁发的出版物全国连锁经营单位《出版物经营许可证》继续有效，但限于按照原许可证登记事项开展经营活动，新闻出版广电总局不再受理有关连锁经营单位变更登记事项申请；原核发的《出版物经营许可证》于有效期满后自动失效。

5. 出版物批发市场的设立

随着我国发行体制改革的深入，我国书刊市场迅速发展，对繁荣社会主义出版事业，满足人民群众的精神文化需求，发挥了积极作用。但是，由于发展过快，管理跟不上，书刊市场也出现了一些亟待解决的问题。一些格调不高、粗制滥造及宣扬色情、暴力和封建迷信的出版物时有出现；制黄贩黄屡禁不止；无照经营或超范围经营问题比较严重；无书刊批发权的单位和个人违规批发书刊，有的甚至买卖书号从事总发行。为了保证发行体制改革健康发展，培育和建立统一、开放、竞争、有序的书刊市场，1995 年 5 月 25 日，新闻出版署发布了《关于加强书刊市场管理的通知》，规定“书刊二级批发单位，包括出版社、新华书店所属的具有书刊二级批发权的书刊发行公司、读者服务部等第三产业，均须进入书刊批发市场集中经营，不得在批发市场以外从事批发业务”，要求“尚未建立书刊批发市场的，须划定临时区域，开展书刊二级批发业务。文到之日起，在场外开展二级批发业务的，按非法经营予以查处。省、自治区、直辖市出版行政部门要会同当地工商、城市规划等管理部门，积极创造条件，统筹规划，最迟于年内建立书刊批发市场”。从这一规定的“文到之日起”以及“最迟于年内”等字样可以看出，当时建设出版物批发市场，以便集中管理的急迫需要。

出版物批发市场，是指以出版物批发为主体的集中经营场所。在 20 世纪 90 年代初期，建立出版物批发市场，是为了给新华书店、外文书店和出版单位直接进行批发业务以外的其他批发单位提供一个开展批发业务的场地，以便于集中管理。但是各地二级批发单位发展迅速，甚至出现了过多过滥的局面，一些书刊二级批发单位参与买卖书号，变相搞图书总发行；有的不法书商利用书刊二级批发的合法外衣，从事盗版盗印、制黄贩黄等违法犯罪活动，破坏社会安定，危害精神文明。为了加强对书刊市场的监督管理，保证书刊市场的健康发展，1996 年 6 月新闻出版署根据中央有关“治散治滥”的指示精神，发出《关于对书刊二级批发单位实行总量控制的通知》，决定对全国书刊二级批发单位，实行总量控制，从严审批的措施，进行压缩整顿，规定：（1）自 1996 年起，新闻出版署根据各地人口、经济、社会发展的综合情况，下达“九五”期间书刊二级批发单位的总量控制指标。各省、自治区、直辖市、计划单列市新闻出版局结合年检对书刊二级批发单位重新审核登记，根据统筹规划，合理布局的原则，按照新闻出版署下达的指标，从严审批二级批发单位。（2）建立书刊二级批发单位，限于省会、自治区首府、直辖市及计划单列市，其他地、市原则上不准建立书刊二级批发单位（新华书店、外文书店除外）。(3) 各省、自治区、直辖市、计划单列市新闻出版局负责本地区书刊二级批发单位的审批工作，不得将审批权下放。

但这之后，有些地方违背中央关于“治散治滥”的精神，竞相筹建书刊交易市场，并面向全国招商，甚至给一些不法书商以可乘之机，扰乱了书刊市场的正常秩序。从1997年开始，针对出版物批发环节存在的散、滥等问题，新闻出版署下大力气对全国出版物批发单位进行清理整顿，实行了总量控制，压缩了一批不符合条件、经营不规范的出版物批发单位，并要求出版物批发单位进入出版物批发市场集中经营，对进场销售的出版物进行售前送审。据统计，清理整顿后全国有社会书刊批发单位1700余家，在一定程度上提高了出版物批发单位的整体素质和经营水平。“九五”期间，北京、天津、四川、河南等地对报刊及电子出版物市场进行了集中清理整顿，取缔了非法的出版物交易场所和经营单位，净化了出版物市场。

为巩固压缩整顿的成果，维护书刊市场的正常秩序，建立管理规范的书刊交易市场，1998年8月14日，国家新闻出版署又发布了《关于加强书刊交易市场管理的通知》。通知要求：(1) 各地建立书刊批发、零售交易市场，必须经当地省、自治区、直辖市新闻出版局批准，报新闻出版署备案。(2) 各省、自治区、直辖市新闻出版局要根据统一规划、合理布局的原则，审核、批准建立书刊批发、零售交易市场。书刊批发市场一般建在省会、自治区首府、直辖市、计划单列市。其他经济发达，文化历史悠久，交通便利，教育、科技力量雄厚的中心城市，也可申请设立，但应从严掌握。(3) 根据谁审批谁负责的原则，省级新闻出版局要承担对各地书刊批发、零售交易市场的管理和监督职责。可以授权或委托相关部门设立书刊市场管理机构，建立健全规章制度，依法行政，依法管理。(4) 书刊二级批发和零售单位不得跨省进入书刊批发、零售交易市场开展经营活动，各地书刊批发、零售交易市场也不得跨省向二级批发或零售单位招商。具有总发行权的出版单位及国有书店跨省设立发行分支机构或进入其他省的批发、零售交易市场经营，应报当地省级新闻出版局批准。(5) 书刊批发市场不得与书刊零售市场合建，批发单位与零售单位不得混场经营。(6) 根据新闻出版署、劳动部《关于对图书发行员实行职业资格证书制度的通知》的规定，凡未取得相应资格证书的，暂不批准进入书刊批发、零售交易市场经营；对已进入书刊批发、零售交易市场经营，但尚未取得相应资格证书的，应限期参加培训并通过职业技能鉴定，取得资格证书，逾期未取得资格证书的，取消经营资格。（7）自文到之日起，凡未经省、自治区、直辖市新闻出版局批准，擅自筹建的书刊交易市场应立即停止招商；对不符合本通知要求的，要及时予以纠正。

“九五”期间，特别是自1997年《出版管理条例》颁布以来，新闻出版署出台了一系列规章和规范性文件，加强对出版物交易市场的管理。如1999年11月8日新闻出版署颁布的《出版物市场管理暂行规定》要求，“组建出版物批发、零售等交易市场，应经当地省级新闻出版行政部门批准，报新闻出版署备案”。为了使“暂行规定”具有长期的指导性，同时也为各地出版物市场管理工作提供依据和支持，2000年新闻出版署又颁布了《出版物批发市场管理暂行办法》和《关于进一步完善出版物市场管理备案制度的通知》，为新闻出版行政部门依法行政提供了有力的武器；还建立和完善了书刊征订委托书制度、出版物市场管理备案制度和出版物发行许可制度，使市场管理更加走向规范化、法制化，保证了出版物市场健康有序的发展。

《出版物批发市场管理暂行办法》重申建立出版物批发市场，必须经当地省、自治区、直辖市新闻出版局批准，报新闻出版署备案，进一步要求出版物批发市场一般设立在直辖市、省会城市、自治区首府，其他地区需设立出版物批发市场的，应由当地省级新闻出版局审核，报新闻出版署批准。出版物批发市场的主办单位需经当地省级出版行政部门确认。

同时明确规定了设立出版物批发市场需具备下列条件：（1）有充足的供批发单位集中经营的固定场所；（2）有健全的出版物批发市场管理机构和规章制度；（3）具备基本的办公、仓储、通信设施，能为经营单位提供办公室、库房、电话、代办托运、打字复印、安全保卫、卫生等服务项目；（4）出版物批发市场管理机构及经营单位能够全部实行计算机统一管理。建立出版物批发市场还要符合新闻出版署关于出版物市场结构、布局和总量控制的要求。出版物批发市场一经建立，本行政区域内从事出版物批发业务的单位，均应入场经营。

另外，针对出版物批发市场既是出版物重要的流通渠道，也是管理上相对薄弱的环节，还是行业数据统计上的空白点的现状，新闻出版总署2002年对石家庄图书批发交易市场两年来使用《出版物批发市场管理软件》的情况进行了考察和验收，并于当年7月在石家庄召开的全国出版物发行工作会议上，对该软件进行了全面推广①。目的是加强对出版物批发市场的管理，强化对出版物的监管，为行业统计提供更加准确有效的数据。

在我国成为WTO成员方，承诺开放出版物分销市场后，为了规范出版物出版发行活动及其监督管理，建立全国统一、开放、竞争、有序的出版物市场体系，2003年7月24日新闻出版总署又颁布了《出版物市场管理规定》，这一规定本着兼顾历史和现状、不鼓励发展、防止变相设立批发市场、便于加强管理的四项原则，增加了四项新的限制内容，即设立出版物批发市场，应当具备下列条件：（1）有充足的供批发单位集中经营的固定场所，营业面积不少于5000平方米；（2）进入批发市场的经营单位必须是具有出版物批发权的出版物发行企业；（3）有健全的市场管理机构和规章制度；（4）具备基本的办公、仓储、交通、通信设施，能为经营单位提供必要的服务；（5）市场管理机构及经营单位能够全部实行计算机统一管理；（6）法规、规章规定的其他条件。

同时，《出版物市场管理规定》在附则里强调“除已由省、自治区、直辖市新闻出版行政部门按照新闻出版总署的限额依法批准的出版物批发市场外，各省、自治区、直辖市不得再批准设立或者变相设立出版物批发市场，不得扩大现有批发市场规模；已经批准的批发市场内的批发单位五年内须达到本规定关于独立设置经营场所的批发单位的条件。”

2004年，国务院正式取消了出版物批发市场设立审批事项。但取消审批不等于开放出版物市场。新闻出版总署根据中央的有关精神，已出台取消审批后的后续监督管理办法，即“除已经省、自治区、直辖市出版行政部门按照新闻出版总署的限额依法批准的出版物批发市场外，各省、自治区、直辖市不得再批准设立出版物批发市场或扩大现有市场规模；今后设立出版物批发单位一律按《出版物市场管理规定》中独立设置经营场所的条件进行审批；已经批准的批发市场，五年内场内批发单位均需达到《出版物市场管理规定》中关于独立设置经营场所的批发单位的条件”②。

6. 出版物出租单位的设立

出租是指经营者以收取租金的形式向读者提供出版物。

---

① 邵燕．当前我国出版物发行市场的现状分析［J］．中国出版，2003（7）：16-18.

② 关于公布取消和下放的新闻出版总署行政审批项目后续监管措施的通知［R］．新出法规［2004］731号.

按照《行政许可法》的规定，新闻出版总署2004年6月取消了出版物出租单位设立审批，改为登记备案制。根据2011年修订的《出版物市场管理规定》第12条规定，设立出版物出租企业或者其他单位、个人从事出版物出租业务，应当于取得营业执照后15日内持营业执照复印件及经营地址、法定代表人或者主要负责人情况等材料到当地县级人民政府新闻出版行政部门备案。

7. 书友会、读书俱乐部或者其他类似组织的设立

书友会、读书俱乐部在发达国家是非常成熟的出版业流通渠道。虽然由来已久，但类似的组织在我国还处于发展初期，国家对其采取了鼓励和扶持的政策。根据2011年修订的《出版物市场管理规定》第18条规定，“申请设立从事出版物发行的书友会、读者俱乐部或者其他类似组织，按照本规定第10条、第11条的规定办理。”即只需要达到设立零售企业的申请条件即可。

“出版物发行企业可以设立不具备法人资格的书友会、读者俱乐部或者其他类似组织，无需审批，但应于设立后15日内持相关材料到原批准的新闻出版行政部门备案。”

二、出版物出版发行活动管理

出版物发行单位取得相应资格以后，要进行出版物的批发、零售、出租和展销等业务活动，在开展这些业务活动的过程中，应遵守国家的法律法规以及新闻出版行政部门相关行政规章的规定。

（一）对出版物出版发行活动的限制

按照2011年发布的《出版物市场管理规定》的要求，目前，在我国出版物发行单位应遵守以下规定：

1. 任何组织和个人不得发行下列出版物

（1）含有《出版管理条例》禁止内容的违禁出版物；

（2）各种非法出版物，包括：未经批准擅自出版、印刷或者复制的出版物，伪造、假冒出版单位或者报刊名称出版的出版物，非法进口的出版物；

（3）侵犯他人著作权或者专有出版权的出版物；

（4）新闻出版行政部门明令禁止出版、印刷或者复制、发行的出版物。

2. 从事出版物发行业务的单位和个人，必须遵守规定

从事出版物发行业务的单位和个人在发行活动中应当遵循公平、合法、

诚实守信的原则，依法订立供销合同，不得损害消费者的合法权益。

(1) 从依法设立的出版发行单位进货；发行进口出版物的，须从依法设立的出版物进口经营单位进货；

(2) 将出版物发行进销货清单等有关非财务票据至少保存两年，以备查验；

(3) 不得超出新闻出版行政部门核准的经营范围经营；

(4) 不得张贴和散发有法律、法规禁止内容的或者有欺诈性文字的征订单、广告和宣传画；

(5) 不得擅自更改出版物版权页；

(6)《出版物经营许可证》应在经营场所明显处张挂；利用信息网络从事出版物发行业务的，应在其网站主页面或者从事经营活动的网页醒目位置公开《出版物经营许可证》和营业执照登载的有关信息或链接标识；

(7) 不得涂改、变造、出租、出借、出售或者以其他任何形式转让《出版物经营许可证》和批准文件。

3. 出版单位对本版出版物具有总发行权

出版单位委托出版物总发行单位发行出版物，应使用统一的《出版物发行委托书》；不得向无出版物总发行权的单位转让或者变相转让出版物总发行权，不得委托无出版物批发权的单位批发出版物或者代理出版物批发业务，不得委托非出版物发行单位发行出版物。

4. 建立发行出版物的网络交易平台规定

建立发行出版物的网络交易平台应向所在地省、自治区、直辖市新闻出版行政部门备案，接受新闻出版行政部门的指导与监督管理。提供出版物发行网络交易平台服务的经营者，应当对申请通过网络交易平台从事出版物发行的经营主体身份进行审查，核实经营主体的营业执照、《出版物经营许可证》，并留存证照复印件备查。不得向无证无照、证照不齐的经营者提供网络交易平台服务。提供出版物发行网络交易平台服务的经营者，发现在网络交易平台内从事各类违法活动的，应当采取有效措施予以制止，并及时向所在地新闻出版行政部门报告。

(二) 批发进场、售前送审

“批发进场、售前送审”是对新华书店、外文书店和出版单位直接进行批发业务以外的其他批发单位的统一要求，凡不具备独立设置经营场所(营业面积不少于500平方米)的批发企业必须进入各省、市、自治区新闻出版行政部门批准设立的批发市场从事批发业务，批发市场一般为进入批发市场的单店提供营业面积不少于50平方米的批发场所。1995年5月25日新闻出版署发布的《关于加强书刊市场管理的通知》要求，“凡进场销售的书刊必须经当地书刊市场管理部门审查批准。未经报审而擅自进货销售者，所售书刊予以没收，对情节严重者可给予停业整顿或吊销许可证、营业执照的处罚。各地书刊市场管理部门应配备充足的人员，建立规范的工作制度，提高办事效率，对送审的书刊，一般应在72小时之内予以答复；如遇特殊情况，要及时向上级主管部门报告，对于涉嫌非法出版、盗版和内容有问题的书刊，书刊市场管理部门有权暂时封存。”如果具备了独立设置经营场所（营业面积不少于500平方米）的条件，则可申请出场进行批发业务，出场批发企业不再实行售前送审。

这是因为进场批发企业和不进场批发企业实行了不同的经营面积准入条件，本着区别准入、区别管理的原则，对不进场企业不再实行售前送审，而对进场批发企业仍旧实行售前送审制度。即“进入出版物批发市场的经营单位在出版物销售前，须将出版物样本报送批发市场管理机构审验，报送审验的出版物样本必须与所销售的出版物一致”。

（三）特殊出版物的发行管理

1. 内部资料性出版物

内部资料性出版物，是指在本系统、本行业、本单位内部，用于指导工作、交流信息的非卖性单本成册或连续性折页、折页或散页印刷品，不包括机关公文性的简报等信息资料。内部资料分一次性内部资料和连续性内部资料。这些内部资料性出版物的分发范围限定在本系统、本行业、本单位内部，以适应指导工作、交流业务、进行教学、开展科研、组织学习的需要，编印前须报当地新闻出版行政部门批准，取得准印证。这种内部资料性出版物作为正式出版物的补充，目前在我国大量存在，如教学参考书、讲义、科研资料、专业文献汇编等。

为了加强内部资料性出版物的管理，根据《印刷业管理条例》和《出版物印刷管理规定》，1997年12月30日，新闻出版署制定颁布了《内部资料性出版物管理办法》。2015年4月1日，国家新闻出版广电总局颁布新版《内部资料性出版物管理办法》规定对内部资料的编印，实行核发《内部资料性印刷品准印证》（以下简称《准印证》）管理。未经批准取得《准印证》，任何单位和个人不得从事内部资料的编印活动。编印内部资料，应当向所在地省、自治区、直辖市新闻出版行政部门提出申请，经审核批准，领取《准印证》后，方可从事编印活动。

申请编印一次性内部资料，须符合以下条件：（1）申请方应为党政机关、企事业、社会团体等单位；（2）编印目的及发送范围符合《内部资料性出版物管理办法》第2条的规定，编印内容与编印单位的性质和能力相一致；（3）稿件内容符合《内部性资料出版物管理办法》第13条的规定；（4）拟委托印刷的单位为出版物印刷企业。

申请编印连续性内部资料，须符合以下条件：（1）申请方应为党政机关、企事业、社会团体等单位；（2）有确定的名称，名称应充分体现编印宗旨及地域、行业或单位特征；（3）有确定的编印目的和固定的发送对象，编印目的应限于与编印单位业务相一致的工作指导、信息交流；编印内容应与编印单位的性质和能力相一致；企业编印散页连续性内部资料，应主要用于指导本企业的生产经营、企业文化和精神文明建设；（4）有适应编印活动需要的人员；（5）有稳定的资金来源和固定的办公场所；（6）拟委托印刷的单位为出版物印刷企业。

具有下列情形之一的，不予核发内部资料《准印证》：（1）不符合《内部性资料出版物管理办法》第2条、第5条或第7条规定的审批条件的；（2）广告印刷品、介绍推广本单位基本情况的宣传资料，或者仅含有历法信息及广告内容的挂历、台历、年历等无需申领《准印证》的一般印刷品；（3）中小学教科书及教辅材料、地图、个人画册、个人文集等应由出版单位出版的作品。

同时规定，内部资料必须在封面完整印刷标注《准印证》编号和“内部资料，免费交流”字样，并在明显位置（封面、封底或版权页）标明编印单位、发送对象、印刷单位、印刷日期、印数等，连续性内部资料还须标明期号。连续性内部资料不得使用“××报”“××刊”或“××杂志”“记者××”“期刊社”“杂志社”“刊号”等字样，不得在内文中以“本报”“本刊”自称。

编印内部资料，需严格遵守以下规定：（1）按照批准的名称、开本（开版）、周期印制，不得用《准印证》印制其他内容，一次性内部资料不得一证多期，连续性内部资料不得一期多版；（2）严格限定在本行业、本系统、本单位内部交流，不得标价、销售或征订发行，不得在公共场所摆放，不得向境外传播；不得将服务对象及社会公众作为发送对象，也不得以提供信息为名，将无隶属关系和指导关系的行业、企事业单位作为发送对象；（3）不得以工本费、会员费、版面费、服务费等任何形式收取任何费用，不得刊登广告，不得搞经营性活动；编印单位不得利用登记、年检、办证、办照、评奖、验收、论证等工作之便向服务和管理对象摊派或变相摊派；（4）不得将内部资料承包给其他组织和个人，不得与外单位以“协办”等其他形式进行编印和发送。

内部资料性出版物所设的有关机构，不具有法人资格。内部资料性出版物严格限定在本系统、本行业、本单位内部交流，不得收取任何费用。

2011 年的《出版物市场管理规定》第 23 条也强调：“内部资料性出版物须在本系统、本行业或者本单位内部免费分发，任何组织和个人不得发行。”

2. 内部发行的出版物

内部发行的出版物，是指限国内发行或者内部发行的出版物，是正式出版物之一种，一般是出于保密考虑，对一部分正式出版的出版物限定其读者对象和发行范围。这种内部发行的出版物，不同于内部资料性出版物，一般在出版物上标明“内部发行”“限国内发行”字样。区别公开发行的正式出版物与内部发行的出版物、内部资料性出版物，在版权记录上有明显标志。公开发行的正式出版物，在出版物上除印有书名、著译者、出版者、印刷者等全部记录项目外，还印有中国标准书号及标准书号条形码，在报刊上印有国内统一刊号。内部资料性出版物仅印有批准机关编发的内部资料准印证编号；而内部发行的出版物则在版权页上印有版权标志，并在显著位置标明了“内部发行”“限国内发行”字样，表明这一类出版物只能在国内指定范围征订、陈列、销售，不能在社会上公开发行。

2000 年 7 月新闻出版署发布的《关于进一步加强出版物发行管理的通知》指出：“按规定内部发行的出版物，应由省、自治区、直辖市新闻出版局核准的出版物发行单位或者出版单位在内部出售，其他出版物发行单位及个人均不得经营。内部发行的出版物，禁止在公开发行的报刊、广播、电视等宣传媒体上宣传和刊登广告，禁止在门市部公开陈列。”

2011 年《出版物市场管理规定》第 23 条进一步强调：“内部发行的出版物不得公开宣传、陈列、展示和销售。”

3. 中小学教科书

中小学教科书是指列入国务院和省级教育行政部门颁布的《中小学教学用书目录》的学生课本和教师用书，不包括供中小学生使用的各种学习辅导、考试辅导等方面的图书。教科书是中小学教师进行教学的主要依据，中小学学生获取知识、发展智能的主要渠道。因此，中小学教科书是提高中小学教育质量的重要因素，是实现教育目标的重要工具。

对于中小学教科书的出版发行，我国一直都非常重视。中华人民共和国成立初期，中小学教科书由出版总署编审，分别由华北联合出版社和上海联合出版社出版供应。1950年，全国中小学教材由人民教育出版社编辑出版，统一由新华书店发行。1957年，由于中小学生人数增多，对教材的需要量不断增加，为保证教材的及时供应，中小学课本改由人民教育出版社提供纸型，各省、市、自治区出版单位租型自行印造。到1962年，中小学教材全都实行各地租型造货。“文化大革命”期间中断，1978年以后恢复。1982年为提高教材印制质量，根据国家出版局意见，由人民教育出版社和中国印刷公司负责每年进行一次质量检查评比。

20世纪90年代初，教育系统为提高质量，教材逐步向国际标准靠拢。随着国际标准大开本、彩色版教材的推广以及1996年纸张价格飞涨，经国务院批准，全国中小学教材价格普遍上调，无形中使广大学生家长尤其是农村地区学生家长的经济负担加重。为了从根本上彻底解决这一问题，贯彻落实国务院体改办《关于降低中小学教材价格深化教材管理体制改革的意见》的文件精神，教育部、国家计委、新闻出版总署联合出台《关于印发中小学教材价格管理办法的通知》。2001年10月，经国务院同意，由新闻出版总署、教育部、国家计委共同发布了《关于推广使用中小学经济适用型教材的意见》《中小学教材出版招标投标试点实施办法》和《中小学教材发行招标投标试点实施办法》，至此，《关于降低中小学教材价格深化教材管理体制改革的意见》及其9个配套文件已全部发出，全面启动了牵动全国上下的教材出版发行改革。作为这场改革的主要执行者，新闻出版总署全系统共同努力，将整个系统教材出版发行的利润从行业平均值13%下调至达到或接近成本利润率的5%，仅这一项，全系统付出的就有8亿多元人民币的码洋①。

《中小学教材发行招标投标试点实施办法》规定中小学教材的发行必须保证“课前到书，人手一册”。中小学教材发行招标投标应积极稳妥地推进。中小学教材的发行招标投标试点以省、自治区、直辖市为单位，面向本地区进行。参加中小学教材发行招标的投标人的资质由国务院新闻出版行政部门确认。中小学教材发行招标投标应遵循公开、公平、公正和诚实信用的原则。任何单位或个人不得以任何形式干涉中小学教材发行招标投标活动。

---

① 书业拿出8个亿为农民减负［EB/OL］. 中华图书网，http：//news. xinhuanet. com/book/2003-02/13/content_ 727358. htm.

招标项目是试点省、自治区、直辖市区域内使用的中小学教材全部品种的总发行权。总发行权是指承担中小学教材征订、储备、配送、调剂、添货、零售和结算。投标取得中小学教材总发行权的有效期限原则上不少于两学年。2001年，我国已在重庆、福建、安徽进行了中小学教材发行招标投标的试点。

中小学教材出版发行体制改革本着"以民为本"、市场运作的原则，继2001年中小学教材出版发行招标试点工作在重庆、福建、安徽三省市进行后，2002年上半年三省市部分中小学教材出版发行的中标人确定，教材招投标试点工作开始实施，标志着长期以来教材发行由新华书店一家垄断的局面被打破，教材发行进入了市场竞争时代。新闻出版总署在总结三省市中小学教材发行招投标试点工作经验的基础上，经过反复征求各省新闻出版局意见，修订了《全国中小学教材发行招标投标试点实施办法》，为中小学教材发行招投标试点工作在全国开展做好准备①。

2011年《出版物市场管理规定》第29条规定："中学小学教科书发行单位应当具有适应教科书发行业务需要的资金、组织机构和人员等条件，并取得新闻出版总署批准的教科书发行资质。纳入政府采购范围的中小学教科书，其发行单位还须按照《中华人民共和国政府采购法》的有关规定确定。其他任何单位或者个人不得从事中小学教科书的发行业务。"

4. 进口出版物

进口出版物，是指由出版物进口经营单位进口的，在外国以及在中国香港特别行政区、澳门特别行政区和台湾地区出版的图书、报纸（含过期报纸）、期刊（含过期期刊）、电子出版物等。

我国《出版管理条例》规定，出版物进口业务，由依照本条例设立的出版物进口经营单位经营，其他单位和个人不得从事出版物进口业务。

设立出版物进口经营单位，应当具备下列条件：（1）有出版物进口经营单位的名称、章程；（2）有符合国务院出版行政部门认定的主办单位及其主管机关；（3）有确定的业务范围；（4）具有进口出版物内容审查能力；（5）有与出版物进口业务相适应的资金；（6）有固定的经营场所；（7）法律、行政法规和国家规定的其他条件。

审批设立出版物进口经营单位，除依照前面所列条件外，还应当符合国

① 邵燕．当前我国出版物发行市场的现状分析［J］．中国出版，2003（7）：16-18．．

家关于出版物进口经营单位总量、结构、布局的规划。

设立出版物进口经营单位，应当向国务院出版行政部门提出申请，经审查批准，取得国务院出版行政部门核发的出版物进口经营许可证后，持证到工商行政管理部门依法领取营业执照。

设立出版物进口经营单位，还应当依照对外贸易法律、行政法规的规定办理相应手续。

出版物进口经营单位进口的出版物，不得含有《出版管理条例》第 25 条、第 26 条禁止的内容。

出版物进口经营单位负责对其进口的出版物进行内容审查。省级以上人民政府出版行政部门可以对出版物进口经营单位进口的出版物直接进行内容审查。出版物进口经营单位无法判断其进口的出版物是否含有《出版管理条例》第 25、26 条禁止内容的，可以请求省级以上人民政府出版行政部门进行内容审查。省级以上人民政府出版行政部门应出版物进口经营单位的请求，对其进口的出版物进行内容审查的，可以按照国务院价格主管部门批准的标准收取费用。

国务院出版行政部门可以禁止特定出版物的进口。2011 年修订的《出版管理条例》第 46 条规定："出版物进口经营单位应当在进口出版物前将拟进口的出版物目录报省级以上人民政府出版行政部门备案；省级以上人民政府出版行政部门发现有禁止进口的或者暂缓进口的出版物的，应当及时通知出版物进口经营单位并通报海关。对通报禁止进口或者暂缓进口的出版物，出版物进口经营单位不得进口，海关不得放行。"

出版物进口备案的具体办法由国务院出版行政部门制定。

2011 年修订的《出版管理条例》第 47 条规定："发行进口出版物的，必须从依法设立的出版物进口经营单位进货。"第 48 条规定："出版物进口经营单位在境内举办境外出版物展览，必须报经国务院出版行政部门批准。未经批准，任何单位和个人不得举办境外出版物展览。"依照上述规定展览的境外出版物需要销售的，应当按照国家有关规定办理相关手续。

目前我国合法开展图书进出口业务的公司主要有中国图书进出口公司、中国国际图书贸易总公司、中国教育图书进出口公司等。

(四) 出版物发行统计资料管理

为加强新闻出版统计管理，保障新闻出版统计资料的准确性和及时性，根据《中华人民共和国统计法》（以下简称《统计法》）及其实施细则的有关规定，1997 年 1 月 1 日新闻出版署结合新闻出版行业的实际情况，制定了《新闻出版统计管理办法》。该办法规定，新闻出版统计的基本任务是对新闻出版业的管理、生产经营情况进行统计调查、统计分析，提供信息和咨询，实行统计监督。新闻出版统计的基本内容包括：图书、杂志、报纸、音像及电子出版物的出版、复制、发行、进口、出口、版权贸易，书刊印刷企业的生产，以及新闻出版企业事业单位的财务、人员等基本情况的统计。

《出版物市场管理规定》要求，从事出版物发行业务的单位和个人必须按照《中华人民共和国统计法》《新闻出版统计管理办法》和有关规定如实报送统计资料，不得以任何借口拒报、迟报、虚报、瞒报以及伪造和篡改统计资料。

从事出版物发行业务的单位和个人须按照国家新闻出版广电总局和省、自治区、直辖市新闻出版行政部门的规定，向指定的数据库管理单位提供有关数据。

（五）出版物展销活动管理

所谓展销，是指在固定场所或者以固定方式于一定时间内集中展览、销售、订购出版物。出版物展销活动是指举办国内外出版单位的各类图书（含书籍、画册、挂历、年历、年画、台历等）的展销会、订货会、交易会、书市等活动。

1.《关于举办国内图书展销活动的暂行规定》（1992年发布，1996年废止）

早在1992年5月28日，为了加强对图书展销活动的管理，维护图书市场秩序，新闻出版署就发布了《关于举办国内图书展销活动的暂行规定》，“暂行规定”明确指出，“各省、自治区、直辖市、计划单列市新闻出版行政部门和中国出版工作者协会、中国书刊发行业协会、新华书店总店可以申请主办全国性的或两省（自治区、直辖市）以上联合举办的图书展销活动”。“具有图书总发行权的出版单位、发行单位，省级出版、发行业协会，可以单独或联合申请主办与其业务范围相符的专业图书的全国性的或两省（自治区、直辖市）以上联合举办的图书展销活动；可以申请单独或联合主办本省（自治区、直辖市）的图书展销活动；可以接受委托承办全国性的或两省（自治区、直辖市）以上联合举办的图书展销活动”。“具有二级批发权的全民所有制的发行单位，可以申请就地主办与其业务范围和经营形式相符的图书展销活动”。并强调“非全民所有制的发行单位，不得单独或联合举办任何形式的图书展销活动”。

举办图书展销活动，主办单位应在举办前3个月，向新闻出版行政部门提出申请，经批准方可举办。报批程序如下：（1）全国性的图书展销活动，报新闻出版署批准。（2）两省（自治区、直辖市）以上联合举办的图书展销活动，由举办地的省级新闻出版局征求各联办单位所在地的省级新闻出版局意见后批准，报新闻出版署备案。（3）举办本省（自治区、直辖市）的图书展销活动，须经主办单位的主管机关核准，报当地省级新闻出版局批准。（4）省级以下新闻出版行政部门举办的图书展销活动，须报上一级新闻出版行政部门批准。（5）具有二级批发权的全民所有制的发行单位就地举办图书展销活动，须报当地新闻出版行政部门批准。（6）军队系统的出版单位申请举办图书展销活动，报军队主管部门核准后，须按照本规定相关要求办理。

2.《关于举办国内图书展销活动的管理规定》（1996 年发布，2004 年废止）

1996 年 3 月 11 日，新闻出版署颁布的《关于举办国内图书展销活动的管理规定》(《关于举办国内图书展销活动的暂行规定》同时废止)，将图书展销活动分为全国性展销活动和地方性展销活动，要求全国性展销活动应冠以“××××年全国图书××会”的名称，地方性展销活动应冠以“××××年××省（自治区、直辖市）图书××会”字样。全国性的图书展销活动每一年可以举办一次，地方性的图书展销活动，各省（自治区、直辖市）每一年可以举办一次。

（1）关于举办全国性展销活动资格的规定：“各省、自治区、直辖市、计划单列市新闻出版局和中国出版工作者协会、中国书刊发行业协会可以申请主办全国性的图书展销活动。”“具有图书总发行权的出版、发行单位，省级出版、发行业协会，可以申请主办本省的地方性图书展销活动；可以接受委托承办全国性的图书展销活动。”

（2）关于举办地方性展销活动资格的规定：各省、自治区、直辖市举办的地方性图书展销活动，原则上限于主办省的出版、发行单位参加，经当地省级新闻出版局批准，可适当邀请邻省的国有书店参加。

（3）关于举办图书展销活动的申报规定：主办单位应提前 6 个月向新闻出版行政部门申请，经审核批准后方可举办。全国性的图书展销活动，报新闻出版署审批。地方性的图书展销活动，须经主办单位的主管机关同意，报当地省新闻出版局审批，并报新闻出版署备案。

（4）举办图书展销活动必须遵守的原则：坚持为人民服务，为社会主义服务的方针，把社会效益放在首位；展销的图书不得有违背我国宪法和有关法律、法规的内容；严格遵守出版发行的有关规定，不得任意提高或降低批发折扣，严禁收受回扣或赠送钱物和以任何名义搞公费旅游等活动，禁止场外交易；实事求是地宣传和评介展销的图书；讲信誉，守合同，收费合理，热忱服务。

（5）重申举办图书展销活动，原则上不评选优秀畅销书，因特殊需要而进行评选的，须按有关规定办理手续。评选出的优秀畅销书，不得冠以“全国”或“中国”字样。

3.《关于举办各类图书展销活动应注意的几个问题的通知》（1998年发布，2008年废止）

由于不少地方，特别是社会上个别非书刊经营单位违反规定，擅自组织所谓“特价书市”之类的图书展销活动，一些不法书商混迹其间，乘机兜售非法出版物，扰乱了书刊市场秩序，社会影响很坏。一些“特价书市”将新书降价零售，给广大读者以价格误导，对书刊零售业造成严重冲击，引起出版社与国有书店的矛盾，甚至导致图书定价进一步提高的不良后果。为了维护书刊市场的正常秩序，规范交易行为，加强对各类图书展销活动的管理，1998年8月14日，新闻出版署特就举办图书展销活动（包括“特价书市”“降价书市”）又颁布了《关于举办各类图书展销活动应注意的几个问题的通知》。“通知”要求：

（1）各新闻出版行政部门要遵守《关于举办国内图书展销活动的管理规定》，严格审查主办和承办单位资格，凡不具备资格的，一律不得主办和承办各类图书展销活动（包括“特价书市”“降价书市”）。今后凡出版时间未超过12个月的图书（含重印书），不得在各类图书展销活动（包括“特价书市”“降价书市”）中降价或打折零售。

（2）各级新闻出版行政部门要严格遵守和坚守审批权限，审批图书展销活动（包括“特价书市”“降价书市”）。审批机关要根据“谁审批谁负责”的原则，加强管理，负责到底，对图书展销活动中出现的违法违规行为，要按照有关规定从严处理。对未经批准举办的“图书展销活动”（包括“特价书市”“降价书市”），新闻出版行政部门应坚决及时予以制止。

4.《关于归口管理参加国际书展及展销会的通知》（1998年发布，现行有效）

1998年12月11日，新闻出版署为了认真履行《国务院办公厅关于印发国家新闻出版署（国家版权局）职能配置内设机构和人员编制规定的通知》中确定的“负责新闻出版和著作权对外交流与合作的有关工作；管理、协调书报刊和电子出版物的进出口贸易”，“管理、协调书报刊和电子出版物出国（境）、来华（进境）展览、展销和进出口贸易”的管理职能，经商外交部，颁布了《关于归口管理参加国际书展及展销会的通知》，要求今后凡组织举办以下展览、展销等活动，须经举办单位上级主管部门同意后，报新闻出版署审批：（1）出国、出境参加国际书报刊、电子出版物展览及展销会；（2）出国、出境举办华文书报刊、电子出版物展览及展销会；（3）来华、进境举办书报刊、电子出版物展览、展销会、出版贸易洽谈会等。

5.《出版物市场管理暂行规定》（1999 年发布，2003 年废止）

1999 年 11 月 8 日，新闻出版署颁布《出版物市场管理暂行规定》，明确规定：“省、自治区、直辖市新闻出版局和全国性出版、发行行业协会，可以申请主办全国性的出版物订货、展销活动。具有出版物总发行权的出版、发行单位，省级出版、发行行业协会，可以申请主办本省的地方或专业性出版物订货、展销活动，可以接受委托承办全国性的出版物订货、展销活动。不具有出版物总发行权的发行单位，不得主办或接受委托承办任何出版物订货、展销活动。”举办全国性出版物订货、展销活动，主办单位应提前 6 个月报新闻出版署审核批准。举办地方或专业性的出版物订货、展销活动，应提前 4 个月报当地省级新闻出版行政部门审批，并报新闻出版署备案。

6.《关于进一步规范出版物订货、展销活动的紧急通知》（2002 年发布，2011 年废止）

2002 年，我国不少地方出现了一些不具备主办出版物订货、展销活动资格的单位和个人举办的“特价”图书展销活动，展销的出版物多为买卖书号出版的高定价、低折扣的大部头图书，甚至是非法出版物，展销活动成了非法出版活动的庇护所和销赃地，严重扰乱了出版物市场的正常秩序，阻碍了出版物市场健康、有序地发展。为了进一步规范出版物订货、展销活动，净化出版物市场，新闻出版总署于 2002 年 11 月 27 日向各省、自治区、直辖市新闻出版局发出《关于进一步规范出版物订货、展销活动的紧急通知》。要求：

（1）各类出版物订货、展销活动，要按照《出版物市场管理暂行规定》严格履行审批和备案程序。未经批准，任何单位和个人均不得从事此项活动。

（2）要对出版物订货、展销活动加强管理，切实负责，严格审查参展单位和出版物。订货、展销活动应在规定的范围内进行，不得随意扩大。

（3）请各省、自治区、直辖市新闻出版局对本行政区域内的出版物订货、展销活动进行认真清查。对未经批准的出版物订货、展销活动坚决予以取缔，对所参展的出版物一律扣留审查；对非法出版物依法收缴。并追根溯源，严厉打击非法出版活动；对其主办者、承办者按照有关规定予以处罚。

7.《出版物市场管理规定》（2003 年发布，2011 年修订）

2003 年 7 月 16 日新闻出版总署颁布，2004 年 6 月 16 日修正的《出版物市场管理规定（修正）》重申了有关出版物展销活动的规定，即“省、自治区、直辖市新闻出版行政部门和全国性出版、发行行业协会，可以申请主办全国性的出版物订货、展销活动。省级以上出版、发行协会可以申请主办地方性出版物订货、展销活动；全国性出版、发行行业协会可以申请主办跨省专业性出版物订货、展销活动，其下属各专业委员会可接受委托承办。”“举办全国性出版物订货、展销活动，主办单位须至少提前 6 个月报新闻出版总署审批，新闻出版总署应当在收到申请之日起 2 个月内作出决定，并通知主办单位。举办地方性或者专业性的出版物订货、展销活动，主办单位须在活动举办前一个月持活动方案、参展单位名单、展场位置图、组委会人员名单等有关材料报所在地省、自治区、直辖市新闻出版行政部门备案”等。

8.《出版物市场管理规定》（2011 年修订）

省、自治区、直辖市新闻出版行政部门和全国性出版、发行行业协会，可以申请主办全国性的出版物展销活动，并须提前 6 个月报新闻出版总署审批。全国性出版、发行行业协会可以主办跨省专业性出版物展销活动；市、县级新闻出版行政部门和省级出版、发行协会可以主办地方性的出版物展销活动；主办单位须提前 2 个月报所在地省、自治区、直辖市新闻出版行政部门备案。

9. 国务院办公厅《关于印发国家新闻出版广电总局主要职责内设机构和人员编制规定的通知》（2013 年发布）

通知规定，取消举办全国性出版物订货、展销活动审批；取消在境外展示、展销国内出版物审批。

三、对违反《出版物市场管理规定》的处罚

（一）行政处罚的种类

行政处罚是指依法享有行政处罚权的主体对不够刑事处分的行政违法者所做的处罚。出版物市场管理的行政处罚，就是新闻出版行政部门依法对出

版物市场经营主体的违法行为所作的处罚制裁。出版物市场管理行政处罚的种类主要有：

（1）罚款。一般规定了罚款数额的最高和最低额。

（2）没收违法所得，包括没收出版物、违法所得和从事违法活动的专用工具、设备。

（3）责令限期停业整顿或者由原发证部门吊销许可证。

（4）责令停止违法行为，予以警告。警告，即谴责和警戒，是一种较轻的行政处罚。

（5）注销其法定代表人或者主要负责人和直接责任人的出版物发行员职业资格证书。这是对直接责任人的处罚。

（二）具体处罚措施

2011 年修订的《出版物市场管理规定》对具体处罚措施规定得非常详细，操作性较强。

（1）未经批准，擅自设立出版物发行单位，或者擅自从事出版物发行业务的，未经批准擅自设立发行分支机构、出版物批发市场，擅自主办全国性出版物展销活动或者不符合本条例规定的主办单位擅自主办地方性或者跨省专业性出版物展销活动的，依照《出版管理条例》第 61 条处罚。即未经批准，擅自设立出版物的出版、印刷或者复制、进口、发行单位，或者擅自从事出版物的出版、印刷或者复制、进口、发行业务，假冒出版单位名称或者伪造、假冒报纸、期刊名称出版出版物的，由出版行政部门、工商行政管理部门依照法定职权予以取缔；依照刑法关于非法经营罪的规定，依法追究刑事责任；尚不够刑事处罚的，没收出版物、违法所得和从事违法活动的专用工具、设备，违法经营额 1 万元以上的，并处违法经营额 5 倍以上 10 倍以下的罚款，违法经营额不足 1 万元的，可以处 5 万元以下的罚款；侵犯他人合法权益的，依法承担民事责任。

（2）违反规定发行违禁出版物的；发行新闻出版总署禁止进口的出版物，或者发行进口出版物未从依法批准的出版物进口经营单位进货的；发行其他非法出版物和新闻出版行政部门明令禁止出版、印刷或者复制、发行的出版的。依照《出版管理条例》第 62、63、65 条处罚。即触犯刑律的，依照刑法有关规定，依法追究刑事责任；尚不够刑事处罚的，由出版行政部门责令限期停业整顿，没收出版物、违法所得，违法经营额 1 万元以上的，并处违法经营额 5 倍以上 10 倍以下的罚款；违法经营额不足 1 万元的，可以处 5 万元以下的罚款；情节严重的，由原发证机关吊销许可证。发行违禁出版物或者非法出版物的，当事人对其来源作出说明、指认，经查证属实的，没收出版物和非法所得，可以减轻或免除其他行政处罚。

（3）违反规定发行侵犯他人著作权或者专有出版权的出版物的，依照《中华人民共和国著作权法》和《中华人民共和国著作权法实施条例》的规定处罚。

（4）发行未经依法审定的中小学教科书，或者未经法定方式确定的单位从事中小学教科书的发行业务的，依照《出版管理条例》第 65 条处罚。

（5）出版物发行单位未依照规定办理变更审批手续的，按照《出版管理条例》第 67 条处罚。

（6）单位违反《出版物市场管理规定》被吊销《出版物经营许可证》的，由原发证单位吊销其法定代表人或者主要负责人及直接责任人的出版物发行员职业资格证书；其法定代表人或者主要负责人自许可证被吊销之日起 10 年内不得担任发行单位的法定代表人或者主要负责人。

（7）违反《出版物市场管理规定》，有下列行为之一的，由新闻出版行政部门责令停止违法行为，予以警告，并处 3 万元以下罚款：

①未能提供近两年的出版物发行进销货清单等有关非财务票据的；

②超出新闻出版行政部门核准的经营范围经营的；

③张贴和散发有法律、法规禁止内容的或者有欺诈性文字的征订单、广告和宣传画的；

④擅自更改出版物版权页的；

⑤《出版物经营许可证》未在经营场所明显处张挂或未在网页醒目位置公开《出版物经营许可证》和营业执照登载的有关信息或链接标识的；

⑥出售、出借、出租、转让或擅自涂改、变造《出版物经营许可证》的；

⑦发行内部资料性出版物的，或公开宣传、陈列、销售规定应由内部发行的出版物的；

⑧向无总发行权的单位转让或者变相转让出版物总发行权，委托无出版物批发权的单位批发出版物或代理出版物批发业务，委托非出版物发行单位发行出版物的；

⑨提供出版物网络交易平台服务的经营者未按本规定履行有关审查及管理责任的；

⑩应按本规定进行备案而未备案的；

⑪不按规定接受年度核检的。

（8）征订、储存、运输、投递、散发、附送《出版物市场管理规定》第22条所列出版物的，按照《出版物市场管理规定》第33条进行处罚。

（9）违反《出版物市场管理规定》第31条未报送统计数据的，按照新闻出版总署《新闻出版统计管理办法》处理。

第三节　市场合同行为管理

随着市场经济的发展和出版物市场的完善，平等的市场经济关系越来越依靠平等的契约关系——合同来保证。在出版物市场交易行为，主要是出版物发行行为实施的过程中，为保证发行能够按照供求主体的愿望进行，必须依法订立出版物市场交易合同。出版物市场交易合同是在出版物发行过程中，为明确供给主体、需求主体之间以出版物为标的的权利义务关系而共同达成的供求协议。

出版物市场经营主体在从事出版物的总发行、批发、零售、出租、进口等经营行为时，一般都会签订具有法律效力、明确相互权利义务关系的合同或者协议，并严格按照合同或者协议来行使自己的权利，履行自己的义务。

对出版物市场合同行为进行管理主要包括对合同的订立、合同的履行、合同权利义务的变更和终止、违约责任以及合同纠纷的解决等方面进行管理。应该说，出版物市场上各方当事人之间的平等关系，是靠合同来维系的，而合同也是出版物市场秩序得以稳定的基础，因此，出版行政部门应加强对合同行为的管理，以保证统一、开放、竞争、有序的出版物市场的形成。

一、合同订立管理

合同的订立，是指合同双方当事人进行协商，使各方的意思表示趋于一致，达成协议的过程。在出版物市场主体进行市场行为时，都会依靠合同来确定各方的权利义务关系。因此，出版物市场合同的订立管理主要包括订立合同的主体资格管理、合同的内容管理、合同的效力管理等方面。

（一）订立合同的主体资格管理

1999年3月15日由中华人民共和国第九届全国人民代表大会第二次会议通过，并于1999年10月1日开始施行的《中华人民共和国合同法》（以下简称《合同法》）第9条规定：“当事人订立合同，应当具有相应的民事权利能力和民事行为能力。当事人依法可以委托代理人订立合同。”这一条对订立合同的主体资格作了明确的规定。合同是以当事人的意思表示为基础的，因此，订立合同的人必须具备独立的表达自己意思和理解自己行为性质和后果的能力，这就要求合同主体应该具备一定的民事权利能力和民事行为能力。自然人和法人（含其他组织）作为合同主体在民事权利能力和民事行为能力方面的要求不同。

自然人的权利能力，始于出生，终于死亡；而行为能力则根据其年龄和智力不同而有所不同。法人和其他组织一般都具有订立合同的行为能力。由于法律对法人和其他组织往往都规定了它们各自的经营、活动范围，这也就对法人和其他组织的权利能力作了限制。因此，法人和其他组织在订立合同时应考虑自身的权利能力。法人和其他组织超越经营范围订立的合同可能导致合同无效。

（二）合同的内容管理

合同的内容，即合同的条款，是指合同当事人协商一致的产物，主要记载着合同当事人双方的权利与义务，是合同的核心部分。

合同的条款通常由当事人协商决定。我国《合同法》第12条明确规定：“合同的内容由当事人约定，一般包括以下条款：（1）当事人的名称或者姓名和住所；（2）标的；（3）数量；（4）质量；（5）价格或者报酬；（6）履行期限、地点和方式；（7）违约责任；（8）解决争议的方法。当事人可以参照各类合同的示范文本订立合同。”这些条款中，应该说关于合同的标的和数量的条款是各类合同不可缺少的内容。因为没有标的，权利义务就失去了目标，当事人之间就不可能建立起权利义务关系；而数量是确定合同标的的具体条件，是合同得以正确、全面履行的保障，这类条款的缺乏也不可能通过合同解释及法律的推定性条款来弥补。因而，关于标的、数量的条款是合同的必要条款。至于其他条款，即使合同没有约定或者约定不明确，当事人也可以事后补充或者按照合同的有关条款、交易习惯或法律的补充性规定来确定，我国《合同法》第61条、第62条也对此作了明确规定，因而它们不是合同的必要条款，而是合同的普通条款。

在出版物发行过程中，征订单是广泛存在于出版物发行过程中的凭证。根据《合同法》的规定，征订单是一种合同。因为它具备了合同的必要条款，即征订单上一般都有要发行的出版物的名称、著者、版别、定价等要素，还留有一栏或两栏空白，以便需求方填写订数或金额。如表 8-3① 所示。

表 8-3　　　　　　　　　　**出版物征订单**

<table>
<tr><td>订户单位</td><td></td><td colspan="2">联系人</td><td colspan="2"></td></tr>
<tr><td>通信地址</td><td></td><td colspan="2">邮政编码</td><td colspan="2"></td></tr>
<tr><td>联系电话</td><td></td><td colspan="2">传真</td><td colspan="2"></td></tr>
<tr><td colspan="2">《世界 IT 研究》480 元/份</td><td>份数</td><td></td><td>金额</td><td></td></tr>
<tr><td colspan="2">《电子信息产品出口研究报告》27 元/本</td><td></td><td></td><td></td><td></td></tr>
<tr><td colspan="2">《国家城市信息化试点案例汇编》50 元/本</td><td></td><td></td><td></td><td></td></tr>
<tr><td colspan="2">《信息产业与我国经济社会发展》22 元/本</td><td></td><td></td><td></td><td></td></tr>
<tr><td colspan="2">《电子信息产业发展基金使用指南》70 元/本</td><td></td><td></td><td></td><td></td></tr>
<tr><td colspan="2">合计（大写）</td><td colspan="4"></td></tr>
</table>

征订办法：

（1）请填写征订单，办理汇款手续，并将征订单及汇款凭证复印件寄至：××市××路××号

（2）邮政汇款：××市××路××号

（3）银行汇款：开户名称：××××；开户行：××××；银行账号：××××

（4）联系人及联系电话：××××

（三）合同的效力管理

合同的效力，又称合同的法律效力，即合同所具有的法律拘束力，是指法律赋予依法有效的合同对其当事人及其效力所涉及的第三人具有拘束力。

合同的生效，是指依法有效的合同在当事人之间开始发生了法律拘束力。《合同法》第 44 条规定："依法成立的合同，自成立时生效。""法律、行政法规规定应当办理批准、登记等手续生效的，依照其规定。"

对于大多数合同而言，合同成立的同时合同生效。合同成立是合同生效

① 参见：赛迪网．中国 IT 市场情报中心［EB/OL］．世界 IT 研究类文章，http：//market. ccidnet. com.

的前提条件，如果合同不成立就谈不上合同生效的问题。合同成立以后，在合同符合生效条件时合同才能生效。因此，依法有效的合同何时生效，应取决于其是否具备了生效条件。一般情况下，依法成立的合同，具备法定的有效条件，即合同依法有效，这样的合同自成立时起生效。

合同是民事法律行为，《民法通则》规定民事法律行为应当具备以下生效条件：行为人具有相应的民事行为能力；意思表示真实；不违反法律或社会公共利益。这三项也是合同的一般生效要件。但是有下列情形除外：(1) 法律、行政法规规定应当办理批准、登记等手续生效的，自依法办理批准、登记等手续时生效；(2) 附生效条件的合同，自条件成就时生效；附生效期限的合同，自期限届至时生效；(3) 当事人约定采取特定形式或履行特定手续时合同生效的，自采取特定形式或履行特定手续时合同生效。当事人未采取特定形式或履行特定手续，但一方当事人已经履行主要义务，对方当事人接受的，合同自依法成立时生效。

附条件的合同，是指当事人约定把一定条件的成就与否作为合同效力发生或者终止的根据。"附生效条件的合同"，又称为附延缓条件的合同、附停止条件的合同，是指合同虽已成立，但尚未生效，其效力以某种事实的发生为条件，如果这种事实发生了合同就生效，否则就不生效。"附解除条件的合同"，是指已经发生法律效力的合同，当条件成法律条文时，合同失效，合同要解除；当条件不成法律条文时，合同继续有效。

附期限合同，是指合同当事人在合同中约定，以一定的期限的届至作为合同效力发生或者终止的根据。附生效期限的合同，又称为附延缓期限的合同、附始期的合同，是指合同虽已成立，但在期限到来之前暂不发生法律效力，待期限到来时合同才发生法律效力。附终止期限的合同，又称为附解除条件的合同、附终期的合同，是指已经发生法律效力的合同，在期限到来时，合同的效力消灭，合同解除。①

凡不符合生效条件的合同，即使已经成立，也不能产生合同的法律效力，而属于可撤销的合同，或者效力未定的合同，或者无效合同。

可撤销合同主要是当事人意思表示不真实的合同。相对于绝对无效的无效合同来说，可撤销合同是一种相对无效的合同，其效力取决于当事人的意志。

可撤销合同具有如下特征：第一，可撤销合同已经成立，但欠缺法定生

① 黄先蓉．出版法律基础［M］．武汉：武汉大学出版社，2013：117-118.

效要件。法定生效要件的欠缺，主要表现为当事人意思表示的不真实性。第二，可撤销合同的撤销权，由享有撤销权的一方当事人来行使，而且是否行使撤销权也由权利人自由决定，其他任何单位或个人都无权主张撤销，人民法院或仲裁机关也不得依职权主动撤销。第三，可撤销合同在未被撤销之前，仍然有效。但一旦被撤销则自始无效。

关于合同可撤销、可变更的原因，大多数国家或地区的立法一般都规定得比较广泛。我国《合同法》也在第54条规定："下列合同，当事人一方有权请求人民法院或者仲裁机构变更或者撤销：（1）因重大误解订立的；(2) 在订立合同时显失公平的。一方以欺诈、胁迫的手段或者乘人之危，使对方在违背真实意思的情况下订立的合同，受损害方有权请求人民法院或者仲裁机构变更或者撤销。当事人请求变更的，人民法院或者仲裁机构不得撤销。"

效力待定的合同，又称为效力未定的合同，是指合同的效力取决于第三人同意的合同。这类合同虽已成立，但因其不完全符合有关合同生效要件的规定，致使其效力能否发生尚未确定，一般须经有权人表示追认才能生效。

效力待定合同主要是因为有关当事人缺乏缔约能力、代订合同的资格和处分能力所造成的。因此效力待定的合同可能因有权人的追认而有效，也可能因有权人的不追认而无效。

无效合同，是相对于有效合同而言的，是指已经成立，但因欠缺法定有效要件，在法律上确定的当然自始不发生法律效力的合同。无效合同主要具有以下特征：第一，无效合同虽已成立，但欠缺法定有效要件；第二，无效合同自始无效，即无效合同从合同成立时就无效；第三，无效合同当然无效，这是指合同无效不以任何人的意志为转移，它不问当事人意思如何，既不需要当事人主张其无效，也不须经过任何程序；第四，无效合同确定无效，即无效合同确定无疑地无效，这与效力待定合同的效力由权利人确定不同，无效合同不仅成立时不发生效力，而且以后也绝无再发生法律效力的可能。

关于无效合同的原因，我国《合同法》的规定给人民法院判定合同是否有效提供了法律依据。第一，一方以欺诈、胁迫的手段订立的有损于国家利益的合同。第二，恶意串通，损害国家、集体或者第三人利益而订立的合同。第三，以合法形式掩盖非法目的的合同。第四，损害社会公共利益的合同。第五，违反法律、行政法规的强制性规定的合同。

二、合同的履行管理

合同的履行，是指在合同生效以后，合同当事人依照合同的约定或者法律的规定，全面适当地完成合同义务的行为，是当事人实施给付义务的过程。合同的履行是合同效力的集中体现，也是合同消灭的最主要的原因。

合同的履行以有效合同为前提和依据，是合同法律约束力的首要表现，因此合同的履行是合同法的核心内容。具体表现为：当事人订立合同的目的，就是为了通过履行合同而实现自己的权利；合同的效力是合同履行的依据所在；合同的变更和转让是为了更好地履行合同，并不是对合同履行的否定；合同的终止与合同的履行在保护当事人的合法权益上是一致的；违约责任的规定则是为了更好地督促债务人履行合同。

（一）合同履行的原则

合同履行的原则，是法律规定的、所有种类的合同当事人在履行合同的整个过程中都必须遵循的一般准则。合同签订生效以后，各方当事人必须恪守信用，严格履行，并要遵循一定的原则。根据我国合同立法及司法实践，合同履行除应遵循平等、公平、诚实信用等基本原则外，还应遵循合同履行的特有原则，即实际履行和全面履行原则。

1. 实际履行原则

实际履行原则，是指合同当事人必须按照有效合同约定的标的履行义务，不能用其他标的来代替履行。

贯彻实际履行原则，具有十分重要的意义。因为合同中所确定的标的是为了满足当事人在生产经营或管理活动中一定的物资或劳务的需要，用其他标的代替履行，是不能满足当事人这种特定的实际需要的。为了防止擅自更换标的，保护当事人的合法权益，必须贯彻实际履行原则。同时，如果不要求实际履行，可以随意变更标的或以其他方式代替履行的话，从形式上看，标的价值相等，对方当事人似乎没有受到损失，但由于使用价值不同，原来的需求并没有得到满足，合同的目的实际上并没有达到，这就势必引起产供销的脱节，造成经济秩序的混乱，影响对人们需求的有效供给。因此各国合同立法都对实际履行作了明确规定。

2. 全面履行原则

全面履行原则，又称正确履行原则或适当履行原则，是指合同当事人必须按照合同约定的标的以及数量、质量、价格或者报酬、履行期限、地点、方式等要求，全面完成合同义务。《合同法》第 60 条第 1 款明确规定：“当事人应当按照约定全面履行自己的义务。”

全面履行原则是对实际履行原则的补充和扩展。实际履行原则只要求当事人按照合同约定的标的履行，至于这种履行是否符合合同的具体规定，则是全面履行原则所要解决的问题。因此，全面履行必定是实际履行，但实际履行未必是全面履行。

法律确定全面履行原则的目的在于指导和督促当事人保质、保量、按时、正确地履行合同规定的义务，防止违约情况的发生，保护双方当事人的利益，实现当事人订立合同的目的。

《合同法》特别强调诚实信用原则在合同履行中的重要作用。诚实信用原则是合同法的基本原则，该原则当然适用于合同履行。《合同法》第 60 条第 2 款规定："当事人应当遵循诚实信用原则，根据合同的性质、目的和交易习惯履行通知、协助、保密等义务。"

(二) 合同履行的规则

合同履行的规则，是指法律规定的适用于某类合同或某种情形，当事人履行合同时必须共同遵守的具体准则。合同履行的规则是合同履行原则的具体体现。根据我国《合同法》的规定，合同履行的规则主要有：

1. 合同条款约定不明时的履行规则

合同条款约定不明时的履行规则，是指合同的非主要条款没有约定或者约定不明确时，用以确定这些条款的方法和原则。根据我国《合同法》第 61 条和第 62 条的规定，当合同条款约定不明时，按下列规则予以确定：(1) 当事人协议补充。(2) 按照合同有关条款或者交易习惯确定。(3) 依法律的补充性规范确定。

2. 合同履行过程中价格发生变动时的履行规则

合同履行过程中价格发生变动的履行规则，是指执行政府定价或政府指导价的合同，在政府价格发生变动时确定标的物价格的方法和原则。我国《合同法》第 63 条规定了合同履行过程中价格发生变动时的履行规则：执行政府定价或政府指导价的，在合同约定的交付期限内政府价格调整时，按照交付时的价格计价。逾期交付标的物的，遇价格上涨时，按照原价格执行；价格下降时，按照新价格执行。逾期提取标的物或者逾期付款的，遇价格上涨时，按照新价格执行；价格下降时，按照原价格执行。

3. 债务人向第三人履行债务的规则

当事人约定由债务人向第三人履行债务的，债务人未向第三人履行债务或者履行债务不符合约定，应当向债权人承担违约责任。

4. 第三人向债权人履行债务的规则（第三人代为履行规则）

第三人向债权人履行债务，是指经当事人约定，由第三人代替债务人向债权人履行债务，简称第三人代为履行。通常情况下，合同义务要由债务人向债权人履行，即应符合亲自履行原则，但这也并不排除由第三人代为履行。第三人替代债务人履行债务，只要不违反法律规定和合同约定，且未给债权人增加费用或造成损失，这种履行在法律上应该是有效的。既然允许第三人代为履行，那就应该遵循一定的规则。我国《合同法》第65条规定："当事人约定由第三人向债权人履行债务的，第三人不履行债务或者履行债务不符合约定，债务人应当向债权人承担违约责任。"

5. 同时履行规则

同时履行规则，是指当事人互相负有债务，没有先后履行顺序的，应当同时履行，否则，可行使同时履行抗辩权的规则。我国《合同法》第66条规定："当事人互负债务，没有先后履行顺序的，应当同时履行。一方在对方履行之前有权拒绝其履行要求。一方在对方履行债务不符合约定时，有权拒绝其相应的履行要求。"

6. 顺序履行规则

顺序履行规则，是指当事人互负债务，但有先后履行顺序时，当事人履行合同的规则。我国《合同法》第67条规定："当事人互负债务，有先后履行顺序，先履行一方未履行的，后履行一方有权拒绝其履行要求。先履行一方履行债务不符合规定的，后履行一方有权拒绝其相应的履行要求。"

7. 债权人发生变化时的履行规则

债权人发生变化时的履行规则，是指债权人分立、合并或者变更住所时的履行规则。我国《合同法》第70条规定："债权人分立、合并或者变更住所没有通知债务人，致使履行债务发生困难的，债务人可以中止履行或者将标的物提存。"

根据这一规定，债权人发生变化时的履行规则包括两个方面：（1）债权人发生分立、合并或者变更住所时，应当通知债务人，以便债务人能够及时履行债务。（2）债权人分立、合并或者变更住所没有通知债务人，致使履行债务发生困难的，债务人可以中止履行或者将标的物提存。

8. 债务人提前履行规则

债务人提前履行，是指债务人在合同履行期限到来之前就开始履行自己的合同义务。我国《合同法》第71条规定："债权人可以拒绝债务人提前履行债务，但提前履行不损害债权人利益的除外。债务人提前履行债务给债权人增加的费用，由债务人负担。”第 75 条规定：这就明确规定了债务人提前履行债务的效力规则。

9. 债务人部分履行规则

部分履行，是指债务人在合同履行期限内没有按照合同约定全部履行合同义务，而只是履行了一部分义务。我国《合同法》第 72 条规定：“债权人可以拒绝债务人部分履行债务，但部分履行不损害债权人利益的除外。债务人部分履行债务给债权人增加的费用，由债务人承担。”这是关于债务人部分履行的效力规则。

10. 合同当事人的某些变动不影响合同履行规则

合同当事人的某些变动，是指合同生效以后，当事人的姓名、名称的变更或者法定代表人、负责人、承办人的变动。《合同法》第 76 条规定：“合同生效后，当事人不得因姓名、名称的变更或者法定代表人、负责人、承办人的变动而不履行合同义务。”这就明确规定了合同当事人的某些变动不影响合同履行的效力规则。

（三）合同履行的抗辩管理

合同履行的抗辩管理，是规定合同主体在履行合同的过程中享有的抗辩权利。在合同履行的过程中，各方主体应按照合同履行的基本原则，努力履行合同中规定的各项义务，以取得相互之间的充分信任。但是，在某方出现可能导致规定的义务不能履行的状况时，对方则享有相对应的抗辩权。合同履行中的抗辩权主要有同时履行抗辩权、顺序履行抗辩权和不安抗辩权。

1. 同时履行抗辩权

同时履行抗辩权，又称为不履行抗辩权，是指在双务合同中，没有规定先后履行顺序的，当事人应当同时履行，一方在对方当事人履行之前有权拒绝其履行请求，一方在对方当事人履行债务不符合约定时有权拒绝其相应的履行请求。

同时履行抗辩权的适用条件是：第一，由同一双务合同产生的互负的债务。第二，在合同中未约定履行顺序，即“没有先后履行顺序”，在这种情况下往往要求当事人同时履行。第三，对方当事人未履行债务或者未按约定正确履行债务。“未履行”就是没有履行；“未按约定履行”，是指履行债务有瑕疵，即交付的标的物有瑕疵。第四，对方的对待履行须是可能履行的义务。同时履行抗辩权制度的价值在于促使双务合同的当事人同时履行债务。

2. 顺序履行抗辩权

顺序履行抗辩权，又称为后履行抗辩权，是指在双务合同中，有先后履行顺序的，先履行的一方未履行的，后履行的一方有权拒绝其履行要求。先履行一方履行债务不符合约定的，后履行一方有权拒绝其相应的履行要求。这在我国《合同法》的第67条也有规定。

顺序履行抗辩权确立的法律根据在于维护诚实信用原则和后顺序履行人的合法权益，也是对本应先履行一方未先履行或者已先履行但不符合约定的一种法律制裁。

顺序履行抗辩权的适用条件为：第一，由同一双务合同产生的互负的债务；第二，债务的履行有先后顺序，这种先后顺序一般由当事人在合同中约定或者根据交易习惯确定；第三，应该先履行的一方未履行或者履行债务不符合约定；第四，应该先履行的债务有可能履行，如果不可能履行则谈不上抗辩权。

3. 不安抗辩权

不安抗辩权，又称拒绝权，是指在双务合同中，应当先履行债务的一方当事人在有确切证据证明后履行债务的一方当事人财产状况恶化，足以影响对待给付的情形下，可以中止履行合同或者解除合同。

根据我国《合同法》第68、69条的规定，不安抗辩权的适用条件是：第一，适用于双务合同中，合同双方互负债务，且双方约定了履行的先后顺序。第二，后履行债务的一方当事人的债务尚未届履行期限。第三，后履行债务的一方当事人有丧失或可能丧失履行债务能力的情形。具体情形是：(1) 经营状况严重恶化。即后履行债务的当事人，其经营状况出现了恶劣的变化从而导致财产大量减少，引起履行债务的能力丧失或可能丧失。经营状况恶化到难以履行债务的程度才是严重恶化。(2) 转移财产、抽逃资金，以逃避债务。即后履行债务的当事人以逃避债务为目的，将自己的财产转移到其他地方或者将自己对企业投入的资金撤回。(3) 丧失商业信誉。即后履行债务的当事人在商业行为上已经给人留下了失去诚实信用的感觉。(4) 有丧失或者可能丧失履行债务能力的其他情形，如提供劳务的一方丧失劳动能力等。(5) 先履行债务的一方当事人有确切的证据证明对方有丧失或者可能丧失履行债务能力的情形。即行使不安抗辩权的一方要有确切的证据，否则，会出现不安抗辩权的滥用。

不安抗辩权的法律效果：第一，只要具备不安抗辩权成立的条件，先履行债务的当事人就可行使不安抗辩权，中止履行。第二，中止履行后，对方在合理期限内未恢复履行能力并且未提供适当担保的，中止履行的一方可以解除合同。

（四）合同履行的保全制度

合同履行的保全制度，是指法律为防止债务人的财产不当减少而给债权人的债权带来危害，允许债权人代债务人之位向第三人行使债务人的权利，或者请求法院撤销债务人与第三人的法律行为的法律制度，其中前者为代位权制度，后者为撤销权制度。

1. 代位权

代位权，是指当债务人怠于行使其对第三人享有的到期债权而危及债权人的债权时，债权人为保全自己的债权，以自己的名义代债务人行使权利的权利。我国《合同法》第 73 条规定："因债务人怠于行使其到期债权，对债权人造成损害的，债权人可以向人民法院请求以自己的名义代位行使债务人的债权，但该债权专属于债务人自身的除外。""代位权的行使范围以债权人的债权为限。债权人行使代位权的必要费用，由债务人负担。"

代位权的行使对债权人和债务人都会产生一定的法律效力。对于债权人而言，表现在两个方面：其一债权人行使代位权的必要费用，由债务人负担；其二是当债务人的债务人向债务人履行债务，债务人拒绝受领时，债权人有权代债务人受领。但是在接受之后，不能独占该财产并用该财产自行抵销债务人对自己的债务，而是应该将财产给债务人。对于债务人而言，代位权行使的直接效果应归属于债务人。如债务人仍怠于受领，债权人可代位受领。债权人受领之后，债务人仍有权请求债权人交付所受领的财产。同时，债权人受领后，也不得直接以此财产清偿自己的债权。当债务人不主动履行债务时，债权人可请求强制履行而受偿。

2. 撤销权

撤销权，是指债权人对于债务人所为的危害债权实现的行为，有请求人民法院撤销该行为的权利。我国《合同法》第 74 条规定："因债务人放弃其到期债权或者无偿转让财产，对债权人造成损害的，债权人可以请求人民法院撤销债务人的行为。债务人以明显不合理的低价转让财产，对债权人造成损害，并且受让人知道该情形的，债权人也可以请求人民法院撤销债务人的行为。""撤销权的行使范围以债权人的债权为限。债权人行使撤销权的必要费用，由债务人负担。"第 75 条规定"撤销权自债权人知道或者应当知道撤销事由之日起 1 年内行使。自债务人的行为发生之日起 5 年内没有行使撤销权的，该撤销权消灭。"

撤销权的行使对债务人、受让人、债权人都会产生法律效力。对债务人而言，被撤销的债务人的行为归于消灭，并被视为自始无效。债权人行使撤销权的必要费用，由债务人负担。对受让人而言，受让人因该行为而取得的财产，应返还给债务人，如果债务人对返还的财产不行使请求权的，债权人可以行使代位权。对债权人而言，行使撤销权的债权人有权请求受让人向自己返还所得利益，并有义务将收取的利益加入债务人的一般财产，作为全体一般债权人的共同担保，但无优先受偿的权利。至于行使撤销权的费用，作为管理事务的费用，有权请求债务人偿还。

法律在规定债权人享有一定撤销权的同时，也对这种权利进行了时间上的限制，即规定了除斥期间。目的是为了维持交易的稳定状态，维护各方当事人利益的平衡。撤销权行使的除斥期间有两种：第一种是时间为 1 年的除斥期间，适用于债权人知道或者应当知道撤销事由的情况，其起算点为债权人知道或者应当知道之日；第二种是时间为 5 年的除斥期间，适用于债权人不知道撤销事由的情况，其起算点为债务人的行为发生之日。

三、合同权利义务的变更和终止

合同依法成立以后，已经生效的合同其规定的内容是具有法律效力的，各合同主体应该严格履行合同规定的义务，不允许单方面擅自变更或终止合同。否则会影响到合同各方主体的利益甚至市场的整体利益。但是，社会经济是不断发展变化的，可能由于主客观情况的变化，有时会产生使原合同的全部或部分内容履行成为不必要或不可能的情况，这时，如果具备了变更或终止合同的法定条件时，可以按照法律制度规定的程序进行变更或终止。

（一）合同的变更管理

合同的变更，有广义和狭义之分。广义的合同变更是指合同的主体和内容发生变化；狭义的合同变更仅指合同成立以后，在尚未履行或尚未完全履行之前，当事人经过协议对合同内容进行的修改和补充。我国《合同法》所称的合同变更是指狭义上的合同变更，至于合同主体的变化则称之为合同转让。

当事人变更合同应具备以下条件：（1）当事人之间原已存在有效的合同关系。合同的变更是在原合同的基础上改变合同的一些内容，如果没有合同关系的存在就谈不上变更合同的问题。（2）合同的变更应该根据当事人的约定或法律的规定。合同的变更主要是通过当事人的协商而产生，因而我国《合同法》第 77 条第 1 款规定："当事人协商一致，可以变更合同。"另外，合同变更还可依法律的规定而发生。如我国《合同法》第 54 条规定，一方当事人有权请求人民法院或者仲裁机关对重大误解或显失公平的合同进行变更。(3) 必须有合同内容的变化。合同的变更为合同内容的变化，也就是说，合同内容的变化是合同变更不可缺少的条件，如果合同内容没有发生变化，就谈不上合同的变更。(4) 必须遵守法定的形式。我国《合同法》第 77 条第 2 款规定："法律、行政法规规定变更合同应当办理批准、登记等手续的，依照其规定。"

合同的变更是在保持原合同关系的基础上，合同的某项或者某部分内容的变化。因此，在合同发生变更后，当事人应当按照变更后的合同内容来履行合同义务，否则将构成违约。

合同的变更原则上是向将来发生法律效力。未变更的合同的权利义务继续有效，已经履行的债务不因合同的变更而失去法律依据。

合同的转让，是合同主体的变更，是指合同的一方当事人将合同的全部或者部分权利义务转让给第三人，而合同的内容并不发生变化。合同转让具有如下特征：(1) 合同转让并不改变原合同的内容。它只是对原合同有效的合同权利或合同义务的转让，且转让不引起原合同内容的变更。(2) 合同转让将发生合同主体的变化。合同主体的变化导致原合同关系消灭，新合同关系产生。(3) 合同转让涉及两种不同的法律关系，即原合同当事人双方之间的关系和转让人与受让人之间的关系。

合同转让，按照其转让的权利义务的不同，可分为合同权利的转让、合同义务的转让和合同权利义务的概括转让三种类型。

(二) 合同的终止管理

合同的终止，即合同权利义务的终止，是指由于一定的法律事实的发生，使原来设定的债权债务关系在客观上不再存在。

合同权利义务的终止不同于合同的中止。合同的中止是合同效力的暂时停止，如基于债务人的抗辩，合同的请求权暂时停止，待抗辩权消灭后，合同即恢复原有的效力。合同权利义务的终止，也不同于合同的变更。合同权利义务的终止是原来存在的债权债务关系消灭，而合同变更是合同内容的变更，合同关系依然存在。

合同权利义务的终止须有法律上的原因，原因一经发生，则自原因发生之时起，合同关系在法律上当然消灭，并不须当事人主张。我国《合同法》第 91 条规定："有下列情形之一的，合同的权利义务终止：(1) 债务已经按照约定履行；(2) 合同解除；(3) 债务相互抵销；(4) 债务人依法将标的物提存；(5) 债权人免除债务；(6) 债权债务同归于一人；(7) 法律规定或者当事人约定终止的其他情形。"

四、违约责任

违约责任，是指当事人一方不履行合同或者履行不符合合同约定或法律规定时，对另一方当事人所应承担的继续履行、赔偿损失等民事责任。

我国《合同法》对违约责任一般采取无过错责任原则，但也例外地承认过错责任。如《合同法》第117条规定："因不可抗力不能履行合同的，根据不可抗力的影响，部分或全部免除责任，但法律另有规定的除外。当事人迟延履行后发生不可抗力的，不能免除责任。"这种当事人迟延履行后发生不可抗力而承担的责任就是过错责任。因为迟延履行时，债务人已有过错，法律规定债务人承担迟延履行期间不可抗力所致后果，是对不可抗力发生前已构成违约及违约责任的认可。

无过错责任原则，是指无论违约方主观上有无过错，只要其违反合同债务的行为给对方当事人造成了损害，依法应承担违约责任的仍应承担违约责任。无过错责任原则具有如下特点：第一，无过错责任原则不以行为人主观上有过错为责任的构成要件。违约方主观上既可能有过错也可能无过错，但违约方主观上有无过错对其承担民事责任没有任何影响。第二，非违约方主张权利时，对违约方主观上有无过错不负举证责任，违约方也不能以自己没有过错为由主张抗辩，法院在处理有关纠纷时也无须对是否存在过错作出判定。第三，违约方也有权根据法律规定或当事人约定的免责事由主张免责。第四，在无过错责任原则中，责任的确定主要从违约方一方的损害程度来考虑，并从适当限制无过错责任承担者的责任程度出发，对这种责任规定有赔偿或限制赔偿范围。

过错责任原则，是指在一方当事人违反合同规定的义务，不履行或者不适当履行合同时，以过错作为确定责任承担的决定性因素。过错责任原则的特点是：第一，以行为人主观上有过错作为责任的构成要件，即违约方只有在主观上有过错的情况下，才可能承担民事责任，无过错即无责任。第二，实行举证责任倒置原则，一般采取推定过错的方式，即由违约当事人负举证责任，证明其没有过错。第三，违约方对第三人的过错导致的违约也要负责，过错程度对确定违约当事人的责任范围有时有直接影响。

根据违约行为违反合同义务的性质和特点，可以将违约行为分为预期违约和实际违约两种。预期违约包括明示的预期违约和默示的预期违约两种：实际违约包括不履行和不完全履行。此外，违约形态还可分为一方违约和双方违约。

承担违约责任的具体方式有支付违约金、赔偿损失和继续履行、支付定金等。

违约金，是指当事人在合同中约定的或者法律所规定的，一方违约时应支付给对方的一定数量的货币。可见，违约金依合同约定或法律规定而产生，目的是在债务人失去清偿能力的情况下，补偿受害方的损失或制裁教育违约方。但违约金的适用并不意味着免除债务人继续履行的义务。如果债权人要求履行的，债务人还得继续履行。

赔偿损失，是合同一方当事人因不履行或不完全履行合同义务给对方造成损失时，依法或根据合同规定应承担赔偿对方当事人所受的损失。赔偿损失是一种民事法律责任，是当事人不履行或不完全履行原合同债务所产生的法律后果，目的在于补偿受害人的全部损失。赔偿损失责任一般采取完全赔偿原则。根据完全赔偿原则，违约方不仅应赔偿受害人遭受的全部实际损失，还应赔偿可得利益的损失。所谓可得利益，是指如果合同得以履行可以实现和取得的财产利益。

继续履行合同，是指违约方不履行合同时，不论是否已经承担了违约金或者赔偿损失的责任，都必须根据对方的要求，在自己能够履行的条件下，对原合同未履行的部分继续履行。继续履行是一种违约责任形式。因为它已经被赋予了国家强制性。即不论违约方是否愿意，只要受害人有继续履行的要求，违约方有继续履行的可能，就必须履行合同债务。

定金，是为了保证合同债权的实现，合同当事人一方在应该给付的数额内预先支付给对方的款项。定金与违约金一样，是一种民事责任形式。但在当事人既约定违约金，又约定定金的情况下，只能选择适用违约金和定金条款中的一种作为承担违约责任的方式，即二者不能并用。

免责事由，是指法律规定的或者合同约定的当事人对其不履行合同债务不承担违约责任的条件。我国《合同法》第117条规定：“因不可抗力不能履行合同的，根据不可抗力的影响，部分或者全部免除责任，但法律另有规定的除外。当事人迟延履行后发生不可抗力的，不能免除责任。”

五、合同纠纷的解决

在合同履行过程中，难免会发生纠纷。在纠纷发生以后，一般要选择一种办法来解决双方之间的争议，我国《合同法》第128条规定：“当事人可以通过和解或者调解解决合同争议。”“当事人不愿和解、调解或者和解、调解不成的，可以根据仲裁协议向仲裁机构申请仲裁。涉外合同的当事人可以根据仲裁协议向中国仲裁机构或者其他仲裁机构申请仲裁。当事人没有订立仲裁协议或者仲裁协议无效的，可以向人民法院起诉。当事人应当履行发生法律效力的判决、仲裁裁决、调解书；拒不履行的，对方可以请求人民法院执行。”根据此条规定，纠纷的解决办法一般有：协商、调解、仲裁和诉讼等。

（一）协商

协商，也称为和解，是指合同纠纷发生以后，由合同双方当事人在自愿、平等的基础上，在互谅互让的气氛中就合同争议的问题进行磋商，在彼此都认为可以接受的基础上达成和解协议的方式。在多数情况下，这种私了的办法是有效的。在实际中，很多纠纷均是当事人通过协商解决的。但应注意的是，协商并不是灵丹妙药，在有些情况下，协商并不能解决问题，相反，会给当事人利益带来损害。比如，当争议双方分歧严重时，协商、和解很难达成一致；另外，当争议双方力量悬殊时，通过讨价还价来达成协议往往于弱者不利。

（二）调解

调解，是指合同当事人自愿将合同纠纷提交给一个双方都可以接受的第三者，在第三者的主持下进行协商以解决合同争议的方式。一般情况下，作为调解人的第三者，可以是民间的个人或者组织，也可以是仲裁机构或者法庭。但是调解必须以自愿为前提，而且不论是哪一种调解人，都必须为双方当事人所认可、接受；不论是哪一种调解人，在进行调解时，都应该秉公办事，不能偏袒任何一方。

（三）仲裁

仲裁，也称为公断，是指合同当事人根据仲裁协议将合同争议提交仲裁机构并由仲裁机构作出裁决的方式。仲裁协议有两种类型：一种是双方当事人在争议发生前订立的，表示愿意将将来发生的争议提交仲裁机构解决的协议，这种协议一般包括在合同条款中，作为合同的一项条款，被称为仲裁条款；另一种是当事人在争议发生后订立的表示愿意将合同争议提交仲裁机构解决的协议。仲裁协议的内容一般包括仲裁的内容、仲裁地点、仲裁机构等。

仲裁和调解相比，虽然它们都是双方一致选定的，但两者仍具有较大的不同。比如，调解人只能提供建议，并劝说双方接受他的建议，而争议双方均可以不接受他的建议；而作为仲裁者，只要争议双方一致请他仲裁，他就可以自作主张，无须征得任何一方的同意，而他作出的裁决对双方都具有法律约束力。在我国，仲裁法的适用范围是“平等主体的公民、法人和其他组织之间发生的合同纠纷和其他财产权益纠纷”。仲裁依法独立进行，不受行政机关、社会团体和个人的干涉。仲裁委员会不属于任何行政机关，与行政机关没有任何隶属关系。仲裁权属于司法权范畴，因此，仲裁委员会属于司法机构。

如果争议双方当事人愿意选择仲裁作为解决他们之间纠纷的方法，那么，他们首先应该达成仲裁协议，然后依仲裁程序作出裁决并执行裁决。

(四) 诉讼

诉讼，是指合同当事人为了解决合同纠纷向人民法院提出请求，由人民法院依法作出判决，以解决合同纠纷的方式。主动提出该请求的当事人称为原告，受原告控告的当事人称为被告。

诉讼和仲裁一样，都是由当事人以外的第三方以公正权威的身份出现，依照一定的法定程序对当事人的争议进行公正的裁判，作出的判决均具有相同的法律效力。

以上几种解决合同纠纷的办法，各有其优缺点。在合同发生纠纷后，到底采用哪一种办法来解决双方的争议，由当事人自己决定。

第四节　市场竞争行为管理

市场竞争是在市场经济条件下，出版物市场主体为最大限度地实现自身经济利益而相互争取更有利的供给或需求条件的行为。市场竞争可以使各市场主体时刻面临竞争的压力，迫使其不断降低生产经营成本，提高生产经营质量和效率。因此，竞争是市场经济的核心和内在的动力。对市场竞争行为进行管理必须坚持鼓励和保护正当竞争的原则，保护经营者和读者的合法权益，维护正常的市场经济秩序。

对出版物市场上的竞争行为进行管理主要表现在规定市场竞争的原则和采取有关措施来对市场竞争行为进行保护。

一、市场竞争的原则

市场竞争的原则是不同的市场主体之间进行市场竞争行为时应遵循的原则。其主要原则有平等竞争原则、公平竞争原则、自由竞争原则和诚实信用原则等。

（一）平等竞争原则

平等竞争原则，是指各市场主体的竞争地位和竞争过程必须平等。平等首先是就主体地位而言的，意指人的地位处于同一标准或水平，如我们全社会倡导的“法律面前人人平等”就是指人的主体地位平等。

（二）公平竞争原则

所谓公平竞争原则，是指在市场竞争过程中，要以公平观念来调整各方当事人之间的权利义务关系。公平，属于一种主观的评价，是指人们从正义的角度，以人们公认的价值观、是非观作为标准来判断公平与否，包括人们公认的经济利益上的“公正”“合理”。公平竞争原则要求各方当事人应本着公平的观念参与市场竞争，兼顾他人利益。

（三）自由竞争原则

自由竞争原则，是指各市场主体的竞争意志必须是自由的。它要求竞争行为必须符合市场行为主体的主观愿望，他人不得强迫其实施特定的竞争行为。各方竞争主体必须能够充分表达自己的真实意愿，能根据自己的实际意愿进行市场交易活动。市场主体可以自主决定是否参与某市场竞争，其他市场主体和政府部门都无权干涉。市场主体可以在法律规定的范围内，自由选择交易对象、交易内容以及所采取的交易方式。

（四）诚实信用原则

所谓诚实信用原则，是指市场主体在从事市场行为的活动中应该诚实、守信用。诚实信用原则在大陆法系常被称为债法中的最高指导原则，或者被称为“帝王条款”，是一项极为重要的民法和合同法的基本原则。该原则要求各市场主体以对待自己事务的注意对待他人的事务，保证各市场主体都能得到自己应得的利益。在各市场主体与社会的利益关系中，诚实信用原则要求市场主体不得通过自己的行为损害第三人和社会的利益。另外，市场主体还必须遵守公认的商业道德和商业惯例。

二、市场竞争行为的保护

竞争是在市场经济条件下，商品生产者、销售者以及相互之间，为谋求有利的产销条件和经济利益而进行的斗争。它是市场经济发展的必然现象，是价值规律得以贯彻和实现的条件，也是市场经济推动生产力发展的基本动力。竞争就是为了给经营者以动力和压力，促使其优胜劣汰。在激烈的市场竞争中，经营者只有积极主动地改善经营管理，提高服务质量，才能占领市场、拓展市场。如果采取与商业道德相悖的不正当竞争手段，不仅会破坏公平竞争秩序，而且会影响市场经济的健康发展。为了保护正常的竞争秩序，必须对市场主体正当的竞争行为予以保护。通常，市场竞争行为的保护内容，主要包括禁止采用假冒或者仿冒等手段从事市场交易，损害竞争对手的行为；禁止依法具有独占地位的经营者强制交易的行为；禁止政府及其所属部门滥用行政权力限制竞争的行为；禁止商业贿赂行为；禁止引人误解的虚假宣传行为；禁止侵犯商业秘密的行为；禁止经营者以排挤竞争对手为目的，以低于成本的价格销售商品的行为；禁止经营者违背购买者意愿搭售商品或者附加其他不合理条件销售商品的行为；禁止违反规定的有奖销售行为；禁止诽谤竞争对手的行为；禁止招投标中的不正当竞争行为等。

（一）禁止采用假冒或者仿冒等手段从事市场交易，损害竞争对手的行为

假冒或者仿冒等手段在出版物市场上主要表现为假冒出版社名称，或擅自使用出版社的名称或者作者姓名，使人误认为是某出版社的出版物或者某作者的作品；擅自使用与知名、畅销的出版物近似的名称、装帧，造成和其他出版社的知名、畅销出版物相混淆，使读者误认为是该知名、畅销的出版物等。

比如，某出版社出版的《读者精华本》、某出版社出版的《读者精华文摘》直接盗用国内知名期刊《读者》的刊名，《读者精华本》除盗用甘肃《读者》杂志的刊名外，封面设计照搬《读者》杂志，正文目录及栏目设计还照搬《读者文摘》精华本，蒙骗读者，在读者中产生了恶劣的影响。“当代中国杰出人才丛书编委会”盗用当代中国出版社的名义，编写《工运之光——当代中国工会主席风采》，并向被收录者收取费用，就损害了当代中国出版社的名誉。又如，20 世纪 80 年代以来，国内出现了经久不衰的武侠小说热，武侠小说大师金庸的作品被介绍到内地，金庸的所有武侠小说只有 15 部，而市场上一方面有大肆翻印或盗印的金庸先生的作品；另一方面有近 400 部署名“全庸”“金唐”“金康”的作品。同样，梁羽生、古龙、琼瑶等人的作品也难逃厄运，也是一方面被翻印或盗印，另一方面被仿冒。一时间，“梁诩生”“梁羽飞”“梁羽杰”“占龙”“吉龙”“古尤”“崇瑶”“琼遥”等名字满天飞，书籍遍“地”（地摊）都是。还有些不法分子更狡猾，他们在只有两个字的著名作者的姓名后加上“原”“新”“巨”等字，使“金庸原”“金庸新”“金庸巨”“琼瑶原”“琼瑶新”等成为姓名，与表示作品著作方式的“著”字连在一起，让读者产生这些作品是金庸、琼瑶的“原著”“新著”“巨著”等错觉，这些擅自使用出版单位的名称，或将其他人的作品署上名家的名字出版，或仿冒名家的姓名的做法都严重损害了出版社、作者的利益，应该在被禁止之列。在图书市场上，一些不法分子为推销非法出版物，也常在出版物上擅自使用或冒用名优标志。如标出“××获奖图书”“××唯一指定教材”“××入选图书”“全国优秀畅销书”等，这些都属不正当竞争行为①。

（二）禁止依法具有独占地位的经营者强制交易的行为

强制交易是指供给主体采用胁迫或者行政命令等强制手段，实施或安排他人实施或阻碍他人实施市场交易的行为。禁止强制交易，是指禁止市场优势主体实施强制交易行为。因为强制交易会严重破坏正常的市场行为秩序，破坏市场主体之间进行公平的市场竞争。在我国的出版物市场上，存在一些政府部门指定他人购买自己所指定的出版社、书店的图书的现象。如在普法宣传中，一些单位动手自编教材，出版后（多是买书号），规定下属单位必须人手一册或者下属单位必须购买多少本等；而一些教育行政部门，则下文规定必须到指定的经营地点购买教材和教学参考书等，这些都属不正当的强制交易行为。这类行为限制了读者的自由选择权，将经营同种出版物商品的其他经营者完全排斥在特定的市场之外，妨碍了市场公平竞争机制的正常运行，被我国的反不正当竞争法所禁止。

（三）禁止政府及其所属部门滥用行政权力限制竞争的行为

政府及其所属部门滥用行政权力限制竞争的行为主要有：限定他人购买其指定的经营者的商品，限制其他经营者正当的经营活动；限制外地商品进入本地市场，或者本地商品流向外地市场。前一类为超经济强制交易行为，后一类为地区封锁。超经济强制交易行为的危害性是显而易见的，它容易导致官商结合和权钱交易等腐败现象的产生。地区封锁，是指地方政府及其所属部门通过行政权力建立市场壁垒的行为，以及由该行为造成的或可能造成的市场壁垒后果。地区封锁实际上是一种垄断行为，但它不同于一般的经济垄断，而是一种行政性的垄断，其主体不是经营者，而是地方政府及其所属部门。这种行政性的垄断从狭隘的地方利益出发，人为地阻碍全国统一市场的形成，限制地区之间的贸易往来，割裂地区之间的资源、技术等经济联系，加剧地区间的经济矛盾和发展不平衡，保护了落后企业和落后产品，是一种严重破坏公平竞争的行为，因此被法律所制止。如有些地方的教育行政部门参与教辅读物的发行，甚至以教育行政部门的名义指定下属学校购买自

① 黄先蓉．出版法律基础［M］．武汉：武汉大学出版社，2013：216.

己所指定的出版社出版的图书，或者限制外省教辅读物进入本地市场。

（四）禁止商业贿赂行为

商业贿赂，是指经营者在市场交易活动中，为了争取交易机会，特别是为了争取相对于竞争对手而言更大的市场优势，通过秘密给付财物或者其他报偿等不正当手段收买客户的负责人、雇员、合伙人、代理人和政府有关部门工作人员，影响市场交易竞争公平性的行为。

商业贿赂具有以下特征：第一，商业贿赂的主体是从事市场交易的经营者，可以是卖方，也可以是买方。第二，商业贿赂是经营者在主观上出于故意和自愿进行的行为，目的是为了排挤竞争对手抢占市场竞争优势。第三，商业贿赂在客观上表现为违反了国家有关财务、会计及廉政等方面的法律、法规的规定，秘密给付财物或其他报偿，具有很大的隐蔽性。第四，商业贿赂的形式除了金钱回扣外，还有其他一些形式，如提供免费度假、旅游、高档宴席，赠送昂贵物品，提供房屋装修以及解决子女、亲属入学、就业，甚至提供色情服务等。

商业贿赂是市场竞争过程中经常出现的一种消极现象，它不仅阻碍市场机能的正常发挥，影响社会资源的合理配置和物质、技术的进步，而且是滋生腐败的温床。

我国出版物市场上，一些不法书商为了推销非法出版物，大肆行贿，以高折扣推销非法出版物。如“唐葆春非法出版案”中，唐葆春等人以15%~20%的回扣贿赂某县教育局装备室人员，使其为他人推销了38万册的《小学生序列训练》。① 前几年，挂历市场极度混乱，高定价、高回扣已成为公开的秘密。许多挂历经销商为争夺市场，采取不断压低批发折扣或给购买者高额回扣的方式，最终受损害的依然是国家和消费者。近几年来，图书市场也出现了高定价、低折扣现象，一些地方的新华书店负责人，由于接受了不法分子的贿赂，利用读者对新华书店的信任，帮助不法分子出售非法出版物等，也造成了很坏的影响②。

（五）禁止引人误解的虚假宣传行为

引人误解的虚假宣传包括虚假宣传和引人误解的宣传两种类型。就宣传的内容而言，包括商品的质量、制作成分、性能、用途、生产者、有效期

---

① 华颂瑞．唐葆春非法出版案的初步剖析［J］．出版发行研究，1997（5）：25-27.

② 张志强主编．现代出版学［M］．苏州：苏州大学出版社，2003：152.

限、产地等任何一项或几项的虚假或引人误解。所谓“虚假宣传”，是指商品宣传的内容与商品的实际情况不相符合，如将国产商品宣传为进口商品等。所谓“引人误解的宣传”，是指就社会公众的一般、合理判断而言，宣传的内容会使接受宣传的人或受宣传影响的人对被宣传的商品产生错误的认识，从而做出错误的购买决定的商品宣传。

在图书市场上，图书宣传是提高图书知名度，增加图书销路的最有效途径。但一些不法书商却在图书广告中故意夸大其辞，以达到误导读者的目的。图书市场上的虚假宣传一般包括：制作虚假广告、在图书的封面、封底、内容简介、编者说明等处做不符合实际情况的说明等。其中最常用的技法，就是将质量平平甚至低劣的著作，标榜为“佳作”“权威”“最全面的”“空前绝后”等；或是标有虚假的吹捧信息，如“西点军校人手一本”“时代杂志最佳评选”等；或是对作者加以吹捧，如将以为水平一般的青年诗人称为“中国的莎士比亚”，把刚发表过几篇小说的作者称为“国际知名作家”等，以迷惑引导不明真相的读者做出购买行为等等。① 2005 年，出版业曾因“伪书”风波遭遇诚信危机，严重影响了中国出版界的声誉，在国内外造成了不良影响。经行政部门治理，伪书之风得以刹住，书业欺骗消费者的虚假作风得到遏制。然而时隔几年，另一种虚假宣传的图书营销手法“打榜”，又被越来越多的书商甚至正规出版社竞相效仿，在图书出版业蔓延成风，有时甚至成了图书出版业的常规营销手段。②

（六）禁止侵犯商业秘密的行为

商业秘密，是指不为公众所知悉、能为权利人带来经济利益、具有实用性并经权利人采取保密措施的技术信息和经营信息。我国《反不正当竞争法》规定经营者不得采用下列手段侵犯商业秘密：（1）以盗窃、利诱、胁迫或者其他不正当手段获取权利人的商业秘密；（2）披露、使用或者允许他人使用以前项手段获取的权利人的商业秘密；（3）违反约定或者违反权利人有关保守商业秘密的要求，披露、使用或者允许他人使用其所掌握的商业秘密。

在图书市场中，为了策划出适合市场需求的畅销书，某些图书公司会通

---

① 黄先蓉．出版法律基础［M］．武汉：武汉大学出版社，2013：235-236.

② 常晓武．出版业出现诚信危机 图书排行榜也要打假［EB/OL］．人民网，http：//culture. people. com. cn/GB/87423/18070418. html，2012-06-05.

过挖掘同行人才来窃取同行作者资源及图书创意，也会通过所谓“洽谈业务”“合作开发”“学习取经”等活动套取他人的商业秘密，导致不正当竞争。

（七）禁止经营者以排挤竞争对手为目的，以低于成本的价格销售商品的行为

经营者不得以排挤竞争对手为目的，以低于成本的价格销售商品。有下列情形之一的，不属于不正当竞争行为：（1）销售鲜活商品；（2）处理有效期限即将到期的商品或者其他积压的商品；（3）季节性降价；（4）因清偿债务、转产、歇业降价销售商品。

随着互联网的发展，越来越多的电商将业务扩展到网上书店，网上书店因批量购进图书，成本较低，可以通过打折和低廉的价格来吸引读者，扰乱了我国图书市场的价格体系。例如，某电商为打击竞争对手，争夺市场竞争地位，在六一儿童节前夕打出促销广告，宣称对商城 5 万种少儿图书进行 4 折封顶销售。随后引发同业恶性竞争，其他电商紧随其后，发起“15 万种畅销童书 4 折疯抢，少儿图书全场 5. 5 折封顶”和“童书 3.9 折”的专题促销，这种以大大低于成本价的低折扣进行大规模倾销的行为，直接危及少儿出版社的生存，严重恶化了少儿出版的市场环境。①

（八）禁止经营者违背购买者意愿搭售商品或者附加其他不合理条件销售商品的行为

“搭售商品或者附加其他不合理的条件”是指经营者利用其经济优势，违背购买者的意愿，在销售一种商品或提供一种服务时，以购买者购买另一种商品或接受另一种服务为条件，或者就商品或服务的价格、销售对象、销售地区等进行不合理的限制②。

在图书市场上，某些书店为了解决积压的库存，会在销售畅销书时强制搭售其他滞销的产品。这样既侵犯了消费者的权利，在一定程度上也扰乱了出版物市场的秩序。此外，教材教辅市场，教科书搭售教辅材料的现象广泛存在，不利于教辅的公平竞争。2015 年 8 月，国家新闻出版广电总局、教育部、国家发展改革委发布《中小学教辅材料管理办法》，该办法规定在中小学教科书发行中，不得搭售中小学教辅材料。

---

① 胡建辉．京东商城 4 折售书被指违反反不正当竞争法．法制日报，2011-06-15.

② 黄先蓉．出版法律基础［M］．武汉：武汉大学出版社，2013：254.

（九）禁止违反规定的有奖销售行为

有奖销售是指经营者以提供奖品或者奖金的手段推销商品的行为。我国《反不正当竞争法》规定经营者不得从事下列有奖销售：（1）采用谎称有奖或者故意让内定人员中奖的欺骗方式进行有奖销售；（2）利用有奖销售的手段推销质次价高的商品；（3）抽奖式的有奖销售，最高奖的金额超过五千元。

有奖销售的不正当竞争行为主要表现为报刊的赠品促销。某省一份报纸在正式面世第4天便宣称："订一份报纸赠送128元大礼包"，礼包内容包括白酒、饮料、山茶油等。一些报纸在发行中夹送传单，打出"送米送油不如送现金"的广告标题，宣称订一份报可得到某大型商场100元赠券。一些报社采取有奖促销，提出天天送手机、周周奖汽车，更有甚者提出订1000份报纸奖一套价值8万元左右的二手房①。各种时尚杂志的赠品随刊赠品作为一种促销手段在国内期刊市场司空见惯，而各家期刊迫于市场压力不得不一再提高赠品的价值，以致在期刊市场上被动营造了无节制的赠品攀比的恶性竞争环境。期刊社的经营成本因此居高不下，利润摊薄，严重影响了产业发展。在这种环境下，相当一批读者不再关心期刊内容质量，而是盲目追捧超值赠品，这种赠品战和价格战已经严重扰乱了正常发行秩序，大大损害了期刊社的核心竞争能力②。

2006年，中宣部、国务院纠风办、新闻出版总署联合下发《关于开展规范报刊发行秩序工作的通知》，要求有关部门要采取切实措施，规范报刊发行秩序，报刊出版单位要严格自律，自觉维护报刊发行秩序，加强督促检查，建立长效机制。中国报业协会特向全国各会员单位报社发出倡议：自觉维护各地报刊发行秩序，不对征订（含零售）对象以提成回扣、赠送钱物（含报刊）、有价证券、有奖征订、出国考察、公费旅游或赠送广告等各种有偿促销手段征订报刊。期刊市场赠品促销得到有效遏制，为我国期刊市场的健康发展创造了较好的环境。

（十）禁止诽谤竞争对手的行为

我国《反不正当竞争法》第14条规定："经营者不得捏造、散布虚伪事实，损害竞争对手的商业信誉、商品声誉。"好的信誉是出版社的金字招

---

① 赵华．业界人士细数报刊发行"怪现状"［EB/OL］．新华网，http://www.hn.xinhuanet.com/2005-09/11/content_5100464.htm，2005-09-11.

② 许金晶．四部委协力整顿期刊市场［J］．第一财经日报，2006-09-06.

牌，能够帮助其吸引更多的作者与读者。在出版市场中，难免会存在同行业竞争，有些出版社通过诋毁竞争对手的信誉来获得自身发展，不仅伤害竞争对手，也危害了市场竞争秩序，属于不正当竞争行为，需要严格制止。

（十一）禁止招投标中的不正当竞争行为

我国《反不正当竞争法》第 15 条规定："投标者不得串通投标，抬高标价或者压低标价。投标者和招标者不得相互勾结，以排挤竞争对手的公平竞争。"这就明确规定了招标、投标活动中的两类不正当竞争行为。第一类是投标者串通投标，抬高标价或者压低标价。第二类是投标者和招标者相互勾结，以排挤竞争对手的公平竞争。在出版行业，这种不正当行为主要发生在高校图书馆采购及高校教材的采购。现阶段，招投标体制不完善，暗标、人情标在实际操作中仍然大行其道。

第九章　国外出版物市场管理

西方一些发达国家在出版单位的设立上采取登记制，即任何符合法律规定条件的个人均可申请成立出版机构，从事出版活动。表面看来，这些国家具有极大的出版自由。但事实上，这种出版自由是建立在遵守该国的法律、法规基础上的。以出版物为例，出版物在出版发行前不会受到政府的任何限制和干预，出版发行后，一旦发现出版的内容含有法律、法规禁止刊登的内容或有侵权盗版等行为，即属违法，要依法追究法律责任。

第一节　国外出版物市场管理概述

西方发达国家出版物市场管理制度的形成经历了一个较长的演变过程，在这一过程中，政府针对出版物所采取的各种措施与国家当时所处的历史背景、政治背景及人文因素有关，最终形成了独特的特点。

一、外国出版物市场管理简史

西方国家的出版物市场管理始于16世纪。在16世纪初，实施以预防制为主要特征的管理体制；17世纪中叶，开始实行对书报刊严格的审查制度和创办出版单位的特许制度；18世纪以后，对出版物的市场管理逐步变化，政府对出版的直接干预有所减少；到了19世纪，从预防制演变为追惩制。其中最为典型的是英国，英国的皇帝亨利八世早在1528年就颁布命令，限制外国出版商在英国再设新厂，已有外国出版商的学徒人数不得超过2人。1530年特许希顿（Thomas Hitton）经销《圣经》，这是英国特许制度的开始。1534年，颁布保护国内出版商法案，1538年正式建立皇家特许制度，规定所有出版物均需经过特许①；1559年，伊丽莎白女王发布禁令规定，

① 魏玉山，杨贵山．西方六国出版管理研究［M］．北京：中国书籍出版社，1995：1-2.

除非她本人及枢密院中的某些人或教会中某些显要人物的特许，任何书刊都不得出版。1586 年，英国法院规定，除牛津、剑桥各设一个出版社外，伦敦以外的任何地方都不得设立出版社，并禁止未经批准的著作出版。1558 年，英当局任命 12 人发放出版书刊的特许证。17 世纪，英国出版管理体制仍继续执行预防制。1643 年，议会颁布法令，除非经议会任命的官员批准，任何书刊都不能出版。这种特许制度一直延续到 1694 年①。到 18 世纪以后，英国的出版管理体制才逐步有点变化，对出版的直接干预有所减少，但是，对某些出版物仍然实施检查制度，更多地运用法律手段来管理出版物市场，在 1709 年英国颁布了世界上第一部版权法——《安妮法》，1857 年颁布了《淫秽出版物法》②。

西方国家的出版管理体制，从古到今，大体上有两种形式，即预防制（也有叫预惩制）和追惩制。具体到某些国家，也有综合采取这两种形式中某些措施的。预防制，是对出版物出版之前实施管理，包括检查制、特许制（批准制）、登记制、保证金制度等。各种出版物出版前要经政府检查后方可出版，创办出版机构要经政府批准和登记后方能成立。追惩制，即对出版物在出版前不实行干预，但在出版后发现有违法问题就要依法追究。当然，实行预防制的，也并不放弃追惩措施；实行追惩制的，也仍实行预防制中的某些措施③。

西方国家在出版管理体制由预防制转变到追惩制的同时，管理手段也随之发生了变化，即由单一的直接的行政管理办法，转变到综合运用多种手段、直接管理和间接管理相结合的办法。这些手段包括法律的、行政的、经济的、舆论的、行业的、社会监督等多种形式，在诸多手段中，法律手段是基础。无论是否有专门的出版法，他们都把依法管理作为基点。从宪法到其他有关法律，都对出版活动作了种种规定。

在实行追惩制以后，行政手段的运用大大减少了，主要是把过去相当多的行政管理任务，转移到行业协会管理或半官方、半民间机构去管理。其

① 魏玉山，杨贵山．西方六国出版管理研究［M］．北京：中国书籍出版社，1995：3.

② 杨贵山，林成林，姜乐英，等．世界出版观潮［M］．沈阳：辽宁出版集团、辽宁人民出版社，2002：61-65.

③ 魏玉山，杨贵山．西方六国出版管理研究［M］．北京：中国书籍出版社，1995：3.

中，行业协会的管理居于突出地位。国外出版的行业管理是比较严格和规范化的，也是比较全面系统的，它在许多方面代替了政府管理的职能。加强行业管理，不仅减少了政府的行政事务，减少了政府与出版部门较易发生的某些矛盾，而且这种管理在一定程度上更方便、更有效。西方国家实行的出版行业管理，从维护会员利益到协调会员之间以及会员与其他部门之间的关系；从规范出版经营活动到评审监督出版物的内容；从加强职业道德、行业自律到要求会员遵守国家法律；从组织出版物的评奖活动到出版人员的培训工作；从组织书展到沟通出版信息；从开展出版科研到组织会员单位进行对外出版活动，几乎涉及出版活动的全部内容①。

二、外国出版物市场管理的特点

在经历了长期的市场竞争后，西方一些发达国家已经形成了严格的出版管理制度。他们在出版物市场管理方面，形成了依法管理、行业自律、社会监督的特点。

（一）依法管理

西方国家对出版物市场管理的最大特征就是运用法律手段来管理，通过法律对出版自由进行界定，如英国的“大宪章”、“权利请求法案”、“权利法案”等宪章性文件，就规定了公民享有出版言论自由权利，也规定了公民应尽的义务和职责。法国政府于 1881 年 7 月颁布《出版自由法》规范出版行为。通过出版物法，对出版物内容进行限定，如《淫秽出版物法》就规定了无论文章还是出版物，如果从整体上来看体现腐化读者的趋势，均被认定是淫秽出版物，不得出版。《诽谤法》规定任何书刊不能有“引起人们厌恶的、猥亵的或是诽谤他人”的内容。依法管理还表现在通过版权法，对侵权行为进行处罚。英国在 1709 年颁布了世界上第一部版权法——《安妮法》，明确了作者、出版者和书店三者的关系；1911 年对版权法进行了修改，将版权的保护扩展至音乐和绘画作品；1956 年颁布新的版权法，将版权保护期限定为作者有生之年加去世后 50 年②。

归纳起来，西方国家运用法律手段对出版物市场进行管理主要体现在以

① 魏玉山，杨贵山．西方六国出版管理研究［M］．北京：中国书籍出版社，1995：13-14.

② 杨贵山，林成林，姜乐英，等．世界出版观潮［M］．沈阳：辽宁出版集团、辽宁人民出版社，2002：61-64.

下方面：

1. 对出版物思想内容的调控和管理

法律保护出版自由，但不等于出版物的内容可不受控制，各国为了防止对出版自由权利的滥用，都通过法律对出版自由的范围进行了限制。这种限制主要表现在三个方面①：第一，不能生产和传播破坏本国宪法规定的基本制度、颠覆宪法政府（指合法政府）、侮辱国家元首和政府机构、煽动叛国和暴乱、泄露国家机密、诽谤他人的出版物。第二，不能生产和传播宣扬色情、淫秽、暴力、有害于青少年健康成长的出版物。第三，在出版经营活动中，要遵守有关的经济法律法规，违反者要受处罚。如德国法律规定，实行“书名保护”措施，出版社须在指定的刊物上公开刊登书名，首家宣布后他人不得再使用，宣布后 6 个月内不出书则自动作废。

目前大多数西方国家对出版物内容的管理主要采用追惩制，即事后处罚的出版管理制度。出版物在出版发行前不受限制，政府管理机构不作干预。出版物在出版发行后，有关机关审读样本，或者接受社会舆论监督，发现违法行为，政府有关机构依法惩处。比如，法国于 1870 年在法兰西共和国成立后，结束原稿审查制，实行追惩制。法国对出版物内容的监管主要是通过法律的形式。一般情况下，如果出版物在内容上出现了叛国、煽动暴乱、诽谤、荒淫猥亵、伪证、泄露国家机密和侵犯隐私等现象是违法的。②

2. 对市场竞争和垄断的调控和管理

各国都有保护竞争、限制垄断的法律，有的法律甚至规定得很具体。例如，美国于 1890 年率先颁布了限制垄断的法律——《谢尔曼反托拉斯法》，1914 年美国国会修改补充了该法，通过了《克莱顿法》和《联邦贸易委员会法》等，对美国企业的垄断进行限制，这些法律也适用于出版业，反对通过经济和财政手段对舆论进行垄断和控制，妨害出版自由。

再如，英国于 1980 年颁布的《竞争法》授予公平交易局进行调查和控制“反竞争行为”。该法规定，无论是公司或集团，只要限制或趋于限制行为的均认定为违法，但市场占有率低于 25%、年营业额不足 1000 万英镑的可以不受此法约束。公平交易局的调查一般是悄悄进行的，因此，具有极强

① 魏玉山，杨贵山．西方六国出版管理研究［M］．北京：中国书籍出版社，1995：10-11.

② 李祥洲．国外出版业宏观管理体系探析［J］．出版科学，2004（5）：42-46.

的威慑力量。如果进行正式介入调查，那么就可以肯定是违法行为了。①

3. 对出版物生产和销售的管理

主要是规范和管理出版发行的业务活动，将出版物的出版发行纳入市场经济的正常轨道。出版物的出版发行活动要遵守有关市场经济的法律规定，这些法律包括：《反不正当竞争法》《消费者权益保护法》《产品质量责任法》《广告法》和《反倾销法》等。比如，法国的《竞争法》、关于新闻多样化和公开性的法律，日本的《禁止垄断法》《大规模零售店铺法》，德国的《卡特尔法》，英国的《垄断与合并法》《竞争法》，加拿大的《竞争法》等都对出版物市场的自由、公正及秩序作了法律意义上的规范。德国的《反不诚实竞争法》，英国的《星期日贸易法》等，对图书出版及发行销售作了规定。美国的《公平交易法》、日本的《反垄断法》、英国的《图书贸易限制法》、德国的《竞争限制法》、法国的《雅克朗法》等，对图书定价作出了规定。法国在1953年废除了定价销售制度，放开了图书价格，但实行了一段时间之后，因为书价上涨，导致书业不稳，独立书商的利益受到损害，不利于法国的利益，1981年又恢复了定价销售制度。根据1981年8月10日法国制定的《雅克朗法》，法国全国实行统一书价，不许随意降价售书。对出版物市场的管理，西方国家主要实行综合治理，几乎没有一个"主管部门"。不同的法律执行的部门各异。属于哪个范畴的就由哪个方面来依法管理。②

（二）行业自律

通过行业协会对出版物市场进行管理是西方国家出版管理的一个重要特点。在图书的编、印、发，以及音像制品的制作、编辑、出版、发行的各个环节，都有各自的行业组织。

外国与图书出版有关的行业协会有很多，其中具有代表性的：如英国，有英国出版商协会（PA）、英国书商协会（BA）、英国全国图书联盟、英国印刷工业联合会；美国，有美国出版商协会（AAP）、美国书商协会（ABA）、美国大学出版社委员会、全国图书委员会等；德国，有德国名录出版商委员会、德国旧书商联合会、德国车站书商联合会；日本，有日本书籍出版协会、日本杂志协会、日本全国教科书供给协会等。

---

① 杨贵山，林成林，姜乐英，等．世界出版观潮［M］．沈阳：辽宁出版集团、辽宁人民出版社，2002：75-76.

② 李祥洲．国外出版业宏观管理体系探析［J］．出版科学，2004（5）：42-46.

国外出版行业协会大多属于非营利的法人组织，可以进行正常的商业活动。从组织机构来看，行业协会的最高权力机构是会员代表大会。出版行业协会大多实行理事会管理。理事会由会员选举产生。理事会的成员来自会员单位，他们在行业内有举足轻重的地位。理事会负责任命和约束协会的总裁/CEO，后者负责协会的日常管理，领导协会的一般员工。协会各个岗位人员职责有非常详细的规定。各协会根据不同分工情况，下设不同的委员会或分会，经理事会授权负责处理协会的各种事务①。

国外出版行业协会主要有如下特点：①机构设置合理，组织较为严密，比较正规。各个组织有许多规定，最高机构是会员代表大会，执行机构是理事会或常务理事会，理事会选举产生理事长和副理事长等，理事会一般3~5年改选一次。②功能齐全，在一定程序上代行行政管理职能。出版业一般无上级行业主管机关，一般只是全国大协会；内部设置齐全，如财务处、注册处、法律处、情报处、统计处、职业教育处等。③数量多，分类清晰。大一些的出版发行印刷公司都参加全国性的大协会，地方性协会的成员是一些规模较小的公司。这些协会既有涵盖整个出版行业的，又有仅包括出版教育在内的协会，它们侧重的范围不一，代表的利益也不尽相同。

这些行业协会在出版物市场管理中扮演了非常重要的角色，其基本职能有5项：维权、服务、沟通、公正和监督。主要作用有：①维护会员的合法权益，与损害会员利益的行为作斗争，向政府建议制定有关保护和发展行业行为的政策；②为会员提供多种多样的服务，如经济信息、市场预测、技术指导、投资导向、法律咨询、人员培训等；③协调行业内部的关系，如根据市场规则制定行规或公约，制定专业或者行业标准，反对不公平竞争等。比如美国出版商协会的主要作用是作为行业代表，维护会员利益，在国内和国际出版事务中发挥作用；协调各会员之间的关系，进行行业自律；交流市场信息，为会员提供有价值的行业信息，如政府的行为和政策、立法提议和其他与本行业相关的新闻；举办图书展览，运用各种媒体扩大美国图书和其他出版物的市场，提高美国出版物在国内的发行量；参加书业国际活动，增加会员的图书或其他出版物的出口；倡导群众阅读，组织图书评奖，指导出版方向；开展科学研究，提供各种实际项目，对会员职工进行培训，提供各种信息以帮助会员进行企业管理。②

---

①　李祥洲．国外出版业宏观管理体系探析［J］．出版科学，2004（5）：42-46.

②　李祥洲．国外出版业宏观管理体系探析［J］．出版科学，2004（5）：42-46.

有一些国家，例如英国、意大利等，新闻出版组织的行业自律规则被授予准法律的地位。比如英国新闻出版界的自律机构“报业投诉委员会”及“广播电视道德标准委员会”是英国议会通过立法程序设立的，具有作出准法律效力的权力。①

（三）社会监督

由于出版业是一种特殊行业，它兼有商业性和文化性双重使命。图书出版涉及社会的各个领域，具有广泛的社会性，因此图书出版也受到了来自社会各种因素的制约。在国外的出版物市场管理中，社会监督发挥了相当重要的作用。比如英国的出版业投诉委员会作为一个完全独立的民间组织，对出版业行使监督职能，任何读者买到、看到认为损害自己利益的图书都可以向该委员会投诉，出版社、报社也可投诉。这个委员会的影响力相当大，它可就某个问题搞大众辩论，在报刊上引起争鸣。有时它的决定可以左右社会舆论，它甚至能够搞臭搞倒某家刊物②。

美国的图书出版也处处受到来自社会不同层次势力的监督和制约。美国的学校、宗教团体、社团、基金组织和其他机构对出版业的影响正在日益加强。比如，美国的社会团体或是向学生家长游说，再由家长向学校当局施压，以将他们不喜欢的图书从书架上撤走；或是向当地居民灌输观念，再由民众向当地书商施压等。其他机构如教堂、企业等提供资金支持出版，甚至直接付钱出版某些图书，或是出资买下一期杂志。当然这种资助也是有条件的。③

总的来说，西方国家政府一般不直接干预出版问题，但他们制定经济和法律文件指导贸易。一般来说，大多数国家都有一系列的法律限制色情、泄露国家机密、毁坏名誉（诽谤）等方面的出版物，但不同的国家限制也不同。通常，出版社出版任何图书不必事先获得批准或者提交审查。不过，如果被受害人起诉，或者受到政府的处罚，出版社、作者，也许还有印刷商和书商必须承担法律责任。结果常常是经济罚款，更严重的可能是坐牢。在西方国家，从事出版不需要得到任何正式批准或许可（国际图书标准书号是

① 李祥洲．国外出版业宏观管理体系探析［J］．出版科学，2004（5）：42-46.

② 魏玉山，杨贵山．西方六国出版管理研究［M］．北京：中国书籍出版社，1995：18.

③ 魏玉山，杨贵山．西方六国出版管理研究［M］．北京：中国书籍出版社，1995：44-46.

为了方便识别，并非官方的许可)，只需按照法律规定进行登记。像出版商协会这样的全国性组织也不是官方机构，不能管理它们的成员。这些自愿组织的协会只是给它们的成员提供讨论共同关心问题的场所，作为发言人，代表其成员的利益与政府部门、书商和其他机构进行讨论。有时候，大多数公司宣布退出行业协会，因为它们不同意协会的政策或者感到参加协会并没有获得任何好处。而各种社会力量对出版业的监督使得出版商不得不谨慎从事。这也说明西方国家社会监督机制对出版业的影响正在日益加强。

第二节 美国的出版物市场管理

美国对出版物市场的管理，在不断的发展中逐渐形成了以法律手段为主，经济手段和行业协会管理为辅，政府干预、社会监督并举的管理体制。得益于美国出版物市场管理体制的完善，使美国无论传统出版物还是数字出版物，在世界范围内都独占鳌头。

一、美国的出版物市场管理机构

依法管理是美国对出版业管理的一大特点，对出版物市场的管理也不例外。美国政府对出版物市场的管理，主要通过已有的法律法规和以往的法律判例；对出版物的管理，主要是针对出版物内容是否违法。因而，在美国政府职能机构的设置中，并没有专门管理出版物市场甚至整个出版业的机构。当然，这并不代表美国政府对出版物市场放任自流，而是根据政府各职能部门的职责范围进行管理。例如，警察机关对色情、淫秽、盗版出版物的查处，税收机关对出版物进行税收管理，教育部门对教材教辅（教科书）出版物进行管理，情报、国防、海关等部门对泄露国家机密的出版物进行管理等。

此外，美国政府虽不设管理机关对出版物市场进行直接管理，但设有专门支持出版业发展的机构——美国新闻署。该署设有一个常规项目“出版物翻译计划”，其目的是将美国的文学作品、学术作品等提供给世界各地的学者、教育工作者和研究者。同时，美国新闻署还与美国出版商协会密切合作，积极鼓励和资助美国出版企业参与在世界各地举办的国际图书博览会。①

① 余敏．国外出版业宏观管理体系研究［M］．北京：中国书籍出版社，2004：35-36.

二、美国出版物市场管理的方法

美国政府主要通过法律的强制、经济的调控、行业协会的协调等方法对出版物市场进行管理。

（一）法律手段

法律手段具有规范性、强制性、稳定性的特点，因而，通过法律对出版物市场进行管理是美国政府使用最多的一种方法。在美国，虽然没有直接针对出版物市场的法律，但可以适用的相关法律却有很多。如《反猥亵法》《康斯托克法》《国家保密法》等。美国政府通过法律对出版物市场管理主要体现在以下几个方面：

1. 对出版物市场自由竞争的保护

自由竞争对出版物市场的发展十分重要，为此美国颁布了相关法律对市场竞争和垄断进行调控和管理，这些法律包括《谢尔曼反托拉斯法》《克莱顿法》《联邦贸易委员会法》等，其中《谢尔曼反托拉斯法》严厉打击对任何契约以托拉斯形式或其他形式的联合、共谋，用来限制州际或与外国之间的贸易和商业行为，以促进自由竞争；《克莱顿法》《联邦贸易委员会法》主要是对企业的垄断进行限制，防止通过经济和财政手段对舆论实行垄断和控制，妨碍言论、出版自由。

2. 对出版物价格和内容的管理

出版物合理的价格有利于出版物市场的健康发展。美国对出版物实行非定价销售制度，出版物的价格应该由市场决定。但美国会出台相关法律进行制约，如《公平交易法》就要求包括出版物在内的所有商品制定合理的价格。同时，美国还做出规定，禁止出版商统一商定图书发行折扣。

美国对出版物内容的管理实行追惩制，对出版物内容的限制主要体现在对影响国家安全的内容和淫秽、色情内容的限制等。在国家安全方面，1917年通过的《间谍法》规定，对制造、传播虚假报告或情报，妨碍美军成功或助敌成功，或引起美军抗命者要罚款或判刑，对邮寄鼓吹叛国、暴动、武力反抗美国法律的物品者处以重罪；1985年制定的《国家保密法》规定，任何出版物不得泄露国家机密，不能损害国家利益。在限制出版物内容淫秽、色情方面，1842年制定的《反猥亵法》对淫秽、色情出版物进行限制，禁止淫秽图片流入美国；1873年颁布的《康斯托克法》禁止邮寄猥亵印刷品等。除此之外，美国的内政、公安、海关、邮政机关、税务部门、情报、国防、教育等部门都可以从所管辖的角度履行对出版物内容的审查，但必须在法律的框架下通过司法程序展开。美国对出版物内容管理所依据的法律具有较为明显的特点①：一是《宪法》第一修正案是美国出版物内容管理活动的最高法律依据和准则，二是联邦和各州都有与出版物内容管理有关的立法，三是与出版物内容管理有关的法律多种多样，涉及经济法、刑法、民法、隐私法等。

3. 对数字出版物的管理与保护

随着数字技术、网络技术的发展，数字出版早已成为出版业的发展潮流。数字出版物的增多，随之而产生的问题也越来越多，其中最突出的问题是版权保护问题。针对数字出版物的版权保护，美国政府先后出台了有关法律，形成了较为完善的数字出版法律制度。如 1998 年颁布实施的《千禧年数字版权法》详细规定了技术保护措施及版权管理系统，并对互联网提供商的侵权责任进行限制；2000 年颁布的《防止数字化侵权即强化版权补偿法》加强了针对侵犯版权人版权行为的民事处罚力度；2002 年出台的《规范对等网络法》重在保护传输中享有版权的作品，对传输者的责任进行限制；2005 年通过的《数字媒体消费者权利法》则针对消费者使用数字作品所享有的豁免，该法规定，如果消费者不是以侵犯著作权为目的而绕过著作权保护技术，则不应受到禁止，另外在不侵犯著作权的前提下使用的硬件及软件的开发与发布应视为合法。其他的相关的法律还有《家庭娱乐与版权法》(2005)、《数字消费者知情权法》(2009) 等②。这些法律的制定及实施，对数字出版物市场乃至整个出版物市场都产生了较大影响。就这些法律的实施效果而言，其适应了数字时代的发展要求，在保护数字出版物版权的同时，也促进了知识的共享与传播，维护了数字环境下出版物市场的正常秩序，为美国出版物市场的良好发展提供了健全的法律制度保障。

(二) 经济手段

通过税收政策、销售制度等方式对出版物市场进行调控和管理也是美国政府惯用的经济手段，利用经济手段对出版物市场进行管理，往往会收到利用其他手段无法达到的效果。

1. 税收政策

美国政府通过对不同性质的出版企业和不同类型的出版物征收不同的税

① 田智．美国出版物内容管理的特点分析［J］．出版广角，2013 (17)：76.

② 黄先蓉，李魏娟．美国数字出版法律制度的现状与趋势［J］．中国出版，2012 (17)：59-62.

率，以优化出版资源配置，引导出版物市场朝着符合国家利益的方向发展。由于美国对出版单位的成立采用登记制，不需要获得国家许可，只要到经济管理部门登记，遵守税务及工商管理等方面的有关规定即可成立出版企业，因而大多数的出版企业是营利性私营企业，只有少数的大学出版社、社会和协会出版社等为非营利性出版机构。对于这两类不同性质出版机构，美国政府采取的税收政策也不相同。对营利性出版机构，美国联邦政府会根据利润征收企业所得税，税率在15%~34%，不过部分州政府对此类出版机构征收的税率不高于12%；同时美国联邦政府对出版物不征收产品销售税，各州政府征收3%~7.5%的零售税。①

对于非营利性出版机构，美国政府除不征税外，还有许多资助。这些资助可以分为两种，一种是直接资助，即美国政府相关部门如国家科学基金会、国家人文基金会、国会等，直接拨款到非营利性的出版机构或政府有关出版部门，如大学出版社和美国政府印刷局等机构，以资助其相关出版物的出版和发表。这种资助有很明显的针对性，国家科学基金会资助的范围包括自然科学、工程技术及人文科学等学科的科学研究和科技成果的出版和发表，国家人文基金会主要资助人文科学研究和科研成果的出版与发表，国会主要资助美国政府印刷局的出版活动。另一种是间接资助，即政府部门通过对科学机构、学校、图书馆的资助等间接资助出版业，这种间接资助的受益者不仅包括非营利性的出版机构，也包括营利性的商业出版机构。

另外，美国政府对进出口图书也有优惠政策，如对进口图书免征进口税，对出口图书免征增值税和营业税。

2. 销售制度

销售制度中最重要的是出版物的价格制度。上文提到美国出台《公平交易法》要求出版物价格的制定要合理。美国政府认为图书价格应该由市场来决定，而非出版商来决定，因而对出版物实行非定价销售制度。而且，由于美国图书馆业非常发达，如果实行统一书价，书价过高的话，将会失去一部分消费者，使他们去图书馆借书，反过来也会影响出版物的销售和出版物市场的发展。此外美国对出版物的邮寄也采取非常优惠的政策，通常比同类邮寄品优惠30%左右。

---

① 余敏．国外出版业宏观管理体系研究［M］．北京：中国书籍出版社，2004：43-44.

（三）行业协会

通过行业协会对出版物市场进行管理也是美国管理出版物市场的一个手段。在美国，最重要的出版行业协会是美国出版商协会，除此之外，出版业涉及的任何一个领域都有出版协会。以美国学术出版领域为例，该领域就有50多个专业协会和学术团体，其中包括美国化学协会、美国心理学科学会、美国现代语言协会等①。美国出版行业协会虽没有英国、德国等国的行业协会作用那么强大，但作为法律手段、经济手段的补充，也能对出版物市场起到一定的作用。

首先，各出版行业协会的行业自律能够对行业进行规范和管理，从而在一定程度上规范出版物市场的发展。其次，出版行业协会通过倡导群众阅读、畅销书排行、组织图书评奖等活动，对出版物的导向进行指导。如美国出版商协会和美国书商协会会定期举办各种图书周；美国书商杂志《书商》早在1985年就开始编制“热门书目”；行业协会每年组织和承担各种出版物的评奖，获奖出版物的销量会有明显提升，客观上对出版物的导向和出版物市场的发展起到了指导作用。

第三节　英国的出版物市场管理

英国作为出版强国，在大众、教育、学术和专业出版方面有着庞大的国内市场，而且得益于语言的优势，英国出版物在国际市场也占有较大份额。就国内出版物市场而言，英国政府主要通过财政、立法对出版物市场进行管理，另外行业协会和社会团体在出版物市场管理中也发挥重要的作用。

一、英国的出版物市场管理机构

英国政府没有专门的出版管理部门，也没有专门的内容审查机构。但作为特殊的商品，英国政府不会也不可能放弃对出版物的管理。与出版物市场管理相关的机构主要有以下几个：

1. 出版登记所

出版登记所主要负责全国出版公司的登记工作，它是英国财政部的下属机构。在英国，成立出版公司，只要到该机构进行登记注册即可，但注册时

① 叶文芳．美国出版业的发展对我国出版体制改革的借鉴［J］．科技与出版，2010（5）：51.

必须提供相应的出版计划、出版规模、经营方式、注册资金等，并且所有出版机构都必须定期如实向该机构上报经营情况和出版情况，否则将被重罚①。

2. 贸易工业部

贸易工业部主要对英国工业负有战略责任，出版传媒是其重要组成部分。在出版物市场管理方面，它的工作主要是负责收集进出口数据，对行业的重点领域进行或委托调查。英国出版商协会每年发布的出版业统计数据多数出自该部门。同时该机构一直支持英国政府对印刷出版物实行免除增值税的政策②。

除上述两个政府机构外，英国还有几个依靠政府和法律建立的半官办性质的机构，如图书馆学会在图书馆馆藏书目上制定了严格的审查制度，所有进入馆藏的书刊必须经过它的审查；英国工会发挥对图书出版的监督作用，未经它认可的书刊，其会员将拒绝印刷。

二、英国出版物市场管理的方法

虽然英国政府没有设立专门的出版管理部门，但一旦出版物内容出现违禁内容或有损国家利益时，政府相关部门便会介入，运用行政手段进行惩罚和处置，除此之外，英国政府更多地运用法律、经济手段、行业自律和社会团体的监督对出版物市场进行管理。

（一）法律手段

英国是世界上法律制度较为健全的国家之一，其健全的程度在出版业表现尤为突出。英国虽然没有直接针对出版物市场管理的法律法规，但涉及出版物市场相关内容的法律法规却有很多，如《公平交易法》（1973）《诽谤法》（1996）《通信法》（2003）等。英国运用法律手段对出版物市场进行管理体现在对出版物内容、出版物的生产销售以及出版物市场秩序的管理等方面。

1. 对出版物内容的管理

英国政府为防止对出版自由的滥用，在多部法律中都有相关条文来规范

① 余敏．国外出版业宏观管理体系研究［M］．北京：中国书籍出版社，2004：69-70.

② 余敏．国外出版业宏观管理体系研究［M］．北京：中国书籍出版社，2004：69-70.

和制约人们的言论。如 1857 年通过的《淫秽出版物法》于 1959 年修订，该法规定，无论是文章、出版物或杂志，如果从整体上看是具有腐化读者趋势的，均可认定为淫秽出版物，同时规定出版淫秽作品即是犯罪；1911 年颁布的《官方机密法》于 1989 年进行修订，该法规定，任何涉及政府或国家机密的出版物，如果损害政府安全和国家利益，均被认定为违法；1996 年颁布的《诽谤法》规定，作者、编辑、出版者故意出版的出版物中含有诽谤性文字，并且存在明确的诋毁名誉的意图，即有可能构成诽谤罪；1986 年颁布的《公共秩序法》于 1996 年修订，该法主要用于惩治挑起种族仇恨、使用猥亵、恶意或伤害字眼出版、展示、发行或录音等资料的行为。上述几部法律同样适用于对网络环境下数字出版内容的规定。如 1996 年修订后的《公共秩序法》针对网上言论指出，意图煽动种族、宗教仇恨的侮辱性言辞和表演犯罪化即是违反了本法，本法能够对恐怖分子通过网络传播恐怖思想和美化粉饰恐怖行为进行制裁。①

此外，对出版物内容的管理，英国还有《破坏名誉法》《恢复冒犯者地位法》等。

2. 对出版物流通的管理

作为商品的出版物为实现其价值，必然在市场上产生流通，这样又会涉及买卖双方。随着出版物流通的发展，为平衡买卖双方之间的利益，减少利益纠纷，英国在 1983 年制定了《商品销售法》，并于 1979 年进行修订，该法主要为企业之间如出版社与书店、出版社与出版物批发公司之间、出版社与出版社之间等业务合同提供法律依据。1987 年制定的《消费者保护法》为保护消费者合法利益，要求产品生产者必须保证产品质量，并对产品给消费者造成的损失或危害负法律责任（这里的产品主要是电子出版物和儿童出版物，因为电子出版物如 CD 或多媒体软件可能含有病毒，给消费者造成损失；儿童出版物中包含的手工制品、玩具等也有可能给儿童造成伤害）。除此之外还有《虚假展示法》（1967）、《贸易描述法》（1968）、《不平等条款法》（1977）、《消费者合同不平等条例》（1994）等，这些法律法规基本上涵盖了出版物流通中涉及的方方面面，使对出版物流通的管理都有法可依。

3. 对出版物市场秩序的管理

① 杨贵山，林成林，姜乐英，等．世界出版观潮［M］．沈阳：辽宁出版集团、辽宁人民出版社，2002：65-70.

对出版物市场秩序的管理主要体现在对出版物市场竞争与垄断的调控和对数字出版物版权的保护。在对出版物市场竞争与垄断的调控方面，英国政府为保护出版物市场竞争、限制垄断，先后颁布了《贸易活动限制法》(1976)、《转卖价格法》(1976)、《公平交易法》(1973)、《竞争法》(1980) 等。其中，《贸易活动限制法》规定某些类型的限制性协议如果到公平交易局注册登记后是可以被认作不违反竞争法律的①；《公平交易法》赋予垄断与兼并委员会对“垄断行为”进行调查的权力，该法规定，占有25%的商品供货如果出自一个人或供给一个人、一家公司或一个集团，那么其“垄断行为”即告成立，该委员会有权介入调查。垄断可以是购买性垄断也可以是销售性垄断。

在对数字出版物版权保护方面，英国目前使用的有关版权的法律法规有1988年出台的《版权、设计和专利法》、1997年颁布的《数据库版权与权利条例》、2003年出台的《版权与相关权条例》以及2010年4月国会通过的《数字经济法》。其中《版权、设计和专利法》将计算机软件视为“文字作品”而给予版权保护，并扩大出租权的范围，以防止软件租赁业对软件生产者造成利益损害②；《数字经济法》是为弥补《版权、设计和专利法》在应对网络侵权时的不力，该法规定了音乐、多媒体、游戏等网络出版物的内容版权保护，同时对网络出版物内容的版权保护程序也进行了规定，并且以立法的形式将惩罚之手延伸至网络用户，以便更有效地保护版权所有人的权益③。

(二) 经济手段

税收政策是各国政府对出版物市场进行调控的经济手段。英国政府通过对出版物实行优惠的税收政策，使出版物市场乃至出版业朝着符合国家利益的方向发展。

英国政府对一般商品征收17.5%的增值税，而对出版物实行零增值税政策，同时对图书免征进出口税。事实上，英国政府对出版物实行的零增值

① 杨贵山，林成林，姜乐英，等. 世界出版观潮 [M]. 沈阳：辽宁出版集团、辽宁人民出版社，2002：75.

② 黄先蓉，冯博. 英国数字出版法律制度的现状与趋势 [J]. 出版科学，2013 (1)：81-84.

③ 黄先蓉，冯博. 英国《数字经济法》及对我国数字版权立法的启示 [J]. 中州大学学报，2013 (1)：53-55.

税政策已有一百多年的历史，这种对出版物实行的特殊政策，使其图书在欧洲大陆乃至世界范围内具有很强的竞争力，从而也带动了整个出版业持续而稳定的发展。为鼓励学术著作的出版，英国政府对一些大学出版社等非营利性出版机构给予免税优惠，如牛津大学出版社除享受图书零增值税待遇外，还免交营业税和企业所得税。此外，英国政府在鼓励其他行业发展的同时，从侧面对出版物市场相关内容给予税收优惠，如为鼓励高新技术的发展，英国政府对高新技术企业研发成果出版物的版权采用分期赋税制度，在一定程度上也是对出版物采取的税收优惠政策。

（三）行业协会

在英国，出版行业协会享有较高的权威，集中表现在它不仅能够协助政府管理出版业，还能代表出版业向政府提出相关诉求以促进整个行业的发展。

英国的出版行业协会与出版相关的政府机构如贸易工业部等有良好的沟通机制，这样能够保证及时向会员传递与行业相关的政治动向，以实时调整发展方案和战略部署，并能最大限度获得政府在财政和税收方面的支持。

英国出版行业协会还通过开展图书促销、评奖和展览活动影响出版物市场，如英国书商开展的“图书代金券”活动以扩大销售，通过举办展览或参加展览扩大出版物的出口等。

在数字出版方面，英国政府还依靠一些相关行业协会的行业自律规范来控制数字出版物的有害内容，如英国网络服务商自发成立的互联网监督基金会，这是一个半官方性质的行业自律组织，主要负责搜寻非法网络出版物，并将发布这些信息的网站通报给网络服务商以便采取相关措施。与此相关的行业自律规范有《R3安全网络：分级·检举·责任》《从业人员行为守则》等①。

（四）社会监督

英国有关社会团体在出版物市场管理中也发挥了较为重要的作用，这些团体包括英国图书馆协会、学校和社会团体、出版业投诉委员会、工会以及基金会。以英国图书馆协会为便，该协会是英国图书馆界的重要行业组织，它代表全英国图书馆的利益，管理和指导各地图书馆的运转。它在图书馆馆藏书目上制定了严格的审查制度，未经它认可的书刊不得进入图书馆馆藏书

① 黄先蓉，冯博．英国数字出版法律制度的现状与趋势［J］．出版科学，2013（1）：81-84.

目。因为图书馆是出版社的重要贸易伙伴，其购书量非常大，所以协会的某些决定对出版物市场会产生重大影响。英国的妇女组织、宗教组织等社会团体经常会对某些图书内容向出版社提出抗议，对出版社在选题方面产生着重要影响。

第四节　法国的出版物市场管理

国家干预文化是法国的传统。最典型的例子莫过于20世纪90年代初，法国在关贸总协定“乌拉圭回合”谈判中提出的“文化例外”，到90年代末提出的“文化多样性”概念逐渐取代了“文化例外”。无论“文化例外”还是“文化多样性”，都是法国政府为保护本国文化做出的努力，这其中不仅有政治和文化方面的考虑，在经济和社会方面也有着重要意义。作为文化重要组成部分的出版业，法国通过多种手段进行支持，这点突出地表现在对出版物市场的管理上。

一、法国的出版物市场管理机构

法国是西方发达国家中为数不多的设立专门管理出版业机构的国家之一。在法国，管理出版业的政府机构是设在文化部的图书与阅览司，其主管法国商业出版社和书商以及国家的图书馆（教育部主管的大学图书馆除外），并且通过国家图书中心来实现对出版业在税收、投资、补贴等方面的支持。2008年，法国文化部对其内部机构进行了大规模的调整，将原有的10个司整合为3个，原图书与阅览司和媒体发展司合并为文化经济与媒体发展司，负责图书、报纸、期刊等文化产业领域的管理①。

管理机构的合并延续了原来的政策导向，对出版物市场的管理主要体现在：①在政策上给予出版物的创作、出版、宣传、销售和出口等事项以支持，并在财政和税收上给予资助和优惠。如资助中小出版社和独立书店，使其摆脱困境。2007年创立“样板独立书店”标示制度，为小众需求的高雅文化和学术书籍发行市场提供保护，给予优惠的税率和政府特别补贴，以保障和促进出版物市场的活力。②对出版物市场进行调查研究和经济统计，并及时向上级部门汇报，同时与相关行业协会组织保持联系，以便开展活动实

① 郝振省．国际出版业发展报告：2010年版［M］．北京：中国书籍出版社，2012：78.

施政策，如统一法国图书价格、调整作者税收制度等。③通过对国家图书馆等公共图书馆的管理，一方面完善出版物的版本备案制度，扩大公共图书馆的馆藏数量，提高图书的分类水平，另一方面馆藏数量的提高，不仅刺激了出版物市场的发展，也促进群众性阅读活动的开展。此外，还通过财政支持本国图书参加和举办国际书展，资助翻译法国作品和在其他国家销售法国图书等。

二、法国出版物市场管理的方法

出版法制化是法国出版业的主要特征。尽管法国设有专门管理出版的政府机构，但其对出版物市场管理乃至出版业的管理多以服务和财政上的支持为主，法国政府对出版物市场的管理以法律为基本手段，辅以经济手段和行业协会管理。

（一）法律手段

法国的出版法律制度较为健全，与出版物以及出版物市场相关的法律主要有《新闻出版自由法》（1881）、《图书价格统一法》（1981）、《关于新闻多样化和公开性的法律》（1984）、《未成年人保护法》（2000 年修订版）、《电子书统一售价法》（2011）等。法国通过法律对出版物市场的管理主要体现在对出版物内容、青少年出版物、出版物价格、出版物市场管理等方面。

1. 对出版物及其内容的管理

对出版物及其内容的管理主要体现在相关法律的规定以及法国政府实行的版本备案制、内容追惩制。1881 年颁布的《新闻出版自由法》第一章第 1 条就做出规定：印刷和出版都是自由的。该法对印刷商和出版商的自由和义务都有明确的规定，并对违法出版物的责任人应受到的惩罚做了明确的规定。1970 年修订的《刑法》中对个人私生活的保护有明确的规定：当某人处于自己生活的空间时，未经本人同意，通过新闻出版途径披露这方面内容是禁止的，同时该法规定，禁止出版和传播未经政府许可公开的军事情报和为了国家安全而由政府掌握的各种文件、物品等档案资料。

关于版本备案制，法国 1881 年 7 月 29 日规定了出版商有向行政机关送缴出版物样本的义务。根据 1943 年 6 月 21 日法和 1960 年 11 月 21 日法的相关规定，法国成立了全国文献中心以保证出版物和艺术作品的收藏。根据该制度，出版商要在出版物发行和销售前 48 小时之内，向国家图书馆送缴出版物样本。

关于内容追惩制，自1870年法兰西第三共和国成立后，法国结束原稿审查制，实行内容追惩制。法国政府为防止行政部门对该权力的滥用，规定该权力属于司法部门，警察机关须得到法院的允许才能行使这些权力。如果出版物有叛国、煽动暴乱、诽谤、荒淫猥亵、泄露国家机密、侵犯隐私等内容，根据相关法律，可以对出版物及其相关责任人做出没收、扣押、禁止发行或查封等处罚。

2. 对青少年出版物的管理

法国政府十分重视对青少年的保护，从创办青少年出版物出版社到青少年出版物内容都有明确规定。

法国于法兰西第三共和国成立后就逐步结束对出版社的特许制，改为登记制。任何人和机构创办出版社，只需按照普通法要求的程序办理即可。但创办青少年出版物出版社还有些特殊的条件，如此类出版社不能由个人创办，只能由一些商业团体和行业协会创办，并且在创办之前，要向社会声明不以此类出版物作为营利的工具；担任此类出版物的负责人至少有3人，这些人应为法国国籍，享有公民权，并且在其教育生涯中没有不轨行为或受处分的污点记录等。

有关青少年出版物内容的法律有很多，如《1949年7月16日法》《1955年11月28日法》《1965年9月28日法》《1980年12月23日法》《1981年7月29日法》等。其中《1949年7月16日法》规定，青少年出版物的内容不能包含正面肯定抢劫、谎言、强奸、仇恨、荒淫以及一切具有犯罪性质的行为、具有腐蚀青少年思想性质的行为、具有煽动种族偏见性质的行为和包含这些行为的任何插图、文字叙述、传闻、说明。依据该法，法国还专门成立了一个负责管理青少年出版物的特别委员会——审读委员会，为青少年出版物的内容把关①。

3. 对出版物价格的管理

对出版物的价格，法国也出台了相应法律。1981年，法国文化部部长雅克·朗就主持制定了《图书价格统一法》（又称《雅克·朗法》），对图书实行统一定价，以规范图书价格防止一些大型超市和图书连锁集团大幅降价对中小零售书店的生存构成威胁。随着数字出版的发展，为统一数字出版

① 余敏．国外出版业宏观管理体系研究［M］．北京：中国书籍出版社，2004：98.

物的价格，法国于2011年5月26日颁布《电子书统一售价法》，该法延续了1981年开始实行的图书统一定价规则，同时新的电子书销售的折扣不得超过5%——即使从法国本土以外引进的电子书也需要遵循该规定。该法保护了实体中小独立书店的利益，维护了由中小独立书店和大型连锁书店构成的密集多样化的零售网络，保证了图书销售渠道的多样性，同时抗击了来自亚马逊网络图书销售巨头的冲击，维持了法国包括数字图书在内的出版物市场的多样性。

4. 对出版物市场秩序的管理

对出版物市场秩序的管理，主要是对出版物市场竞争和垄断进行调控，这些法律有《竞争法》（1930）、《关于新闻多样化和公开性的法律》（1984）等。其中《关于新闻多样化和公开性的法律》有防止大型出版集团垄断的明确条款，如该法规定：全国固定的地方性的报业集团控制的日报发行量均不得超过同类日报发行总量的15%，如果该报业集团在巴黎和外省均有经营活动，那么上述的限制降低为10%。

网络时代，针对网络书店如亚马逊网络图书公司给独立书店带来的重重危机，法国议会于2014年通过一项法案，网络书店可在原定的邮寄费的基础上实行优惠，最高不得超过5%，但不得实行免邮费的优惠。该规定降低了网络书店对传统中小独立书店的冲击，增进了图书市场上各销售渠道之间的竞争，维护了图书市场秩序的稳定，也确保了法国图书市场的活力以及多样性。

（二）经济手段

法国主要通过税收和财政资助等经济手段对出版物市场进行调控。

1. 税收政策

税收政策是一项重要的经济手段，税收的优惠力度往往能够反映政府对产业的支持力度，并对产业的发展产生最直接的影响。近年来，法国政府对出版物的税率一再下调，显示了法国对出版业的重视。20世纪80年代，法国对图书、报纸、期刊等出版物征收7%的增值税；到20世纪90年代，法国将对图书、报纸、期刊的增值税率分别下调到5.5%、2.1%、4%，而一般商品的增值税率为18.6%。同时，法国对出口的书报刊不仅免征税，还实行出口补贴。

为发展数字出版，法国于2008年颁布了“2012年法兰西数字计划”，该计划提出“通过全局性的思考来确定市场调节机制，尤其对数字内容的定价提出措施；在欧洲范围内进行降低数字化图书增值税的讨论，同时考虑给予数字图书出版以物质支持”。从2012年开始，电子书可以同纸质图书一样享受5.5%的优惠税率，而此前该税率高达19.6%①。

2. 财政资助

法国历来重视出版业的发展，在文化多样性原则的指导下更是如此，其通过多种财政资助方式保护出版物市场的多样化发展。例如为防止大型出版集团和连锁书店形成市场垄断，法国政府每年都会拿出一部分资金用于扶持中小出版社和中小书店。同时根据1995年时任法国文化部部长雅克·杜邦和商企部部长阿兰·麦德林签署的一项协议，法国政府每年从连锁企业上缴的税金中提出3亿法郎来扶持和保护小书店的生存和发展，而且营业面积不足400平方英尺的书店可获70万法郎的资助②。

为保护出版物的多样化，防止出版物受市场需求影响过大，法国对学术著作和其他一些小印数的出版物进行补贴，这些出版物包括诗歌、剧本、进口翻译著作、成本昂贵的文学名著、重大纪念活动出版物等。

（三）行业协会

由于出版业竞争的激烈，法国的一般出版企业都会加入行业组织。法国出版行业协会起着代表、服务、协调和自律作用，在出版物市场的管理中也发挥着重要作用。其中行业协会的自律对出版物市场的规范和管理作用十分明显，一方面出版行业协会制定行业规定，对出版物市场经营活动进行约束，以维持正常的市场秩序；另一方面制定对出版从业人员的伦理纲领，对出版物内容进行自律管理。

行业协会会协助会员及时了解国内外出版物市场，大力推动本国出版物开拓海外市场。行业协会每年组织出版物的评选活动，如法国年度期刊奖由法国杂志和信息工会负责评选和颁发，文人协会奖由法国文人协会评选和颁发等。这些活动将优秀的出版物评选出来在全国范围内进行推广，这些出版物一般都针对本土文化，客观上宣传了主流文化，并对出版物的内容进行了导向。

---

① 黄先蓉，刘菡，刘玲武．法国数字出版法律制度的现状与趋势［J］．科技与出版，2015（6）：71.

② 杨贵山，林成林，姜乐英，等．世界出版观潮［M］．沈阳：辽宁出版集团、辽宁人民出版社，2002：84.

第五节 德国的出版物市场管理

作为世界三大图书出版市场之一的德国，出版业在其国内占有重要地位。早在15世纪中叶，德国人谷登堡发明铅活字印刷，掀起了一场出版业的革命，从那时起就使德国成为欧洲出版和印刷中心。创办于1949年，被称为出版业奥运会的法兰克福书展，是当今世界最大的书展，它不仅对德国出版业具有重要意义，而且影响着整个世界的出版动态。20世纪70年代崛起的贝塔斯曼集团，通过在世界范围内的收购兼并和实施多元化的经营战略，其势力已扩展到欧洲和美洲的40多个国家，其经营范围也从书报刊扩展到音乐、电影、造纸、印刷等多个领域。得益于完善的出版管理体制，德国的出版业才取得如此成就。

一、德国的出版物市场管理机构及其职能

德国是一个文化联邦主义国家，有关文化的职能都属于各州的文化主权范畴，因此与出版物市场管理相关的部门主要是各州的文化教育部门。对出版物市场管理集中体现在对出版物行政审批和对出版物内容的行政干预。

（一）对出版物的行政审批

德国对出版物行政审批主要集中于教材出版领域。出版社出版的教材只有通过州文化教育部门的审批，并以教材目录的方式正式公布之后，才能在学校供师生使用。同时，由于基础教育的立法权属于各州的司法管辖权范畴，联邦政府无权干涉各州的具体教育事务，对中小学教育的规划和控制也都掌握在州教育行政主管部门，这些部门是德国教材制度的权力基础和核心，并和州文化部门直接管理中小学教材的出版。

例如，德国黑森州文化部颁布的《中小学教材审批条例》，对教材的审批制度作了全面而具体的规定。另外根据黑森州《学校法》的相关规定，教材的审批权分别掌握在州文化部、地方学校行政管理部门和学校校长手中。其中，后两者的审批权源于州文化部的授权。①

（二）对出版物内容的行政干预

德国联邦政府和州政府都设有政治进修中心，主要负责政治教育工作。

① 余敏．国外出版业宏观管理体系研究［M］．北京：中国书籍出版社，2004：110-111.

该中心下设出版物检查中心，负责审核出版物的政治倾向问题；同时，该中心的另外一种重要任务是针对不同对象编辑出版政治教育图书、期刊等，而且针对中小学生的期刊是每个在校生必须阅读的。德国各州文化部除审批教材外，还对查处危害国家利益的图书和宣扬色情暴力图书负有部分责任。

对出版物内容的行政干预还体现在德国联邦政府对青少年出版物内容的审查。德国联邦专门设立了联邦青少年媒体审定处，主要职责是防止媒体内容的不良倾向，对可能影响青少年的出版物内容进行审查。其宗旨是促进有良好价值取向的媒体教育，加强公共媒体保护青少年的意识和敏感性，主要针对暴力内容、性误导、美化纳粹等方面的内容。①

二、德国出版物市场管理的方法

从上述德国出版物市场管理的机构可以看出，德国政府虽然在行政管理上较为分散，但与其他发达国家相比，对出版物的管理力度较强，控制范围也更为广泛。德国较为完备的法律制度和多种经济政策为出版物市场管理提供了法律和政策依据。此外德国出版行业协会绝无仅有的权威性在出版物市场管理中也扮演了重要角色。

（一）法律手段

德国有关出版物及其市场规定的法律非常多，上至联邦法律，下至州一级法律都有涉及。联邦法律如1945年通过、1990年修订的德国宪法《基本法》，1965年颁布、2002年第一次修订、2007年第二次修订的《关于著作权及相关权益的法律》，即《著作权法》，1984年通过的《出版法》，1997年修正的《危害青少年道德的出版物和其他媒体传播的法律》，2002年颁布的《限定图书价格法》等；州一级法律如黑森州颁布的《学校法》，北莱茵—威斯特伐利亚州颁布的《新闻法》等。德国通过法律手段对出版物市场进行管理主要体现在保障市场秩序、版权保护以及出版物内容管理等方面。

1. 保障市场秩序

德国制定的《反不诚实竞争法》《竞争限制法》《出版社法》和《限定图书价格法》等都是保障出版物市场正常秩序的法律。《反不诚实竞争法》针对图书出版做了明确的规定；《竞争限制法》对出版物价格做出相关规

---

① 余敏．国外出版业宏观管理体系研究［M］．北京：中国书籍出版社，2004：116-117.

定，该法规定图书的价格由出版社决定；《出版社法》则调节出版商与作者签订出版合同而产生的法律关系。

根据《限定图书价格法》，德国一直实行书价统一制度，这种制度主要是为保证市场的公平竞争，防止市场垄断的产生，以保障出版物市场乃至整个出版业合理的产业结构。近年来，该制度已延伸至电子书领域，即所有上架新书一律统一标价，无论在大型书店、小型书店，还是网上购书，新书发行的前 18 个月价格统一，电子书的价格与该书精装本的价格相同。① 这种规定强调图书的内容价值，避免由电子书带来的恶性竞争，还可以阻止图书的商品化，维护文化的特殊性，同时维护作者、出版社和零售商的权益。

2. 版权保护

有关版权保护的法律有很多，如《著作权法》(2007)、《著作权法实施法》(1965)、《反盗版法》(1990)、《电信服务数据保护法》(1997)、《电信法》(2007) 等。在传统出版环境下，由于《著作权法》在德国得到了完全的贯彻实施，再加上德国良好的法律环境，一度使德国没有出现盗版问题。但随着网络信息技术的发展，网络侵权也时有发生，为此，德国政府致力于数字版权的保护。

在对出版物市场管理过程中，最突出的问题莫过于版权问题，特别是随着新技术在出版业的广泛运用，数字出版俨然成为各国参与国际竞争的战略选择。针对数字版权问题，在公共利益和著作权人合法权益的博弈中，德国选择更多地维护著作权人的利益。例如，德国《著作权法》第 53 条 a 规定："其他电子形式的复制和传送仅限于图片格式，仅为了教学目的或科学研究，不以营利为目的。除此之外的电子形式的复制和传送只有在社会公众不能在自己选择的时间、地点，依据合同协议以合理的条件取得作品或已出版作品的部分时才被允许。" 还规定："网络传播权的例外不适用于图书馆，图书馆向读者在线提供作品，必须向版权人征得授权或缴纳版权使用费。"②

3. 出版物内容管理

德国对出版物内容的管理，集中体现在对青少年读物内容的审查和对数字出版内容的管理。

---

① 德国电子书市场持续增长 [EB/OL]. 百道网. http://www.bookdao.com/article/4707.

② 史楠. 德国著作权法修改及实施研究 [D]. 北京：中国政法大学，2011：26-28.

对青少年读物内容的审查，上文提到，德国政府有专门负责对可能影响青少年的出版物内容进行审查的联邦青少年媒体审定处。德国还颁布了有关法律以限制不良内容出现在青少年读物中，如《传播危害青少年之文学作品法》，该法主要是限制出版淫秽色情出版物。在网络数字环境下，德国政府颁布《危害青少年道德的出版物和其他媒体传播的法律》，该法明确规定："音像载体、数据存储设备、图片和其他表现形式等同文字作品"，"网络服务提供商可以通过选聘以为保护青少年特派员或者选择加强自律的方式来履行保护未成年人的义务，两者必选其一"。① 如果网络服务提供商没有选择两者中任何一个，根据该法规定，其被视为违反了行政法规，需要承担法律责任。

对数字出版内容的管理，主要是针对网络服务提供商应承担相应的责任。德国《电信服务法》确立了分类责任制度，对网络服务提供商应承担的法律责任采取分层处理的办法。首先，网络服务提供商对其所提供的网上信息内容负全部责任；其次，网络服务提供商对其所提供的来自第三方的网上信息内容，只有在不违背《电信服务法》有关保守电信秘密规定的情况下，在技术上有可能组织且进行阻止不超过其承受能力，按照普通法律有阻止义务的情况下，才对内容负有责任；最后，网络服务提供商对那些只是通过他们促成使用过的源自第三方的网上信息不承担责任。同时，该法也规定，该法所指的电信服务不包括大众传播媒介的服务，如以电视节目形式出现的电视购物、电子报刊信息或者电视图文服务等②。

（二）经济手段

德国运用税收和财政资助等经济手段对出版物市场进行管理。

1. 税收优惠

与其他发达国家一样，德国对图书征收的增值税要比一般商品低得多。对一般商品征收的增值税率为15%，而图书仅为7%，而且这一税率同样适用于书店，对中小书店的发展起到了重要扶持作用。对其他出版物，如音像制品征收14%的增值税。对出口图书、期刊等出版物免征增值税；对进口图书、期刊征收7%的进口税，对进口音像制品征收的进口税比图书、期刊

① 郝振省．中外互联网及手机出版法律制度研究［D］．北京：中国书籍出版社，2008：51-52.

② 郝振省．中外互联网及手机出版法律制度研究［M］．北京：中国书籍出版社，2008：51-52.

要低一些，在3%~5.4%之间。

2. 财政资助

德国对出版物的资助主要是对学术著作的出版印刷补贴。德国联邦研究与技术部领导下的德国研究协会设立“印刷补贴”基金①，该基金直接补贴给出版社，用于资助学术著作和学术期刊的出版。

（三）行业协会

德国行业协会在出版物市场管理中发挥的作用是世界任何一个国家的行业协会无法比拟的。在德国，出版物市场中涉及的出版商、书商、批发商和出版发行商一直都从属于同一个协会——德国书商及出版商协会，即布尔森协会。尽管也有其他一些与出版业关系密切的行业组织，但都没有布尔森协会的影响力大。德国政府对出版物市场进行的行政干预措施和立法程序在很大程度上也会受到该协会决策的影响。布尔森协会的核心任务是制定图书政策。德国出版业现行的大多数政策都是由行业协会提出，经政府有关部门批准后成为出版业的既定规范。在所有政策中，图书价格制度最为重要。行业协会在提出该制度后，经政府采纳已成为法律。这些政策是由协会成员共同讨论制定，因而非常符合实际，从根本上保证了政策的实施，保障了中小书店、出版社的利益和出版物市场的正常秩序。

第六节　日本的出版物市场管理

日本的现代出版在第二次世界大战后拉开序幕。战后，强调“主权在民”“放弃战争”的日本新宪法的实施，推崇“言论、出版自由”的社会保障体制的建立，基本形成了日本现代出版业的基盘。② 在此基础上，日本政府对出版业进行调整，使日本出版业从战后到20世纪90年代间的发展水平和速度远远超过同期经济的发展。20世纪90年代中期，随着日本泡沫经济的破灭，出版业首次出现负增长，进而导致“日本出版大崩溃”的出现，直到2004年出现短暂的反弹回升，之后又进入连续下降状态。尽管如此，日本依旧是出版大国，是世界上最重要的图书市场之一。对出版物市场的管

① 莫金莲，李广民．现代德国大众文化［M］．北京：中国经济出版社，2000：214-215.

② 杨贵山，林成林，姜乐英，等．世界出版观潮［M］．沈阳：辽宁出版集团、辽宁人民出版社，2002：96.

理，无论在政府机构的设置还是管理手段方面，日本政府都形成了不同于西方其他发达国家的特点。

一、日本的出版物市场管理机构

“二战”前，日本对出版物市场的管理主要依靠行政手段，由专门的政府机构内务省负责；“二战”期间，日本对出版物市场的管理更加严格，成立了日本出版物协会，该协会为出版控制机关，对出版机构统一管理，还对批发公司进行整合，形成日本出版物配给株式会社唯一一家出版批发企业；“二战”后，日本未设置专门出版管理机构，而是根据出版工作的不同方面，分别由不同的政府部门负责①。

日本政府部门中与出版物市场相关的部门主要有文部省、大藏省、通产省。②

文部省是日本政府主管教育与文化事业的行政机构，与出版业的联系最为紧密。其主要任务是审查中小学教材、制定并实施出版资助政策。

大藏省是日本政府的财政机构，对出版物市场的管理主要体现在对出版税收政策的制定。另外，大藏省还设立了政府印刷局，主要负责出版政府机关编辑的出版物。

通产省主要负责管理出版机构的登记、限制不合法的交易，同时也对出版物市场发展乃至出版业的发展提供资助。

除上述几个主要部门外，邮政省对淫秽出版物也有干涉。

二、日本出版物市场管理的方法

日本对出版物市场的管理主要通过行政手段、法律手段以及行业协会来实现。

（一）行政手段

日本对出版物市场管理的部门设置的特点之一就是分散且众多，但日本管理机构对自己的定位为服务机构，而非管理机构。这一点具体体现在对出版物市场的管理之中，例如，每年春天，日本出版协会、劳工联合会都会组织出版社集体向政府施压，要求调整社会福利等方面政策，政府会根据出版

① 孙洪军．日本出版产业论［M］．北京：中国传媒大学出版社，2009：135-138.

② 孙洪军．日本出版产业论［M］．北京：中国传媒大学出版社，2009：138-141.

社意愿进行政策的调整①。此外，日本政府对出版物市场的行政管理主要体现在对出版物内容的审查、出版物的分级管理。

1. 对出版物内容的审查

对出版物内容的审查主要集中在教材方面。尽管日本宪法明文规定禁止审查出版物内容，但作为出版物的教材却置于该规定之外。如上文所述，对教材的审查主要由文部省负责，只有经文部省批准后，才可列入“审定教材”之列，之后才有被定为正式教材的可能。同时，文部省不仅对教材的内容有干预权，而且也直接干预教材的印数②。这样使教材的出版在政治利益和经济效益上都能确保政府意志的贯彻与执行。

2. 对出版物的分级管理

对出版物的分级管理实质上也是日本对出版物内容管理的方法。在日本，法律并未禁止有关暴力和色情出版物的出版，为保护青少年身心健康，凡涉及性内容的出版物都要求在显著位置统一标识允许阅读的年龄。以动漫出版物为例，日本对动漫出版物分为三个级别：一级出版物指适合任何年龄儿童阅读，但在一定程度上有少量性成分及一定程度的暴力行为的漫画；二级出版物指不适合 21 岁以下人群观看的涉及成人性行为及暴力行为，但未达到违反国际共同法规的内容的漫画；三级出版物指内容中性与暴力行为超出了国际共同法规的界限，极度不适合一切年龄人士观看的作品③。

日本对出版物分级管理的规定执行相当严格，对于违反分级管理规定，日本政府绝不手软，坚决予以制裁。日本这种分级管理制度将涉及暴力、色情出版物的流通控制在一定范围内，能够有效保护青少年。

（二）法律手段

日本的法律制度较为完善，涉及出版物及其市场方面的法律很多。如《著作权法》，最近一次修订是 2014 年 5 月 8 日参议院表决通过的《著作权法修正案》，于 2015 年 1 月施行④；《以发行日本刊物报纸为目的的股份有限公司及有限公司股份及所持有股份转让限制的相关法律》，最后修订于

---

① 余敏．国外出版业宏观管理体系研究［M］．北京：中国书籍出版社，2004：159-160.

② 孙洪军．日本出版产业论［M］．北京：中国传媒大学出版社，2009：138-139.

③ 陈磊．日本动漫产业优势分析［J］．传媒，2008（3）：32.

④ 日本《著作权法修正案》加强数字版权保护［R］．国家版权局．http：//www.ncac.gov.cn/chinacopyright/contents/519/201694.html.

2001年；还有《关于禁止私人垄断和确保公正交易的法律》《大规模零售店铺法》等。日本通过法律手段对出版物市场的管理主要表现在对出版物内容管理、对出版物市场秩序的维护以及对出版物市场价格的调控等方面。

1. 对出版物内容的管理

对出版物内容管理的规定分散在《刑法》《关税法》《青少年保护条例》《学校教育法》等法律条文中，前三种法律主要对色情、淫秽出版物进行限制，第四种法律主要是对学校教材内容的审查。

日本《刑法》规定，对淫秽图书的制作、传播者处2年以下有期徒刑或处250万日元以下的罚金。《关税法》规定，禁止进口伤风败俗的书刊、画报、雕塑及其他物品，同时规定，无论日本人还是外国人，均不得把露骨的图片带入日本，违反者处5年以下有期徒刑或处50万日元的罚款。《青少年保护条例》是日本地方政府根据国会有关防止青少年犯罪的决议和日本政府要求地方政府《必须采取防止青少年不良倾向》的措施而制定的，旨在保护青少年身心健康的条例。《学校教育法》规定，小学必须使用经文部大臣审定或以文部省名义编著的教材。①

2. 对出版物市场秩序的维护

日本在自由的竞争市场中，一方面使图书这种文化出版物极度商品化，"大量生产、大量宣传、大量销售、大量消费"的出版理念构成日本出版的基本状况②；另一方面也使出版资本进一步集中到一些大的企业，导致出版物市场垄断的出现。为此，日本颁布了《关于禁止私人垄断和确保公正交易的法律》《大规模零售店铺法》等法律，通过法律手段对垄断进行制约，对竞争进行保护。

其中，《关于禁止私人垄断和确保公正交易的法律》规定书报刊零售价格统一制度，使出版物在价格统一方面取得法律依据，避免了市场的恶性竞争。《大规模零售店铺法》对书店店铺面积做出规定，如果超过500平方米，需要向当地政府提出申请，并经当地的零售市部审议会审议，看店铺大小是否会损害其他零售店的利益，如有影响，当地政府有权做出减少建筑面

① 孙洪军．日本出版产业论［M］．北京：中国传媒大学出版社，2009：142-143.

② 程三国．理解现代出版业（下）——兼析"日本出版大崩坏"［J］．中国图书商报，2002（10）.

积、推迟开业日期或缩短经营时间的规定，以维护其他零售店铺的利益。①

3. 对出版物市场价格的调控

除上述《关于禁止私人垄断和确保公正交易的法律》对出版物价格做出规定外，日本政府还制定了《再贩卖价格维持契约》，对出版物的市场价格进行管理，该契约规定图书必须统一售价。但统一价格的实施也带来负面影响，如过季畅销书无法以低折扣出售，导致退货率上升。一些书店开始以向读者提供赠品的方式变相降价，针对这种情况，日本政府也出台了新的法令，限制赠品的价格。

近年来，随着数字技术的发展，日本数字出版发展较快，这也得益于日本完善的法律制度。面对新形势下出现的新问题，日本政府又陆续制定了多部新的法律，如《IT 基本法》《内容促进法》等。

（三）行业协会

日本出版行业协会大多为民办协会，只有极少数属于官民联办协会。这些协会建立的主要目的是联络政府及相关团体，对出版业存在的问题进行调查研究，促进出版社之间的友好合作，增进出版文化的国际交流。这些协会除章程中规定的工作外，它们另一项重要的工作就是制定“会规”，这些“会规”使其在出版物市场管理中发挥不可替代的作用。

1. 制定行业规定

日本出版行业协会制定的行业规定主要是对经营活动进行约束，以维护出版物市场乃至出版业的正常秩序，这些规定主要有《关于限制出版物零售业提供赠品、公平竞争的规定》《出版物零售业公平交易规约》《关于限制杂志业提供赠品、公平竞争规约》《新书统一销售日制度》《统一书款结算日制度》《统一折扣制度》等。其中《关于限制出版物零售业提供赠品、公平竞争的规定》明确指出：凡是用赠送高价物品引诱读者购书的做法都是不当的②。

2. 制定伦理纲领

日本出版行业协会制定的伦理纲领，主要为加强编辑、出版、发行等行业自律，这些伦理纲领有《出版伦理纲领》《出版物批发伦理纲领》《出版

① 余敏．国外出版业宏观管理体系研究［M］．北京：中国书籍出版社，2004：168-169.

② 孙洪军．日本出版产业论［M］．北京：中国传媒大学出版社，2009：144-145.

销售伦理纲领》《杂志编辑伦理纲领》① 等。其中《出版伦理纲领》要求，出版物必须有助于学术的进步、文化艺术的繁荣、教育的普及、人们精神境界的提高，出版物必须要以理智和情操为基础，必须有助于民众生活的健康形成，并能使其清新的创意得以发挥等；《出版物批发伦理纲领》要求，从事出版物批发销售者要意识到出版物批发职业所担负的使命和责任，必须以诚实为宗旨去完成，要根据出版物的社会功能特点，在积极谋求普及、渗透的同时，对于公共利益给予足够的尊重和关注，要遵守公平交易秩序等；《出版销售伦理纲领》要求出版物销售者，必须按照出版物具有的社会使命，为出版物的普及供给而积极努力，拒绝舆论不满意的出版物，反对通过销售方面进行的对言论出版自由的压制和干涉，遵守正常的销售秩序、商业习惯和定价销售制度等。

① 孙洪军．日本出版产业论［M］．北京：中国传媒大学出版社，2009：145-146.

附录一：

出版管理条例

（2001 年 12 月 25 日中华人民共和国国务院令第 343 号公布；根据 2011 年 3 月 19 日《国务院关于修改〈出版管理条例〉的决定》第一次修订；根据 2013 年 7 月 18 日《国务院关于废止和修改部分行政法规的决定》第二次修订；根据 2014 年 7 月 9 日国务院第 54 次常务会议《国务院关于修改部分行政法规的决定》第三次修订）

第一章　总　　则

第一条　为了加强对出版活动的管理，发展和繁荣有中国特色社会主义出版产业和出版事业，保障公民依法行使出版自由的权利，促进社会主义精神文明和物质文明建设，根据宪法，制定本条例。

第二条　在中华人民共和国境内从事出版活动，适用本条例。

本条例所称出版活动，包括出版物的出版、印刷或者复制、进口、发行。

本条例所称出版物，是指报纸、期刊、图书、音像制品、电子出版物等。

第三条　出版活动必须坚持为人民服务、为社会主义服务的方向，坚持以马克思列宁主义、毛泽东思想、邓小平理论和“三个代表”重要思想为指导，贯彻落实科学发展观，传播和积累有益于提高民族素质、有益于经济发展和社会进步的科学技术和文化知识，弘扬民族优秀文化，促进国际文化交流，丰富和提高人民的精神生活。

第四条　从事出版活动，应当将社会效益放在首位，实现社会效益与经济效益相结合。

第五条　公民依法行使出版自由的权利，各级人民政府应当予以保障。

公民在行使出版自由的权利的时候，必须遵守宪法和法律，不得反对宪法确定的基本原则，不得损害国家的、社会的、集体的利益和其他公民的合法的自由和权利。

第六条 国务院出版行政主管部门负责全国的出版活动的监督管理工作。国务院其他有关部门按照国务院规定的职责分工，负责有关的出版活动的监督管理工作。

县级以上地方各级人民政府负责出版管理的部门（以下简称出版行政主管部门）负责本行政区域内出版活动的监督管理工作。县级以上地方各级人民政府其他有关部门在各自的职责范围内，负责有关的出版活动的监督管理工作。

第七条 出版行政主管部门根据已经取得的违法嫌疑证据或者举报，对涉嫌违法从事出版物出版、印刷或者复制、进口、发行等活动的行为进行查处时，可以检查与涉嫌违法活动有关的物品和经营场所；对有证据证明是与违法活动有关的物品，可以查封或者扣押。

第八条 出版行业的社会团体按照其章程，在出版行政主管部门的指导下，实行自律管理。

第二章 出版单位的设立与管理

第九条 报纸、期刊、图书、音像制品和电子出版物等应当由出版单位出版。

本条例所称出版单位，包括报社、期刊社、图书出版社、音像出版社和电子出版物出版社等。

法人出版报纸、期刊，不设立报社、期刊社的，其设立的报纸编辑部、期刊编辑部视为出版单位。

第十条 国务院出版行政主管部门制定全国出版单位总量、结构、布局的规划，指导、协调出版产业和出版事业发展。

第十一条 设立出版单位，应当具备下列条件：

（一）有出版单位的名称、章程；

（二）有符合国务院出版行政主管部门认定的主办单位及其主管机关；

（三）有确定的业务范围；

（四）有30万元以上的注册资本和固定的工作场所；

（五）有适应业务范围需要的组织机构和符合国家规定的资格条件的编辑出版专业人员；

（六）法律、行政法规规定的其他条件。

审批设立出版单位，除依照前款所列条件外，还应当符合国家关于出版单位总量、结构、布局的规划。

第十二条 设立出版单位，由其主办单位向所在地省、自治区、直辖市人民政府出版行政主管部门提出申请；省、自治区、直辖市人民政府出版行政主管部门审核同意后，报国务院出版行政主管部门审批。设立的出版单位为事业单位的，还应当办理机构编制审批手续。

第十三条 设立出版单位的申请书应当载明下列事项：

（一）出版单位的名称、地址；

（二）出版单位的主办单位及其主管机关的名称、地址；

（三）出版单位的法定代表人或者主要负责人的姓名、住址、资格证明文件；

（四）出版单位的资金来源及数额。

设立报社、期刊社或者报纸编辑部、期刊编辑部的，申请书还应当载明报纸或者期刊的名称、刊期、开版或者开本、印刷场所。

申请书应当附具出版单位的章程和设立出版单位的主办单位及其主管机关的有关证明材料。

第十四条 国务院出版行政主管部门应当自受理设立出版单位的申请之日起 60 日内，作出批准或者不批准的决定，并由省、自治区、直辖市人民政府出版行政主管部门书面通知主办单位；不批准的，应当说明理由。

第十五条 设立出版单位的主办单位应当自收到批准决定之日起 60 日内，向所在地省、自治区、直辖市人民政府出版行政主管部门登记，领取出版许可证。登记事项由国务院出版行政主管部门规定。

出版单位领取出版许可证后，属于事业单位法人的，持出版许可证向事业单位登记管理机关登记，依法领取事业单位法人证书；属于企业法人的，持出版许可证向工商行政管理部门登记，依法领取营业执照。

第十六条 报社、期刊社、图书出版社、音像出版社和电子出版物出版社等应当具备法人条件，经核准登记后，取得法人资格，以其全部法人财产独立承担民事责任。

依照本条例第九条第三款的规定，视为出版单位的报纸编辑部、期刊编辑部不具有法人资格，其民事责任由其主办单位承担。

第十七条 出版单位变更名称、主办单位或者其主管机关、业务范围、资本结构，合并或者分立，设立分支机构，出版新的报纸、期刊，或者报纸、期刊变更名称的，应当依照本条例第十二条、第十三条的规定办理审批手续。出版单位属于事业单位法人的，还应当持批准文件到事业单位登记管理机关办理相应的登记手续；属于企业法人的，还应当持批准文件到工商行政管理部门办理相应的登记手续。

出版单位除前款所列变更事项外的其他事项的变更，应当经主办单位及其主管机关审查同意，向所在地省、自治区、直辖市人民政府出版行政主管部门申请变更登记，并报国务院出版行政主管部门备案。出版单位属于事业单位法人的，还应当持批准文件到事业单位登记管理机关办理变更登记；属于企业法人的，还应当持批准文件到工商行政管理部门办理变更登记。

第十八条 出版单位中止出版活动的，应当向所在地省、自治区、直辖市人民政府出版行政主管部门备案并说明理由和期限；出版单位中止出版活动不得超过 180 日。

出版单位终止出版活动的，由主办单位提出申请并经主管机关同意后，由主办单位向所在地省、自治区、直辖市人民政府出版行政主管部门办理注销登记，并报国务院出版行政主管部门备案。出版单位属于事业单位法人的，还应当持批准文件到事业单位登记管理机关办理注销登记；属于企业法人的，还应当持批准文件到工商行政管理部门办理注销登记。

第十九条 图书出版社、音像出版社和电子出版物出版社自登记之日起满 180 日未从事出版活动的，报社、期刊社自登记之日起满 90 日未出版报纸、期刊的，由原登记的出版行政主管部门注销登记，并报国务院出版行政主管部门备案。

因不可抗力或者其他正当理由发生前款所列情形的，出版单位可以向原登记的出版行政主管部门申请延期。

第二十条 图书出版社、音像出版社和电子出版物出版社的年度出版计划及涉及国家安全、社会安定等方面的重大选题，应当经所在地省、自治区、直辖市人民政府出版行政主管部门审核后报国务院出版行政主管部门备案；涉及重大选题，未在出版前报备案的出版物，不得出版。具体办法由国务院出版行政主管部门制定。

期刊社的重大选题，应当依照前款规定办理备案手续。

第二十一条 出版单位不得向任何单位或者个人出售或者以其他形式转让本单位的名称、书号、刊号或者版号、版面，并不得出租本单位的名称、刊号。

出版单位及其从业人员不得利用出版活动谋取其他不正当利益。

第二十二条 出版单位应当按照国家有关规定向国家图书馆、中国版本图书馆和国务院出版行政主管部门免费送交样本。

第三章 出版物的出版

第二十三条 公民可以依照本条例规定，在出版物上自由表达自己对国家事务、经济和文化事业、社会事务的见解和意愿，自由发表自己从事科学研究、文学艺术创作和其他文化活动的成果。

合法出版物受法律保护，任何组织和个人不得非法干扰、阻止、破坏出版物的出版。

第二十四条 出版单位实行编辑责任制度，保障出版物刊载的内容符合本条例的规定。

第二十五条 任何出版物不得含有下列内容：

（一）反对宪法确定的基本原则的；

（二）危害国家统一、主权和领土完整的；

（三）泄露国家秘密、危害国家安全或者损害国家荣誉和利益的；

（四）煽动民族仇恨、民族歧视，破坏民族团结，或者侵害民族风俗、习惯的；

（五）宣扬邪教、迷信的；

（六）扰乱社会秩序，破坏社会稳定的；

（七）宣扬淫秽、赌博、暴力或者教唆犯罪的；

（八）侮辱或者诽谤他人，侵害他人合法权益的；

（九）危害社会公德或者民族优秀文化传统的；

（十）有法律、行政法规和国家规定禁止的其他内容的。

第二十六条 以未成年人为对象的出版物不得含有诱发未成年人模仿违反社会公德的行为和违法犯罪的行为的内容，不得含有恐怖、残酷等妨害未成年人身心健康的内容。

第二十七条 出版物的内容不真实或者不公正，致使公民、法人或者其他组织的合法权益受到侵害的，其出版单位应当公开更正，消除影响，并依法承担其他民事责任。

报纸、期刊发表的作品内容不真实或者不公正，致使公民、法人或者其他组织的合法权益受到侵害的，当事人有权要求有关出版单位更正或者答辩，有关出版单位应当在其近期出版的报纸、期刊上予以发表；拒绝发表的，当事人可以向人民法院提起诉讼。

第二十八条 出版物必须按照国家的有关规定载明作者、出版者、印刷者或者复制者、发行者的名称、地址，书号、刊号或者版号，在版编目数据，出版日期、刊期以及其他有关事项。

出版物的规格、开本、版式、装帧、校对等必须符合国家标准和规范要求，保证出版物的质量。

出版物使用语言文字必须符合国家法律规定和有关标准、规范。

第二十九条 任何单位和个人不得伪造、假冒出版单位名称或者报纸、期刊名称出版出版物。

第三十条 中学小学教科书由国务院教育行政主管部门审定；其出版、发行单位应当具有适应教科书出版、发行业务需要的资金、组织机构和人员等条件，并取得国务院出版行政主管部门批准的教科书出版、发行资质。纳入政府采购范围的中学小学教科书，其发行单位按照《中华人民共和国政府采购法》的有关规定确定。其他任何单位或者个人不得从事中学小学教科书的出版、发行业务。

第四章 出版物的印刷或者复制和发行

第三十一条 从事出版物印刷或者复制业务的单位，应当向所在地省、自治区、直辖市人民政府出版行政主管部门提出申请，经审核许可，并依照国家有关规定到工商行政管理部门办理相关手续后，方可从事出版物的印刷或者复制。

未经许可并办理相关手续的，不得印刷报纸、期刊、图书，不得复制音像制品、电子出版物。

第三十二条 出版单位不得委托未取得出版物印刷或者复制许可的单位印刷或者复制出版物。

出版单位委托印刷或者复制单位印刷或者复制出版物的，必须提供符合国家规定的印刷或者复制出版物的有关证明，并依法与印刷或者复制单位签订合同。

印刷或者复制单位不得接受非出版单位和个人的委托印刷报纸、期刊、图书或者复制音像制品、电子出版物，不得擅自印刷、发行报纸、期刊、图书或者复制、发行音像制品、电子出版物。

第三十三条 印刷或者复制单位经所在地省、自治区、直辖市人民政府出版行政主管部门批准，可以承接境外出版物的印刷或者复制业务；但是，印刷或者复制的境外出版物必须全部运输出境，不得在境内发行。

境外委托印刷或者复制的出版物的内容，应当经省、自治区、直辖市人民政府出版行政主管部门审核。委托人应当持有著作权人授权书，并向著作权行政管理部门登记。

第三十四条 印刷或者复制单位应当自完成出版物的印刷或者复制之日起2年内，留存一份承接的出版物样本备查。

第三十五条 从事出版物批发业务的单位，须经省、自治区、直辖市人民政府出版行政主管部门审核许可。

从事出版物零售业务的单位和个体工商户，须经县级人民政府出版行政主管部门审核许可。

从事出版物发行业务的单位和个体工商户经出版行政主管部门批准、取得《出版物经营许可证》，并向工商行政管理部门依法领取营业执照后，方可从事出版物发行业务。

第三十六条 通过互联网等信息网络从事出版物发行业务的单位或者个体工商户，应当依照本条例规定取得《出版物经营许可证》。

提供网络交易平台服务的经营者应当对申请通过网络交易平台从事出版物发行业务的单位或者个体工商户的经营主体身份进行审查，验证其《出版物经营许可证》。

第三十七条 从事出版物发行业务的单位和个体工商户变更《出版物经营许可证》登记事项，或者兼并、合并、分立的，应当依照本条例第三十五条的规定办理审批手续，并持批准文件到工商行政管理部门办理相应的登记手续。

从事出版物发行业务的单位和个体工商户终止经营活动的，应当到工商行政管理部门办理注销登记，并向原批准的出版行政主管部门备案。

第三十八条 出版单位可以发行本出版单位出版的出版物，不得发行其他出版单位出版的出版物。

第三十九条 国家允许设立从事图书、报纸、期刊、电子出版物发行业务的中外合资经营企业、中外合作经营企业、外资企业。

第四十条 印刷或者复制单位、发行单位或者个体工商户不得印刷或者复制、发行有下列情形之一的出版物：

（一）含有本条例第二十五条、第二十六条禁止内容的；

（二）非法进口的；

（三）伪造、假冒出版单位名称或者报纸、期刊名称的；

（四）未署出版单位名称的；

（五）中学小学教科书未经依法审定的；

（六）侵犯他人著作权的。

第五章　出版物的进口

第四十一条　出版物进口业务，由依照本条例设立的出版物进口经营单位经营；其他单位和个人不得从事出版物进口业务。

第四十二条　设立出版物进口经营单位，应当具备下列条件：

（一）有出版物进口经营单位的名称、章程；

（二）有符合国务院出版行政主管部门认定的主办单位及其主管机关；

（三）有确定的业务范围；

（四）具有进口出版物内容审查能力；

（五）有与出版物进口业务相适应的资金；

（六）有固定的经营场所；

（七）法律、行政法规和国家规定的其他条件。

第四十三条　设立出版物进口经营单位，应当向国务院出版行政主管部门提出申请，经审查批准，取得国务院出版行政主管部门核发的出版物进口经营许可证后，持证到工商行政管理部门依法领取营业执照。

设立出版物进口经营单位，还应当依照对外贸易法律、行政法规的规定办理相应手续。

第四十四条　出版物进口经营单位变更名称、业务范围、资本结构、主办单位或者其主管机关，合并或者分立，设立分支机构，应当依照本条例第四十二条、第四十三条的规定办理审批手续，并持批准文件到工商行政管理部门办理相应的登记手续。

第四十五条　出版物进口经营单位进口的出版物，不得含有本条例第二十五条、第二十六条禁止的内容。

出版物进口经营单位负责对其进口的出版物进行内容审查。省级以上人民政府出版行政主管部门可以对出版物进口经营单位进口的出版物直接进行内容审查。出版物进口经营单位无法判断其进口的出版物是否含有本条例第二十五条、第二十六条禁止内容的，可以请求省级以上人民政府出版行政主管部门进行内容审查。省级以上人民政府出版行政主管部门应出版物进口经营单位的请求，对其进口的出版物进行内容审查的，可以按照国务院价格主管部门批准的标准收取费用。

国务院出版行政主管部门可以禁止特定出版物的进口。

第四十六条　出版物进口经营单位应当在进口出版物前将拟进口的出版物目录报省级以上人民政府出版行政主管部门备案；省级以上人民政府出版行政主管部门发现有禁止进口的或者暂缓进口的出版物的，应当及时通知出版物进口经营单位并通报海关。对通报禁止进口或者暂缓进口的出版物，出版物进口经营单位不得进口，海关不得放行。

出版物进口备案的具体办法由国务院出版行政主管部门制定。

第四十七条　发行进口出版物的，必须从依法设立的出版物进口经营单位进货。

第四十八条　出版物进口经营单位在境内举办境外出版物展览，必须报经国务院出版行政主管部门批准。未经批准，任何单位和个人不得举办境外出版物展览。

依照前款规定展览的境外出版物需要销售的，应当按照国家有关规定办理相关手续。

第六章　监督与管理

第四十九条　出版行政主管部门应当加强对本行政区域内出版单位出版活动的日常监督管理；出版单位的主办单位及其主管机关对所属出版单位出版活动负有直接管理责任，并应当配合出版行政主管部门督促所属出版单位执行各项管理规定。

出版单位和出版物进口经营单位应当按照国务院出版行政主管部门的规定，将从事出版活动和出版物进口活动的情况向出版行政主管部门提出书面报告。

第五十条　出版行政主管部门履行下列职责：

（一）对出版物的出版、印刷、复制、发行、进口单位进行行业监管，实施准入和退出管理；

（二）对出版活动进行监管，对违反本条例的行为进行查处；

（三）对出版物内容和质量进行监管；

（四）根据国家有关规定对出版从业人员进行管理。

第五十一条　出版行政主管部门根据有关规定和标准，对出版物的内容、编校、印刷或者复制、装帧设计等方面质量实施监督检查。

第五十二条 国务院出版行政主管部门制定出版单位综合评估办法，对出版单位分类实施综合评估。

出版物的出版、印刷或者复制、发行和进口经营单位不再具备行政许可的法定条件的，由出版行政主管部门责令限期改正；逾期仍未改正的，由原发证机关撤销行政许可。

第五十三条 国家对在出版单位从事出版专业技术工作的人员实行职业资格制度；出版专业技术人员通过国家专业技术人员资格考试取得专业技术资格。具体办法由国务院人力资源社会保障主管部门、国务院出版行政主管部门共同制定。

第七章　保障与奖励

第五十四条 国家制定有关政策，保障、促进出版产业和出版事业的发展与繁荣。

第五十五条 国家支持、鼓励下列优秀的、重点的出版物的出版：

（一）对阐述、传播宪法确定的基本原则有重大作用的；

（二）对弘扬社会主义核心价值体系，在人民中进行爱国主义、集体主义、社会主义和民族团结教育以及弘扬社会公德、职业道德、家庭美德有重要意义的；

（三）对弘扬民族优秀文化，促进国际文化交流有重大作用的；

（四）对推进文化创新，及时反映国内外新的科学文化成果有重大贡献的；

（五）对服务农业、农村和农民，促进公共文化服务有重大作用的；

（六）其他具有重要思想价值、科学价值或者文化艺术价值的。

第五十六条 国家对教科书的出版发行，予以保障。

国家扶持少数民族语言文字出版物和盲文出版物的出版发行。

国家对在少数民族地区、边疆地区、经济不发达地区和在农村发行出版物，实行优惠政策。

第五十七条 报纸、期刊交由邮政企业发行的，邮政企业应当保证按照合同约定及时、准确发行。

承运出版物的运输企业，应当对出版物的运输提供方便。

第五十八条 对为发展、繁荣出版产业和出版事业作出重要贡献的单位和个人，按照国家有关规定给予奖励。

第五十九条 对非法干扰、阻止和破坏出版物出版、印刷或者复制、进口、发行的行为，县级以上各级人民政府出版行政主管部门及其他有关部门，应当及时采取措施，予以制止。

第八章 法律责任

第六十条 出版行政主管部门或者其他有关部门的工作人员，利用职务上的便利收受他人财物或者其他好处，批准不符合法定设立条件的出版、印刷或者复制、进口、发行单位，或者不履行监督职责，或者发现违法行为不予查处，造成严重后果的，依法给予降级直至开除的处分；构成犯罪的，依照刑法关于受贿罪、滥用职权罪、玩忽职守罪或者其他罪的规定，依法追究刑事责任。

第六十一条 未经批准，擅自设立出版物的出版、印刷或者复制、进口、发行单位，或者擅自从事出版物的出版、印刷或者复制、进口、发行业务，假冒出版单位名称或者伪造、假冒报纸、期刊名称出版出版物的，由出版行政主管部门、工商行政管理部门依照法定职权予以取缔；依照刑法关于非法经营罪的规定，依法追究刑事责任；尚不够刑事处罚的，没收出版物、违法所得和从事违法活动的专用工具、设备，违法经营额1万元以上的，并处违法经营额5倍以上10倍以下的罚款，违法经营额不足1万元的，可以处5万元以下的罚款；侵犯他人合法权益的，依法承担民事责任。

第六十二条 有下列行为之一，触犯刑律的，依照刑法有关规定，依法追究刑事责任；尚不够刑事处罚的，由出版行政主管部门责令限期停业整顿，没收出版物、违法所得，违法经营额1万元以上的，并处违法经营额5倍以上10倍以下的罚款；违法经营额不足1万元的，可以处5万元以下的罚款；情节严重的，由原发证机关吊销许可证：

（一）出版、进口含有本条例第二十五条、第二十六条禁止内容的出版物的；

（二）明知或者应知出版物含有本条例第二十五条、第二十六条禁止内容而印刷或者复制、发行的；

（三）明知或者应知他人出版含有本条例第二十五条、第二十六条禁止内容的出版物而向其出售或者以其他形式转让本出版单位的名称、书号、刊号、版号、版面，或者出租本单位的名称、刊号的。

第六十三条 有下列行为之一的，由出版行政主管部门责令停止违法行为，没收出版物、违法所得，违法经营额 1 万元以上的，并处违法经营额 5 倍以上 10 倍以下的罚款；违法经营额不足 1 万元的，可以处 5 万元以下的罚款；情节严重的，责令限期停业整顿或者由原发证机关吊销许可证：

（一）进口、印刷或者复制、发行国务院出版行政主管部门禁止进口的出版物的；

（二）印刷或者复制走私的境外出版物的；

（三）发行进口出版物未从本条例规定的出版物进口经营单位进货的。

第六十四条 走私出版物的，依照刑法关于走私罪的规定，依法追究刑事责任；尚不够刑事处罚的，由海关依照海关法的规定给予行政处罚。

第六十五条 有下列行为之一的，由出版行政主管部门没收出版物、违法所得，违法经营额 1 万元以上的，并处违法经营额 5 倍以上 10 倍以下的罚款；违法经营额不足 1 万元的，可以处 5 万元以下的罚款；情节严重的，责令限期停业整顿或者由原发证机关吊销许可证：

（一）出版单位委托未取得出版物印刷或者复制许可的单位印刷或者复制出版物的；

（二）印刷或者复制单位未取得印刷或者复制许可而印刷或者复制出版物的；

（三）印刷或者复制单位接受非出版单位和个人的委托印刷或者复制出版物的；

（五）印刷或者复制单位、发行单位或者个体工商户印刷或者复制、发行未署出版单位名称的出版物的；

（六）印刷或者复制单位、发行单位或者个体工商户印刷或者复制、发行伪造、假冒出版单位名称或者报纸、期刊名称的出版物的

（七）出版、印刷、发行单位出版、印刷、发行未经依法审定的中学小学教科书，或者非依照本条例规定确定的单位从事中学小学教科书的出版、发行业务的。

第六十六条 出版单位有下列行为之一的，由出版行政主管部门责令停止违法行为，给予警告，没收违法经营的出版物、违法所得，违法经营额 1 万元以上的，并处违法经营额 5 倍以上 10 倍以下的罚款；违法经营额不足 1 万元的，可以处 5 万元以下的罚款；情节严重的，责令限期停业整顿或者由原发证机关吊销许可证：

（一）出售或者以其他形式转让本出版单位的名称、书号、刊号、版

号、版面，或者出租本单位的名称、刊号的；

（二）利用出版活动谋取其他不正当利益的。

第六十七条 有下列行为之一的，由出版行政主管部门责令改正，给予警告；情节严重的，责令限期停业整顿或者由原发证机关吊销许可证：

（一）出版单位变更名称、主办单位或者其主管机关、业务范围，合并或者分立，出版新的报纸、期刊，或者报纸、期刊改变名称，以及出版单位变更其他事项，未依照本条例的规定到出版行政主管部门办理审批、变更登记手续的；

（二）出版单位未将其年度出版计划和涉及国家安全、社会安定等方面的重大选题备案的；

（三）出版单位未依照本条例的规定送交出版物的样本的；

（四）印刷或者复制单位未依照本条例的规定留存备查的材料的；

（五）出版进口经营单位未将其进口的出版物目录报送备案的；

（六）出版单位擅自中止出版活动超过180日的；

（七）出版物发行单位、出版物进口经营单位未依照本条例的规定办理变更审批手续的；

（八）出版物质量不符合有关规定和标准的。

第六十八条 未经批准，举办境外出版物展览的，由出版行政主管部门责令停止违法行为，没收出版物、违法所得；情节严重的，责令限期停业整顿或者由原发证机关吊销许可证。

第六十九条 印刷或者复制、批发、零售、出租、散发含有本条例第二十五条、第二十六条禁止内容的出版物或者其他非法出版物的，当事人对非法出版物的来源作出说明、指认，经查证属实的，没收出版物、违法所得，可以减轻或者免除其他行政处罚。

第七十条 单位违反本条例，被处以吊销许可证行政处罚的，应当按照国家有关规定到事业单位登记管理机关或者工商行政管理部门办理注销登记或者变更登记；逾期未办理的，由事业单位登记管理机关撤销登记或者由工商行政管理部门吊销营业执照。

第七十一条 单位违反本条例被处以吊销许可证行政处罚的，其法定代表人或者主要负责人自许可证被吊销之日起10年内不得担任出版、印刷或者复制、进口、发行单位的法定代表人或者主要负责人。

出版从业人员违反本条例规定，情节严重的，由原发证机关吊销其资格证书。

第七十二条 依照本条例的规定实施罚款的行政处罚，应当依照有关法律、行政法规的规定，实行罚款决定与罚款收缴分离；收缴的罚款必须全部上缴国库。

第九章 附 则

第七十三条 行政法规对音像制品和电子出版物的出版、复制、进口、发行另有规定的，适用其规定。

接受境外机构或者个人赠送出版物的管理办法、订户订购境外出版物的管理办法、网络出版审批和管理办法，由国务院出版行政主管部门根据本条例的原则另行制定。

第七十四条 本条例自 2002 年 2 月 1 日起施行。1997 年 1 月 2 日国务院发布的《出版管理条例》同时废止。

附录二：

出版物市场管理规定

（《出版物市场管理规定》已经2011年3月17日新闻出版总署第1次署务会议和商务部通过，现予公布，自公布之日起施行。）

第一章　总　　则

第一条　为规范出版物发行活动及其监督管理，建立全国统一、开放、竞争、有序的出版物市场体系，发展社会主义出版产业，根据《出版管理条例》和有关法律、行政法规，制定本规定。

第二条　本规定适用于出版物发行活动及其监督管理。

本规定所称出版物，是指图书、报纸、期刊、音像制品、电子出版物等。

本规定所称发行，包括总发行、批发、零售以及出租、展销等活动。

总发行是指由唯一供货商向其他出版物经营者销售出版物。

批发是指供货商向其他出版物经营者销售出版物。

零售是指经营者直接向消费者销售出版物。

出租是指经营者以收取租金的形式向读者提供出版物。

展销是指主办者在一定场所、时间内组织出版物经营者集中展览、销售、订购出版物。

第三条　国家对出版物发行依法实行许可制度，未经许可，任何单位和个人不得从事出版物发行活动。本规定另有规定的除外。

（法宝联想：案例与裁判文书约篇）

第四条　新闻出版总署负责全国出版物发行活动的监督管理，负责制定全国出版物发行业发展规划。

省、自治区、直辖市新闻出版行政部门负责本行政区域内出版物发行活动的监督管理，制定本省、自治区、直辖市出版物发行业发展规划。省级以下各级人民政府新闻出版行政部门负责本行政区域内出版物发行活动的监督管理。

制定出版物发行业发展规划须经科学论证，遵循合法公正、符合实际、促进发展的原则。

第五条 发行行业的社会团体按照其章程，在新闻出版行政部门的指导下，实行自律管理。

第二章 出版物发行单位设立

第六条 设立出版物总发行企业或者其他单位从事出版物总发行业务，应当具备下列条件：

（一）有确定的企业名称和经营范围；

（二）以出版物发行为主营业务；

（三）有与出版物总发行业务相适应的组织机构和发行人员，至少一名负责人应当具有高级以上出版物发行员职业资格或者新闻出版总署认可的与出版物发行专业相关的中级以上专业技术资格；

（四）有与出版物总发行业务相适应的设备和固定的经营场所，经营场所的营业面积不少于1000平方米；

（五）注册资本不少于2000万元；

（六）具备健全的管理制度并具有符合行业标准的信息管理系统；

（七）最近三年内未受到新闻出版行政部门行政处罚，无其他严重违法记录。

除出版物总发行企业依法设立的从事总发行业务的分公司外，总发行单位应为公司制法人。

第七条 申请设立出版物总发行企业或者其他单位申请从事出版物总发行业务，须向所在地省、自治区、直辖市新闻出版行政部门提交申请材料，经其审核后，报新闻出版总署审批。

新闻出版总署应当自受理申请之日起60个工作日内作出批准或者不予批准的决定，并书面告知申请人。批准的，由新闻出版总署颁发《出版物经营许可证》，申请人持《出版物经营许可证》到工商行政管理部门依法办理相关手续；不予批准的，应当书面说明理由。

申请材料包括下列书面材料：

（一）申请书，载明单位基本情况及申请事项；

（二）组织机构和章程；

（三）注册资本信用证明；

（四）经营场所的情况和使用权证明；

（五）法定代表人及主要负责人的身份证明；

（六）负责人的发行员职业资格证书或其他专业技术资格证明材料；

（七）企业信息管理系统情况的证明材料；

（八）其他需要的证明材料。

第八条 设立出版物批发企业或者其他单位从事出版物批发业务，应当具备下列条件：

（一）有确定的企业名称和经营范围；

（二）有与出版物批发业务相适应的组织机构和发行人员，至少一名负责人应当具有中级以上出版物发行员职业资格或者新闻出版总署认可的与出版物发行专业相关的中级以上专业技术资格；

（三）有与出版物批发业务相适应的设备和固定的经营场所，其中进入出版物批发市场的单店营业面积不少于50平方米，独立设置经营场所的营业面积不少于200平方米；

（四）注册资本不少于500万元；

（五）具备健全的管理制度并具有符合行业标准的信息管理系统；

（六）最近三年内未受到新闻出版行政部门行政处罚，无其他严重违法记录。

除出版物发行企业依法设立的从事批发业务的分公司外，批发单位应为公司制法人。

第九条 申请设立出版物批发企业或者其他单位申请从事出版物批发业务，须向所在地地市级新闻出版行政部门提交申请材料，经审核后报省、自治区、直辖市新闻出版行政部门审批。

省、自治区、直辖市新闻出版行政部门自受理申请之日起20个工作日内作出批准或者不予批准的决定，并书面告知申请人。批准的，由省、自治区、直辖市新闻出版行政部门颁发《出版物经营许可证》，并报新闻出版总署备案。申请人持《出版物经营许可证》到工商行政管理部门依法办理相关手续。不予批准的，应当书面说明理由。

申请材料包括下列书面材料：

（一）申请书，载明单位基本情况及申请事项；

（二）企业章程；

（三）注册资本信用证明；

（四）经营场所的情况及使用权证明；

（五）法定代表人及主要负责人的身份证明；

（六）负责人的发行员职业资格证书或其他专业技术资格证明材料；

（七）企业信息管理系统情况的证明材料；

（八）其他需要的证明材料。

第十条 设立出版物零售企业或者其他单位、个人从事出版物零售业务，应当具备下列条件：

（一）有确定的名称和经营范围；

（二）至少一名负责人应当具有初级以上出版物发行员职业资格或者新闻出版总署认可的与出版物发行专业相关的初级以上专业技术资格；

（三）有固定的经营场所。

第十一条 申请设立出版物零售企业或者其他单位、个人申请从事出版物零售业务，须向所在地县级人民政府新闻出版行政部门提交申请材料。

县级新闻出版行政部门应当自受理申请之日起 20 个工作日内作出批准或者不予批准的决定，并书面告知申请人。批准的，由县级人民政府新闻出版行政部门颁发《出版物经营许可证》，并同时报上一级新闻出版行政部门备案，其中营业面积在 5000 平方米以上的应同时报省、自治区、直辖市新闻出版行政部门备案。申请人持《出版物经营许可证》到工商行政管理部门依法办理相关手续。不予批准的，应当书面说明理由。

申请材料包括下列书面材料：

（一）申请书，载明单位基本情况及申请事项；

（二）经营场所的使用权证明；

（三）经营者的身份证明和发行员职业资格证书或其他专业技术资格证明材料。

第十二条 设立出版物出租企业或者其他单位、个人从事出版物出租业务，应当于取得营业执照后 15 日内持营业执照复印件及经营地址、法定代表人或者主要负责人情况等材料到当地县级人民政府新闻出版行政部门备案。

第十三条 设立出版物连锁经营企业或者其他连锁经营企业从事出版物连锁经营业务，应当具备下列条件：

（一）有确定的企业名称和经营范围；

（二）符合连锁经营的组织形式和经营方式；

（三）注册资本不少于 300 万元，其中从事全国性连锁经营的不少于 1000 万元；

（四）有 10 个以上的直营连锁门店；

（五）有与出版物连锁业务相适应的组织机构和发行人员，至少一名负责人应当具有中级以上出版物发行员职业资格或者新闻出版总署认可的与出版物发行专业相关的中级以上专业技术资格；

（六）有与出版物连锁业务相适应的设备和固定的经营场所，其中样本店的经营面积不少于 500 平方米；

（七）具备健全的管理制度并具有符合行业标准的信息管理系统；

（八）最近三年内未受到新闻出版行政部门行政处罚，无其他严重违法记录。

第十四条 申请设立出版物连锁经营企业或者其他连锁经营企业申请从事出版物连锁经营业务，须向总部所在地地市级新闻出版行政部门提交申请材料。经审核后报省、自治区、直辖市新闻出版行政部门审批；省、自治区、直辖市新闻出版行政部门自受理申请之日起 20 个工作日内作出批准或者不予批准的决定，并书面告知申请人。批准的，由省、自治区、直辖市新闻出版行政部门颁发《出版物经营许可证》，并报新闻出版总署备案；不予批准的，应当书面说明理由。

申请设立全国性出版物连锁经营企业或者其他连锁经营企业申请从事全国性出版物连锁经营业务，须向总部所在地省、自治区、直辖市新闻出版行政部门提交申请材料，经审核后报新闻出版总署审批。新闻出版总署应当自受理申请之日起 60 个工作日内作出批准或者不予批准的决定，并书面告知申请人。批准的，由新闻出版总署颁发《出版物经营许可证》。申请人持《出版物经营许可证》到工商行政管理部门依法办理相关手续。不予批准的，应当书面说明理由。申请材料包括下列书面材料：

（一）申请书，载明企业基本情况、申请事项等；

（二）组织机构和章程；

（三）注册资本信用证明；

（四）总部和连锁门店经营场所名单及使用权证明；

（五）法定代表人及主要负责人的身份证明；

（六）负责人的发行员职业资格证书或其他专业技术资格证明材料；

（七）企业信息管理系统使用情况证明材料；

（八）其他需要的证明材料。

第十五条 出版物连锁经营企业设立直营连锁门店不需单独办理《出版物经营许可证》，可以凭出版物连锁经营企业总部的《出版物经营许可证》复印件到门店所在地县级人民政府新闻出版行政部门备案后，到工商行政管理部门依法领取非法人的营业执照。

出版物连锁经营企业开设非直营连锁门店，连锁门店须按照本规定第十条、第十一条的有关规定办理审批手续，已具有《出版物经营许可证》的除外。

第十六条 国家允许设立从事图书、报纸、期刊、电子出版物发行活动的中外合资经营企业、中外合作经营企业和外资企业，允许设立从事音像制品发行活动的中外合作经营企业；其中，从事图书、报纸、期刊连锁经营业务，连锁门店超过30家的，不允许外资控股；外国投资者不得以变相参股方式违反上述有关30家连锁门店的限制。

设立外商投资出版物总发行、批发、零售、连锁经营企业应具备的条件及新闻出版行政部门的审批程序按照本规定第六条至第十五条的有关规定执行；申请人获得新闻出版行政部门批准文件后，还须按照有关法律、法规向商务主管部门提出申请，办理外商投资审批手续，并于获得批准后90天内持批准文件和《外商投资企业批准证书》到原批准的新闻出版行政部门领取《出版物经营许可证》。申请人持《出版物经营许可证》和《外商投资企业批准证书》向所在地工商行政管理部门依法领取营业执照。

第十七条 通过互联网等信息网络从事出版物发行业务的单位或者个人，应当依照本规定取得《出版物经营许可证》，外商投资企业还应按照相关规定办理外商投资审批手续。

已经取得《出版物经营许可证》的出版物发行单位在批准的经营范围内通过互联网等信息网络从事出版物发行业务，应自开展网络出版物发行业务15日内到原批准的新闻出版行政部门备案。

第十八条 申请设立从事出版物发行的书友会、读者俱乐部或者其他类似组织，按照本规定第十条、第十一条的规定办理。

出版物发行企业可以设立不具备法人资格的书友会、读者俱乐部或者其他类似组织，无需审批，但应于设立后15日内持相关材料到原批准的新闻出版行政部门备案。

第十九条 出版物发行单位可在原批准的新闻出版行政部门所辖行政区域一定地点及时间内，设立临时零售点开展其业务范围内的出版物销售活动，但须提前到设点所在地县级新闻出版行政部门履行备案手续，并须遵守所在地其他有关管理规定。

第二十条 出版物总发行单位可以从事出版物批发、零售业务；出版物批发单位可以从事出版物零售业务。

出版物发行单位设立不具备法人资格的发行分支机构，根据拟设分支机构的业务范围，分别按照设立出版物总发行、批发、零售单位的有关规定办理审批手续。

出版单位设立发行本版出版物的不具备法人资格的发行分支机构，出版单位须持《出版物经营许可证》复印件及分支机构设立地址、人员情况等相关材料于分支机构设立后 15 日内到分支机构所在地省、自治区、直辖市新闻出版行政部门备案。

第二十一条 从事出版物发行业务的单位和个人变更《出版物经营许可证》登记事项，或者兼并、合并、分立的，应当依照本办法到原批准的新闻出版行政部门办理审批手续，并持批准文件到工商行政管理部门办理相应的登记手续，外商投资企业还应按照相关规定办理外商投资审批手续。

从事出版物发行业务的单位和个人终止经营活动的，应当到工商行政管理部门办理注销登记，并向原批准的新闻出版行政部门备案。

第三章 出版物发行活动管理

第二十二条 任何组织和个人不得发行下列出版物：

（一）含有《出版管理条例》禁止内容的违禁出版物；

（二）各种非法出版物，包括：未经批准擅自出版、印刷或者复制的出版物，伪造、假冒出版单位或者报刊名称出版的出版物，非法进口的出版物；

（三）侵犯他人著作权或者专有出版权的出版物；

（四）新闻出版行政部门明令禁止出版、印刷或者复制、发行的出版物。

第二十三条 内部发行的出版物不得公开宣传、陈列、展示、销售。

内部资料性出版物只能在本系统、本行业或者本单位内部免费分发，任何组织和个人不得发行。

第二十四条 从事出版物发行业务的单位和个人在发行活动中应当遵循公平、合法、诚实守信的原则，依法订立供销合同，不得损害消费者的合法权益。

从事出版物发行业务的单位和个人，必须遵守下列规定：

（一）从依法设立的出版发行单位进货；发行进口出版物的，须从依法设立的出版物进口经营单位进货；

（二）将出版物发行进销货清单等有关非财务票据至少保存两年，以备查验；

（三）不得超出新闻出版行政部门核准的经营范围经营；

（四）不得张贴和散发有法律、法规禁止内容的或者有欺诈性文字的征订单、广告和宣传画；

（五）不得擅自更改出版物版权页；

（六）《出版物经营许可证》应在经营场所明显处张挂；利用信息网络从事出版物发行业务的，应在其网站主页面或者从事经营活动的网页醒目位置公开《出版物经营许可证》和营业执照登载的有关信息或链接标识；

（七）不得涂改、变造、出租、出借、出售或者以其他任何形式转让《出版物经营许可证》和批准文件。

第二十五条 出版物发行单位应当建立职业培训制度，按照《中华人民共和国劳动法》和国家确定的职业分类以及出版物发行员职业技能标准，组织本单位从业人员参加经过国家劳动行政部门批准的考核鉴定机构所实施的职业技能鉴定考核。

第二十六条 出版单位对本版出版物具有总发行权。

出版单位不得向无出版物总发行权的单位转让或者变相转让出版物总发行权，不得委托无出版物批发权的单位批发出版物或者代理出版物批发业务，不得委托非出版物发行单位发行出版物。

第二十七条 建立发行出版物的网络交易平台应向所在地省、自治区、直辖市新闻出版行政部门备案，接受新闻出版行政部门的指导与监督管理。

提供出版物发行网络交易平台服务的经营者，应当对申请通过网络交易平台从事出版物发行的经营主体身份进行审查，核实经营主体的营业执照、《出版物经营许可证》，并留存证照复印件备查。不得向无证无照、证照不齐的经营者提供网络交易平台服务。

提供出版物发行网络交易平台服务的经营者，发现在网络交易平台内从事各类违法活动的，应当采取有效措施予以制止，并及时向所在地新闻出版行政部门报告。

第二十八条 省、自治区、直辖市新闻出版行政部门和全国性出版、发行行业协会，可以申请主办全国性的出版物展销活动，并须提前6个月报新闻出版总署审批。

全国性出版、发行行业协会可以主办跨省专业性出版物展销活动；市、县级新闻出版行政部门和省级出版、发行协会可以主办地方性的出版物展销活动；主办单位须提前2个月报所在地省、自治区、直辖市新闻出版行政部门备案。

第二十九条 中学小学教科书发行单位应当具有适应教科书发行业务需要的资金、组织机构和人员等条件，并取得新闻出版总署批准的教科书发行资质。纳入政府采购范围的中学小学教科书，其发行单位还须按照《中华人民共和国政府采购法》的有关规定确定。其他任何单位或者个人不得从事中学小学教科书的发行业务。

中小学教科书发行管理办法由新闻出版总署另行制定。

第三十条 任何单位和个人不得从事本规定第二十二条所列出版物的征订、储存、运输、邮寄、投递、散发、附送等活动。

从事出版物储存、运输、投递活动，应当接受新闻出版行政部门的监督检查。

第三十一条 从事出版物发行业务的单位和个人应当按照新闻出版行政部门的规定接受年度核验，并按照《中华人民共和国统计法》、《新闻出版统计管理办法》及有关规定如实报送统计资料，不得以任何借口拒报、迟报、虚报、瞒报以及伪造和篡改统计资料。

出版物发行单位不再具备行政许可的法定条件的，由新闻出版行政部门责令限期改正；逾期仍未改正的，由原发证机关撤销《出版物经营许可证》。

第四章 罚 则

第三十二条 未经批准，擅自设立出版物发行单位，或者擅自从事出版物发行业务的，依照《出版管理条例》第六十一条处罚。

未经批准擅自设立发行分支机构、出版物批发市场，擅自主办全国性出版物展销活动或者不符合本条例规定的主办单位擅自主办地方性或者跨省专业性出版物展销活动的，按照前款处罚。

第三十三条 发行违禁出版物的，依照《出版管理条例》第六十二条处罚。

发行新闻出版总署禁止进口的出版物，或者发行进口出版物未从依法批准的出版物进口经营单位进货的，依照《出版管理条例》第六十三条处罚。

发行其他非法出版物和新闻出版行政部门明令禁止出版、印刷或者复制、发行的出版物的，依照《出版管理条例》第六十五条处罚。

发行违禁出版物或者非法出版物的，当事人对其来源作出说明、指认，经查证属实的，没收出版物和非法所得，可以减轻或免除其他行政处罚。

第三十四条 违反本规定发行侵犯他人著作权或者专有出版权的出版物的，依照《中华人民共和国著作权法》和《中华人民共和国著作权法实施条例》的规定处罚。

第三十五条 发行未经依法审定的中学小学教科书，或者未经法定方式确定的单位从事中学小学教科书的发行业务的，依照《出版管理条例》第六十五条处罚。

第三十六条 出版物发行单位未依照规定办理变更审批手续的，按照《出版管理条例》第六十七条处罚。

第三十七条 单位违反本规定被吊销《出版物经营许可证》的，由原发证单位吊销其法定代表人或者主要负责人及直接责任人的出版物发行员职业资格证书；其法定代表人或者主要负责人自许可证被吊销之日起10年内不得担任发行单位的法定代表人或者主要负责人。

第三十八条 违反本规定，有下列行为之一的，由新闻出版行政部门责令停止违法行为，予以警告，并处3万元以下罚款：

（一）未能提供近两年的出版物发行进销货清单等有关非财务票据的；

（二）超出新闻出版行政部门核准的经营范围经营的；

（三）张贴和散发有法律、法规禁止内容的或者有欺诈性文字的征订单、广告和宣传画的；

（四）擅自更改出版物版权页的；

（五）《出版物经营许可证》未在经营场所明显处张挂或未在网页醒目位置公开《出版物经营许可证》和营业执照登载的有关信息或链接标识的；

（六）出售、出借、出租、转让或擅自涂改、变造《出版物经营许可证》的；

（七）发行内部资料性出版物的，或公开宣传、陈列、销售规定应由内部发行的出版物的；

（八）向无总发行权的单位转让或者变相转让出版物总发行权，委托无出版物批发权的单位批发出版物或代理出版物批发业务，委托非出版物发行单位发行出版物的；

（九）提供出版物网络交易平台服务的经营者未按本规定履行有关审查及管理责任的；

（十）应按本规定进行备案而未备案的；

（十一）不按规定接受年度核检的。

第三十九条 征订、储存、运输、邮寄、投递、散发、附送本规定第二十二条所列出版物的，按照本规定第三十三条进行处罚。

第四十条 违反本规定第三十一条未报送统计数据的，按照新闻出版总署《新闻出版统计管理办法》处理。

第五章 附 则

第四十一条 香港特别行政区、澳门特别行政区、台湾地区的投资者在其他省、自治区、直辖市设立出版物发行企业，按照本规定第十六条办理，并作如下补充规定：

（一）允许香港、澳门服务提供者在内地以独资、合资形式提供音像制品（含后电影产品）的发行服务；

（二）对于同一香港、澳门服务提供者在内地从事图书、报纸、期刊连锁经营，允许其控股，但出资比例不得超过65%；

（三）香港、澳门服务提供者应分别符合《内地与香港关于建立更紧密经贸关系的安排》及《内地与澳门关于建立更紧密经贸关系的安排》中关于"服务提供者"定义及相关规定的要求，取得香港、澳门服务提供者证明书。

第四十二条 除已依法设立的出版物批发市场外，各省、自治区、直辖市不得再设立或者变相设立出版物批发市场；进入出版物批发市场的经营单位在出版物销售前，须将出版物样本报送批发市场管理机构审验，报送审验的出版物样本必须与所销售的出版物一致。

第四十三条 本规定所称全国性连锁经营，是指跨省、自治区、直辖市连锁经营。

第四十四条 《出版物经营许可证》正、副本的样式由新闻出版总署规定，由新闻出版总署或者省、自治区、直辖市新闻出版行政部门统一印制。

第四十五条 本规定自公布之日起施行，此前新闻出版总署和有关部门颁布的《出版物市场管理规定》、《音像制品批发、零售、出租管理办法》、

《外商投资图书、报纸、期刊分销企业管理办法》和《中外合作音像制品分销企业管理办法》及有关补充规定同时废止，本规定施行前与本规定不一致的其他规定不再执行。

2015 年 8 月 28 日，国家新闻出版广电总局发布《关于修订部分规章和规范性文件的决定》，《出版物市场管理规定》（新闻出版总署、商务部令第 52 号）删去第六条、第七条、第十三条、第十四条、第十五条，相应调整其余各条序号。删去第八条第一款第四项，相应调整之后各项序号。将第九条第三款第三项修改为“注册资本数额、来源及性质证明”。

附录三：

新中国成立以来国家新闻出版广电总局历史变革一览表

部门 时间	国家新闻出版总署	国家广播电影电视局
1949 年	中央人民政府新闻总署、中央人民政府出版总署	中宣部中央广播事业管理处、中央电影事业管理局（广播与电影分开管理）
1952 年	2 月，撤销新闻总署	中央人民政府新闻总署广播事业局、文化部电影局（广播与电影分开管理）
1954 年	9 月，撤销出版总署	中央广播事业局、文化部电影局（广播与电影分开管理）
1957 年	组建文化部出版事业管理局	无变化
1967 年	设立出版口	无变化
1975 年	恢复国家出版事业管理局	无变化
1977 年	无变化	中央广播事业局、文化部电影事业管理局（广播电视与电影分开管理）
1982 年	7 月，国家出版局划归文化部，成立文化部出版事业管理局	1982 年撤销中央广播事业局，设立广播电视部、文化部电影事业管理局（广播电视与电影分开管理）
1986 年	恢复国家出版局为国务院直属机构	改为广播电影电视部
1987 年	成立新闻出版署，直属国务院	无变化
1998 年	设置国家新闻出版署	改组为国家广播电影电视总局

续表

部门 时间	国家新闻出版总署	国家广播电影电视局
2001 年	更名为新闻出版总署，为正部级机构	无变化
2013 年	国家新闻出版总署与国家广播电影电视总局合并，组建国家新闻出版广电总局	

参考文献

一、著作类

[1] 彭建炎编著．出版学概论．吉林大学出版社，1991.

[2] 罗紫初著．出版学原理．武汉大学出版社，1999.

[3] 中国大百科全书编委会．中国大百科全书·新闻出版．中国大百科全书出版社，1990.

[4] [日] 布川、角左卫门著．简明出版百科辞典．申非，等译．中国书籍出版社，1990.

[5] 张志强主编．现代出版学．苏州大学出版社，2003.

[6] 全国出版专业职业资格考试办公室编．出版专业理论与实务（初级）．崇文书局，2004.

[7] 边春光主编．编辑实用百科全书．中国书籍出版社，1994.

[8] 阎应福、郝玉柱．市场管理概论．中国物价出版社，2002.

[9] 毛泽东选集（第 1 卷）．人民出版社，1966.

[10] 黄镇伟编著．中国编辑出版史．苏州大学出版社，2003.

[11] 来新夏．中国近代图书事业史．上海人民出版社，2000.

[12] 肖东发．中国图书出版印刷史论．北京大学出版社，2001.

[13] 周宝荣．宋代出版史研究．中州古籍出版社，2003.

[14] 张志强．非法出版活动研究．贵州人民出版社，1998.

[15] 叶德辉．书林清话．中华书局，1997.

[16] 田建平．元代出版史．河北人民出版社，2003.

[17] 李明山．中国近代版权史．河南大学出版社，2003.

[18] 叶再生．中国近代现代出版通史（第 1 卷）．华文出版社，2002.

[19] 叶再生．中国近代现代出版通史（第 2 卷）．华文出版社，2002.

[20] 刘哲民编．近现代出版新闻法规汇编．学林出版社，1992.

[21] 钟文．工商行政管理学．武汉大学出版社，1998.

［22］杨振宇．工商行政管理学．中国商业出版社，2000.

［23］刘国庆．工商行政管理学．东北财经大学出版社，2001.

［24］于友先．现代出版产业发展论．苏州大学出版社，2003.

［25］朱静雯主编．现代书业企业管理学．苏州大学出版社，2003.

［26］谢新洲．数字出版技术．北京大学出版社，2002.

［27］刘建一．市场主体登记管理．北京工业大学出版社，1998.

［28］黄先蓉．书业法律基础．山西经济出版社，2001.

［29］陆本瑞．外国出版概观．辽宁教育出版社，1996.

［30］吴平．图书学新论．山西经济出版社，1998.

［31］余敏．加入 WTO 与中国出版业发展．中国书籍出版社，2001.

［32］余敏．加强出版业宏观调控研究．中国书籍出版社，2003.

［33］蔡学俭．离不开这片热土．湖北教育出版社，1999.

［34］袁亮编著．周恩来刘少奇朱德陈云与新闻出版．中国书籍出版社，2003.

［35］《当代中国》丛书编辑委员会．当代中国的出版事业（上）．当代中国出版社，1993.

［36］《当代中国》丛书编辑委员会．当代中国的出版事业（中）．当代中国出版社，1993.

［37］方卿、姚永春．图书营销学．山西经济出版社，1998.

［38］吴江江、石峰等．中国出版业的发展与经济政策研究．湖北人民出版社，1994.

［39］罗紫初编著．图书发行学概论（第 2 版）．武汉大学出版社，1992.

［40］中国出版年鉴社编．中国出版年鉴．中国出版年鉴社，2000.

［41］申长友．市场管理行为规范论．法律出版社，1999.

［42］全国出版专业职业资格考试办公室编．出版专业理论与实务（中级）．上海辞书出版社，2002.

［43］谢康．中国与 WTO：规则、挑战与应对．广州人民出版社，2001.

［44］周源．发达国家与出版管理制度．时事出版社，2001.

［45］魏玉山、杨贵山．西方六国出版管理研究．中国书籍出版社，1995.

［46］陈秀山．政府调控式比较研究．北京出版社，1999.

[47] 李澄怡．当代政府规范管理．南海出版公司，1997.

[48] 王建辉．新出版观的探索．华中师范大学出版社，2002.

[49] 吴海民．书号魔方．华艺出版社，1995.

[50] 全国出版专业职业资格考试办公室编．有关出版的法律法规选编．中国大百科全书出版社，2003.

[51] 全国出版专业职业资格考试办公室编．有关出版的法律法规选编．中国大百科全书出版社，2004.

[52] 中国出版科学研究所编．出版改革与出版发展战略研究．中国书籍出版社，1998.

[53] 于国旦．WTO知识解读及应对措施·文化出版业．中国法制出版社，2002.

[54] 国家新闻出版广电总局出版专业资格考试办公室编．出版专业实务（初级）．崇文书局，2015.

[55] 黄先蓉．出版法律基础．武汉大学出版社，2013.

[56] 国家新闻出版广电总局．2014年新闻出版产业分析报告．2014.

[57] 余敏．国外出版业宏观管理体系研究．中国书籍出版社，2004.

[58] 杨贵山，林成林，姜乐英，等．世界出版观潮．辽宁出版集团、辽宁人民出版社，2002.

[59] 郝振省．国际出版业发展报告：2010年版．中国书籍出版社，2012.

[60] 史楠．德国著作权法修改及实施研究．中国政法大学，2011.

[61] 郝振省．中外互联网及手机出版法律制度研究．中国书籍出版社，2008.

[62] 莫金莲，李广民．现代德国大众文化．中国经济出版社，2000.

[63] 孙洪军．日本出版产业论．中国传媒大学出版社，2009.

二、连续出版物

[1] 赖茂生．从电子到数字出版．电子出版，2002（6）.

[2] 徐枫．宋代对出版传播的控制体系与手段．中国出版，1999（2）.

[3] 魏万雄．应尽快制定出版法．新观察，1982（10）.

[4] 王蒙呼吁应有出版法．经济日报，1985-01-10（1）.

[5] 武云龙．读者利益与出版法．长江日报，1986-12-04（4）.

[6] 曹剑英，俞峰．出版业改革与法制的思索．法学，1986（10）.

[7] 北京市人大常委会关于停止执行北京市地方性法规中若干行政许可事项有关规定的决定．北京日报，2004-05-28.

[8] 李祥洲．国外出版业宏观管理体系探析．出版科学，2004（5）.

[9] 何志勇．出版改革向经济改革借鉴什么？出版参考，2003（7）.

[10] 中国出版科学研究所出版业年度分析报告课题组．2002年出版业存在的主要问题．出版发行研究，2003-03-26.

[11] 曾庆宾．论中国出版企业的产权制度创新．出版科学，2004（3）.

[12] 林涛．出版业产权改革进入新阶段．出版参考，2004（3）.

[13] 那拓祺．我国实施出版专业职业资格制度的意义和主要内容．出版科学，2003（2）.

[14] 新闻出版总署法规司副司长于慈珂就取消下放审批项目的后续监督答记者问．中国图书商报，2004-06-16.

[15] 金霞．新闻出版总署：一号多用和自制条码叫停．中国图书商报，2003-11-10.

[16] 陈晓梅，赵彤宇．为精品图书保驾护航 明年书号宏观调控将作改进．中华读书报，2002-11-06.

[17] 2003年图书出版书号核发出台新举措．中国新闻出版报，2003-01-22.

[18] 柳青．书号实名申领好处多．中国编辑，2009（05）.

[19] 李敉力．当前新闻出版业人事制度改革需要关注的问题．出版发行研究，2004（8）.

[20] 卿家康．我国图书定价改革与当前书价．出版发行研究，1996（4）.

[21] 编辑廖明．一折书七宗罪——“特价书展”内幕揭秘．南方都市报，2002-12-13.

[22] 谢静．书价真的“虚高”吗．新华读书报，2003-03-28（4）.

[23] 刘颖．“一折书”触犯众怒．中国图书商报，2002-12-13.

[24] 汪晓军、王建平．走出价格误区——转型期图书的国家定价方略浅议．出版广角，2003（12）.

[25] 杨闯，吴赟．我国出版市场“价格战”探析．编辑学刊，2014（6）.

[26] 张福海．出版物发行体制改革的重大突破——关于《出版物市场管理规定》的修订说明．中国图书商报，2003-08-01（2）.

［27］郭虹．总发企业的正在进行时．中国图书商报，2004-09-17（5）．

［28］邵燕．当前我国出版物发行市场的现状分析．中国出版，2003（7）．

［29］华颂瑞．唐葆春非法出版案的初步剖析．出版发行研究，1997（5）．

［30］李晶晶，黄先蓉．新闻出版标准与新闻出版法规体系的协调发展研究（二）．出版科学，2012（1）．

［31］杨闯，吴赟．我国出版市场“价格战”探析．编辑学刊，2014（6）．

［32］田慎鹏．实体书店发展的三种选择．中国新闻出版报，2011-11-16.

［33］胡建辉．京东商城4折售书被指违反反不正当竞争法．法制日报，2011-06-15.

［34］许金晶．四部委协力整顿期刊市场 赠品营销扰乱市场秩序．第一财经日报，2006-09-06.

［35］田智．美国出版物内容管理的特点分析．出版广角，2013（17）．

［36］黄先蓉，李魏娟．美国数字出版法律制度的现状与趋势．中国出版，2012（17）．

［37］叶文芳．美国出版业的发展对我国出版体制改革的借鉴．科技与出版，2010（5）．

［38］黄先蓉，冯博．英国数字出版法律制度的现状与趋势．出版科学，2013（1）．

［39］黄先蓉，冯博．英国《数字经济法》及对我国数字版权立法的启示．中州大学学报，2013（1）．

［40］黄先蓉，刘菡，刘玲武．法国数字出版法律制度的现状与趋势．科技与出版，2015（6）．

［41］陈磊．日本动漫产业优势分析．传媒，2008（3）．

［42］程三国．理解现代出版业（下）——兼析“日本出版大崩坏”．中国图书商报，2002.

三、主要网站

［1］中国图书出版网．http：//www. bkpcn. com.

［2］中国科学院．http：//www. cas. ac. cn.

[3] 中国文化市场网 . http：//www. ccm. gov. cn.

[4] 中国扫黄打非网 . http：//www. shdf. gov. cn.

[5] 中国出版网 . http：//www. chuban. cc.

[6] 中国新闻网 . http：//www. chinanews. com.

[7] 中国版本图书馆 . http：//www. capub. cn.

[8] 中国新闻出版报 . http：//www. chinaxwcb. com.

[9] 中国记者网 . http：//press. gapp. gov. cn.

[10] 中国市场情报中心 . http：//www. marketreportchina. com/.

[11] 中国新华书店协会 . http：//www. xinhuabookstores. cn.

[12] 国家新闻出版广电总局 . http：//www. gapp. gov. cn.

[13] 国家版权局 . http：//www. ncac. gov. cn.

[14] 北京市新闻出版广电局（北京市版权局）. http：//www. bjppb. gov. cn.

[15] 上海新闻出版 上海版权 . http：//cbj. sh. gov. cn.

[16] 广东省新闻出版广电局 . http：//xwcbgdj. gd. gov. cn.

[17] 人民教育出版社 . http：//www. pep. com. cn.

[18] 武汉大学信息管理学院期刊中心 . http：//www. cbkx. com.

[19] 人民网 . http：//www. people. com. cn.

[20] 新华网 . http：//news. xinhuanet. com.

[21] 百道网 . http：//www. bookdao. com.

[22] 金华新闻网 . http：//www. jhnews. com. cn.

[23] 搜狐焦点 . http：//house. focus. cn.

[24] 南方网 . http：//www. southcn. com.

[25] 出书网 . http：//www. 5book. com.

[26] 必胜网 . http：//www. bisenet. com.

[27] 新浪财经 . http：//finance. sina. com. cn.

[28] 中华读书报 . www. booktide. com.

[29] http：//www. china. org. cn.

后 记

2002年5月，武汉大学组织申报“十五”规划教材，我的《出版物市场管理》教材编写大纲获得评委会通过，并被纳入武汉大学出版社“十五”规划教材出版规划，按计划应在2004年出版。

早在1999年学校院系调整、系里老师们讨论本科生教学方案时，就提出应开一门市场管理方面的课，考虑到我们专业设置偏重于“图书”的编辑出版发行，于是课名暂定为“图书市场管理”。当年11月，国家新闻出版署出台了《出版物市场管理暂行规定》，高校开课与国家出台市场管理方面的规定几乎同时，这似乎是一种巧合，但实质上，这表明学术界和决策部门都考虑到了同样的问题。我当时因为主讲另外两门本科生课程“书业法律基础”、“出版学概论”而没有接这门新课。到次年四校合并，新的武汉大学信息管理学院成立后，又一次调整本科教学方案，大家仍认为有必要开这门课，并根据新闻出版署出台的规定将课名改为“出版物市场管理”，系里老师们以为我一直在从事出版法制方面的研究，应该承担这门课的教学任务，于是勉为其难我接下了这门课，开始做开课的准备工作。

从备课到开讲只有半年时间。借出差开会、函授教学的机会，遍寻北京、昆明、南宁、武汉的书店，找不到一本可用的教材，书店里有很多市场学、管理学方面的著作，就是没有市场管理方面的图书。于是，只好白手起家，自己编写。好在有领导、同事、朋友、家人的支持。记得在开课前，酝酿讲课内容的过程中，武汉大学出版社发行部的经理李义发给了我很好的建议。我指导的硕士研究生马小莉、邵葵与我一起讨论教材大纲，在第一稿的写作中，马小莉承担编写“图书市场管理”、“图书市场管理体制”，邵葵负责编写“音像市场管理”、“电子出版物市场管理”以及港澳台地区出版物市场管理，她们都很好地完成了任务。遗憾的是第一稿最终被“推翻”，她们编写的部分未被采用，但她们编写的内容对第二稿有很好的参考价值。第一次听我讲“出版物市场管理”课程的1999级编辑出版学专业的本科生同样给了我极大的鼓励和支持，我曾戏说“我们正在一起共同填补我国编辑出版学专业课程建设中的一个空白”。还有我指导的硕士研究生张尔、金鑫、薛敏、康苗等，她们或为书稿搜集整理资料，或参加教学实践活动，或参与书稿部分章节的编写等，都为“出版物市场管理概论”这本书的编写、出版尽了心，出了力。在此一并表示感谢。

湖北省新闻出版局的老局长蔡学俭先生是我这部书稿的第一位读者，蔡老赶在第十一届国际出版学研讨会召开之前，阅读了全部书稿，提出了宝贵的修改意见，并欣然为本书作序，这种关心、爱护和鼓励，实在令我感动。责任编辑严红，为本书的出版也付出了大量的劳动，她严谨、认真的工作态度令人折服。由于本人学识有限，书中如果存在错讹，与上述列名者无关，并欢迎大家批评指正。我的电子邮箱：xrhuang@126.com。

经过几个寒暑，几轮自编讲义的教学，数易其稿，这才有今天这本《出版物市场管理概论》的出版面世。特别值得一提的是在我最后修改、统稿期间，正值“十·一”黄金周，在我先生和女儿的全力支持下，我在电脑前连续“鏖战”了七天，直到在键盘上敲完最后一个字。我们戏称过了一个有纪念意义的“革命化”的国庆节。

黄先蓉

2004年11月15日

第二版后记

弹指一挥间，《出版物市场管理概论》自2005年武汉大学出版社出版已经10年，这期间我国出版物市场管理发生了很多变化，从我国成为世界贸易组织成员国、出版业最高行政管理机构合并、出版行政审批事项调整、到出版物市场品种增多、经营机构变化，等等。武汉大学编辑出版学专业每年都给本科生开设“出版物市场管理”课程，每年给本科生讲授这门课时，都深感教材修订的必要性，但都因忙于教学、科研，也因出版物市场管理总处于变化中，并未成型，故一直未进行修订，只是授课时在保持理论体系不变的情况下更新出版物市场变化的资料，让学生了解整个出版物市场的发展情况。

今年抓住本科教学综合改革的契机，指导我的几名博士生、硕士生，搜集这几年出版物市场管理的资料，终于开始对这本教材进行修订。

修订是在原书稿的基础上进行的，章节上删掉了原书第九章“WTO规则与我国出版物市场管理”，将原书“第四章第四节国外出版物市场管理概述”扩展为新的“第九章国外出版物市场管理”。具体修订分工如下：我负责全书的统筹及审定，李小霞负责第1~4章，张窈负责第5~6章，程梦瑶负责第7~8章，刘玲武负责第9章。其中，修改最多的是第7章和第8章，其次是第6章和第5章，1~4章改动较少，第9章基本为重写。为了配合2016年春季“出版物市场管理”课程的教学，特赶在今年底完成修订。几位同学为本书搜集资料、修订内容，尽心竭力，在此一并表示感谢。

我们身处变革的时代，出版业正处于不断变化发展之中。在媒介融合的背景下，传统出版通过跨领域的整合和并购在寻求突破的路径，数字出版则因新技术、新产品、新业态不断涌现，赢利模式不断成熟，新的消费理念不断形成，数字出版产业开始步入良性发展阶段。出版物市场管理的总体目标是为了规范出版物出版发行活动，建立全国统一、开放、竞争、有序的出版物市场体系，保持出版经济的有序运行，发展社会主义出版产业。不管传统出版如何变化，数字出版如何发展，出版物市场管理总是为了使出版工作有效率地良性循环地完成。因此，我们会一直关注出版业变化，不断探索出版物市场管理的新理论。

黄先蓉

2015 年 12 月 28 日